고전 서사의 환상계 형상화 원리

지은이 | 강혜진 姜慧眞 Kang, Hyejin

고려대학교 국어교육과를 졸업하고 국어국문학과에서 석사학위와 박사학위를 받았다. 현재 광운대학교 국어국문학과에 재직 중이다. 우리의 옛이야기를 매개로 하여 동아시아 문화와 콘텐츠를 널리 살펴보는 데 관심이 많다. 최근에는 게임에 나타난 동아시아, 그리고 그와의 비교를 통해 우리 고유의 미와 환상성을 살피는 것을 목표로 삼고 있다. 논문으로 「<이야기 주머니> 민담의 메타 이야기적 성격과 게임과의 비교」(2024), 「고소설과 게임의 공간-<전우치전>과 <로스트아크>의 비교를 중심으로」(2023), 「동아시아 너머를 향한 상상력-<태원지>와 '육면세계설'에 나타난 천원지방과 지구설의 변주」(2024) 등이 있다.

고전 서사의 환상계 형상화 원리

〈구운몽〉, 〈전우치전〉, 〈옥루몽〉을 중심으로

초판 1쇄 인쇄 2025년 7월 2일
초판 1쇄 발행 2025년 7월 15일

지은이 강혜진
펴낸이 이대현
편집 이태곤 권분옥 임애정 강윤경
디자인 안혜진 최선주 강보민 | 마케팅 박태훈
펴낸곳 도서출판 역락 | 등록 1999년 4월 19일 제303-2002-000014호
주소 서울시 서초구 동광로46길 6-6 문창빌딩 2층(우06589)
전화 02-3409-2060(편집부), 2058(영업부) | 팩스 02-3409-2059
전자우편 youkrack@hanmail.net | 홈페이지 www.youkrackbooks.com

ISBN 979-11-7396-132-8 93810

정가는 뒤표지에 있습니다.
파본은 교환해 드립니다.

고전 서사의 환상계 형상화 원리

〈구운몽〉, 〈전우치전〉, 〈옥루몽〉을 중심으로

강혜진

역락

책머리에

매혹적인, 그러면서도 깊이 있는 이야기를 찾아서

바야흐로 환상적인 이야기들이 범람하는 시대다. 필자만 해도 오늘 출근길 지하철 역사에 걸린 광고판의 드라마 예고편과, 지하철을 기다리는 동안 클릭한 웹툰에서, 퇴근길에 새로 설치한 게임에서 숱한 환상적인 인물들을 만나고 환상적인 사건들을 마주쳤다. 어디로 시선을 돌리든 쉽게 환상적인 이야기를 만날 수 있는 것이-그 이유에 대해서는 제3부에서 살펴보겠지만- 우리 시대의 재미있는 특징 중 하나다.

그러나 그 모든 이야기를 긍정적으로 평가할 수 있는 것은 아니다. 어떤 이야기들은 환상적인 요소를 등장시킴으로써 오히려 문제의식이 너무나 단순해져 버린다. 또 어떤 이야기들은 비슷한 환상적인 사건들을 공유하고 남발함으로써 천편일률적인 공장제 상품으로 전락해 버린다.

환상이란 본질적으로 예상을 뛰어넘은 자리에서 피어오르고 만개하는 것이다. 예상 범주 내에 안온히 정착해 버리는 이야기가 맛깔나게 재미있을 리 없고 진실로 '환상적'일 리 없다. 그렇다면 환상성이 지닌 가치를 잘 발현한다는 것은 대체 어떤 것이며, 그 예는 어디에서 찾을 수 있을까?

답을 향해 나아가는 길이 한두 갈래로 나 있는 것은 아닐 터다. 이야기의 영토는 광활하다. 그러니 광활한 세계를 마주한 주인공처럼 여기저기 모험해 봐야 갈피가 잡히겠지만, 그중에서도 필자의 전공인 고전 서사에 기초해 답을 모색하고자 내딛은 첫 발걸음의 결과가 바로 이 책이다. 우리의 옛이야기에는 온갖 환상적인 세계와 사건과 인물들이 넘실대고 있다. 양적으로 방대하기만 한 것은 아니다. 구절구절들을 섬세히 살펴보면 놀라운 문제의식과 심지어 지금 우리에게도 적용될 만한 깊은 통찰들까지도 만나게 된다.

이 책을 낸 이유는 바로 여기에 있다. 옛이야기가 보여주는 다채로운 환상성, 그리고 그에 담긴 반짝이는 사유들을 발굴해 보여주고자 했다. 또한 이들을 섬세히 분석해 그로부터 환상 서사의 형상화 원리와 활용 양상을 추출할 수 있다면, 우리는 환상 서사를 창조하는 좋은 참조 틀도 얻게 되는 셈이다. 그것도 우리의 문화를 원류로 삼아 이루어진 독창적인 길을 말이다.

이를 위해 크게 제1부 입론, 제2부 작품론, 제3부 비교론으로 단계를 밟아가며 논의를 진행하려 한다. 입론에서는 환상계라는 개념을 규정하고 유형화할 것이다. 우리 고전 서사에 그토록 많은 환상적인 세계가 등장함에도 불구하고, 환상적인 세계들을 체계적으로 유형화하려는 이론적 모색은 그간 그리 많이 시도되지 않았다. 이 책에서는 환상과 환상계에 대한 개념 규정에서부터 시작하여 형상화 원리까지 아우르는 이론적 모색을 시도하고자 했다.

작품론에서는 이를 바탕으로 <구운몽>, <전우치전>, <옥루몽>에 나타난 환상계 형상화 원리와 그 활용 양상을 구체적으로 분석한다. 사실상 이 책의 핵심이라 생각한다. 환상계에 입각하여 살펴보면 작품의 의미가 놀랍도록 풍성해진다는 점을 알 수 있을 것이다. 세 작품을 선정한 것은 이들이 환상계를 형상화하는 세 가지 대표적인 방식을 가장 잘 보여주는 작품들이기 때문이다. 환상계를 정교하게 묘사한 작품일수록 환상계 형상화 원리를 살피기에 유리하여 결과적으로 소설 셋을 선택하게 되었다. 그러나 입론을 시도할 때 소설만 염두에 두지는 않았다. 이 책의 이곳저곳에서는 실제로 판소리, 설화, 무가, 가전 등 여러 이야기를 끌어들여 분석하고 있다.

비교론에서는 이전까지 분석한 바를 정리하고 확장한다. 필자는 항상 고전문학에서의 비교론이란 세 방향으로 뻗어 나가야 한다고 생각해 왔다. 첫째는 동아시아, 둘째는 지금의 서사와 다종다양한 콘텐츠들, 셋째는 인접 예술 장르와 문화 일반이다. 그러한 생각에 따라 제3부 비교론을 마련해 실었다. 물론 망원경으로 드넓은 하늘을 보다 보면 현미경으로 보는 미시적 세계를 지나칠지 모른다는 우려가 들곤 한다. 제3부 비교론은 계속해서 더 치밀한 논의를 펼쳐나가야 하는 영역이리 생각한다. 앞으로의 과제로 기약한다.

이야기는 독자 없이는 생존하지 못한다. 이 책도 마찬가지다. 이 문장을 눈에 담고 계신 여러분께 감사드린다. 실은 이야기뿐만 아니라 사람도 그렇다. 곁을 지켜주는 사람들이 없다면 필자도 이 책을 쓰기 어려웠을 것이다. 이야기에 빠져 사는 딸을 항상 응원해 주신 부모님께, 그리고 엉뚱한 아이디어를 들고 찾아가도 늘 진지하게 들어주시고 통찰력 있는 조언을 아낌없이 내어주신 최귀묵 선생님께 가장 먼저 감사 인사를 드리고 싶다. 부모님과 지도교수님의 가르침 덕분에 여기까지 올 수 있었다고 늘 생각한다. 또한 항상 든든하게 곁을 지켜주는 남편과 아들, 동생들과 고마운 지인들께도 작은 지면을 빌려 큰 사랑을 표하고 싶다.

이 책을 엮어 나가는 데는 학위논문에 심사를 맡아주셨던 박일용 선생님, 강상순 선생님, 한길연 선생님, 엄태웅 선생님께서 해주신 조언들이 큰 도움이 되었다. 가르침을 온전히 담지 못해 죄송스러운 마음뿐이다. 그러고 보면 참 많은 분들께 은혜를 입었다. 모자란 학위논문 초고를 흔쾌히 읽어봐주셨던 김지연 선생님, 신호림 선생님, 그리고 여러 동학들과 선후배님들께 깊이 감사드린다. 출간을 응원해 주신 김승우 선생님께도, 출간을 허락해 주신 역락의 여러 선생님들께도 감사드린다. 끝으로 이 책은 많은 선행 연구자들의 땀방울 위에 서 있음을 강조하고 싶다. 일일이 인사드리지 못해 송구스러울 따름이다. 자양분을 주신 모든 분들께 깊은 감사를 전한다.

  필자는 스스로를 이야기 전공자라고 소개하곤 한다. 어느 특정 문학 갈래의 연구자가 되기보다는, 고전 서사는 물론이고 게임과 같은 다양한 형태의 이야기들에 내재된 그 근본적인 매력을 탐구하는 것을 일생의 목표로 삼고 싶어서이다. 이 책이 그러한 매력 중의 하나인 환상적인 세계를 이해하는 데 독자들에게 조그마한 도움이라도 될 수 있다면, 그보다 더한 보람은 없겠다.

2025년의 어느 화사한 봄날
저자 씀

차례

책머리에: 매혹적인, 그러면서도 깊이 있는 이야기를 찾아서 _5

제1부 입론: 환상계의 유형과 형상화 원리

1. 왜 환상계인가?   15
2. 환상과 환상계의 개념 규정   22
   1) 용어의 적합성과 규정의 방향   22
   2) 현실·비현실·환상   26
3. 환상계의 유형   41
   1) 독립적 환상계와 연계적 환상계   41
   2) 연계적 환상계의 6가지 하위 유형   47
4. 환상계의 형상화 원리   62

제2부 작품론: 고전 서사의 환상계 활용

1장 <구운몽>의 근원적 환상계: 근원의 근원을 묻다   67
  1. 이야기 유래지(由來地)로서의 근원적 환상계   68
    1) 신령하게 그려지는 연화봉   68
    2) 중첩계로서의 연화도량   77

2. 현실계에 펼쳐진 상호 부정(否定)의 환상계 · 84
1) 현실계로 형상화되는 소유의 세계 · 84
2) 근원적 환상계-연장계와 그 부정 · 88
3) 근원적 환상계-분리계와 그 부정 · 103

3. 근원의 근원, 불이(不二)를 위한 환상계 · 121
1) 근원적 환상계로의 지향 · 121
2) 근원의 근원으로의 지향 · 127

2장 <전우치전>의 허구적 환상계: 진가(眞假)의 구별을 뛰어넘다 · 144

1. 생략된 근원적 환상계 · 145
1) 위상의 저하 · 145
2) 근원적 환상계와 단절된 환상 · 156

2. 진가(眞假), 근원과 허구에 대한 재평가 · 164
1) 가짜가 긍정될 수 있는 가능성 · 164
2) 진가(眞假) 구별의 무효화 · 168

3. 진짜를 대체하는 허구적 환상계 · 177
1) 근원적 환상계를 모방한 허구적 환상계 · 177
2) 현실계를 대체하는 허구적 환상계 · 183
3) 봉합과 계승의 양면을 지닌 결말 · 197

3장 <옥루몽>의 근원적 환상계와 허구적 환상계: 환상계와 올바름의 문제 · 210

1. 확고하게 제시되는 근원적 환상계 · 212
1) 드러나 있는 근원적 환상계-분리계 · 212
2) 근원적 성격의 부각 · 222

2. 근원적 환상계와 허구적 환상계의 외면적 일치 227
　　1) 도(道)의 부재와 허구적 환상계 창출 227
　　2) 두 환상계의 외면적 일치와 파생되는 문제 236
3. 문제 해소의 방향 245
　　1) 양창곡과 현실계로 포섭되는 환상계 246
　　2) 강남홍이 담지하는 도(道)와 환상계 258
　　3) 독자의 층위에서 완성되는 수용론적 효과 263

제3부 비교론: 환상계 형상화의 의미와 확장

1. 환상계 형상화의 문학사적 의미 272
2. 동아시아 서사의 환상계 280
3. 지금의 콘텐츠와 환상계 291

책을 맺으며: 환상, 부정형인 미래를 탐구하는 이야기 _299

참고문헌 309
찾아보기 317

제1부

입론: 환상계의 유형과 형상화 원리

1. 왜 환상계인가?

서사란 마치 한 편의 사고실험과도 같다. 실재(實在)하는 어떤 것을 텍스트 안으로 끌어들여 그것에 특정 변인(變因)을 부여하고, 그러한 변인으로부터 전개되는 변화를 허구적으로 그려내면 곧 한 편의 서사가 되기 때문이다. 이러한 각도에서 서사를 바라본다면 전개된 사건 못지않게 부여된 변인도 중요한 연구 대상이 된다. 특정한 방향으로 사건을 흐르게 만든 변인에 주목해 변인의 특징을 분석하는 방식의 서사 연구를 상정해 볼 수 있는 것이다.

환상(幻想)은 그 가운데 가장 극단적인 성격의 변인이고, 바로 그러한 점에서 흥미롭고도 긴요한 연구 대상이 된다. 환상이란 텍스트 밖의 현실에서는 불가능한 무엇이기 때문이다. 따라서 환상이라는 변인을 잘 활용한다면 텍스트 밖의 현실에서는 불가능한 것까지도 실험할 수 있게 된다. 그러한 맥락에서 환상 서사는 곧, 훌륭한 한 편의 사고실험이기도 하다.

예컨대 환상을 빌리지 않고 현실에만 입각한다면, 여우가 아무리 꾀 많은 동물로 설정된다 해도 인간을 정점으로 한 자연 질서를 전복시킬 수는 없다.[1]

---

1 <스프링필드의 여우(The Springfield Fox)>와 같은 작품이 이 사례에 해당한다. 이 작품에

그러나 환상이라는 변인을 활용해 여우에게 말하는 능력과 협상할 수 있는 능력을 부여한다면 상황이 달라진다. 이 경우 여우가 농부와 협상하여 농부를 종으로 부리는 이야기가 가능해진다.[2] 나아가 여우가 인간으로 변신할 수 있다는 변인을 덧붙인다면, 여우가 오히려 인간보다 슬기로워 조언을 한다는 이야기도 나타날 수 있다.[3] 이렇게 서사에 환상이라는 변인이 가미되면 너무나 당연해 보이는 인간 중심의 질서도 전도시켜 사유할 수 있다. 현실만으로는 실험할 수 없는 것을 환상으로는 실험할 수 있는 셈이다.

변인이 부여될 수 있는 대상에는 한정이 없다. 환상 역시 마찬가지다. 세계에 환상이 가해지면 환상적 세계가, 인물에 환상이 가해지면 환상적 인물이 도출된다. 그 가운데서도 환상이 세계에 결합된 경우가 인물에 결합된 경우보다 더욱 거대한 변화를 초래한다. 세계는 단순히 공간적 배경이 아니라 작품 전체의 짜임새와도 직결되는 요소이기 때문이다. 환상적인 세계가 등장하면 이후로 어떤 환상적인 사건이 전개되더라도 개연성이 확보된다. 따라서 작가는 세계에 환상이라는 변인을 부여함으로써 우리가 당연시했던 현실의 모든 것들을 실험대 위에 올려놓을 수 있다.

바로 그렇기 때문에 환상에 대한 연구는 궁극적으로 환상적인 세계에 대한 연구에까지 가 닿아야 한다. 이 책에서 환상적 세계에 대한 연구를 시도하는 것은 이러한 이유에서다. 단, 이때 세계(世界)란 그 문자적 의미에서도 알 수 있듯이 시간[世]과 공간[界]의 결합이다. 시간과 공간은 표현된 면모에 있

서 여우들은 뛰어나게 영리하지만 결국에는 모두 사냥당해 비극적인 죽음을 맞는다. 이 작품은 어니스트 톰슨 시턴(Ernest Thompson Seton, 1860-1946)이 1898년 발표한 『내가 아는 야생동물(Wild Animals I Have Known)』에 수록되어 있다. 『내가 아는 야생동물』은 국내에는 『시튼 동물기』라는 제목으로 잘 알려져 있다.

2   이 이야기는 중세 프랑스의 동물 우화 모음집인 <여우 이야기(Roman de Renart)>에서 찾아볼 수 있다.
3   중국 당대(唐代)의 전기(傳奇) <임씨전(任氏傳)>의 여우가 이러한 모습을 보인다.

어서는 서로 긴밀하게 엮이어 형상화되지만, 작용 원리와 내적인 구성 방식에 있어서는 서로 구별되는 측면이 있다. 그러므로 환상적 시간과 환상적 공간에 대한 연구는 접근 방식과 분석하는 틀이 각각에 적합한 형태로 달리 마련되어야 마땅하다. 이에 이 책에서는 그 가운데 환상적 공간, 즉 환상계(幻想界)를 규명하는 데 집중하기로 한다.

인간의 상상력은 항시 가시적인 현실 너머로 뻗어 나가기에 환상은 어느 시대, 어느 지역의 서사에서건 상존(常存)해 있다. 그 어떤 것을 환상 서사 연구의 출발점으로 잡아도 이상하지 않다. 다만 연구의 우선순위와 이점(利點)이 고려되어야 한다. 그런 관점의 연장선상에서 주목하게 되는 것이 환상성의 원류(源流)와 그것이 만개(滿開)한 지점이다.

그간 환상문학 혹은 환상성 관련 연구들은 주로 서구의 연구에 기대어 있었다. 연구의 선편을 서구 학계에서 잡았었기 때문이다. 그뿐만 아니라 창작의 국면에서도 서구로부터의 영향이 적지 않았다. 본격문학으로서의 현대 환상문학에서도, 장르문학으로서의 판타지 소설에서도 그러한 영향을 찾아볼 수 있어서, 정신분석학과 밀접하게 연관된 환상성이나 서구적인 외형의 인물 및 마법이 흔하게 나타나곤 했다. 물론 이러한 현상 자체는 문제일 수 없다. 오히려 새로운 원동력을 통해 다양한 작품과 주제를 산출해 냈다는 점에서 긍정적으로 평가함이 옳을 것이다.

문제는 환상성의 원류가 하나로 편중될 위험성이다. 서구의 환상 서사는 『반지의 제왕(The Lord of the Rings)』이나 『해리포터(Harry Potter)』 시리즈와 같은 소설, 디즈니(Disney)와 마블(Marvel)의 영화에 이르기까지 전 세계적으로 영향력을 끼치고 있다.[4] 그 결과 환상이 서구적인 성격을 지닌 것으로

---

[4] 이 책에서 환상 서사란 환상성을 지닌 서사 일반을 가리킨다. "서사는 이야기를 지닌 모든 것을 의미"(오탁번·이남호, 『서사문학의 이해』, 고려대학교 출판부, 1999, 28면)하므로 환상 서사는 특정 발생 시기나 세부 장르에 귀속되지 않는 용어로 적합하다.

축소되어 이해될 위험성이 발생한다. '환상적인 것'이라 하면 '영웅/왕자가 엘프/마법사의 도움을 받아 마녀/악마/드래곤을 마법적인 힘으로 물리치는 이야기'를 쉽게, 우선하여 떠올리는 것이다.

환상의 내용이 전형화되는 것은 앞서 논급한 '사고실험'의 가치를 훼손한다는 점에서 경계해야 하는 일이다. 환상이 무한히 자유로운 것이라는 생각은 연구자마다 관점이 달라 반박될 수 있다.[5] 그러나 부정적 견해를 따른다고 하더라도, 오히려 그렇기 때문에 환상의 뿌리가 되는 토대는 광범위해야 한다. 환상으로 빚어질 수 있는 재료가 풍부해지는 일이기 때문이다.

따라서 서구가 아닌 동아시아 문명권의 환상성을 고찰하려는 시도는 단순히 동아시아의 환상성을 '보존'하는 소극적인 가치만 갖는 것이 아니다. 그것은 환상성의 원류를 다각화하여 다채로운 환상 서사가 자라날 토대를 넓히는 작업이다. 토대가 넓고 자양분이 풍부할수록 보다 다양한 환상성이 경합하고 때로는 변증법적 합(合)이 도출될 수 있다. 그런 관점에서 이는 환상성 전체를 풍요롭게 하는 적극적인 작업이 된다.

이러한 맥락에서 동아시아 문명권의 환상성을 고찰하는 일은 우선 원류가 되는 고전 서사에서 시작되어야 한다. 또한 고전 서사 내에서도 다시 원류를 찾자면 고대와 중세의 사고방식들, 즉 유교, 불교, 도교, 토착신앙 및 무속을 살펴야 한다. 필자는 이전에 불교·도교의 경전으로부터 환상성을 추출하고 분석한 바 있다. 그리고 그것이 고전소설 등 고전 서사 전반에 영향을 끼쳤을 가능성을 제시했다.[6] 이 책은 그에 대한 일종의 응답이기도 하다. 처음에

---

5   예컨대 잭슨은 "환상은 초월적인 것이 아니"라고 단언하면서, "이 세계의 요소들을 전도시키는 것, 낯설고 친숙하지 않으며 그리고 명백하게 새롭고 절대적으로 다른 어떤 것을 산출하기 위해 그 구성 자질들을 새로운 관계로 재결합하는 것과 관련되어 있다"고 본다(로즈메리 잭슨, 『환상성-전복의 문학』, 문학동네, 2001, 18면).

6   강혜진, 「<유마경(維摩經)>을 통해 본 불교 경전의 환상 실현 양상과 의미」, 고려대학교 석사학위논문, 2017.

유·불·도의 사유 방식에서 자극을 받았을 환상성이 문학의 외피를 여러 겹 입어가면서 고전소설에 이르러 만개했으리라 보고, 그 양상을 살피고자 하는 것이다.

고전 서사의 여러 서사 양식 가운데서도 고전소설은 비교적 후기에 발생한 장르다. 또한 창작물이라는 의식이 비교적 강한 상태에서 창작된 장르이기도 하다. 이는 곧 고전소설이 그 이전까지의 서사에 나타난 환상성을 잘 활용하고 종합했을 가능성을 시사한다. 이 책에서 숱한 고전 서사들 가운데서도 특히 <구운몽(九雲夢)>, <전우치전(田禹治傳)>, <옥루몽(玉樓夢)>을 주요 대상 텍스트로 삼는 이유다.

특히 환상계의 측면에서 이들 소설은 유의미한 논점을 제시한다. 이전에는 소설에 환상계가 등장할 경우, 그것은 대체로 처음부터 일종의 설정으로 주어지며 작중에서 진실로 존재하는 환상계로 그려졌다. 그러나 <구운몽>에서는 그러한 환상계를 모방하였으되, 실은 환상계가 아닌 공간이 등장하여 주제를 복잡하게 만든다. 또한 <전우치전>에서는 아예 그러한 환상계를 작중에서 생략해 버리고 새로이 만들어지는 환상계를 내세워 특이한 환상성을 생성해 낸다. <옥루몽>의 경우 주어진 환상계와 만들어진 환상계를 작중에 함께 등장시키는 독특한 선택을 해 보이고, 그 때문에 다층적인 문제 상황과 해결 방식이 제시된다. 그뿐만 아니라 <구운몽>은 불교를, <전우치전>은 도교를, <옥루몽>은 유교 중심의 삼교 일치를 사상적 배경으로 삼고 있는데, 이 역시 각 작품이 제시하는 환상계와 호응하고 있어 이를 살피는 일도 흥미로울 것이다. 이를 깊이 파헤쳐 가다 보면 한국 고전 서사의 환상성이라는 한 거대한 원류에 가 닿을 수 있으리라 기대한다.

종합하여 말하자면 이 책은 다음의 기대 효과들을 가진다. 첫째, 고전 서사 이해의 지평을 넓히는 것이다. <구운몽>, <전우치전>, <옥루몽> 등 우리 고전 서사의 대표적인 작품들을 환상계라는 키워드를 통해 새로운 각도에서 분석할 수 있으리라 생각한다. 물론 이 작품들은 그간 우리의 문학사에서 주목을 많이 받아왔으며 그에 따라 선행 연구도 상당히 많이 축적되어 있는 작품들이다. 그럼에도 불구하고 이들 작품에서 중추를 이루고 있는 환상계에 초점을 맞춘 연구는 많지 않다. 이 책에서는 환상계를 핵심 개념으로 삼아 세 작품을 비교함으로써 각 작품에 내재된 문제의식을 더욱 섬세히 살펴볼 수 있으리라 기대한다.

둘째, 문학사적인 의의와 비교문학적인 의의가 있을 것이다. 하나의 작품이 아닌 여러 작품을 논함으로써 필연적으로 서사가 보이는 변화의 방향을 말하게 될 것이기 때문이다. 이는 특히 제3부에서 주로 전개될 것이다. 나아가 논의를 확장해 동아시아 환상 서사뿐만 아니라 지금 우리 시대의 다종다양한 서사 및 콘텐츠와도 접맥해 보고자 한다. 이를 초석으로 삼아 추후에 논의를 발전시켜 나간다면 동아시아 환상 문학사를 정립하는 작업도 가능해지리라 기대한다.

셋째, 앞으로 사유해야 할 문젯거리들을 드러내 주는 의의다. 환상은 현실에서 불가능한 무엇이다. 그러므로 환상을 사유한다는 것은 곧 현실을 넘어서는 방식을 사유하는 것이기도 하다. 물론 때로 어떤 작품에서는, 직접적으로 표출된 문제의식 자체는 다소 작은 것일 수 있다. 그러나 그것을 마주하는 독자와 연구자는 그 이면을 깊게 읽어냄으로써 문제의식을 얼마든지 확장해 나갈 수 있다. 환상은 사유를 촉발할 뿐만 아니라 한계를 두지 않고 사유를 확장해 나가게 한다는 점에서 문학 안에서뿐만이 아니라 그 바깥에서도 중요한 의미를 가진다.

특히 이 책에서 집중적으로 다루는 <옥루몽>, <구운몽>, <전우치전>은 환상성이 충만하여 사유를 촉발할 수 있는 잠재력을 충분히 가진 작품들이다. 이들 작품은 당시의 사상을 재료로 하여 산출되었으면서도 그것을 문학적으로 다루어, 때로 철학의 언어논리마저 뛰어넘은 모습을 보여준다. 제2부에서 이를 상세히 고찰하고자 한다.

넷째, 현대에도 유용할, 환상 서사의 창작 방안을 도출하는 의의다. 이 책의 목표는 각 작품에 어떤 환상계가 쓰였다는 것을 분석하는 데서 끝나지 않는다. 궁극적인 목표는 환상계 형상화의 기초가 되는 원리를 규명하는 것이다. 그리하여 도출된 원리를 현대에도 끌어온다면 환상 서사를 창작하는 일에도 참고가 될 수 있을 것이다.

특히 이것은 우리나라를 포함한 동아시아의 고전 서사에서 창출된 원리이기에, 우리의 독창적인 환상 서사를 창조해 내는 원동력이 될 수 있으리라 기대된다. 그간 현대의 환상 서사 중 많은 수는 서구의 환상 서사를 참고해 왔다. 그로써 이국적이고 이색적인 환상성을 산출하는 데 힘썼다. 그러나 하나의 전통에만 의존한다면 다양성의 측면에 있어서 한계가 있을 수밖에 없다. 환상 서사의 원류를 밝혀 다원화하는 작업은, 그런 점에서 한계를 돌파하는 창구가 될 수 있다.

다섯째, 지금 우리 시대뿐만 아니라 미래에 도래할 일들에 대한 예견이라는 점에서 의의를 갖는다. 환상성은 근본적으로 미래지향적인 성격을 지닌다. 현실에서 불가능한 것이 무엇인지를 보여주어 그로 이끌리게끔 하기 때문이다. 그렇다면 비록 그 환상 자체는 불가능한 것일지언정, 그를 닮은 무엇인가는 미래에 실현될 수 있다. 유발 하라리(Yuval Harari)의 말대로 인류는 가장 환상적이고 신성한 존재인 신(神)을 목표로 삼아 닮아가고 있다.[7]

그렇다면 아이러니하게도 미래 인류의 목표는 과거의 환상이 된다. 그런 점에서 고전 서사의 환상은 미래에 대한 이정표이자 미래를 미리 실험한 표본이라고도 할 수 있다. 실제로 현대의 증강현실(Augumented Reality) 및

---

[7] 그런 점에서 유발 하라리는 동시대-미래의 인류를 '호모 데우스'라 명명하기도 했다(유발 하라리 저, 김명주 역, 『호모 데우스』, 김영사, 2017).

가상현실(Virtual Reality)은 환상계를 현실계에 침투하게 하는 방식으로도 활용되는데, 이는 고전 서사에서 환상계가 현실계에 중첩되는 형태로 그려졌던 것과 상통한다. 그러므로 연구의 시작점은 고전 서사의 환상계에서 마련되나 연구가 궁극적으로 향하는 곳은 지금, 그리고 미래라고 할 수 있다. 환상 연구의 최종적인 의의는 환상 서사에 내포된 이와 같은 함의를 살펴 이끌어 냄으로써 미래상을 모색하게 하는 데에 있을 것이다.

덧붙여 이는 이 책에서 고전문학 작품이 아닌 것들을 각주로 빈번히 불러들이는 이유이기도 하다. 고전문학 작품들을 중심에 두고 논하겠지만, 논의가 그 바깥으로도 열려있기를 바란다. 비교 연구는 연구 대상의 적용 범위를 넓혀주면서 동시에 연구 대상의 정체성을 선명하게 만드는 이중의 긴요한 효과를 갖는다. 고전문학 연구에 있어서도 마찬가지다. 고전문학 작품들이 고전이 아닌 현대, 협의의 문학이 아닌 광의의 서사와도 어우러질 수 있을 때, 고전문학의 가치는 더욱 빛을 발할 것이며 연구 성과 역시 풍성해질 것이라 믿는다.

2. 환상과 환상계의 개념 규정

1) 용어의 적합성과 규정의 방향

본격적으로 논의를 펼치기 전에 우선 이 책에서 주요 개념어로 사용하고 있는 '환상'에 대해 규정할 필요가 있다. 환상이 탄탄하게 규정되어야 이것의 성격(환상성)과 이에 기초한 세계(환상계)의 뜻이 확정될 수 있기 때문이다. 환상계의 유형과 역할을 분석하는 작업은 그 다음에야 가능한 일이 된다.

문제는 선행 연구에서 환상(성)을 정의할 때 지역마다, 분과학문마다, 심지어는 같은 분과의 학자마다 논의가 달라 혼란을 초래하는 경향이 있다는 것이다. 환상성이란 본디 획일화된 무엇을 거부하고 뒤엎어 버리는 움직임이므로 하나의 정의 아래 가둬놓는 것 자체가 어려운 일이기는 하다. 어떤 정의가 제시되면 그것마저 넘어서 버릴 수 있는 것이 환상의 잠재력이기 때문이다.

그럼에도 불구하고 환상을 학술적으로 분석하기 위해서는 용어에 대한 규정이 필수적이다. 하나의 일정한 용어를 기초로 삼아야 작품을 비교하고 평가하는 작업이 그때마다 다른 사견에 치우치지 않을 것이기 때문이다. 정의마저도 넘어서는 독특한 환상이 나타날 경우, 그 정의를 넘어선다는 측면에서 새로이 의의를 부여하면 된다.

따라서 '환상'이라는 용어를 규정함에 있어 세 가지를 염두에 두고자 한다: 학술적으로 정밀할 것, 현재 쓰이는 어감에 맞을 것, 범용성이 있게끔 간명할 것. 특성상 다양하고 다채로울 수밖에 없는 수많은 환상의 가능성을 품어 내기 위해서는 분과학문이나 지역별 차이를 넘어 보편타당하게 공감할 수 있는 용어여야 하기 때문이다.

더구나 현대에는 소위 '환상물'이라 불리는 다양한 서사들-영화, 드라마, 애니메이션, 만화, 웹툰, 웹소설 등-이 흥기하고 있고, 환상이라는 용어는 이들 서사에 결합되어 쓰이고 있다. 이러한 상황에서 소설이라는 장르나 심지어는 특정 몇몇 작품에만 협소하게 적용될 수 있는 규정을 마련해서는 곤란하다. 따라서 어감과 범용성을 규정의 요건으로 전제했다. 또한 범용성이 있으려면 쉽게 차용될 수 있는 규정이어야 하는바, 규정이 간명할 필요도 따른다.

이어서 환상계의 경우, 환상계로 용어가 통일될 수 있는지부터 타진해 볼 필요가 있다. 그간 이계(異界), 별세계, 초현실계 등의 용어가 환상계와 함께 아울러 사용되어왔기 때문이다.

이계의 경우, 용어에 내포된 '다름(異)'의 범주가 너무 넓다는 점에서 문제가 된다. 다름의 기준이 되는 현실이 어디까지인지를 새로이 정해야 하고, 어느 정도 다른 것까지를 포괄하는지를 정해야만 명쾌해지는 용어다. 그런데 그 기준을 합의하는 것이 그리 쉬워 보이지 않는다. 종종 현실에 존재하기는 하되, 처음 접하게 되는 낯선 세계의 경우에도 이계라는 용어가 사용되기 때문이다.[8]

별세계(別世界)의 경우, 현실과는 분리된[別] 독립적인 세계를 뜻하는 데에 치우친 느낌을 준다. 현실계 내부에서 틈입하여 나타나는 환상계까지 통칭하기에는 적합하지 않다. 그뿐만 아니라 별세계는 '세계'에만 협소하게 쓰일 수 있는 용어라는 점에서도 감점 요인이 있다. 비슷한 속성을 가진 인물, 도구, 이미지 등을 아울러 지칭할 수 있는 상위 개념어가 없기 때문이다. 초현실계 역시 같은 맥락에서 약점을 지닌다. 초현실성이라는 말은 잘 쓰이지 않기 때문이다. 게다가 기존의 초현실주의(surrealism)는 다른 결을 지닌 용어이기 때문에 오히려 오해를 가중시킬 우려도 있다.

그런 점에서 환상계는 가장 적당한 선택지라 할 수 있다. 단순히 이국적이거나 이색적이기만 한 세계를 배제하는 용어이면서도 흔히 떠올리는 환상적인 세계상 전반을 지칭할 수 있다. 특히 환상계는 '환상'으로부터 파생된 용어이기에 환상적 인물/도구/이미지, 환상성 등 다른 방면의 용어로도 쉽게 전이되고 어우러져 쓰일 수 있다. 그러므로 이 책에서는 환상계를 핵심어로 선택해 논지를 전개하기로 한다.

---

[8] 예컨대 신익철은 이계를 '기존의 세계관으로는 이해하기 어려운 기이한 세계'를 뜻하는 용어로 사용하면서도, 기존의 세계관을 곧 '중세 동아시아 한자문명권 속에서 형성된 세계 인식 정도의 의미를 함유한다'고 하고 있다(신익철, 「조선 후기 연행록에 나타난 이계(異界) 풍경과 기괴(奇怪) 체험」, 『일본학연구』 47, 2016, 99면). 그렇다면 이 경우 이계는 본서에서 논하고자 하는 환상계와는 다른 것이 된다. 그럼에도 불구하고 이렇게 쓰이는 것이 어색하게 여겨지지 않는다는 점에서 이계라는 용어의 외연이 너무 넓다는 사실을 확인할 수 있다.

환상계에 대한 연구는 그간 주로 작품이나 개별 장르, 소재를 중심으로 이뤄지는 경향이 있어 왔다. <심청가>에 나타난 용궁의 역할이라든지, 영웅소설에 나타난 환상계의 기능 등에 주목하는 것이다. 그러나 작품 혹은 장르에 기반한 논의는 점진적으로 여러 작품과 장르를 아우르는 연구로 확장되어야 할 필요가 있다. 환상계는 어느 한 장르에만 귀속되어서 나타나기보다는 여러 장르와 여러 작품에 걸쳐서 비슷한 양상으로 나타나기 때문이다. 장르를 넘어서 환상계를 거시적으로 고찰하는 일이 선행되고 나면, 그를 토대로 삼아 추후에는 각 장르의 특징을 도출하는 데도 기여할 수 있을 것이다.

또한 용궁, 선계, 저승 등의 소재에 주목해 환상계를 살피는 관점은 소재 이면의 구조를 살피는 관점과 결부될 필요가 있다. 같은 소재라 해도 그 실체와 기능이 다른 환상계는 얼마든지 나타날 수 있다. 실제로 작품별로 같은 소재를 상당히 상이하게 활용하고 있음을 확인할 수 있다. 작품의 실제에 유연하게 응하는 이론이 되려면 표면의 소재에서 더 나아가, 그 기저에 놓인 구조들 또한 살펴져야 한다.

그뿐만 아니라 환상이 문면에 등장하는 방식도 고려해 보아야 한다. 문장의 기본 골격을 '주어+목적어+서술어'라 한다면, 주어와 목적어에는 명사형의 인물/대상이 나타나고 서술어에는 동사형의 행위가 나타날 것이다. 환상은 이 두 군데 모두에서 발견될 수 있다. 즉, 환상적인 인물과 대상으로서 나타나거나, 환상적인 행위로서 나타나는 것이다. 둘 중 하나만 만족해도 해당 문장은 환상과 연관된다. 예컨대 '용녀(龍女)가 감사하며 절을 올렸다'와 '이웃집 아이가 마법의 반지를 주워왔다'에는 환상적인 행위는 없지만 각각 환상적인 인물/대상이 등장하므로 환상의 측면에서 논해져야 한다. 또한 '이웃집 아이가 불현듯 공중으로 날아올랐다'라는 문장은 환상적인 행위로 인해 환상과 결부된다.

개별 문장에서는 환상이 등장하지 않음에도 불구하고, 문장이나 문단의 결합만으로 환상이 등장하는 경우도 존재한다. 두 문장이 동시적으로, 혹은 바로 이어질 수 없는 사건을 서술할 때가 그렇다. '이생은 분명히 초당 밖을 나섰다. 그런데 여전히 초당 안의 풍경이 펼쳐졌다.'라는 문장을 가정해 보자. 여기서 개별 문장에는 환상적 인물/대상/행위가 없다. 그러나 초당 밖을 나섰다는 문장과 계속 초당 안이었다는 문장이 상호 모순되면서 환상이 발생한다. 상식적으로 특정 공간 밖이면서 여전히 그 공간 안일 수는 없기 때문이다. 따라서 여기에는, 당장은 문면에 서술되지 않은 환상적인 작용이 도사리고 있을 것임을 짐작할 수 있다.

종합하여 환상은 개별 문장 내에서 인물/대상이나 행위로 나타나거나, 문장 간의 결합이 현실에서는 불가능한 사건을 발생시킬 때 등장한다. 그렇다면 환상, 환상계를 명사형 소재를 중심으로 규정하거나 유형화하는 데에는 한계가 따르기 마련이다. 환상적 행위나, 환상적 사건의 경우는 포착하기 어렵기 때문이다. 따라서 소재 중심의 분석과 함께, 소재 이면에 대한 분석도 행해져야 한다. 이것이 이 책에서 환상계의 구조, 즉 형상화 '원리'를 살피는 이유다. 소재가 표층의 개성을 반영한다면 구조는 심층의 의도와 원리를 반영한다.

2) 현실·비현실·환상

앞의 논의에 기초하여 보면, 환상의 개념을 규정함에 있어 고려할 만한 선택지로 두 가지를 꼽아볼 수 있을 듯하다. 첫 번째 선택지는 환상을 특정 장르를 형성하는 요건으로 보는 방식이다. 즉, 환상 '장르'의 기준을 마련하고 이에 귀속될 수 있는 작품과 그렇지 못한 작품을 나누는 방식이다. 이는 특정 작품군을 섬세히 분석하기에는 유리한 방식이다. 공통된 작품들만을 엄선하여 묶었으니, 그들 작품에서 환상적 사건이 전개되는 방식과 양상에 대해서는 일치된 무엇을 말할 수 있다. 그러나 이 방식은 환상 장르의 범주가 너무 협소해진다는 단점을 갖는다. 이 때문에 여러 작품을 엮어 비교하거나 문학사를 거시적 관점에서 조망할 때는 오히려 불리해지곤 한다. 환상이 아닌 또 다른 용어를 새로 도입해야 하고 그 용어가 환상과 대등한 개념의 층위를 갖는지 검토해야 하기 때문이다.

두 번째 선택지는 환상을 '요소'로 규정하는 방식이다. 이 관점에서는 환상을 어느 작품에건 나타날 수 있는 낱개의 사건으로 대한다. 그렇다면 어느 작품이건 나타난 환상을 기준으로 비교가 가능해진다. 이는 환상을 충동으로 보았던 캐스린 흄의 입장에 가까우나 엄밀하게 말해 흄과도 다르다. 흄은 환상을 거의 '모든' 작품에 나타나는 근본적이고 내적인 충동으로 보았다.[9] 그러한 까닭에 흔히 환상이라 부르지 않는 것들조차도 이 충동이 작용했다고 보아 환상에 귀속되는 사태가 벌어졌다. 반면에 '요소'로 보는 것은 환상이 실현된 '결과'를 기준으로 한다. 즉, 환상이 표현된 인물/사건/배경/세계/도구 등을 기준으로 삼는 것이다.

결과적으로 두 가지 선택지 가운데, 이 책에서는 두 번째의 요소 중심적 규정을 시도하고자 한다. 그렇게 하는 편이 앞서 논급했던 "학술적으로 정밀할 것, 현재 쓰이는 어감에 맞을 것, 범용성이 있게끔 간명할 것"이라는 요건에도 부합한다.

그렇다면 환상을 어떤 과정을 통해 규정해 나갈 것인가? 여기에도 또한 두 가지 방향을 제시해 볼 수 있는데 하나는 어원과 환상 담론의 시대적 변천을 따져가는 방식이며, 또 하나는 보편타당한 환상의 내포와 외연을 정하고 그 속성을 파헤쳐 들어가는 방식이다. 물론 이 둘은 상보적 관계에 놓일 수 있으나 결국엔 어느 한쪽이 중심이 될 수밖에 없는데, 계속하여

---

[9] 캐스린 흄 저, 한창엽 역, 『환상과 미메시스』, 푸른나무, 2000 참고.

말해왔듯 본서에서는 서사 전반을 살피는 범용성 있는 환상 규정을 지향하므로, 후자의 방식이 보다 적합할 듯싶다.

이러한 전제를 바탕으로 본격적으로 규정을 시작해 보고자 한다. 그 출발점은 '현실'이다. 기본적으로 환상이란 적어도 현실과는 다른 무엇이어야 하기 때문에 현실을 기준점으로 잡아 논의를 전개하는 편이 자연스럽다. 그러나 기준점이 될 현실이 무엇인가에 대해서는 다시 한번 되짚을 필요가 있다. 예컨대 환상에 대한 다음의 두 규정은 서로 다른 차원의 현실을 상정하고 있다.

> 가상적 허구를 통해 창조된, 일종의 의도적인 반현실(강상순)[10]

> 독자의 망설임(토도로프)[11]

전자에서는 '반현실'을 규정함에 있어 '창조된', '의도적'이라는 수식어를 사용하고 있다. 그런데 이는 모두 '작가'의 행위로부터 연유된 표현들이다. 작가의 의도를 염두에 둔다는 것은 곧 작가가 반현실을 창조함에 있어 현실의 기준점을 자신의 현실로부터 마련할 가능성을 고려한다는 것과 같다. 따라서 '반현실'에서의 현실은 그 정도가 크건 작건 간에 작가의 현실이 반영된 현실이다.

후자에서는 독자의 반응을 환상문학의 기준으로 삼고 있으므로 자연스럽

10　강상순, 「고소설에서 환상성의 몇 유형과 환몽소설의 환상성」, 34면.
11　츠베탕 토도로프 저, 최애영 역, 『환상문학서설』, 일월서각, 2013, 65면. 다만 토도로프가 논하는 독자는 실재하는 개별 독자들이 아니다. 토도로프는 다음과 같이 말하고 있다: "이렇게 말하면서 우리가 염두에 두고 있는 것은 특정의 개별적이고 현실적인 독자가 아니라, 텍스트에 암묵적으로 내포된 독자의 기능이라는 사실을 지체 없이 명시해야 하겠다"

게 독자의 현실이 유의미해진다. 그것이 실제 독자가 아니라 기능으로서의 독자, 추상화된 독자라 하더라도 마찬가지다. 독자의 현실이 추상화된 것으로 상정될 뿐, 여전히 임의의 독자가 가질 현실이 '망설임'을 유발하는 배경으로 자리 잡고 있다.

물론 최종적으로 규명하고자 하는 '현실'과 '환상'은 텍스트 내의 현실과 환상이다. 그러나 위에서 보듯이 그것은 텍스트 바깥의 현실과 분리 불가능한 관계에 있다. 따라서 '현실'이라고 여겨지는, 혹은 '현실'이라고 불리는 대상들을 여러 차원으로 세분화하여 살펴볼 필요가 생긴다.

우선 작가가 위치하고 있는 현실①이 있다. 이 현실은 텍스트의 바깥에, 텍스트와는 별도로 존재한다. 그러나 그것은 텍스트 내부의 현실과 무관하지 않다. 오히려 현실①은 작가가 텍스트 내의 현실을 창조할 때 활용되는 핵심적인 기준이 된다. 텍스트 내에 현실을 안배할 때 작가는 작가 자신이 알고 있는 현실을 끌어다 쓸 것이기 때문이다. 이렇게 작가가 텍스트 내에 구현하려는 현실②이 두 번째 층위의 현실이다. 그러나 텍스트에 실제로 구현된 현실③이 항상 현실②와 꼭 같으리라는 보장은 없다. 구현의 과정은 때로 소실이나 왜곡의 위험성을 동반하기 때문이다. 따라서 현실②와 현실③을 구분할 필요가 있다.

독자의 텍스트 수용 과정과 관련해서도 현실을 구분해 볼 수 있다. 먼저 독자가 텍스트에서 읽어낸 현실④가 있을 것이다. 이 현실④도 마찬가지로 독해(讀解)라는 매개의 과정을 거치기 때문에 텍스트에 실제로 구현된 현실③과 구별될 필요가 있다. 마찬가지로 텍스트 바깥에는 독해의 주체인 독자가 위치한 현실⑤가 존재할 것이다.

여기에서 순수한 텍스트의 영역은 ③이라고 할 수 있겠으나, 어디까지나 개념적인 것이므로 실제로는 ②나 ④와 결부된 방식으로 존재할 수밖에 없다. 결과적으로 텍스트의 경계는 ②에서 ④까지가 된다.

중요한 점은 현실②와 현실④가 각기 현실①과 현실⑤에 의거한다는 사실이다. 텍스트 밖 작가의 세계에서 현실로 지각되는 것들이 텍스트 내로 모사(模寫)된 결과가 곧 현실②이기 때문이다. 마찬가지로 텍스트 밖 독자의 세계에서 현실로 지각되는 것들이 텍스트 내에서도 찾아질 때, 독자는 그것을 현실④로 받아들인다.[12] 즉, 텍스트 내에서 어떤 것이 현실인지 환상인지를 판단하는 가장 원초적인 근거는 '텍스트 밖의 현실' 인식에 달려 있다.

이 원초적 근거를 재론하는 이유는 환상을 서사 일반에서 찾는 지금의 풍토와도 관계가 있다. 토도로프는 환상을 경이 및 기괴와 구분하여 상당히 좁게 정의했으나, 지금 환상이 이해되는 방식은 이와는 사뭇 다르다. 토도로프의 정의에 따르면 경이에 속할 판타지 소설이나 신화도 흔히들 환상과 결부시켜 논하곤 한다. 더구나 협의의 문학이 아닌 영화나 게임 등의 콘텐츠를 논할 때도 환상은 자주 언급되는 개념이다. 그렇다면 환상을 '문학의 특정 장르 내에서 까다로운 조건을 만족시킴으로써 성립되는 무엇'으로 규정해서는 곤란하다. 그렇게 규정할 경우 환상이 실제적으로 유효한 개념이 되지 못하고 겉돌 가능성이 높다.

따라서 환상이라는 개념이 지닌 원초적 어감에서부터 환상의 개념 규정을 시작할 필요가 있다. 현실과 대별되는 어떤 속성으로서 환상을 규정해 보는 것이다. 결과적으로 논의는 다시 '현실'로 돌아온다. 즉, 최우선 순위에 놓인

---

[12] 여기서 작가의 현실과 독자의 현실 간의 간극을 지적할 수도 있을 것이다. 둘의 현실은 서로 상이한 사회적 맥락을 갖기 때문이다. 그러나 이 책에서 논하는 작가 및 독자의 '현실'이란 사회적, 이데올로기적 맥락과는 무관하다. 이 책에서 현실은 '객관적으로 지각될 수 있는 대상의 총체'를 말하며, 따라서 실재(實在)를 지각하는 방식에 가깝다. 작가와 독자가 같은 인간이라는 종인 이상, 실재를 지각하는 방식은 보편성을 띠게 되고, 이에 기반한 세계상이 곧 현실인 것이다. 그런 점에서 오히려 문제 되는 간극은 시대적 간극이다. 작가의 시대에는 환상으로 여겨졌던 것이 독자의 시대에는 현실로 이해되는 경우를 상정할 수 있기 때문이다. 이는 후에 상술하도록 한다.

과제는 텍스트 밖 작가와 독자의 세계, 간추려 '실제 세계'의 차원에서 현실과 환상이 어떻게 규정될 수 있는지를 살펴보는 것이 된다. 또한 이렇게 실제 세계의 차원에서 먼저 현실과 환상을 논의해야만, 텍스트 안팎이 분리되어 '허구'와 '환상'이라는 서로 다른 개념이 혼용되는 문제도 방지할 수 있다.

그런데 '실제 세계'에는 서로 구별되는 두 가지 층위가 섞여 있다. 그것은 실제 세계를 경험하고 수용하는 주체의 존재 때문이다. 칸트(Immanuel Kant)는 물자체(物自體, Ding An Sich)와 현상을 구분한 바 있는데, 마찬가지로 실제 세계 그 사체와 주체의 경험과 수용을 거친 실제 세계를 구분해 볼 수 있다. 이 가운데 전자는 주체의 경험으로 소화되기 이전의 세계이므로 '경험 이전의 세계'라 부를 수 있겠다. 후자는 주체에 의해 이미 경험된 상태로 존재하는 '경험 이후의 세계'다. 주체는 '경험 이전의 세계'를 지각하고 수용하는 과정에서 무수한 세계상(像)을 얻게 되는데, 그러한 세계상의 총체로서 정립된 세계가 곧 '경험 이후의 세계'다.

중요한 것은 이 세계상, 즉 경험 이전의 세계를 경험함으로써 얻어지는 세계 이미지의 유형이다. 우리는 세계를 수용할 때 부지불식간에 다양한 방식을 활용한다. 감각과 상식에 의존하는 경우, 추리하거나 가정하는 경우, 눈에 보이는 바와는 완전히 다른 형상이나 결과를 상상해 보는 경우 등이 그렇다. 어떤 관점으로 세계를 수용하느냐에 따라 구성되는 세계상도 달라지게 된다.

이를 엄밀하게 나누어 논하면 세 가지 방식을 상정하게 된다. 가장 먼저 객관적으로 지각[13]되어 그것의 실재가 보편적으로 인정된 것만을 취하는 방

---

13 이때 지각(perception)이란 행위 주체가 대상을 파악하는 과정에 대한 총칭이다(김문조, 「감각과 사회: 시각 및 촉각을 중심으로」, 『영상문화』 18, 한국영상문화학회, 2011, 9면). 김문조에 따르면 지각은 인지, 감정 및 감각이라는 세 가지 범주로 대별될 수 있다. 인지가

식이다. 예를 들어 광화문에 간 인물 A가 광화문 광장에 이순신 장군상이 서 있는 것을 보았다고 하자. 인물 A가 인지한 이미지는 그 근처를 지나는 사람이라면 누구든 볼 수 있고, 불특정 다수로부터 그것이 사실임이 인정될 수 있다. 이것은 비단 광화문이라는 특정 대상에 대한 이미지이지만 위와 같은 방식으로 우리는 우리를 둘러싼 세계를 지각하곤 한다. 이렇게 객관적으로 지각되고 인정된 이미지들의 총체가 곧 우리가 흔히 말하는 '현실'이다.[14]

이때 명확히 해야 할 점이 있다. 현실로 규정되기 위해서는 객관적인 지각과 보편적 인정, 두 개의 조건을 모두 만족해야 한다는 점이다. 예컨대 백두산 정상에 펼쳐진 천지(天池)에 대한 이미지는 객관적 지각에 의거하여 그 실재함이 입증되었기에 현실에 속한다. 반면에 백두산 천지를 배회하는 괴물에 대한 이미지는 몇몇 사람이 보았다고 주장함에도 불구하고 실재함이 입증되지 않았기에 현실이 아니다. 그 개인으로서는 괴물을 보았다고 지각했을 수 있으나, 보편적으로는 착시일 가능성이 높다고 판단되어 인정받지 못한 것이다. 또한 백두산 천지에 선녀들이 내려온다는 전설을 믿는 경우를 가정해 보자. 이는 보편적으로 인정되지도 않지만, 인정 이전에 객관적인 지각을

진위 판별이 가능한 앎의 세계와 직결된 것으로 주로 지식의 형성이나 교환 과정을 뜻하는 것이라면, 감정은 "마음의 느낌"에 해당하는 것으로 주로 감정의 교류와 전파의 문제와 연관된 것이다. 반면에 "몸을 통한 느낌"인 감각은 눈, 코, 입, 귀, 혀, 손, 피부 등과 같은 감각기관을 경유한 외부적 자극의 포착이나 수용 행위를 의미한다. 본서에서 뜻하는 바는 세 범주 전체를 아우르므로 지각이라는 표현을 썼다.

14 현실과 사실의 차이도 짚고 넘어가고자 한다. 표준국어대사전에 따르면 사실이란 '실제로 있었던 일이나 현재에 있는 일'이다. 현실은 '실제로 존재하는 사실이나 상태'다. 정의상으로는 겹치는 부분이 있으나 사실은 '일', 즉 개별 사건에 가깝다. 개별 사건의 진위 여부를 따질 때 사실이라는 단어를 더 많이 쓰는 것도 이와 무관하지 않다. 반면에 현실은 지각되고 있는 세계상의 상태와 관련된다. '눈앞의 사실'보다는 '눈앞의 현실'이라는 말이 더 자연스럽다. 그러므로 본서에서는 현실이라는 단어를 택했다.

거친 것도 아니다. 따라서 현실이 아니다.

세계를 수용하는 두 번째 방식은 현실이 아닌 것들을 상정하여 세계상으로 수용하는 방식이다. 이는 첫 번째 세계상인 '현실'의 여집합이므로 '비(非)현실'이라고 명명해 볼 수 있다.[15] 여기에는 현실만을 세계상으로 받아들이는 관점과는 정반대의 관점이 깔려 있다. 즉, 실재 여부가 객관적으로 지각되지 않거나 보편적으로 인정되지 않는 것들 또한 세계를 구성하고 있다고 보는 것이다.

이 관점은 생각보다 흔하게 나타난다. 가정(假定)이나 추측, 어림짐작, 상상 등은 마주친 세계를 이해함에 있어 비현실의 이미지를 활용하는 사례다. 예를 들어 어떤 인물 B가 옆집 남성이 대학생일 거라고 짐작해 그의 모든 행동을 그에 결부시켜 생각한다고 해보자. 그가 지각한 바는 옆집 남성의 옷차림에 불과하지만 그로써 그는 옆집 남성의 신분을 추측하고 생활상을 상상한다. 그러므로 인물 B가 생각하는 실제 세계에는 '대학생이 사는 옆집'이 포함된다. 그러나 옆집 남성이 실은 간편한 복장을 선호할 뿐 직장인일 수도 있는 것이다. 따라서 인물 B의 옆집에 대한 이미지는 '현실'이 아닌 '비현실'에 속한다.

의식적인 가정이나 상상이 아니더라도 비현실은 부지불식간에 현실과 혼융되어 있다. 우리는 실제 세계를 현실이라는 통로로만 접하고 있다고 생각하지만, 현실이라 여긴 것들 가운데 실제로는 비현실에 귀속되는 것들이

---

15 고려대한국어대사전의 정의에 따르면 '비현실'은 '현재 실제로 존재하는 일이나 상태가 아닌 것'이다. 즉, 실제로 존재하지 않을 뿐 존재가 불가능한 것만 골라 일컫는 말은 아니다. 실제로 '비현실적'이라는 표현은 존재할 확률이 낮은 경우와, 확률이 아예 없어 불가능한 경우 두 가지에 모두 쓰이곤 한다. 예컨대 '하루 만에 그 책을 다 이해하겠다는 목표는 비현실적이야'라는 문장에서 '비현실'은 확률이 낮은 경우를 의미한다. 반면에 '흡혈귀를 만나고 싶다는 네 소망은 비현실적이야'라는 문장에서 '비현실'은 확률이 없어 불가능한 경우를 의미한다. 즉, 비현실은 환상을 포괄한다.

적지 않다. 종종 여론이 기사에 보도된 내용에 뜨겁게 반응해 공론을 만들어 내는 것을 보게 된다. 이때 공론에서 이야기하는 세계상은 현실로 대접받지만, 실제로 해당 사건의 진실을 열어보면 기사 이상의 현실을 포함하고 있어 공론과 차이를 보이곤 한다. 그렇다면 공론에서 현실로 여겨졌던 것은 비현실이 섞인 것, 혹은 전체가 모두 비현실이었던 셈이다. 세계를 지각함에 있어 비현실이라는 차원을 상정하는 것은 그런 점에서도 의미를 갖는다. 어떤 것을 쉽게 현실로, 실제 세계의 전모로 단정하는 오만함을 경계시켜 주는 것이다.

실제 세계에 대한 세 번째 세계상은 '환상'이다. 환상은 객관적인 지각과 보편적 인정이 처음부터 불가능한 것들을 상정한 세계상이다.[16] 물론 지각과 인정이 '불가능한 것'은, 지각과 인정이 '되지 않는 것'에 포함된다. 따라서 환상은 크게 보아 비현실에 속하나, 비현실의 범주 안에서도 궤를 달리하는 독특한 방식이기에 따로 구분할 필요가 있다.

예를 들어 바로 위에서 든 비현실의 사례는 환상에는 속하지 않는다. 옆집 남성이 실제로는 직장인이라 해도, 대학생이 '될 수 없는' 것은 아니다. 확률의 문제일 뿐, 직장을 그만두고 대학생이 되는 것이 불가능하지는 않기 때문이다. 그러나 인물A가 옆집 남성이 염라대왕이라고 생각한다면 이는 환상이다. 옆집 남성이 대학생이 될 수는 있지만 염라대왕이 될 수는 없기 때문이다.

따라서 환상은 비현실의 스펙트럼 내에서도 가장 극단에 위치해 있다. 여기에는 객관적 지각과 보편적 인정이 불가능한 것을, 적극적으로 세계의

---

16 표준국어대사전에서는 '환상(幻想)'을 '현실적인 기초나 가능성이 없는 헛된 생각이나 공상'으로, 고려대한국어대사전에서는 '현실성이나 가능성이 없는 헛된 생각이나 공상'으로 정의하고 있다. 두 사전의 정의에 공통적으로 가능성이 없음, 즉 불가능성이라는 속성이 들어가 있음을 확인할 수 있다.

일부로 받아들이는 사유가 내포되어 있다. 그런 점에서 환상은 현실에 반(反)하는 것들에 대한 이미지, 즉 반현실이라 하겠다. 또한 그렇기 때문에 환상을 실제 세계에 대한 세계상으로 간주하는 경우는 현실에 비해 소수다. 환상의 발현에 있어, 강신(降神)이나 꿈, 환각 등 특수한 매개를 상정하는 것도 그러한 이유에서다.

정리하자면 텍스트 밖의 세계, 즉 실제 세계에 대한 세계상은 다음과 같다.

현실: 객관적으로 지각되고 보편적으로 인정된 것들의 총체
비현실: 객관적으로 지각되지 않거나 보편적으로 인정되지 않는 것
환상: 객관적인 지각과 보편적인 인정이 불가능한 것

이 책에서 중심적으로 논의될 '현실계'와 '환상계'는 이 정의를 기초로 하여 규정된다.[17] 즉, 현실이 계열체를 이루면 곧 현실계이며, 환상이 복수(複數)로 등장하여 계열체를 이루면 곧 환상계이다.[18] 다만 위의 정의에서 현실은 '총체'로, 환상은 '것'이라는 단수(單數) 개념으로 상이하게 규정하고 있는데, 그와 같이 규정하는 편이 실제에 부합하기 때문이다. 인간은 본질적으로

---

17 여기에서 '것'이란 '개체(個體, unit)'를 뜻한다. 개별성을 지녀 헤아릴 수 있는 대상이다. 또한 계열체는 개체의 집합이다.
18 환상이라는 개체의 집합은 그들만의 관계망을 형성한다. 이 관계망은 단순히 개체의 합(合)이 아니다. 환상적 질서가 통용되는 장(場)이기도 하다. 현실에는 존재하지 않던 환상적인 인물/사건/행위/배경/도구 등이 복수(複數)로 등장하면서 서로가 서로에게 존재할 수 있는 근거가 되어주기 때문이다. 그리하여 적어도 이 관계망 내에서는 환상적 현상과 이법이 통용될 수 있게 된다. 그런 맥락에서 환상들의 계열체[系]를 환상계[界]라고 규정할 수 있다. 물론 개체가 많을수록 점유된 면적이 넓어져 공간성이 뚜렷해지는 경향은 있다. 두 점(點) 사이에는 선(線)이 생기지만 세 점 이상에서는 면(面)이, 극단적으로 점으로 뒤덮이면 채워진 면이 생기는 것과 같은 이치다. 다만 관계망이 형성되는 최소 요건은 두 개의 개체이므로, 환상계의 최소 단위 또한 두 개의 환상적 개체라고 할 수 있다.

현실의 공간 내에 위치한다. 따라서 현실은 거의 항상 총체로서, '현실계'로서 경험된다. 사실상 '현실'과 '현실계'가 등치될 수 있는 것이다. 반면에 환상은 환상계로도 경험될 수 있지만, 현실계에 돌출된 단일 개체로서도 경험 가능하다. 이 때문에 개별 개체로서의 환상과 복수의 계열체로서의 환상계는 구분될 필요가 있다.

정리하자면 현실과 비현실, 환상은 곧 실제 세계를 인식하는 서로 다른 시선, 일종의 '렌즈'이자 그를 투과하여 형성되는 세계상이다. 그리고 이 서로 다른 렌즈를 통해 얻어진 이미지들이 최소 복수 이상이어서 집합을 이뤄 일정한 관계망이 형성되면 곧 현실(계)와 비현실계, 환상계가 된다. 텍스트 밖의, 실제 세계는 현실(계), 비현실계, 환상계의 세 층위로 인식될 수 있는 셈이다. 다만 근현대 사회에서 실제 세계를 비추는 주요한 렌즈는 '현실'이기에, 실제 세계에서 환상계를 찾으려는 사고방식은 다소 생경하게 여겨질 수 있다. 그러나 고대 사회에만 하더라도 이것은 흔한 사고 방식이었다. 대표적으로 애니미즘이 그러했다. 만물(萬物) 각각은 항상 눈으로 보이는 상태 이상의 것으로 인식되었다. 바위라는 현실의 대상에는 바위 정령이라는 환상이 합쳐져 있다고 믿어졌던 것이다.[19]

이제 처음의 논의로 돌아가 텍스트 안의 현실과 환상을 규정할 차례다. 텍스트 밖 실제 세계를 보는 데에 소용되었던 렌즈는, 텍스트 안의 세계를 보는 데에 있어서도 유효하게 작동된다. 이미 논급했듯 텍스트 안의 세계(간추려 텍스트 세계)는 곧 텍스트 밖의 세계를 기준으로 삼아 만들어지고 읽히기 때문이다. 따라서 텍스트 안의 현실·비현실·환상은 텍스트 밖의 현실·비현실·환상과 놓인 층위는 달라도 속성 면에서는 동일하게 규정될 수

---

19 강혜진, 「환상 서사라는 근원적인 환대: 고전문학작품 「안빙몽유록」, 「서재야회록」과 증강현실게임 <포켓몬 GO>의 비교를 중심으로」, 『비교문학』 75, 2018, 7-8면.

있다. 즉, 문학 용어로 현실과 환상은 다음과 같이 규정해 볼 수 있다.

> 현실(계): 텍스트 밖의 세계에서 객관적으로 지각되고 보편적으로 인정될 수 있는 것들의 총체
> 환상(계): 텍스트 밖 세계에서 객관적인 지각과 보편적인 인정이 불가능한 것(의 계열체)

실제로 텍스트 밖의 현실계와 환상계는 각각 텍스트 안으로 녹아들어 작품의 세계관을 이룬다. 텍스트 밖의 현실계가 텍스트 안의 현실계로 온전히 모방되는 경우는 다큐멘터리나 사실을 그대로 기록하는 작품들에서 찾아볼 수 있다. 또한 텍스트 밖의 환상계가 텍스트 안의 환상계로 모방되는 경우는 너무나 많아 열거하기조차 어렵다. 텍스트 안의 세계는 실제 세계와는 별도의 장(場)이기 때문에 환상에 대해 훨씬 유연하고 너그럽다. 덕분에 텍스트 밖의 세계에서는 인정받지 못했던 환상들이 텍스트 안의 세계에서는 적극적으로 표현되곤 한다. 많은 경우, 텍스트 밖의 환상계보다 오히려 텍스트 안의 환상계가 더욱 깊고 풍요로운 의미를 갖는다.

이로써 환상과 환상계를 규정하는 논의를 일단락지을 수 있다. 그러나 논의를 완전히 끝맺기 전에 두 가지 부수적인 문제들을 해결해야 한다. 먼저 작가의 세계와 독자의 세계를 텍스트 밖의 세계로 묶을 수 있는가에 대한 것이다. 앞서 작가의 현실과 독자의 현실을 구분하여 제시했었으나, 이후 논의에서는 텍스트를 기준으로 하여 이들을 텍스트 밖의 세계로 묶어 논했기 때문이다. 작가의 세계와 독자의 세계가 위치상 텍스트 밖의 세계라는 공통점을 갖는 것과, 텍스트 밖의 세계라는 단일한 개념으로 합치되는 것은 분명히 다른 차원의 문제다.

작가와 독자가 서로 다른 시대적, 공간적 배경을 지닐 가능성은 늘 존재한

다. 고전소설을 읽는 현대 독자나, 프랑스 소설을 읽는 일본 독자 등이 그렇다. 애당초 텍스트를 접하는 개인이 놓인 위치는 각기 개인별로 고유한 것이기에, 근본적인 차이가 있을 수밖에 없다. 따라서 세부적인 국면에서 작가의 세계와 독자의 세계는 당연히 일치하지 않는다.

그러나 현실과 환상의 범주를 논함에 있어서만큼은 작가의 세계와 독자의 세계가 하나로 합치되어 이해될 수 있다. 적어도 같은 물리법칙이 작용하는 하나의 행성에 살고 있는 이상, '현실'의 근간을 이루는 조건들은 작가의 현실에서건 독자의 현실에서건 통일되어 있기 때문이다.[20] 그러므로 현실로 불가능한 것, 즉 환상인지 여부는 개개인의 고유한 위치나 주관을 떠나 중립적으로 파악될 수 있다. 특히나 본서에서는 개인별로 상이하고 다양한 독서 행위를 살피는 데에 목적이 있지 않다. 개개인이 아닌 불특정 다수의 '보편적 인정'을 조건으로 두어 구조적으로 분석하는 것이 목적이다. 그러므로 작가의 세계와 독자의 세계를 합쳐 '텍스트 밖의 세계'를 설정함에 있어 무리는 없다고 판단된다.

두 번째는 SF(Science Fiction)의 문제다. 시대적으로 작가는 독자와 최소 동시대인이거나 아니면 그보다 이전 시대를 살았던 사람이다. 이러한 시대적 구속력으로 인해, 작가가 텍스트 내에서 구현한 환상이 독자의 시대에는 과학 기술의 발달로 현실의 영역에 속할 가능성이 발생한다.[21] 이때 해당

---

20 더구나 현실에 대한 지식은 상식의 형태로 통용되기 때문에 합의는 더욱 손쉬워진다. 이와 관련하여 마리안네 뷘쉬는 '작중세계의 현실이 독자의 문화적 지식, 즉 일상적 지식으로부터 신학, 철학, 학문 등의 복잡한 문화적 시스템까지를 포괄하는 지식의 총합에 부합하기 때문에, 다시 말해 독자가 작중세계를 자신의 상식에 견주어 정상적이고 사실적이라고 받아들이게 되기 때문에, 독자는 작중세계와 자신의 현실이 일치하는 것으로 간주하게 된다' 고 했다(Marianne Wunsch, Die fantastische Literatur der fruhen moderne, Munchen 1991, S. 18f.; 홍진호, 「환상과 현실 - 환상문학에 나타나는 현실과 초자연적 사건의 충돌」, 『카프카연구』 21, 한국카프카학회, 2009, 337면 재인용).
21 이는 아서 C. 클라크(Arthur C. Clarke, 1917-2008)가 제시한 '충분히 발달한 과학 기술은

대상은 환상과 현실 중 어느 것으로 보아야 하는지가 의문시될 수 있다.

그러나 이 경우에도 위 논의는 여전히 유효하다. 과거의 작가는 미래의 과학 기술을 보고서 글을 쓴 것이 아니다. 즉, 그가 미래의 과학 기술을 완벽히 알고 있으면서 그것을 정합적으로 문학에 구현하기란 불가능에 가까운 일이다. 대다수의 경우, 과학 기술이 아닌 환상적인 요소로 그려졌던 것이 훗날 과학 기술로 구현되었다거나, 작가가 과학 기술의 일부를 알고 나머지 공백을 상상력으로 채운 것이 훗날 과학 기술로 메워진다. 따라서 과학 기술과 텍스트 안의 환상은 서로가 서로에 대해 잉여의 영역을 갖는다. 텍스트 안의 환상은 과학 기술로 치환되지 않는 신비로움을, 과학 기술은 환상으로 치환되지 않는 정밀한 물리법칙을 갖는다. 그러므로 작가의 상상력에 의해 구현된 환상이 완벽히 현실로 치환되는 일은 사실상 없다시피 하다.

다만 SF의 환상이 그 나름의 독특한 성격을 지닐 것임은 쉽게 예견된다. 초월적 신의 세계를 형상화하는 환상이라면, 어떻게 그러한 환상이 가능한가에 대해서는 상대적으로 관심이 덜할 것이다. 오히려 완전히 설명되지 않는다는 점에서 신성한 환상이 완성되기도 한다. 신의 세계라면 언어조차도 초월해 있을 것이기 때문이다. 단테의 <신곡>에 등장하는 천국이 그 대표적인 예다. 반면에 SF의 환상은 인간 세계에 도래할, 미래의 세계에 대한 것이다. 따라서 SF에서는 지금의 현실계에서는 도저히 불가능한 놀라운 환상을 제시하되, 동시에 그 나름의 원리를 내세워 그러한 환상이 가능한 이유를 설명하고 싶어 한다.

환상을 텍스트 밖의 세계와 연결 지어 규정하려는 시도는, 이처럼 텍스트 밖의 세계를 구조화해야 한다는 점에서 다소 번거로운 것일 수 있다. 그럼에

마법과 구별할 수 없다(Any sufficiently advanced technology is indistinguishable from magic)'라는 유명한 법칙을 환기시킨다(Arthur C. Clarke, *Profiles of the Future*(Harper & Row, 1963)).

도 이러한 방식은 환상 규정을 보다 간명하고도 범용성 있게 만든다. <삼국지연의>에서 제갈량이 적벽대전을 앞두고 동남풍을 비는 유명한 장면을 예로 들어보자. 제단을 쌓고 도사의 차림으로 하늘에 기도를 드려, 그 결과 동남풍이 동지섣달에 갑자기 휘몰아친다. 이것은 환상인가, 환상이 아닌가?

만일 텍스트가 창작된 시기나 특정 독자들의 관점을 기준으로 삼아 판단한다면, 이는 환상이 아니다. 당시의 도교 신도들이 본다면 이는 당연히 가능한 일이기 때문이다. 혹은 텍스트 내 인물들의 망설임을 기준으로 삼아 판단할 때도 이는 환상이 아니다. <삼국지연의>의 등장인물들은 제갈량의 기도가 통할 것이라 믿고 제단을 준비해 주기 때문이다. 텍스트 내에서의 속성, 즉 이 장면이 어떤 것을 전복하고 있느냐를 환상의 기준으로 삼아 따진다면, 그러한 속성과 무관하다는 점에서 역시 마찬가지로 환상이 아니다.

그러나 <삼국지연의>를 읽는 대다수의 독자들은 이 장면에서 환상성을 읽어낼 것이다. 또한 만약 누군가가 <삼국지연의>를 판타지 소설이나 게임으로 개작한다면, 이 장면은 매우 대표적인 환상적 사건으로 꼽혀 포함될 것이다. 실제 세계에서 이는 불특정 다수에게 객관적으로 지각되지도, 보편적으로 인정되지도 않기 때문이다. 그런 점에서 본서의 환상 규정이 환상의 어감과 그에 대한 보편적 인식에 가장 부합하리라 생각된다.

나아가 이 장면을 환상이 아닌 현실로 본다면, 텍스트를 제대로 읽어내는 데에도 한계가 발생한다. 이 장면의 이전까지 <삼국지연의>의 서사 전개는 치열한 수 싸움과 계책들로 탄탄하게 조직되어 있다. 비록 역사적 사실은 아니라 하더라도 진영 간에 오가는 계책들은 <삼국지연의> 내의 현실에 개연성과 핍진성을 부여한다. 정말 조조가 속을 수밖에 없겠다든가, 주유가 제갈량을 시기할 수밖에 없겠다든가 하는 설득력을 자아내면서 '있을 법한' 현실을 만들어 내는 것이다.

반면에 제갈량의 기도는 '있을 법한' 현실과 결을 달리하는 사건이다. 치밀하게 직조된 인과관계를 벗어나 '말도 안 되는' 놀라운 사건, 즉 환상으로서 형상화되는 것이다. 이것을 인정해야만, 제갈량에게 환상을 엮어준 <삼국지연의>의 의도와 이후의 사건 흐름을 파악할 수 있다. 즉, 수 싸움과 계책의 베풂에서는 주유가 제갈량에게 지지 않는다 해도, 제갈량은 환상적인 능력까지 가진 신이한 인물이라 주유보다 확연히 우위에 있음을 이러한 대목을 통해 확고히 하는 것이다. 그런 의도를 파악해야 '주유를 낳으시고 왜 또 제갈량을 낳으셨던가'라며 주유가 분사(憤死)하는 후속 사건이나, 또한 촉한(蜀漢)에 정통성이 부여되어 제갈량이 이상적인 승상으로 그려지는 이후의 전개 등을 깊이 있게 이해할 수 있다.

3. 환상계의 유형

앞서 살펴봤듯 환상과 현실은 서로 긴밀한 연관 관계를 맺고 있다. 따라서 환상계의 분류 역시도 현실계와의 관계를 기준으로 삼아 진행하는 것이 합당할 것이다. 현실계의 등장 여부가 첫 번째 기준이 되고, 등장할 시 환상계와 어떤 관계를 맺는가가 두 번째 기준이 될 것이다.

1) 독립적 환상계와 연계적 환상계

환상계가 등장하는 고전 서사의 대다수에서는 현실계도 함께 나타난다. 그러나 몇몇 작품들에서는 현실계가 아예 등장하지 않는 경우를 보게 된다. 동물을 주인공으로 삼고 그들이 인간처럼 살아가는 세계를 등장시키는 작품 가운데 그런 경우가 발견된다.[22] 사슴, 토끼, 두꺼비가 서로 나이 자랑을 하는

---

22 우화(寓話)를 논함에 있어 보편적으로 채택되는 개념은 환상이 아닌 알레고리다. 그러나 알레고리의 성격을 가진다고 해서 환상으로 논해질 수 없는 것은 아니다. 본서의 환상 규정

설화와 그를 모태로 한 <두껍전>, <녹처사연회> 등의 소설이 그렇다. 또한 자라가 용왕을 위해 토끼의 간을 구하는 <귀토지설>과 그를 바탕으로 한 <수궁가>, <별주부전> 등도 그 예가 된다.

현대의 서사들에서는 환상계만 등장하는 경우가 더욱 많아졌다. 그 한 켠에는 동화가, 다른 한 켠에는 소위 '판타지'라고 불리는 장르 서사들이 자리하고 있다. 동화에서는 처음부터 끝까지 의인화된 동물들의 세계나 요정들의 세계만 보여주는 경우가 많다. 대중적인 장르 서사들에서는 그러한 현상이 더욱 빈번하게 나타난다. 이미 이 분야의 정전(正典)으로 자리 잡은 톨킨의 『반지의 제왕』이 대표적인 예다.

따라서 환상계를 분류함에 있어 가장 먼저 현실계의 존재 여부가 기준이 된다. 작품 내에 현실계가 존재하지 않는다는 것은, 바꿔 말하면 환상계가 현실계로부터 완벽히 독립되어 환상계 그 자체만 표현되고 있다는 뜻이 된다. 따라서 이러한 환상계를 '독립적 환상계'라고 부르고자 한다. 그 반대편에는 작품 내에서 현실계가 환상계와 함께 표현되어 있는 유형이 놓일 것이다. 이 유형은 환상계가 현실계와 연계되어 있으므로, 그 특징을 살려 '연계적 환상계'라고 부르기로 한다.

다음 절에서 이어서 설명하겠지만, 연계적 환상계는 현실계가 환상계와 맺는 관계를 기준으로 세분화되어 설명될 수 있다. 이와 달리 독립적 환상계

을 따르면, 알레고리와 환상은 서로 다른 층위에서 발현되는 개념이 된다. 즉 알레고리는 내용 측면에서 어떤 것이 기존의 무엇을 비유하는지의 여부와 관련되어 있는 개념이다. 반면에 환상은 표현 측면에서 현실에서 불가능한 것을 표현하고 있는지의 여부와 관련되어 있다.

이렇게 보면 우화와 환상을 관련짓는 기존의 논의도 자연스러운 것이 된다. 예컨대 『한국 구비문학의 이해』에서는 다음과 같이 표현하고 있다: "환상적 성격을 지니는 민담 가운데 동물 우화가 삶을 드러내는 방식은 이들과는 다소 차이가 있다. 그것은 흔히 환상을 문학적 장치로 삼아서 현실적 삶의 단면을 드러내곤 한다"(강등학 외, 『한국 구비문학의 이해』, 월인, 2016, 197면).

의 경우 현실계가 부재하므로 현실계를 기준으로 삼는 것이 불가능하다. 그렇지만 복수(複數)의 독립적 환상계들을 등장시키는 작품은 허다하기에, 이들 환상계 역시 유형화할 수 있는 방안이 필요하다.

이러한 맥락에서 먼저 독립적 환상계들 간의 관계를 고찰하면, 그 가운데 어떤 환상계는 비교적 친근한 세계로 그려진다는 점을 알 수 있다. 예컨대 『반지의 제왕』에서는 본격적인 사건이 주인공 프로도가 살고 있던 호빗의 마을로부터 시작된다. 독자는 반지에 대해 전혀 모르는 프로도의 시각에서 이후의 사건들을 마주하게 된다. 반지에 얽힌 내력과 환상적인 사건들, 엘프의 세계나 오크의 세계 등 낯선 환상계들을 탐방하게 되는 것이다.

물론 프로도가 속한 호빗이라는 종족 역시 환상적인 존재들이며, 그들의 마을 또한 현실계가 아닌 환상계다. 호빗은 인간에 비해 월등히 키가 작고 귀가 뾰족하며 발이 큰 종족으로 묘사된다. 또한 호빗의 마을은 유달리 자연이 아름답고 풍요롭게 묘사된다. 그럼에도 독자는 프로도에 '이입'하여 독립적 환상계들을 바라보기 때문에 호빗의 마을이 '상대적으로' 친근한 환상계가 되는 것이다.

이것은 프로도와 그의 호빗 친구들이 도망치는 길에 우연히 엘프의 행렬을 목격하고서 감탄하는 장면에서 확연히 드러난다. 호빗들이 엘프의 행렬을 보고 신기해하고 경이로워할 때, 독자 역시 자연스레 그들의 감정으로 엘프들의 세계를 보게 되는 것이다. 환상적 존재라는 점에서는 호빗과 엘프가 동일함에도 그렇다. 호빗의 세계는 상대적으로 친근한 환상계가, 엘프의 세계는 상대적으로 낯선 환상계가 되는 것이다.

『반지의 제왕』에서 또 한 가지 친근하게 여겨지는 환상계는 인간들의 세계다. 물론 이 작품에서 인간은 텍스트 밖 실제의 인류와는 매우 다른, 초인에 가까운 종족이다. 그럼에도 불구하고 다른 종족은 더욱 유사성이 없기에, 이들을 상대적으로 친근하게 여기고 때로는 우리 인간의 알레고리로 보기까지 한다.

요컨대 독자가 상대적으로 친근하게 여기는 환상계는 세 가지 요건 중 적어도 하나 이상을 충족하는 세계다. 이야기가 시작되는 시점에 제시되는 세계이거나, 독자가 이입할 만한 주인공이 소속된 세계이거나, 텍스트 밖 현실의 인간 및 현실계와 유사도가 높은 세계인 것이다. 이 세 가지 요건을 강하게 갖는 환상계일수록 독자는 다양한 독립적 환상계들 가운데서도 친근한 환상계로 받아들이게 된다.

그리하여 이 친근한 환상계가 곧 독립적 환상계들 가운데서 현실계의 역할을 대행하는 세계가 된다. 다시 말해서 연계적 환상계를 표현한 작품에서 환상계를 유형화하는 기준이 현실계와의 관계에 있다면, 독립적 환상계를 표현한 작품에서는 기준이 친근한 환상계와의 관계에 있다. 그러므로 이 친근한 환상계를 '기준세계'라 명명할 수 있다. 독자는 기준세계의 형상화에 포함된 익숙한 면모들에 기대어, 그를 기준으로 삼아 작품 속 환상계들의 전모를 알아간다.

우리 고전 서사의 경우, 많은 경우가 연계적 환상계의 형태를 띠고 있다. 현실계 없이 독립적 환상계가 등장하더라도 대체로 단수(單數)로 등장한다. 복수(複數)의 독립적 환상계가 등장하는 작품은 흔치 않다.

앞서 살폈던 의인화를 활용한 작품들을 재론해 볼 필요가 있다. 이들 작품에서 환상성은, 원래는 의인화가 불가능한 무엇이 의인화되었다는 점에서 산출되며, 환상계는 의인화된 무엇이 다수로 등장해 세계를 이룰 때 구현된다. 따라서 이들 작품은 무엇이 의인화되느냐에 따라 세 가지로 나뉠 수 있다. 동물인 경우 우화(寓話)가 된다. 추상적인 개념의 경우, 주로 마음을 주인공으로 삼는 천군소설을 들 수 있다. 사물인 경우로는 가전이나 <서재야회록>, <규중칠우쟁론기> 등이 있다.

이들 가운데 세 번째 부류에서는 독립적 환상계를 찾기 어렵다. 아예 환상계를 형성하지 않고 환상적인 존재 하나만 등장하기도 하고, 그게 아니더라도 연계적 환상계의 모습을 하고 있다. 첫 번째 부류에서는 대체로 단일한 독립적 환상계를 표현한다. 심지어 이들 작품에서의 독립적 환상계는 현실계의 모습을 많이 닮아있다. 그렇기 때문에 알레고리적 성격이 강력하게 드러나는 것이기도 하다. 환상계가 단순하므로 환상적인 존재들을 인간으로 치환하여 생각하기 쉬워지는 것이다. 두 번째 부류의 경우에는 종종 천상계가 나타나기에 복수의 독립적 환상계로 이루어져 있다고 할 수 있다. 다만, 천상계에 대한 구체적인 묘사가 수반되는 편은 아니다.

이러한 관점에서 보았을 때 주목하게 되는 작품이 <수궁가> 및 <별주부전> 계열이다. 복수의 환상계가 구체적으로 형상화되는, 드문 작품군이 이 계열의 작품들이기 때문이다. 이들 작품에서는 토끼의 세계와 수궁계로 환상계가 이원화되어 있다. 특히 근원설화보다는 판소리나 고전소설처럼 상대적으로 후대의 장르에서 배경 묘사가 정교해지고 등장인물들이 많아져, 환상계가 더욱 뚜렷한 모습을 보이고 있다.

특히 이들 작품에서 이채로운 것은 기준세계의 활용 방식이다. 이야기가 대체로 용궁에서 시작되므로, 처음에 기준세계는 용궁이 된다. 독자들 역시 충(忠)의 가치를 보이는 선역(善役)인 별주부에게 쉽게 감정을 이입한다. 그리하여 별주부가 낯선 육지 세계, 토끼의 세계로 올라왔을 때 독자는 별주부의 시선에서 이 환상계를 탐색하게 된다.

수정문 밖 썩 나서서 세상 경계를 살피고 나오는디 경치가 장히 좋던 것이었다. 고고천변 일륜홍 부상으 높이 떠 양곡으 잦은 안개 월봉으로 돌고 돌아 어장촌 개 짖고 회안봉 구름이 떴구나 노화난다 눈되고 부평은 물에 둥실 어룡은 잠자고 잘새는 훨훨 날아든다 동정여천에 파시추, 금색 추파가 여기라 앞발로 벽파를 찍어 당겨 뒷발로 창랑을 탕탕 요리조리 저리요리 앙금둥실 떠 사면을 바라보니 지광은 칠백리 파광은 천일색인디 천외무산십이봉은 구름 밖으로 가 멀고 해외소상은 일천리 눈앞으 경이라 … 어디메로 가잔말 아마도 네로구나 요런 경치가 또 있나 아마도 네로구나 요런 경치가 또 있나.

김수연 창본 <수궁가>[23]

위의 인용문은 별주부의 시선에서 토끼의 세계가 그려지고 있음을 잘 보여준다. 토끼가 속한 육지 세계는 수궁계에 속해 있는 별주부로서는 신기한 세계였을 것이다. 그렇기에 그에 대한 묘사도 상당히 길다. 낯섦과 경이의 감정은 '요런 경치가 또 있나'라는 구절에 집약되어 나타난다.

그러나 기실 독자의 현실계와 유사한 세계는 수궁계보다 육지 세계다. 비록 육지 세계도 여러 동물들이 사람처럼 말하고 논쟁을 벌이는 환상계이지만, 상대적으로 현실계에 가까운 것은 육지 세계다. 바로 그렇기 때문에 위의 인용문은 낯익은 세계를 낯선 눈으로 바라보게 하는 기묘한 효과를 창출한다. 이것이 이 계열 작품이 갖는 환상적 미감인 것이다.

게다가 토끼가 본격적으로 등장하고 용왕에게 억울한 죽음을 당할 위기에 놓이면서부터는, 토끼의 편에서 상황을 바라볼 가능성이 커진다. 특히 주로 민중이었던 당대의 독자들이라면 더욱 그렇다. 따라서 토끼가 무사히 육지 세계로 귀환하기를 바라게 되고, 이에 기준세계는 토끼의 세계로 옮겨가게 된다.

다시 말해서 <수궁가> 및 <별주부전> 계열의 작품들은 수궁계와 별주부를 이야기의 시작 지점에 배치함으로써 기준세계를 이원화하고 있다. 만일 토끼와 토끼의 세계가 이야기의 시작 지점에 등장했다면, 그것이 유일한 기준세계가 되었을 것이다. 토끼의 세계야말로 앞서 논한 기준세계의 세

---

23 김진영 외, 『김수연 창본 수궁가』, 이회문화사, 2008.

가지 요건, 즉 이야기가 시작되는 세계이자 독자가 이입할 만한 주인공이 소속된 세계이며, 텍스트 밖 현실의 인간 및 현실계와 유사도가 높은 세계이기 때문이다. 그러나 수궁계를 먼저 등장시켰기 때문에 두 세계 모두 기준세계로서의 요건을 나눠 가질 수밖에 없었다. 환상 서사의 계보에서 <수궁가> 계열 작품군이 갖는 의의는 이렇게 환상계의 특징으로부터도 논할 수 있겠다.[24]

이로써 독립적 환상계와 기준세계라는 준거가 갖는 효과를 간략히 확인해 볼 수 있었다. 다만 이 책에서 이들 개념을 더욱 세세하게 다루지 않는 것은, 기준세계와 그 외 환상세의 관계가, 현실계와 환상계의 관계와 유사하게 대응되기 때문이다. 그렇다면 서로 보다 선명히 대별되는 현실계와 환상계의 관계를 중점적으로 검토하는 편이 연구 목적상 더 유리할 것이다. 그리고 그로써 도출된 바를 토대로 삼아 기준세계와 그 외 환상계와의 관계에 대응시키면 된다. 따라서 본서에서는 현실계와 환상계의 관계, 즉 연계적 환상계가 표현되는 양상에 집중하여 그 유형을 살피기로 한다.

2) 연계적 환상계의 6가지 하위 유형

① 속성에 따른 분류: 근원적 환상계, 허구적 환상계

1절에서 환상(계)을 '텍스트 밖의 현실을 기준으로 보았을 때 객관적인 지각과 보편적인 인정이 불가능한 것(세계)'라고 규정한 바 있다. 환상은 구체적인 물리적 형상을 갖지 않아 추상적으로 여겨질 수 있는 개념이다. 그런 까닭에 주관이나 가치판단이 개입되지 않은 규정이 필요했다. 독자가 환상을

---

24 마찬가지로 인물의 측면에서도 별주부를 1차 문제 해결자로 먼저 등장시키고, 이후에 토끼를 2차 문제 해결자로 형상화하고 있다. 이로써 등장인물 및 주제를 다면적(多面的)이게끔 할 수 있었다고 보인다.

대하는 태도나 혹은 환상에 기대하는 바를 기준으로 삼지 않은 이유다. 표현 방식, 즉 '텍스트 밖의 현실에서 불가능한' 것을 표현했는지의 여부만을 따져야 추상적인 개념에 명백하게 선을 그어 범위를 정해줄 수 있다.

다만 그 다음으로는 환상의 다층적인 결을 살펴 부각시켜주는 작업을 이어서 할 필요가 있다. 상위 개념으로서의 환상은 간명하게 규정하여 누구든 동의할 수 있게 마련하고, 동시에 하위 개념으로서 여러 환상의 유형을 마련해 환상의 다층적인 성격을 살려내는 것이다. 그럼으로써 상위 개념과 하위 개념이 상호 보완하는 관계를 이뤄 환상에 대한 논의를 온전하게 만들 수 있다.

따라서 환상계를 유형화하는 작업에서 가장 먼저 고려해야 할 것은 환상(계)에 대한 독자의 인식이다. 환상을 규정하는 작업에서는 객관성을 우선시하기 위해 일부러 미뤄두고 고려하지 않았던 부분이다. 그러나 환상 및 환상계의 다층성을 살펴야 할 유형화 작업에서는 중점적으로 논의할 필요가 있다.

실제로 인간이 환상을 대하는 태도는 일률적이지 않다. 똑같이 현실에서 지각 및 인정이 불가능한 것임에도 어떤 환상에 대해서는 그래도 실재하리라고 믿고, 어떤 환상에 대해서는 실재하지 않는 헛된 것이라 생각한다. 전자의 대표적인 사례가 내세(來世)다. 내세는 현실에서 객관적으로 지각될 수도 없고 보편적으로 인정될 수도 없으므로 기본적으로 환상에 속한다. 사람마다 혹은 종파(宗派)마다 내세를 가지각색으로 표현하는 것도, 현실에서 지각 및 인정이 불가능한 대상이어서 상상력을 빌려야 하기 때문이다. 그러나 그와 별개로 여러 종교의 신도(信徒)들은 내세가 현실계에 나타나는 것이 불가능할 뿐이지 실재하리라고 믿는다.

후자의 사례로는 마술사가 보여주는 환상을 들 수 있다. 사람들은 그것을 눈속임에 의해 나타나는 일회적인 현상이라고 생각하지, 그 자체로 실재하는 것은 아니라고 생각한다. 그렇기 때문에 마술사가 보여주는 환상에 대한 태도는 전자의 경우와는 사뭇 다르다. 같은 환상이라도 내세가 믿음의 대상이었다면 마술은 유희의 대상이다.

텍스트 내의 세계를 바라보는 독자 역시 마찬가지다. 텍스트를 대하는 대부분의 독자는 이미 텍스트 자체가 창작된 것임을 안다. 그럼에도 불구하고 텍스트 내의 어떤 환상은 실재하리라 여겨지는 환상의 반영물로 이해한다. 반면 어떤 환상에 대해서는 임시로 등장했다 곧 사라지는 허구적인 것으로 이해한다. 한 소설 내에서 같이 등장한다 해도, 독자는 지옥이 형상화된 대목과 환술(幻術)이 형상화된 대목을 다르게 읽는다.

그러므로 독자가 서로 다른 인식을 투영하게 하는 환상계의 '속성'이 첫 번째 분류 기준이 된다. 특히나 환상계의 속성은 위의 사례에서 보았듯 독자의 인식 중에서도 믿음과 긴밀히 연관된다. 이는 환상의 초기 형태를 상기했을 때 필연적인 결과이기도 하다. 중세와 고대로 거슬러 올라갈수록 환상은 종교와 결합되어 존재했기 때문이다.[25] 따라서 믿음의 대상이냐 아니냐를 환상계의 속성으로 삼아 환상계를 분류해 볼 수 있다.

이를 보다 체계화하여 말하자면, 다종다양한 환상계 가운데는 텍스트 내의 세계 속에 실재하고 있는 것으로 여겨지는 환상계들이 있을 것이다. 이를 근원적 환상계라 부르기로 하겠다.[26] 텍스트 밖 실제 세계에서도 믿음의 대상

---

[25] 물론 문학에서의 환상계와 종교에서의 환상계를 동일하게 볼 수는 없다. 종교에서는 신과 신의 세계를 절대적인 믿음의 대상으로 삼기 때문이다. 그와 달리 문학의 작가는 신의 세계를 차용하면서도 그것에 자유로운 상상을 덧붙여 허구적인 사건을 창출해 낸다. 같은 환상계여도 양자가 그것을 대하는 태도에는 일정한 차이가 있다. 그러나 중세에는 종교가 철학이자 사상, 당시의 지배적 이념이었다. 문학이라 하더라도 종교에서 차용한 환상계라면 작가든 당대 독자든 그를 대하는 태도에 일말의 믿음이 섞이기 마련이다. 따라서 종교에서 파생된 환상계와 그렇지 않은 환상계가 구현되는 양상은 달라지게 된다.

[26] 이민희도 공간과 관련하여 '근원적'이라는 말을 쓴 적이 있다: "그림에서 관점이나 구도의 문제는, 앞서 언급했듯이, 기법의 문제이면서 동시에 그것을 뛰어넘는 철학적 인식의 문제와 관련된다. 그렇기 때문에 산수화에서의 공간은 단순히 평면적인 것이 아니라 '근원적'인

이 되곤 하는 환상계들이 주로 이 유형의 환상계를 이룬다. 그리고 그 반대의 극단에 텍스트 내의 세계 속에 실재하는 것으로 여겨지지 않는 환상계들이 있을 터, 이들을 허구적 환상계라 부르기로 한다.

근원적 환상계는 '현실계에 나타난 환상들의 근원(根源)이 되는 세계'라는 중요한 특징을 갖는다.[27] 현실계 이전부터 존재해 있는 환상계이면서 종교와 신앙을 반영하는 환상계이기 때문에 그런 특징을 갖게 된다. <숙향전(淑香傳)>의 수궁계를 예로 들어볼 수 있다. 숙향의 아버지인 김전(金佺) 앞에 환상적인 존재인 거북(용녀)이 나타날 때, 이 거북이 속한 세계는 바닷속의 수궁계다. 작중에서 수궁계가 근원적 환상계로 이미 실재하고 있기 그로부터 환상적인 존재가 현실계로 투출되어 환상적인 사건을 일으키는 것이다.

반대로 허구적 환상계는 현실계에서 '창조'되는 것이 특징이다. 그러므로 '만들어졌음'을 뜻하는 '허구'라는 말을 활용하기로 한다. <홍길동전(洪吉童傳)>에서 홍길동이 여덟 명의 가짜 홍길동을 만들어 궁궐의 국청을 한바탕 소란스럽게 하는 장면이 그 예가 된다. 가짜 홍길동들의 소란으로 형성되는 이 환상계는, 처음부터 존재하고 있던 환상계가 아니라 홍길동에 의해 만들

것이다. 이런 점에서 동양화에 담긴 공간관은 고소설 작품에서 전제로 하는 공간관과 맞닿아 있다(이민희, 「수학적 사고와 공간관으로 본 『구운몽』 일고(一考)」, 『한국어와문화』 10, 숙명여자대학교 한국어문화연구소, 2011, 26면)." 고전소설의 공간을 분석함에 있어 당시의 공간관-수학, 과학, 철학에 기반한-을 논의로 끌어들이고 있어 주목을 요한다.
다만 현실계와 비현실계의 구분이 중요하지 않다는 주장에 대해서는 다르게 생각한다. 이민희는 당대인들의 장소에 대한 이해가 평면적이지 않기 때문에, <구운몽>의 여러 공간을 동질적인 층위로 이해해야 한다고 말한다. 그러나 장소에 대한 이해가 평면적이지도, 정형적이지도 않다는 점은, 도리어 더 다양한 공간관이 산출될 가능성으로 이어지는 것이 옳지 않은가 한다. 이 책에서는 다층적인 공간이 직조되고 배치됨으로써 <구운몽>의 논지가 공간적으로도 실험된다고 보고 논의를 전개하겠다.

27 다만 여기서 '근원'은 '단일한 궁극의 기원'이나 '최종 심급의 차원'을 의미하지는 않는다. 환상을 산출하는 원천이 되는 모든 것들을 포괄하는 의미에서 쓰였다. 따라서 근원적 환상계에는 다수(多數)의 다양한 환상계가 속할 수 있다.

어진 환상계이므로 허구적 환상계이다.[28]

 덧붙여 말하자면, 허구적 환상계도 기본적으로 환상계라는 점을 간과해서는 안 된다. 환상적인 방식을 통해 창조되어 환상적인 존재들이 나타나는 공간이 환상계다. 그렇지 않고서 현실적인 수단을 동원해 외형만 환상계처럼 꾸민 공간은 허구적 환상계가 아니다. 그것은 그저 허구적으로 만들어진 공간일 뿐이다.

 근원적 환상계와 허구적 환상계는 그들에 투영되는 독자의 인식을 일차적인 기준으로 삼아 나뉘지만, 앞서 서술의 행간에서 드러나듯 다른 변별점들도 수반한다. 예컨대 현실계 이선에 이미 있었던 것으로 그려지느냐, 현실계 이후에 창조되는 것으로 그려지느냐의 차이도 거론해 볼 수 있겠다. 텍스트 내의 현실계보다 앞서서 존재하는 환상계로 형상화된다는 것은, 곧 현실계 이전에 이미 환상계가 작중 세계의 일부로써 존재한다는 뜻이 된다. 다시 말해서 현실계에 앞서 존재하는 환상계는 정의상으로는 현실에서 불가능한 환상계이지만, 적어도 작중에서는 실재하는 것으로 여겨진다. 독자의 믿음이 반영되는 환상계인 것이다.

 반면에 텍스트 내의 현실계보다 후에 등장하는 환상계는 창조의 시점이 명백하게 제시되므로, 처음부터 당연하게 존재하고 있던 환상계와는 다르게 대접받을 수밖에 없다. 그것은 만들어진 환상계이며 그러므로 '당연히 실재하는 것'으로 믿어지기는 어렵다. 믿음보다는 유희의 대상이 되기 쉬운 것이다.

 등장인물의 입장에서도 근원적 환상계와 허구적 환상계는 다르게 받아들

28　환상적인 존재들(가짜 홍길동)이 둘 이상 등장해 그들 사이에 일정한 관계망이 형성되고, 환상적인 사건이 일어나는 장(場)이 형성되고 있음을 볼 수 있다. 즉, 새로운 '형태'의 공간이 나타난 것은 아니지만 새로운 '성격'의 공간이 들어선 것이다. 그런 맥락에서 환상계라 할 수 있다. 다만 새로운 공간으로의 '이동'이 일어난 것은 아니고 궁궐이라는 현실계 안에서 나타나고 있으므로 후술할 용어를 미리 활용하자면 '중첩계'가 된다.

여진다. 근원적 환상계는 등장인물의 입장에서 보면 '주어진' 환상계다. 예컨대 설화 <사금갑(射琴匣)>에서 노인이 나온 신령한 연못은 현실계의 누군가가 새로 창조한 공간이 아니다. 현실계와 별도로, 그 이전부터 이미 존재해 있기 때문에 등장인물의 입장에서는 '주어진' 환상계이며 그러므로 등장인물에 의해 그 존재가 발견되는 형태로 문면에 등장하게 된다. 반대로 허구적 환상계의 경우에는 '만들어진' 환상계다. <유충렬전>에서 정한담이 만든, 사해신장과 음풍이 가득한 함정이 그 예가 된다. 처음부터 존재했던 것이 아니라 정한담에 의해 새로 발생한, 즉 등장인물의 행위에 따라 '만들어진' 환상계인 것이다.

이상의 논의를 통해 환상계를 분류해 보고자 했다. 그러나 환상은 항시 틀과 논리를 넘어서는 개념이며 바로 그 넘어선다는 점에서 가치를 갖는 개념이기도 하다. 따라서 분류 체계를 넘어서는 환상의 가능성 또한 염두에 두어야 할 것이다.

그러한 가능성을 고려하여 근원적 환상계와 허구적 환상계를, 환상계를 양분(兩分)하는 개념보다는 두 극단으로 사유하는 것이 마땅할 듯하다. 즉, 환상계의 스펙트럼을 놓고 보았을 때 한쪽 극단에는 현실계 이전에 존재하여 실재하는 것으로 믿어지는 환상계가, 다른 한쪽 극단에는 현실계 이후에 창조되어 그 실재에 대한 믿음이 전제되지 않는 환상계가 놓여 대척점을 이루는 것이다.

이렇게 근원적 환상계와 허구적 환상계의 구도로 고전 서사를 살피면 상당히 흥미로운 지점들을 발견할 수 있다. 고전 서사에서 대체로 근원적 환상계는 '진짜 세계'라 여겨지는 반면에, 허구적 환상계는 '가짜 세계'라 여겨진다. 허구적 환상계는 만들어진 것이기에 그것의 실재성(實在性)이 보장되지 않는다고 생각되었기 때문이다. 무엇보다도 허구적 환상계에는 근원적 환상계와 같은 '근원적 성격'이 없다. 이 결여가 허구적 환상계를 대하는 중세인의 태도를 결정짓는 핵심적인 요인이 되었다. 그리하여 허구적 환상계에는 그저 헛된 것이 아니냐는 인식이 자주 결부되는 것을 볼 수 있다.

그 결과 양자에 부여되는 가치 역시 차이를 보인다. 근원적 환상계는 그것의 내용이 선(善)이냐 악(惡)이냐에 따라 평가가 갈린다. 반면에 허구적 환상계는 대체로 지양되어야 하는 것으로 평가된다. 현대인의 관점에서는 동질한 환상으로 묶일 수 있는 것들이 중세인에게는 지배 이념에 따라 달리 보였을 수 있다. 중세인은 천명(天命)을 담지하는 환상계는 실재(實在)하는 것으로 여겨 지향했고, 도술 등으로 만들어진 환상계는 괴이한 것이어서 군자라면 지양해야 한다고 생각했다.

중세인의 이 이중적인 태도가 고전문학사의 후반부, 즉 고전소설이 만개하는 시대에 이르러, 어쩌면 작가가 의도한 바는 아니라 할지라도 실험대에 오르게 되었다고 추측해 볼 수 있다. 제2부에서 상술하겠으나 환상을 실험한 것이 극에 이르자 한 극단에서는 근원의 근원을 묻는 <구운몽>이 나타났다. 나믄 편 극단에서는 허구의 비실재성(非實在性)을 재론하는 <전우치전>이 나타났다. <옥루몽>에서는 근원적 환상계와 허구적 환상계를 닮은꼴로 소설 내에 공존시켰기 때문에 그 해결 방안을 다각도로 모색해야 했다.

환상계와 그 속성에 관한 논의는 지금, 우리 시대의 사유와도 무관하지 않다. 현대의 서사에서도 근원적 환상계의 실재성과 허구적 환상계의 비실재성이 사유되고 있기 때문이다. 근원적 환상계가 가짜 세계로 드러난다거나 허구적 환상계가 진짜 세계로 밝혀지는 것이 반전으로 제시되는 예가 이에 해당한다. 더욱이 우리 시대에는 가상(假想)이 실체감을 갖고서 실제 세계에 뚜렷한 영향력을 행사하고 있기에, 이러한 사유는 앞으로도 계속 요청되고 발전되리라 생각된다. 이 점은 제3부에서 구체적으로 논하기로 한다.

이처럼 여러 가지로 중요한 논의 거리를 산출한다는 점에서 근원적 환상계와 허구적 환상계의 구도는 유의미하다고 판단된다. 다만 개별 작품들을 섬세하게 고찰하려면 근원적 환상계와 허구적 환상계라는 하나의 구도만으로는 불충분하다. 보다 틀이 정밀해지려면 이와는 별도의 축이 추가되어야 한다. 그것이 이어 논의할 '위치에 따른 분류'다.

② 위치에 따른 분류: 분리계, 연장계, 중첩계

근원적 환상계와 허구적 환상계의 구도는 환상계의 속성을 분석하기에 적합한 분류 체계였다. 그러나 작품 속 환상계를 실질적으로 분석하는 틀이 되기 위해서는 분석 틀이 보다 촘촘하게 짜일 필요가 있다. 이에 주목하게 되는 것이 환상계의 배치 방식이다. 더구나 환상계란 '환상적인' 공간이자 동시에 환상적인 '공간'이다. 속성에 따른 분류 체계와 공간적 특징에 따른 분류 체계가 함께 고안되어야 환상계를 유형화하기에 적합한 틀이 완성된다.

실제로 같은 속성을 가진 환상계여도 문면에 배치되는 방식은 전혀 다를 수 있다. 어떤 근원적 환상계는 낯선 곳에서 헤매다 우연히 발견되는 것으로 그려진다. 또한 어떤 근원적 환상계는 현실계 한복판에서 불현듯 나타난다. 두 경우에서 발현되는 미감과 효과는 분명히 다르다.

그런데 위 사례에서 차이점을 유발하는 주된 요소는 바로 환상계가 발현되는 위치다. 그러므로 환상계가 발현되는 위치를 기준으로 삼아 환상계의 상이한 공간적 특징을 분류해 볼 수 있다. 특히 여기서 말하는 환상계가 발현되는 위치란 현실계와의 관계를 전제로 삼은 것이다. 위 사례에서 '낯선 곳을 헤맸다'는 것은 그것이 일상적인 현실계로부터 멀어진 곳, 현실계의 변두리나 가장자리임을 암시한다. '현실계 한복판'이라는 위치와 현실계와의 관계는 두말할 나위 없다. 게다가 1절에서 환상을 규정할 때 논했듯, 환상(계)는 기본적으로 현실을 기준으로 삼는 개념이었다. 그러므로 '현실계와의 관계 속에서 환상계가 발현되는 위치'는 환상계를 분류하는 두 번째 기준으로 적합하고도 자연스러운 듯하다.

이에 현실계를 기준으로 하여 환상계가 놓일 수 있는 세 가지 방식을 상정해 보고자 한다. 첫 번째는 현실계와 환상계 간에 거리적 간극이 없는 경우를 생각해 볼 수 있다. 하나의 물리적 공간 내에 현실계와 환상계의 두 세계가 동시에 나타나는 것이다. 두 번째는 환상계가 현실계의 가장자리에서 이어진 형태로 존재하는 경우다. 연결된 형태로 존재하기 때문에 환상계는 현실계와 다른 물리적 공간을 점유하는 것으로 형상화된다. 세 번째는 현실계와 환상계 간에 간극이 뚜렷하게 존재하는 경우다. 그렇기 때문에 환상적인 개입이 작용하지 않는 이상, 두 세계를 쉽게 오갈 수는 없는 것으로 그려진다.

환상계가 현실계에 놓인 방식을 그대로 명칭으로 삼아볼 수 있다. 첫 번째의 경우는 환상계가 현실계의 특정 공간에 중첩되어 그 공간을 공유하고 있으므로 '중첩계'가 적절한 명칭이다. 두 번째 경우는 환상계와 현실계가 일정 정도 이어져 있으므로 '연장계'라고 이름 붙인다. 세 번째 경우는 환상계와 현실계 간에 확실한 간극이 있어 앞의 두 경우에 비해 분리된 상태가 강조되므로, '분리계'가 어울리는 명칭이다.

이렇게 명명해 두고 그 구체적인 형상을 살피면, 우선 중첩계란 한 공간에 환상계와 현실계가 함께 공존하고 있어야 한다. 현실계가 끝나는 지점에서 환상계가 시작된다면 그것은 한 공간을 공유하는 형태가 아니다. 다시 말해서 어떤 지역적 경계선을 기준으로 하여 현실계와 환상계의 영토가 나뉜다면, 중첩계가 아니다. 하나의 물리적 공간 안에 현실계와 환상계가 같이 들어서 있어야 한다. 그렇기 때문에 한 공간이 반드시 속성상 '변화'하는 시점을 갖게 된다. 이때 발생의 선후 관계에서는 보통 현실계가 앞선다. 현실계였던 곳에 환상계가 발현하는 경우가 대부분이다. 그편이 서사 전개상 자연스럽기 때문일 것이다.

그보다 중요한 것은 공간을 공유하는 방식이다. 공유의 방식은 두 가지를 상정해 볼 수 있다. 첫째, 하나의 물리적 공간에 두 세계가 차원을 달리하여 공존하는 경우다. <안빙몽유록(安憑夢遊錄)>이 대표적인 경우가 된다. 동일한 공간을 두고서, 현실계로는 안빙(安憑)에 의해 잘 가꿔진 정원이, 환상계로는 꽃들 나름의 질서에 의해 운영되고 있는 꽃의 나라[花國]가 들어서 있다.

　결말에서 안빙이 보여주는 극단적인 태도의 변화도 중첩계에 의거해 설명될 수 있다. 그것이 분리계였다면, 환상 체험은 현실계의 삶과는 어느 정도 분리된 것일 수 있었다. 다른 작품에서는 환상계 탐색자들이 환상 체험을 일시적인 것으로 여겨 현실계의 삶을 이어 나간다든지, 혹은 환상 체험을 그리워하면서 현실계의 삶을 정리한다. 어느 방향이든 환상계와 현실계는 서로 유리된 것이었다. 그러나 <안빙몽유록>에서는 환상계가 안빙의 정원에 중첩된 중첩계로 밝혀졌으므로 안빙의 현실계와 유리된 것일 수 없었다. 자신의 사적(私的) 공간이 전혀 사적이지 않음을 알게 된 충격이, 그가 휘장을 내리고 방 안으로 틀어박히는 계기가 되었다고 본다.[29]

　둘째, 차원의 구분 없이 현실계와 환상계가 함께 공존하는 방식도 있다. 동물들이 인간처럼 말하고 행동하는 공간과 현실계 간에 아무런 구분의 표지가 없어 어우러지는 경우가 대표적인 예가 된다. 이는 설화와 동화에서 많이 나타나는 방식이다. 설화의 애니미즘적 사고와 동화의 물활론(物活論)적 사고가 그러한 방식과 친연성을 갖기 때문이다.

　단, 중첩계 또한 환상계이므로 그 역시 우선 환상계의 조건을 만족해야 한다. 즉, 환상이 어느 정도 연결체[界]를 이뤄야 하기 때문에, 일물(一物)이 홀로 현실계에 돌출해 있는 경우는 제외한다. 실제로 하나의 환상적인 개체가 홀로 현실계에 돌출되어 있을 때, 그러한 상태는 오래 지속되지 못하는

---

[29] 이에 대한 자세한 논의는 다음의 논문으로 갈음한다: 강혜진, 「주체-타자론의 극복과 공동체의 가능성」, 『어문논집』 82, 민족어문학회, 2018.; 강혜진, 「환상 서사라는 근원적인 환대: 고전문학작품 「안빙몽유록」, 「서재야회록」과 증강현실게임 <포켓몬 GO>의 비교를 중심으로」, 『비교문학』 75, 한국비교문학회, 2018.

것으로 그려진다.

당(唐)의 전기 <임씨전>에서는 여우[任氏女]가 보통 인간보다도 더 지혜로운 모습을 보여주며 현실계에서 살아가는 것으로 그려진다. 그럼에도 불구하고 임씨의 소속, 혹은 근거지는 어디까지나 성 밖의 환상계다. 성 안의 현실계에서 살아가는 것은 항상 성 밖에 환상계가 자리하고 있기 때문에 '임시적으로' 가능한 것이었다. 그리하여 임씨가 성을 떠나 먼 곳으로 억지로 이동하게 되자, 존재 근거를 상실하게 된다. 개에 의해 현실 속에서 영구적으로 바꿀 수 없었던 본모습이 드러나 여우로서 죽게 되는 것이다.

임씨처럼 죽는 경우가 아니라면, 현실계의 인물로 완전히 정체성을 바꾸어 현실계에 포섭되는 경우가 나타난다. <구운몽>의 백능파(白凌波)가 그러한 예에 속한다. 그녀는 모든 비늘을 벗고서 현실계로 건너온다. 후에 양소유의 다른 처첩들이 신이한 능력을 보여달라고 조르지만, 백능파는 그 역시 이제는 불가능하다고 말한다. 현실계에 살아가는 백능파는 사실상 환상적인 인물로서의 정체성을 모두 탈각하고 현실적인 인물로 재탄생된 셈이다.

죽든, 환상성을 영구히 잃든 간에 환상적인 개체 하나만으로는 환상계를 이루지 못한다. 반면에 환상적인 존재가 복수(複數)·다수(多數)로 등장하는 경우라면 환상계가 된다. 이때 환상적인 존재란 반드시 살아 움직이는 존재일 필요는 없다. 주변의 공간이나 배경적 요소도 포함한다. 어떻든 간에 여러 개의 환상적 존재들이 서로 관계망을 형성해야 그 연결체로서 환상계가 성립한다.

예컨대 앞의 경우와 달리 <취유부벽정기(醉遊浮碧亭記)>에서 기씨녀(箕氏女)는 시녀를 대동하고 등장한다. 더구나 기씨녀는 주변의 세계와도 환상적 질서로 관계를 맺고 있다. 주위 연못의 용궁에서 물고기를 잡아 오라고 명하는 장면이 이를 보여준다. 현실계에서는 그저 연못에 불과했던 것이, 기씨녀의 등장으로 인해 환상계로 변모하는 것을 볼 수 있다.

다음으로 살펴볼 것은 연장계다. 연장계는 현실계와 이어진 곳에 있다. 그러므로 중첩계와 달리 연장계는 현실계와는 다른 물리적 공간을 점유한다. 연장계가 놓인 물리적 공간을 벗어나야 비로소 현실계의 영토를 만날 수 있다.

그리고 바로 그렇기 때문에 연장계는 쉽게 찾을 수 있는 공간이 아니다. 물론 설화의 몇몇 사례들에서는 연장계와의 조우가 어렵지 않은 편이기는 하나, 대부분의 연장계는 쉽게 만날 수 없다. 무릉도원 설화만 하더라도 무릉도원에서 한번 나가자 다시는 무릉도원을 찾을 수 없었다고 표현하고 있다. 게다가 시대가 흐를수록 점차 합리적인 사고방식이 주류를 이루면서, 환상계와의 만남도 우연, 혹은 우연을 가장한 운명에 의해 일어나는 것으로 그려지게 된다.

그렇다 보니 연장계의 경우 대체로 숨겨져 있어서 '발견'을 필요로 한다. <최생우진기(崔生遇眞記)>에서도 최생은 바위에서 굴러떨어지고 나무에서 내려가 동굴을 발견하여 그 속을 한참 들어가는, 대단히 복잡한 과정을 거친 후에 용궁을 만난다. 게다가 연회에서 신선들이 한 말에 따르면, 최생 역시 전생에 신선이어서 용궁의 연회에 올 수 있었다. 즉, 연장계란 우연과 우연이 겹치고 그 이면에는 운명이 안배되어 있어야 발견할 수 있는 것이다.

분리계는 현실계와 더 뚜렷하게 분리된 환상계다. 환상계와 현실계 사이에는 물리적으로 큰 간극이 놓인다. 연장계는 우연이라도 발견할 수 있지만 분리계는 그조차 불가능하다. 따라서 여기에 도달하기 위해서는 많은 경우 그곳으로부터의 부름, '초대'가 필요하다. <용궁부연록(龍宮赴宴錄)>의 용궁이 그 예가 된다. 한생(韓生)은 꿈에서 용궁의 사자를 만나 특별한 준마(駿馬)를 타고서야 용궁에 도달한다.

다시 말해서 분리계는 현실계에 속한 인간이 스스로의 힘만으로는 찾아나설 수 있는 공간이 아니다. 환상적인 존재의 의도적인 조력, 길 안내가 필요하다. 혹은 의도되지 않은 상황적인 변수가 개입된다. 환상적인 존재의 횡포나 행위에 따른 여파로 강제로 이동하게 되는 경우가 그에 속한다. 혹은 어느 인물이 이동해야만 하는 특별한 사건이 제시되기도 한다. 죽음/수련으로 인한 승천이나 유배로 인한 적강, 지상/천상으로의 관직 부임이 대표적인 사례다. 그러한 경우가 아니라면 애당초 이동하는 자가 본디 환상적인 인물이어서 초인적인 능력에 힘입어 강제로 분리계의 문을 두드려야 한다. <서유기>의 손오공이 이에 해당한다.

따라서 분리계와 관련해서는 '이동'의 과정이 제시되곤 한다. 중첩계가 변화에 의해 형성되고, 연장계가 발견에 의해 조우된다면, 분리계는 이동해야 만날 수 있는 공간인 것이다.

③ 두 분류 체계의 교직

이상의 논의를 통해 두 가지 분류 체계가 마련되었다. 근원적 환상계와 허구적 환상계의 구도가 하나의 분류 체계가 되고, 중첩계·연장계·분리계가 또 하나의 분류 체계가 된다. 이 두 가지 분류 체계를 교직(交織)하면 다음과 같은 6가지 유형이 나타난다.

	분리계	연장계	중첩계
근원적 환상계	근원적 환상계-분리계	근원적 환상계-연장계	근원적 환상계-중첩계
허구적 환상계	허구적 환상계-분리계	허구적 환상계-연장계	허구적 환상계-중첩계

물론 환상은 불가능을 지향하는 개념이기에 여섯 유형의 틀 속에 늘 꼭 맞게 자리하리라고는 기대하기 어렵다. 따라서 어디까지나 이 여섯 유형은 가능태다. 여섯 유형의 틀을 넘어서는 환상계가 얼마든지 실험될 수 있다. 하지만 그런 환상계를 고려하더라도 가능태를 상정해 두는 작업은 꼭 필요하

다. 그래야 이것을 기초적인 토대로 삼아 비전형적인 환상계의 개성이나 예외적 성격이 어디에서 기인하며 어떤 점에서 색다른지를 논할 수 있기 때문이다.

무엇보다도 여섯 유형은 환상 서사를 분석할 수 있게 하는 기초 단위라는 점에서 긴요하다. 여섯 유형이 어떻게 활용되고 직조되는지를 고찰한다면 환상 서사의 전체적인 짜임새와 그로써 산출되는 주제를 가늠할 수 있다. 물론 여섯 유형은 서로 다른 교직의 산물이므로, 그 자체로도 각각 고유한 성격을 지닐 것이다. 그러나 개개의 고유성보다 더 중요한 것은 각 유형이 서사에서 활용되는 방식이다. 동일한 하나의 유형이라 해도 그것이 작품별로, 장면별로 활용되는 방식은 조금씩 다를 것이기 때문이다. 다채로운 작품의 실상을 파악하려면 체계가 유연하게 적용되어야 한다.

따라서 중요하게 살펴봐야 할 것은 환상계가 잘 구현된 작품의 구체적인 면면이다. 그 면면을 놓고서 환상계의 여섯 유형 가운데 어떤 것이 선택되어 어떤 방식으로 결합되었는지를 세밀하게 살펴보는 것이다. 분명히 작품마다 선택과 결합의 양상이 다를 것인바, 이를 바탕으로 각 작품의 환상성이 갖는 특질과 의의를 밝혀낼 수 있을 것이다.

기존에 논의되었던 환상계의 유형이 이 여섯 유형으로 설명될 수 있는지를 마지막으로 검증해 보고자 한다. 예컨대 환몽계(幻夢界)의 경우 꿈을 통해서 발현되는 환상계이므로 본서의 유형화 방식과는 다소 이질적인 것처럼 보인다. 이 독특한 성격 때문에 선행 연구에서는 대체로 환몽계를 독립된 환상계의 유형으로 논의해 왔다. 그러나 실제로 작품의 면면을 보면, 꿈이라는 소재가 독자적인 유형을 이룰만한 개성을 갖고 있는가에 대해서는 의문의 여지가 있다고 생각된다. 오히려 꿈은 일종의 수단이고 그를 통해 구현되는 세계의 양태가 중요한 것이 아닌가 한다.

예컨대 <숙향전>과 <구운몽>에서는 똑같이 천상계를 소재로 삼는 꿈이 등장하지만, 두 천상계의 속성은 서로 완전히 다르다. 숙향의 꿈속 천상계는 비록 꿈에서 방문하는 공간이기는 하지만 작중에 실제로 존재하는 공간이다. 반면에 양소유의 꿈속 천상계는 실제로 존재하지 않으며 주인공이 상상한 허구에 불과하다.

위의 전혀 다른 두 가지 사례에서 볼 수 있듯 꿈은 그 세계의 내용을 결정짓는 인자(因子)라기보다는 형식에 가깝다. 물론 꿈이 워낙 독특한 형식이다 보니 그로부터 파생되는 그 나름의 미감은 분명 존재한다. 그러한 미감을 논하기 위한 목적으로, 혹은 꿈을 소재로 삼은 작품들을 통시적으로 논하기 위한 목적으로 이들을 묶어 논하는 것은 의미가 있을 것이다. 그러나 다양한 환상계들의 이면에 깔린 구조를 살피고 환상계 전체를 거시적으로 조망하려면 보다 보편적인 기준이 필요하다.

그러므로 꿈이라는 외현과 별개로, 그것이 보여주는 세계의 양태에 주목하여 환상계의 분류 체계에 귀속시켜 볼 필요가 있다. 그럴 경우, 앞의 두 꿈은 같은 꿈속 세계이며 같은 천상계였지만 서로 다른 환상계 유형에 귀속된다. 숙향의 꿈속 천상계는 근원적 환상계-분리계이며 양소유의 꿈은 허구적 환상계-분리계다. 환몽계로 함께 묶을 때는 짚어낼 수 없었던 차이를 앞의 분류 체계를 통해서는 고찰할 수 있게 된 것이다. 이로써 본 분류 체계의 의미를 확인할 수 있다.[30]

---

30 이와 관련하여 강상순 역시 전기소설이나 몽유록에서 꿈 체험은 이계나 환상 체험과 크게 다르지 않고 때로 뒤섞인다는 점을 지적한 바 있다(강상순, 「九雲夢의 상상적 형식과 욕망에 대한 연구」, 고려대학교 박사학위논문, 1999, 94-97면). 그러면서 그는 <구운몽>을 전기소설 및 몽유록과 차별화시키는 방향으로 논지를 전개해 나간다. 즉, <구운몽>에서 성진이 꾸는 꿈 전체가 '몽상(夢想)'의 형식을 갖는다는 것이다. 그러나 성진의 꿈도 다른 세계 체험의 성격을 가진다는 점에서는 같다. 다만 경험되는 세계가 환상계가 아니라 현실계일 뿐이다.
따라서 꿈을 환상계의 분류 기준으로 삼으면, 논자에 따라 소유의 세계는 현실이기도 하고 환상이기도 한 애매하고 복잡한 것이 되고 만다. 꿈의 여부를 잠시 제쳐두고 세계의 양태에

4. 환상계의 형상화 원리

 이상의 논의를 종합해 환상계의 형상화 원리를 도출할 수 있다. 작품 속 개별 환상계의 경우 두 가지 분류 체계에서 각각 무엇을 받아들였느냐에 따라 다르게 형상화된다. 속성에 따른 분류 체계에서 근원적 환상계를 선택하고 위치에 따른 분류 체계에서 중첩계를 선택함으로써 근원적 환상계-중첩계 유형의 환상계를 구상할 수 있는 것이다.
 나아가 작품 속 전체 환상계의 구도는 여섯 유형을 선택적으로 활용하고 결합함으로써 구축할 수 있다. 어떤 환상 서사에서는 근원적 환상계의 한 유형만 선택되어 나타날 것이다. 또 어떤 환상 서사에서는 허구적 환상계의 두 유형이 함께 등장할 것이다. 같은 유형을 반복적으로 선택하여 활용하는 방식도 가능하다. 예컨대 근원적 환상계-연장계가 반복적으로 배치되면 곧 주인공이 여러 환상계를 탐험하고 다니는 서사가 마련된다. <태원지(太原誌)>와 같은 작품이 이에 해당한다. 또한 여러 유형이 결합될 때는 결합 순서에 따라 구도가 달라지기 때문에 그 순서에 따라 서로 다른 가짓수로 계산해야 한다.
 결과적으로 선택과 결합의 가짓수는 이론상 무한하다. 그만큼 환상계의 형상화 방식에도 무한한 가능성이 내재되어 있다고 할 수 있다. 이에 입각해 후일 개별 작품론이 집적되면 환상 서사 전체의 지형을 그려볼 수도 있을 것이다. 다만 아직은 논의가 출발하는 단계에 있으므로 모든 가짓수를 논하기는 어렵다.

주목하여, 그것이 텍스트 밖의 실제 세계를 모방한 것인지 아닌지를 판단의 기준으로 삼으면 세계의 성격이 명확해진다. 성진의 꿈이자 소유의 현실은 실제 세계를 모방했다는 점에서 현실계다. 단, 그것을 꿈으로 본다면 허구적인 현실계가 될 뿐이다. 반면에 성진이 발붙인 세계는 실제 세계에 반(反)한다는 점에서 환상계다. 꿈으로 인해 파생되는 미감은, 이렇게 환상계와 현실계를 구분한 후에 논의하면 된다.

따라서 이 책에서는 환상계 유형을 가장 잘 활용한 방식을 중심으로 논의를 펼쳐나가기로 한다. 환상계 유형을 비교적 골고루 활용한 방식 몇 가지를 꼽아 살피되, 그 방식들 간에는 서로 대별되는 유의미한 차이가 있어야 할 것이다. 그래야 유형의 결합 방식이 어떤 효과를 산출하는지를 확인할 수 있다.

이에 서로 대별되는 세 극단에 놓일 만한 결합 방식을 상정해 보고자 한다. 첫 번째 결합 방식은 근원적 환상계의 세 유형을 중점적으로 활용하는 방식이다. 활용 양상이 근원적 환상계의 세 유형에 치우쳐 있다면 작품에서 근원적 환상계와 연관된 특유의 환상성이 주로 구현되고 있으리라 짐작해 볼 수 있다. 이에 해당하는 작품 가운데서도 근원적 환상계-분리계, 근원적 환상계-연장계, 근원적 환상계-중첩계의 세 유형이 모두 등장하고 의미 있게 배치된 작품이 분석 대상으로서 가장 적합하다 하겠다.

특히 근원적 환상계와 환상성의 본질을 궁구하는 데까지 이른 작품이라면 더욱 분석의 의의가 커진다. 고전 서사가 근원적 환상계의 세 유형을 토대로 구현해 낸 최고도의 경지를 논할 수 있기 때문이다. 그런 관점에서 주목하게 되는 작품이 <구운몽>이다.

두 번째 결합 방식은 허구적 환상계의 세 유형을 중점적으로 활용하는 방식이다. 첫 번째 결합 방식과는 대척점에 놓여 있는 방식이다. 마찬가지로 허구적 환상계-분리계, 허구적 환상계-연장계, 허구적 환상계-중첩계의 세 유형이 골고루 등장하는 작품이면 적절할 것이다.

나아가 허구적 환상계를 극도로 실험한 끝에 허구적 환상계에 결부된 독자의 인식이나 평가를 근본적으로 재론하기까지 한 작품이라면 논의의 효과가 배가될 터다. 이에 부합하는 대표적인 작품으로 <전우치전>을 꼽을 수 있다. 실제로 <전우치전>과 <구운몽>은 고전 서사의 환상성을 논함에 있어 대표작으로 꼽히는 작품들이지만 겉보기에도 서로 상당히 이질적이다. 그 이질성을 환상계 여섯 유형의 결합 양상으로 규명할 수 있으리라 생각한다.

세 번째 결합 방식으로는 근원적 환상계의 세 유형과 허구적 환상계의 세 유형을 함께 활용하는 방식을 상정해볼 수 있다. 이는 근원적 환상계나 허구적 환상계를 모두 활용했다는 점에서 어느 한쪽을 집중적으로 활용한 방식과 차별화된다. 결합을 통해 산출하는 환상성이나 문제의식 역시 상당히 상이할 것이다.

　이 결합 방식을 보여주는 작품은 흔치 않다. 여섯 유형이 모두 등장하려면 기본적으로 작품의 편폭이 일정 규모 이상이어야 한다. 편폭뿐만이 아니다. 작품이 보여주는 세계관의 규모도 방대해야 한다. 더 중요한 것은 근원적 환상계와 허구적 환상계가 함께 등장함으로써 발생되는 효과들이다. 근원적 환상계와 허구적 환상계는 서로 다른 환상성을 산출하기 때문에 서로 충돌이 일어나거나 모순이 발생할 수 있다. 그런 문제점을 서사 내적으로 잘 풀어내기 위해서는 그만한 작가의 역량이 요구된다.

　다시 말해서 장편이면서 거대하고 복잡한 세계관을 갖고 있고, 더하여 문학적 재능을 지닌 작가가 본인의 역량을 투입한 작품이어야 한다. 이들 조건을 충족할 만한 소설군이 19세기 한문장편소설이다. 이러한 시각에서 살필 때 그중에서도 특히 <옥루몽>이 세 번째 결합 방식을 뚜렷하게 보여주고 있어 주목을 요한다.

　그러므로 지금부터는 <구운몽>, <전우치전>, <옥루몽>에 내재된 환상계의 형상화 원리와 그로 인해 빚어지는 환상성의 양상과 질감을 살필 것이다. 또한 환상계의 형상화는 표현뿐만 아니라 문제의식과 심층의 주제에도 영향을 끼칠 것이므로 이에 대해서도 섬세히 고찰하겠다. 세 작품에 내재된 환상계의 형상화 원리는 대표성을 지니면서도 서로 대별되기 때문에, 각 작품으로부터 얻어지는 분석을 종합한다면 고전 서사에서 환상계 형상화가 갖는 의미가 무엇인지에 대해서도 가늠해 볼 수 있을 것이다.

제2부

작품론: 고전 서사의 환상계 활용

1장
<구운몽>의 근원적 환상계: 근원의 근원을 묻다

<구운몽>은 주인공의 정체성을 기준으로 하여 크게 세 단락으로 나눠볼 수 있다. 주인공이 '성진'일 때의 이야기와 성진이 '소유'로 살아가는 이야기, 다시 '성진'의 정체성으로 되돌아오면서 펼쳐지는 이야기로 구분해 보는 것이다. 이야기의 흐름뿐만이 아니라 현실계와 환상계를 분석하는 작업에 있어서도 이러한 분할은 여전히 유효하다. 성진과 소유의 이야기가 서로 완전히 다른 세계에서 펼쳐지기 때문이다.

성진이 위치한 세계에서는 선녀와 용왕, 신통력의 존재가 당연히 등장할 법한 것으로 여겨진다. 선녀와 용왕은 환상적인 인물이고 신통력은 환상적인 행위다. 자연히 이로부터 환상적인 사건이 촉발된다. 여러모로 환상성이 충족된다는 점에서 성진의 세계는 환상계다.

반면에 소유가 놓인 세계는 기본적으로 실제 세계를 모방한 현실계다. 소유의 세계가 현실계임은, 환상적인 사건의 대부분이 공간이나 차원을 달리하여 나타난다는 점에서도 확인된다. 소유의 세계에서 환상성은 곧바로 표출되지 못하고 일정한 제약을 갖는다.

따라서 <구운몽>은 크게 보아 '성진의 환상계'에서 '소유의 현실계'로, 다시 '성진의 환상계'로 주 무대를 바꿔가며 서사를 전개하고 있다고 할 수 있다. 이것이 분석의 기본적인 전제가 된다. 물론 개별 장면에서 등장하는 환상계의 형태는 보다 세밀한 틀로 분석되어야 한다. 이에 각 세계를 등장 순으로 자세히 살펴보고자 한다.

1. 이야기 유래지(由來地)로서의 근원적 환상계

1) 신령하게 그려지는 연화봉

최초에 제시되는 성진의 환상계에서 중심이 되는 공간은 단연 '연화도량'이다. 연화도량의 배경으로 <구운몽>에서는 실제 세계의 남악(南岳) 형산(衡山) 연화봉(蓮花峯)을 끌어오고 있는데, 이 연화봉의 공간적 성격을 묘사하는 대목부터가 예사롭지 않다.[1][2]

---

[1] 이 책에서는 <구운몽>의 이본 중 노존B본을 중심으로 하고 서울대본을 함께 참고하여 논했음을 밝혀둔다. 두 이본을 함께 다루는 것은, <구운몽>의 이본이 비교적 큰 차이를 보이지 않고 특히나 이 두 이본의 경우 한때 번역의 가능성이 제기될 정도로 서로 닮아있기 때문이다. 또한 이 책의 특성상 환상계에 대한 묘사를 세밀히 분석해야 하므로 한문본과 국문본을 함께 검토하는 것이 더 나으리라 보았다. 번역 및 교주는 각기 다음을 참고했다. 정규복·진경환 역주, 『구운몽』, 고려대학교 민족문화연구원, 1996.; 김병국 교주, 『구운몽』, 서울대학교 출판부, 2007.

[2] 원본에 대한 논의는 정길수의 연구에 크게 기대었음을 밝혀둔다(정길수, 「『구운몽』 원전(原典) 연구사」, 『인문학연구』 55, 조선대학교 인문학연구원, 2018). 정길수의 논의는 이전의 논의를 종합한 가장 최근의 연구이자, 정규복, 부세, 지연숙, 엄태식 등이 참여한 그간의 원전 연구에 있어 문제점을 가장 많이 해결한 논의라 판단된다. 이에 그의 논의를 따르면 원본에 가장 가까운 이본은 노존B본이다. 다만 제1회 중반부까지의 작품 서두 대목, 제6회 전반부의 일부 대목, 제16회 결말부 마지막 대목의 세 지점에 관한 한 서울대본이 현재 전하는 이본 중 가장 원작에 가깝다고 보았다. 그러므로 이 책에서 해당 부분을 서술할 때에는 주로 서울대본을 인용하기로 한다. 그러나 이때에도 노존B본이 해당 장면을 더

> 천하에 이름난 산이 다섯이 있으니 … 오악 중에 형산이 가장 머니 구의산이 남녘에 있고 동정호가 북에 있고 상강 물이 삼면에 둘렀고, 일흔 두 봉 가운데 다섯 봉이 가장 높고 높으니 축융봉과 자개봉과 천주봉과 석름봉과 연화봉이라. 항상 구름 속에 들어 청명한 날이 아니면 그곳을 보지 못할러라.
>
> 태조(太祖)가 홍수를 다스리고 형산에 올라 비(碑)를 세워 공덕을 기록하니 하늘 글에 구름 전자(篆字)가 있으니 소소히 완연하여 다하지 않았고, 진(晉) 시절 여선(女仙) 위부인(魏夫人)이 도를 얻어 하늘 벼슬을 하여 선관(仙官) 옥녀(玉女)를 거느려 형산을 진정(鎭定)하였으니 이른바 남악 위부인이라. 예로부터 오면서 신령한 자취와 기이한 일을 이루 기록지 못하러라.[3]

<구운몽>에서 남악 형산은 신비로운 이미지로 그려진다. 그중에서도 이후에 연화도량이 자리할 연화봉은 '가장 높고 높은' 봉우리 중 하나로 강조된다. 연화봉의 격을 높여 사건이 발생할 만한 공간으로 형상화하기 위함일 것이다. 동시에 이는 사람들이 쉽게 범접하기 어려운 공간이라는 뜻도 내포하게 된다. 접근을 차단하는 묘사는 '항상 구름 속에 들어' 보이지 않는다는 구절에서도 이어진다. 이는 곧 시각적으로 지각될 가능성마저도 차단되었음을 뜻한다. 이로써 연화봉은 현실계로 포섭하기 어려운 공간이 된다.

본디 산은 비일상적인 공간이다. 현대에도 산길을 벗어나면 쉬이 길을

자세하게 묘사하고 있다면 노존B본을 인용할 것이다.

[3] 텬하의 일홈난 뫼히 다ᄉ시 이시니 … 오악 듕의 형산이 뉴의 머니 구의산이 남녁히 잇고 동졍회 북의 잇고 상강믈이 삼면의 둘넛고, 일흔두 봉 가온듸 다ᄉ 봉이 ᄀ장 놉고 놉흐니 츅늉봉과 ᄌ개봉과 텬쥬봉과 셕늠봉과 년화봉이라. 샹히 구름 속의 드러 쳥명ᄒ 날이 아니면 그곳을 보디 못ᄒᆞ너라. 틱죄 홍슈를 다스리고 형산의 올나 비ᄅᆞ 셰워 공덕을 긔록ᄒ니 하늘 글의 구름 뎐지 이시니 쇼쇼히 완연ᄒ야 진티 아녓고, 진 시졀 녀션 위부인이 도를 어더 하늘 벼슬을 ᄒ여 션관 옥녀를 거ᄂ려 형산을 진졍ᄒ야시니 닐온 남악 위부인이라. 녜로브터 오므로 녕ᄒ 쟈최와 긔이ᄒ 일을 이로 긔록디 못ᄒᆞ너라.

잃곤 한다. 나침반이나 GPS 기술이 발전되지 않았던 시대라면 더더욱 그랬을 것이다. 옛사람들에게 산은 도처에 알려지지 않은 지형과 낯선 생명체를 품은 공간이었다. 그러므로 산은 자연스레 미지(未知)의 영역으로 표상되곤 했다. 그러나 <구운몽>에서 형산을 형상화하는 방식은 여기에 머무르지 않는다. <구운몽>에서는 미지, 말 그대로 앎이 소거된 자리에 환상계를 채워 넣는다.[4]

<구운몽>에서는 형산을 전설적인 성인(聖人) 우(禹)임금과 연관시킨다. 나아가 형산의 주재자로서 위부인을 전면에 내세운다. 위부인은 형산에 홀로 자리한 것이 아니라 선관 및 옥녀들을 거느리는 것으로 묘사된다. 이들이 일정한 세력권을 형성해 형산을 '진정(鎭定)'한 이상, 신령한 자취와 기이한 일들이 '기록치 못할' 정도로 많을 수밖에 없다. 이는 곧 남악 형산에 위부인을 필두로 한 근원적 환상계가 형성되었음을 뜻한다. 앞의 분류 체계에 의거하자면 현실계의 연장선상에 숨겨져 있는 근원적 환상계이므로 곧 '근원적 환상계-연장계'이다. 이 근원적 환상계-연장계는 남악 형산 전체를 아우르고 있다. 형산에 속한 연화봉 역시 마찬가지다. 다음은 여덟 선녀의 말인데, 이로써 육관대사가 자리 잡기 전까지 연화봉이 위부인의 근원적 환상계-연장계에 속해 있었음을 확인할 수 있다.

"남악 형산은 한 물과 한 언덕도 우리 집 아닌 것이 없으되 이 화상(和尙)이

---

[4] 여기에는 산에 대한 기존의 상상력도 참고가 되었을 것이다. 김수연에 따르면 당시 사람들은 고악을 지상과 천상의 접점이자 지상에 존재하는 천상의 공간으로 상상했다. 도장에 실린 대표적 초기 도가서 산해경은 대황서경(大荒西經)에서 직접적으로 '영산(靈山)에서 무인(巫人)들이 하늘을 오르내린다(정재서 역, 『산해경』, 민음사, 1996, 307-308면)'라고 하였는바, 영산을 곧 하늘에 닿는 통로로 인식한 것이다(김수연, 『도장(道藏)』과 고소설에 나타나는 도가적(道家的) 상상력의 근원과 유형 연구1-『진고(眞誥)』의 공간상상력을 중심으로」, 『한국고전연구』 29, 한국고전연구학회, 2014, 382면).

도장(道場)을 연 후로부터 홍구(鴻溝)의 나누임이 되었는지라 연화봉 경개를 지척에 두고 보지 못하였더니…"[5]

그런데 이는 실제 세계의 연화봉에 대한 사실과는 거리가 있다. 연화봉은 불교와 도교뿐만 아니라 유교적으로도 의미 있는 명소였다. 주희(朱熹)와 장식(張栻)이 연화봉 아래 방광사(方廣寺)에 머물며 시문을 창화하고 연화봉의 승경을 극력 칭찬했던 까닭이다. 그리하여 명나라 가정(嘉靖) 연간에는 빈객의 방문이 최대 성시를 이룬다.[6] 중국 지리에 대해 잘 알았던 김만중이 이 사실을 몰랐을 리 없다.[7] 그러므로 '쉽게 접근하기 어려운 산', 근원적 환상계-연장계로서의 연화봉은 김만중이 의도적으로 그와 같이 형상화한 결과일 가능성이 높다. 서사 전개상의 필요가 작용하고 있으리라 추측해 볼 수 있는 것이다.

따라서 미지의 영역이나 명승지로서의 연화봉이 아닌, 근원적 환상계-연장계로서의 연화봉이 가질 수 있는 성격이 무엇인지 따져볼 필요가 있다. 먼저 미지의 영역의 경우, 알고자 하는 호기심을 자극하지만 동시에 막연한 공포를 불러일으키기도 한다. 그것은 말 그대로 그 공간의 성격이 알려지지 않았기 때문이다. 인간에게 친화적인 공간인지 배타적인 공간인지, 혹은 선한 자들의 공간인지 악한 자들의 공간인지 등에 대한 정보가 전혀 없다. 그러므로 미지의 영역은 도전을 요하는 공간일지언정, '신뢰할 수 있는' 공간은 아니다.

---

5 남악 형산은 흔 물과 흔 언덕도 우리 집 것 아닌 거시 업스듸, 이 화샹이 도 을 연 후로브터 홍구의 ᄂᆞ호이미 되ᄂᆞᆫ디라 년화봉 경개를 디쳑의 두고 보디 못ᄒᆞ여더니…

6 김수연, 「남악 형산, 유불도 인문지리의 공간경계역」, 『고전문학연구』 45, 한국고전문학회, 2014, 41면.

7 이민희에 따르면 김만중은 『서포만필』에서 중국 지리와 풍수에 관한 선현군자의 주장이 옳고 그른지 시비할 만큼 높은 식견을 갖고 있었다(이민희, 앞의 논문, 22-23면).

반대로 명승지나 관광지로서의 연화봉이라면 이는 널리 알려진 공간, 다시 말해서 현실계의 지식 체계 안으로 들어온 공간이 된다. 지식은 체계 안으로 들어온 것을 고정시켜 대상화한다. 공간 역시 예외는 아니다. 어떤 공간이 알려진다는 것은 곧 그 공간에 일정한 성격이 부여되어 재(再)위치화 되었다는 뜻이 된다. 예컨대 명산(名山)이라 하면 일상에서 탈출하여 잠시간 머무르기 좋은 비일상적 공간, 고인(古人)이 찬탄했던 경개를 가진 공간 등의 의미를 부여받게 된다.

이는 내밀한 문제점 하나를 수반한다. 그 공간이 지닌 고유한 위상을 빼앗길 우려가 있다는 것이다. 미지의 대상에 쉽게 접근하기는 어렵다. 알지 못하는 것이므로 다가감에 있어 조심스러워질 수밖에 없다. 그런 점에서 앎[知]의 결여, 정보의 불균형은 곧 힘의 불균형을 의미한다. 미지의 대상은 상대방에게 앎을 허락하지 않음으로써 신비스러운 이미지를 획득하고 동시에 상대방보다 우위를 점한다. 이러한 메커니즘에 의해, 앞서 미지의 영역은 현실계보다 우위에 있었다. 명승지는 잘 알려져 있는 공간이기에 그 반대다. 현실계에 의해 포섭되어 속속들이 알려진 공간, 그리하여 현실계로부터 요청되는 특정한 기능을 수행하는 공간으로서 그 성격이 고정되며 격하되는 것이다.

위의 양자가 가진 단점을 피하고 장점만을 취한 절묘한 선택이 곧 근원적 환상계다. 우선 근원적 환상계는 미지의 영역과는 달리, 알지 못하는 것으로 남겨지지 않고 문면(文面)에 서술된다. 따라서 형상과 성격을 가질 수밖에 없다. 이때 <구운몽>에서는 위부인을 위시한 신선의 환상계를 연화봉의 형상으로 받아들이고 있다. 그럼으로써 연화봉의 성격을 신성(神聖)한 것으로 규정한다. 이에 미지의 영역이 갖는 불확실성과 공포가 해소된다. 실제로 <구운몽>에서는 연화봉에 요괴나 이물을 등장시키지 않는다. 연화봉의 근원적 환상계는 아름답고 청정한 것들로 순일(純一)하게 채워져 있다.

동시에 근원적 환상계는 명승지와 달리, 현실계의 지식 체계로 포섭되지 않는다. 물론 근원적 환상계도 서술이 진행됨에 따라 현실계에 모습이 드러 난다는 점에서는 명승지와는 또 다른 형태의 알려진 공간이 된다. 그러나 여기서의 앎이란 불완전한 것이다. 현실계의 지식 체계만으로는 환상계를 완전히 알고 이해하는 것이 불가능하다. 환상계는 그 나름대로의 독자적 인 내적 원리에 의해 통어(統御)되기 때문이다. 예를 들어 여덟 선녀가 허공으 로 자취를 감추고 동정호 물길이 저절로 열리는 것은 현실계에서는 불가능한 것이다. 그렇지만 환상계에서는 이러한 일들이 당연한 상식이다. 이것이 상 식인 공간 앞에서 현실계의 지식 체계란 무용지물이며 '안다'는 행위는 불가 능하다. 그리하여 근원적 환상계는 미지의 영역과는 다른 의미에서 현실계의 지식 체계로 포섭되지 않는다. 즉, 표현되고 서술되면서도 그만의 고유성과 우월성을 지닌 공간으로 남아 있을 수 있는 선택지가 바로 근원적 환상계인 것이다.

결론적으로 <구운몽>에서는 연화봉을 근원적 환상계로 형상화한 덕분에, 연화봉에 신성한 성격을 부여하는 데 성공한다. 그런데 이 신성성은 추구할 만한 것, 지향할 만한 것의 성격을 띤다. 속된 것보다는 성스러운 것을 찾고자 하는 것이 인간 본연의 심리이기 때문이다.[8] 바로 이러한 측면에서 연화봉의 근원적 환상계는 지향되고 도달되어야 할 곳으로 자연스레 여겨지게 된다.

무엇보다도 연화봉에 대한 이러한 묘사가 작품의 맨 앞에 위치해 있다는 점에 주목해야 한다. 고전소설의 서두에 나타나는 표현은 상투적이고 관습적 인 것으로 여겨지곤 한다. 물론 그런 경우도 없지 않으나, 유심히 들여다보면

---

[8] 엘리아데(Mircea Eliade, 1907-1986)는 종교학적 관점에서 이러한 현상을 논한 바 있다. 그에 따르면 고대 사회의 인간은 성스러운 것 가운데서 살거나 혹은 성화(聖化)된 사물에 아주 가까이 접근하여 살려고 노력한다. 엘리아데는 그 이유를 원시인 및 모든 전근대적인 인간에게 성스러운 것은 힘이며, 궁극적으로는 무엇보다도 실재 그 자체를 의미하기 때문 이라 파악한다(미르치아 엘리아데 저, 이은봉 역, 『성과 속』, 한길사, 1998).

서두에 제시되는 표현이나 묘사는 대체로 작품 전체의 성격과 긴밀히 연결되어 있는 경우를 볼 수 있다. 특히 작중 세계에 있어서 서두의 묘사는 많은 경우 작품 속 세계의 최대치를 획정(劃定)하는 기능을 한다.

만약 작품 서두에서 현실계만 표현된다면, 이후의 사건 역시 주로 현실계 내부에서 벌어지고 마무리 지어질 가능성이 높다. 박지원의 <양반전>이 그런 경우에 속한다. 혹은 사건의 해결 과정에 있어 환상적인 인물이나 행위가 연관된다고 하더라도 그 비중이 높지 않다. 조위한의 <최척전>을 예로 들 수 있다. 반면에 <옥루몽>처럼 작품 서두에 천상계가 등장한다면 이후 사건 전개의 이면에는 천상계와의 관련성이 놓여 있을 가능성이 대폭 높아진다.

요컨대 서두의 묘사는 작품 속 세계의 크기와 범위를 개략적으로 예고해 둔다. 그리고 독자는 서두의 이 예고를 수용함으로써 작품을 어떤 식으로 읽을 것인지를 잠정적으로 결정해 놓는다. 예컨대 작품 서두에 천상계가 등장한다면 이후 어떤 사건이 벌어졌을 때도 천상계가 일정 정도 개입하리라 예상하는 것이다.

당연하게도 공교히 다듬어진 소설일수록 이러한 암묵적 관습이 잘 활용되고 있을 것이다. <구운몽>이 바로 그런 경우다. <구운몽>에서는 작품의 시작점에 근원적 환상계-연장계로서의 연화봉을 표현해 놓고 있다. 그로써 이후 이 이야기가 현실계에 국한된 것으로 끝나지 않으리라는 점이 암시되는 것이다.

서두의 묘사는 작품에서 제시되는 문제의식의 측면에서도 동일하게 기능한다. 만일 현실계 이면에 또 다른 세계가 상정되어 있다면, 문제에 대한 해답 역시 현실계 외부를 고려한 끝에 도출될 수 있을 것이다. 특히나 현실계 외부의 세계가 신성하고 우월한 곳이라면 더욱 그렇다. 그러므로 근원적 환상계-연장계로서의 연화봉은, 양소유가 생사(生死) 문제에 대한 해답을 현실계에서 찾지 못하는 것을 서사적으로 자연스럽게 만드는 존재다. 해답은 연화도량으로 돌아온 후에야 도출될 수 있었다.

<구운몽>의 서두가 갖는 묘미는 여기에 그치지 않는다. <구운몽>은 상술한 독자의 관습, 즉 서두의 묘사를 통해 세계관을 가늠하는 관습을 교묘하게 역이용한다. 이를 통해 결말부의 반전을 예비하게끔 하는 것이다.

주지하다시피 <구운몽>은 반전을 갖는 소설이다. 처음에는 성진이 소유로 환생한 것으로 서술되었지만, 후반부에 반전(1차 반전)이 일어나 소유의 삶은 성진의 꿈인 것으로 묘사된다. 그런데 이 반전은 다시 '반전'(2차 반전)된다. 육관대사가 소유의 삶이 성진의 꿈으로 치부될 수 없다고 일갈하기 때문이다.

바로 여기서, 이 반전의 반전을 완성하는 데 <구운몽> 서두의 연화봉에 대한 묘사가 간접적으로 기여하게 된다. 독자는 서두를 읽으면서 연화봉의 신성성을 인지했을 것이고, 자연스럽게 <구운몽>의 종결점을 이 연화봉이라 생각하게 되었을 것이다. 그렇기 때문에 성진이 '소유의 삶은 꿈이며 연화도량의 성진이 진짜'라고 판단했을 때,[9] 독자 역시 문제가 다 해결되었다고 여기면서 이에 동감할 수 있게 된다. 소유와 함께 2차 반전을 마주할 준비를 마치게 되는 셈이다.

사실 이는 독자가 놓인 상황상, 최종 반전이 주는 충격 효과를 온전히 받게 하기 위해서는 필요한 전략이기도 했다. 소유로 살아가는 성진은 연화봉에 대한 기억이 거의 없다시피 하지만, 책을 처음부터 읽어온 독자는 성진으로서의 삶을 기억하고 있기 때문이다. 그렇다 보니 성진을 연속된 반전의 단계 속으로 끌어들이기는 쉬워도 독자까지 반전에 끌어들이기는 어렵다. 성진이 소유로서의 삶을 진실로 받아들였을 때 '사실은 소유의 삶이 꿈이었다'는 1차 반전이 성립하는데, 성진의 삶을 기억하는 독자는 이미 소유의 삶이 전부가 아님을 인지하고 있어 그만큼 반전의 연쇄 속으로 잘 끌려 들어

---

9   성진이 고두ᄒᆞ며 눈물을 흘녀 글오ᄃᆡ, 성진이 임의 ᄭᆡ다랏ᄂᆞ이다 뎨지 블쵸ᄒᆞ야 념녀를 그릇 먹어 죄를 지으니 맛당이 인셰의 눈회ᄒᆞᆯ 거시어ᄂᆞᆯ 스뷔 ᄌᆞ비ᄒᆞ샤 ᄒᆞ로 밤 꿈으로 뎨즈의 ᄆᆞ음 ᄭᆡ듯게 ᄒᆞ시니 스뷔의 은혜를 쳔만 겁이라도 갑기 어렵도소이다.

와지지 않을 수도 있는 것이다. 물론 처음에 성진이 소유로 태어나는 것을 사실은 입몽(入夢)한 것이라 밝히지 않고 성진이 윤회한 것처럼 표현한 점도 독자를 반전에 끌어들이는 수법으로 작용한다. 그러나 여전히 독자가 성진의 삶과 연화봉의 근원적 환상계-연장계를 기억하는 한, 이것만으로는 부족하다.

따라서 이 기억을 오히려 역이용하는 전략이 사용되었다. 서두에 연화봉의 이미지를 한껏 신성하게 그려놓음으로써 성진의 삶과 연화봉의 근원적 환상계-연장계를 진짜 세계이자 최종 종결지로 여기게 한 것이다. 그렇게 믿음이 형성된 결과, 독자는 '소유의 삶은 꿈이며 헛된 것'이라는 성진의 판단에 동감하게 되며, 궁극적인 반전인 2차 반전에 동참하게 된다. 그리하여 성진의 판단이 오판으로 밝혀지는 순간, 성진과 함께 충격을 받게 되는 것이다.

환상계의 교묘한 활용은 여기에서 끝나지 않는다. <구운몽>에서는 위의 반전에 대한 복선도 미리 서두에 숨겨놓고 있어 흥미롭다.

> 진(晉) 시절 여선(女仙) 위부인(魏夫人)이 도를 얻어 하늘 벼슬을 하여 선관(仙官) 옥녀(玉女)를 거느려 형산을 진정(鎭定)하였으니 이른바 남악 위부인이라.[10]

위부인이 바로 형산에 좌정한 것은 아니다. 그녀는 여선이 된 뒤 '하늘'이라는 공간에서 따로 벼슬을 받고서 형산에 내려온다.[11] 위부인으로 하여금 연화봉을 근원적 환상계-연장계로 만들게 한 원인이 배후에 있었던 것이다.

---

10 진 시절 녀선 위부인이 도를 어더 하늘 벼슬을 ᄒ여 선관 옥녀를 거ᄂ려 형산을 진졍ᄒ야시니 닐온 남악 위부인이라.

11 노존B본의 경우 다음과 같이 서술되어 있다: 時女仙魏夫人, 修鍊得道, 受天帝之職, 率仙童玉女, 來鎭此山, 卽所爲南岳魏夫人也. 서울대본의 '하늘'이 여기에서는 천제로 표현되어 있다. 천상계가 배후의 환상계로 암시되고 있는 것이다.

육관대사의 경우에서도 마찬가지다. 육관대사에게도 서역 천축국이라는 배후의 공간이 있다. 단지 전도(傳道)의 목적을 위해 잠시 연화봉에 왔을 뿐이다.

그렇다면 연화봉 및 연화도량은 최종 종결지일 수 없다. 그보다는 깨달음을 위한 비계(飛階)와도 같은 공간이라 보아야 마땅하다. 연화봉에서의 삶을 최종적인 정체성, 안주할 무엇으로 여겨서는 안 되는 이유가 이로부터도 확인된다.

그러나 '하늘'이나 '서역 천축국'은 서술 가운데에 스쳐 지나가듯이 언급된다. 게다가 그 전후로는 연화봉과 연화도량에 대한 묘사가 빽빽이 나타난다. 그러므로 하늘이나 서역 천축국의 존재는 이 시점에서는 간과되기 쉽다. 따라서 처음부터 독자로 하여금 명확하게 인지하라는 의도에서 적시해 둔 것은 아닌 듯하다. 오히려 연화봉과 연화도량에 초점을 맞춰 독해하게 하고 트릭에 끌어들이는 것이 주된 목적이라고 봐야 한다. 다만 짧게나마 언급해 두어, 후에 상술하겠지만 결말과 호응하는 복선으로 쓰이게 했다.

2) 중첩계로서의 연화도량

연화도량이 자리 잡은 곳은 연화봉이다. 앞서 살펴보았듯 연화봉은 남악 형산 전체와 더불어 근원적 환상계-연장계에 속해 있었다. 연화도량의 절터는 본래 현실계의 인간이 살거나 왕래하는 공간이 아니었다. 그런데 육관대사가 여기에 터를 잡고 연화도량을 준공함으로써 비로소 인적이 보이기 시작한다. 노존B본에서는 이 과정이 상당히 흥미롭게 묘사되고 있다.[12]

---

12   서울대본의 서술은 다음과 같다: "형산의 쌔혀난 줄을 샤랑ᄒ여 년화봉 아리 초암을 짓고 대승법을 강논ᄒ여 사ᄅᆷ을 가ᄅ치고 귀신을 제도ᄒ니, 교홰 크게 힝ᄒ여 모다 닐오디 산 브톄 셰샹의 낫다ᄒ여 가ᄋ면 사ᄅᆷ은 직믈을 내고 가난ᄒ 사ᄅᆷ은 힘을 드려 큰 졀을 지으니"
    지어진 과정이 현실적으로 묘사된다는 점에는 노존B본과 다름이 없다. 다만 첩첩이 쌓인

> 형산의 빼어난 경치를 사랑하여 연화봉 위에 나아가 띠로 엮은 암자를 지어 살며, 대승의 불법을 강론하여 중생을 교화하고 귀신을 제어하니, 이에 서역 종교가 크게 행해져 사람들이 모두 믿고 '산 부처께서 세상에 다시 나셨다' 하였다. 부자는 재물을 바치고 가난한 자는 힘을 내어서 첩첩이 쌓인 산봉우리를 깎고 끊어진 골짝에 다리를 세우며, 재목을 모으고 공인(工人)을 고용하여 법당을 활짝 여니…[13]

연화도량은 어떤 초월적인 힘이나 환상적인 작용에 의해 준공되지 않았다. 사찰 연기 설화에서는 많은 경우, 준공 과정에서 용이나 산신의 수호 혹은 부처의 계시가 나타난다. 그러나 연화도량을 짓는 자들은 평범한 사람들이다. 현실계의 사람들이 모여 그 가운데 부자는 재물을 바치고 가난한 자는 힘을 쓰는 지극히 현실적인 방식으로 연화도량을 세운다.

특히 절이 지어지는 과정에서 나타나는 구절이 이채롭다. 절을 지으러 모여든 사람들은 첩첩이 쌓인 산봉우리를 깎고 끊어진 골짝에 다리를 세운다. 이는 절터가 이전까지 근원적 환상계-연장계로서 현실계의 접근을 '첩첩이 쌓인 산봉우리'와 '끊어진 골짝'으로 차단했음을 확인시켜 준다. 그러나 이제 산봉우리는 깎이고 골짝에는 다리가 들어섰다. 이는 불법이 산속에 고고히 있기보다는 중생과 가까운 곳으로 내려와 중생에게로 퍼져나가기를 바라는 중생의 염원을 반영한다.

따라서 연화도량이 준공된 후, 육관대사는 연화도량의 공간적 성격을 놓고서 선택을 해야 했다. 이전의 공간적 성격을 따라 근원적 환상계-연장계를

산봉우리와 끊어진 골짝에 대한 묘사는 없다. 그러나 이것이 굳이 강조되지 않아도 연화봉에 대한 이전의 묘사로 인해 근원적 환상계-연장계라는 성격은 동일하게 나타난다.

[13] 愛衡岳秀色, 就蓮花峯上, 結草庵而居, 講大乘之法, 以敎衆生, 以制魔外, 於是西敎大行, 人皆敬信, 以爲 生佛復生放世. 富人薦其財, 貧人出其力, 鏟疊嶂架絶壑, 鳩財傭工, 大開法宇.

고수할 것인가. 아니면 전도의 목적과 중생의 염원에 합치되기 위해 적극적으로 현실계로 나아갈 것인가.

이 직후에 이어지는 묘사를 보면 우선 현실계로 나아가고자 한 듯하다. 노존B본에서는 '산세의 빼어남과 도량의 웅대함이 남방의 으뜸이라고 일컬어질 만했다'는 구절이 나타난다. 연화도량이 지어지고 나자 연화도량은 물론 연화봉의 산세(山勢)도 함께 현실계에 널리 알려진 것이다.[14] 앞 절에서 언급했던 살펴본 명승지의 성격을 지니게 된 것처럼 보이기도 한다. 연이어 육관대사가 받아들인 제자들이 언급된다. 이 제자들의 정체성에 대해서는 별말이 없어 아마도 현실계로부터 출가하여 온 자들로 추정된다. 그리고 그 제자들의 수는 무려 수백(數百)에 달한다. 이처럼 현실계에 널리 알려지고 현실계로부터 온 출가자들 수백 인이 머무르니 이 대목까지의 연화도량은 현실계라고 보는 것이 옳겠다.

그런데 온전히 현실계의 모습을 취하는 것은 이 대목까지다. 이후 연화도량에는 본래의 공간적 속성, 즉 근원적 환상계의 성격이 불러들여지기 시작한다. 이를 상징적으로 보여주는 것이, 동정호 용왕에게 성진이 사자(使者)로 가는 장면과 위부인으로부터 사자가 오는 장면이 교차하는 대목이다.

현실계와 환상계가 하나의 공간 안에서 공존한다는 것은, 바꿔 말하면 그 공간이 중첩계가 되었다는 뜻이 된다. 또한 근원적 환상계를 받아들여 중첩시킨 것이므로 결과적으로 연화도량의 최종적인 속성은 근원적 환상계-중첩계가 된다. 연화도량에서 수행한 제자들이 점차로 신통력을 얻는 것도 이러한 공간적 속성과 무관하지 않다. 불교에서 신통력이란 곧 오신통(五神通)으로, 여러 시공간적 차원을 꿰뚫어 보는 능력이기 때문이다.[15] 연화도량이

---

14 서울대본에서는 "년화봉 도량히 거룩ᄒ니 남북의 웃듬이 되엿더라"고 서술되어 있다. 산세에 대한 언급은 없고 알려진 범위가 더 넓어져 남북이다. 연화도량이 널리 알려졌다는 의미에는 큰 차이가 없다.

현실계와 환상계가 중첩되어 있는 공간이라는 점이, 그 속에서 수행하는 이들이 여러 차원의 세계를 접하면서 신통력을 쌓아나가게 되는 것을 자연스럽게 만들어 주고 있다.

연화도량의 속성은 동정호 용궁을 방문하는 성진의 방식이 훗날 소유가 되었을 때 방문하는 방식과 다르다는 점에서도 확인된다. 성진은 동정호 용궁을 방문함에 있어 아무런 장애를 느끼지 못한다. 성진이 신통을 얻은 제자들 가운데서도 으뜸이라는 점도 한 이유가 되지만, 공간적으로 연화도량이 근원적 환상계-중첩계라는 점도 또한 이유가 된다. 그런 까닭에 어느 차원의 환상계로도 이동이 수월해 성진 스스로의 힘으로 물길을 열어 용궁에 도달할 수 있는 것이다. 반면에 완벽히 현실계에 속한 인물인 소유는 용궁에 갈 수 있다는 생각 자체를 하지 않는다. 자신이 위치한 곳에서 멀리 떨어져 있는 동정호 용궁에는 물론이고, 바로 앞에 놓인 백룡담의 용궁에조차 '어떻게 갈 수 있겠느냐'고 생각한다.[16]

물론 성진을 포함한 제자들의 신통력은 아직 고도(高度)한 경지에까지는 도달하지 못한 듯하다. 오신통은 실로 그 어떤 것에도 걸림이 없는 자유자재한 능력인데 성진에게서는 아직 그러한 자유자재함이 보이지 않는다.

성진이 가로되,

---

15 오신통(五神通)은 수행으로 갖추게 되는 다섯 가지 불가사의하고 자유 자재한 능력으로, 다음과 같은 능력들을 포함한다(곽철환, 『시공 불교사전』, 시공사, 2003).
 (1) 신족통(神足通): 마음대로 갈 수 있고 변할 수 있는 능력.
 (2) 천안통(天眼通): 모든 것을 막힘없이 꿰뚫어 환히 볼 수 있는 능력.
 (3) 천이통(天耳通): 모든 소리를 마음대로 들을 수 있는 능력.
 (4) 타심통(他心通): 남의 마음 속을 아는 능력.
 (5) 숙명통(宿命通): 나와 남의 전생을 아는 능력.
16 샹셰 왈 뇽신이 잇ᄂᆞᆫ 곳은 필연 깁흔 믈이니 나ᄂᆞᆫ 인간 사ᄅᆞᆷ이라 가고져 흔들 어이 어드리오?

"냇물이 깊고 다른 다리 없으니 빈승으로 하여금 어느 길로 좇으라 하시느뇨?"
선녀가 가로되,
"옛날 달마존자는 갈잎을 타고 바다를 건넜다 하니, 화상이 육관대사에게 도를 배웠으면 반드시 신통이 있을 것이니, 이런 작은 냇물을 건너지 못하여 아녀자와 길을 다투시느뇨?"[17]

위는 여덟 선녀가 다리를 차지하자 성진이 길을 비켜달라고 요청하는 장면이다. 성진은 다리 없이는 시냇물을 건너가지 못한다고 생각한다. 그러나 우습게도 성진은 앞서 동정호 호수 속으로도 들어갔었다. 그러니 성진의 말에서 그의 사고가 두 가지 요인에 긴박되어 있음을 유추할 수 있다. 하나는 직후의 맥락을 통해 바로 추측 가능하다. 선녀와 가까워지고자 하는 욕망, 즉 색욕(色慾)이다.

다른 하나는 시냇물에 다리가 놓여 있으니 당연히 다리로 건너가야 한다는 생각이다. 만약 처음부터 다리가 없었다면 성진은 동정호에 망설임 없이 들어갔듯 시냇물로도 들어갔을 것이다. 그러나 다리가 놓여 있는 것을 보자, 순간적으로 눈에 보인 바[色]가 사고를 결정해 버리고 말았다. 성진의 사고 속에서 시냇물을 건너가는 방편이 '다리'로 고정되었던 것이다. 불교에서는 감각으로 지각되는 세계를 색계(色界)라 한다. 그렇다면 이 두 번째의 요인 역시 또 하나의 색(色)에 긴박된 것이라 하겠다.

사실 범인(凡人)이라면 누구나 본 것에 의지해 사고한다. 그러나 깨달아 오신통을 갖춘 이라면 이러한 사고에 얽매이지 않아야 한다. 성진은 신통을

---

17 셩진이 글오뒤, 닛믈이 깁고 다른 다리 업스니 빈승으로 ᄒ여금 어느 길노 조차라 ᄒ시ᄂᆞ뇨? 션녜 글오뒤, 녜 달마존쟈는 갈입흘 타고 바다흘 건너다 ᄒ디 화샹이 뉵관대ᄉᆞ의게 도를 빅화시면 반ᄃᆞ시 신통이 이실 거시니 이런 져근 닛믈을 건너디 못ᄒ여 아녀ᄌᆞ과 길을 다토시ᄂᆞ뇨?

행한 바가 있음에도 저도 모르게 범인의 사고방식에 갇히고 말았다. 이후 성진이 보이는 것에 의지해 완전한 깨달음으로 나아가지 못한다는 점을 고려한다면, 이는 꽤 상징적인 장면이다. 여덟 선녀의 색(色)과 다리라는 색(色)에 미혹된 탓에 시냇물의 저편, 즉 깨달음의 저편[彼岸]으로 건너가지 못한 셈이다.

이것은 동시에 성진이 아직 연화도량을 이끌 재목이 못 된다는 점을 알려준다. 연화도량은 여러 차원이 겹쳐 있는 근원적 환상계-중첩계이기 때문이다. 그러므로 어느 한 차원에만 편벽되이 갇힌다면 연화도량이 가진 중첩의 성격이 깨어져 버리고 말 것이다. 시냇물에서의 사건 직후에 성진은 선방(禪房)으로 돌아와 현실계와 환상계를 이분(二分)하여 생각하고 각각의 이점(利點)을 따진다. 이 역시 성진이 아직 자유자재한 도(道)에 이르지 못했음을 보여주는 장면이다.

물론 중첩계에 여러 차원이 겹쳐 있다고 해서 차원 간에 반드시 소통이 일어나는 것은 아니다. 다른 차원과 일회적으로 조우할 수도 있고, 혹은 아예 인식하지 못할 수도 있다. 그러나 연화도량의 중첩계는 현실의 차원과 환상의 차원이 마치 신화적 공간처럼 합쳐져 있다는 점에서 특색을 지닌 공간이었다. 선녀가 방문하는 것이나 용왕이 강론을 들으러 오는 일도 너무나 자연스러운 일로 묘사되고 있었다.

이러한 맥락에서 육관대사에 주목하게 된다. 육관대사는 성진의 부정태이자 잠재태다. 그는 그야말로 모든 것을 꿰뚫어 보는[觀], 그리하여 그 어느 차원에도 걸림이 없는 존재다. 선방에 있는 성진의 생각을 읽어내기도 하고 허공에서 황건역사를 부르기도 한다. 나아가 그는 <구운몽>의 모든 세계에서 시공간적 장애 없이 출몰한다. 성진의 환상계는 물론이고 소유의 현실계에서도, 심지어는 소유가 현실계에서 꾼 꿈에서도 등장한다.

더구나 그 모든 세계에서 육관대사는 홀로, 모든 것을 아는 자로 등장한다. 각 세계에 얽매여 있는 성진과 소유는 물론이고 동정호 용왕과 비교해 보면

이 점이 더욱 잘 드러난다. 소유가 꾼 꿈속에서 용왕은 소유가 성진임을 알아차리지 못한다. 그래서 소유의 꿈속 세계와 성진의 세계에서 용왕은 각각 해당 사건에 알맞은 역할만 수행할 뿐이다. 반면에 육관대사는 소유가 성진임을 잘 알고 있다. 그러므로 어느 차원의 세계에 나타나더라도, 그는 통일된 그로서 존재한다. 각 세계에 얽매여 있지 않은 것이다. 그리고 바로 그의 존재 덕분에 여러 차원의 세계는 흩어지지 않고 겹겹의 상태로 존재할 수 있었다. 육관대사가 일종의 고정핀과 같은 역할을 한 것이다.

따라서 육관대사라는 인물과 연화도량이라는 공간은 긴밀한 상보적 관계에 놓여 있다. 여러 차원의 세계를 자유자재하게 꿰뚫어 보는 육관대사이기 때문에 근원적 환상계-중첩계인 연화도량을 조성할 수 있었다. 동시에 연화도량이 근원적 환상계-중첩계인 덕분에 육관대사는 제자들로 하여금 현실계 너머의 세계를 경험케 하고 그로써 현실계에 귀속되지 않게 이끌어 줄 수 있었다. 육관대사와 함께 연화도량의 공간적 성격에도 주목해야 하는 이유다.

다만 연화도량에도 약점이 없지 않았다. 환상계와의 교류가 부각되면서 현실계와의 교류가 약화되었기 때문이다. 비록 출가자들 수백여 인이 있으나 출가는 어느 정도 세속과의 단절을 전제로 한다. 따라서 현실계와의 적극적인 교류는 현실계에 속해 있는 자들, 즉 재가 거사와 중생들이 연화도량을 방문함으로써 이루어지게 된다. 그러나 절을 지을 때 보였던 평범한 중생들의 자취는 그 이후 문면에 나타나지 않는다.

이것은 대승불교의 종지(宗旨)와도 배치(背馳)되지만 중첩계라는 공간성에도 큰 결점이 된다. 우선 공간의 측면에서 불균형이 초래된다. 현실의 차원은 중첩계의 중첩성을 유지하는 한 축이다. 이것이 무너지면 중첩계는 중첩의 성격을 잃고 쉽게 연장계로 회귀해 버릴 수 있다. 그리고 그렇게 되면 불제자들의 수행에도 지장이 생긴다. 불교적 깨달음은 현실계를 등지고 환상계로 초월함으로써 얻어지는 것이 아니다. 현실계에 속박되지 않아야 하는 것처럼 환상계에도 속박되지 않아야 한다. 이분법을 떠나 모든 것을 여여(如如)하게 관(觀)해야 하는 것이다. 그런데 연화도량에서 현실계와의 교류가 약화되자 제자들의 자유자재함 역시 한계를 내보인다. 가장 뛰어나 삼장경문(三藏經文)을 다 터득했다는 성진조차 그렇다. 그는 현실계의 삶을 모른다. 그러니 그 삶이 가진 깊은 무상함을 모르고 막연하게 현실계를 동경한다. 서둘러 정신을 수습하지만 현실계를 모르는 이상, 수습은 미봉책이며 깨달음으로 이어지기도 어렵다.

성진이 현실계 한복판으로 아예 보내진 것은 이러한 맥락에서 특단의 대책이라 할 수 있다. 근원적 환상계-중첩계로서의 공간적 성격이 이 점에서 다시 십분 발휘된다. 앉은 자리에서 다른 세계를 끌어다 체험한 셈이기 때문이다.

2. 현실계에 펼쳐진 상호 부정(否定)의 환상계

1) 현실계로 형상화되는 소유의 세계

성진은 명부(冥府)로 끌려갔다가 염왕(閻王)의 지시에 따라 현실계로 보내진다. 이때 명부를 오고 감에 있어 이동의 양상이 미묘하게 달라서 짚고 넘어갈 필요가 있다.

> (ㄱ) 대사가 소리 질러 가로되,
> "황건역사(黃巾力士)가 어디 있느뇨?"
> 홀연 공중으로부터 신장(神將)이 내려와 청령(聽令)하거늘 … 성진이 하릴없어 불상(佛象)과 사부에게 예배하고 모든 동문을 이별하고 역사(力士)와 한가지로 명사(冥司)에 나아가니, 유혼관(幽魂關)을 들고 망향대(望鄕臺)를 지나 풍도성(豊都城)에 다다르니 성문 잡은 귀졸이 묻거늘[18]

(ㄴ) 염왕이 사자(使者) 아홉 사람을 불러 각각 비밀히 분부하여 보내더니, 홀연 전(殿) 앞에 대풍(大風)이 일어나 모든 사람을 불어 공중으로 올라 사면팔방으로 흩어지니, 성진이 사자를 좇아 바람에 흔들리어 표표탕탕(飄飄蕩蕩)하여 한 곳에 가 바람이 그치며 발이 땅에 닿았거늘, 정신을 차려 보니 푸른 뫼가 네 녘으로 두르고 시냇물이 굽이지어 흐르는데, 대발과 푸른 집이 수풀 사이에 여남은 인가(人家)는 하더라.[19]

(ㄱ)은 명부에 가는 성진의 모습이고 (ㄴ)은 명부에서 현실계로 향하는 성진의 모습이다. (ㄱ)에서 황건역사는 육관대사의 소환에 응해 '홀연히', '공중에서' 나타난다. 이는 황건역사가 소속된 명부의 성격을 보여주는 대목이기도 하다. 명부는 기본적으로 죽은 자들의 세계이므로 오고 감에 단절과 제약이 있을 수밖에 없다. 그 제약을 <구운몽>에서는 '홀연'이라는 시간적 표지(標識)와 '공중'이라는 공간적 표지로 표현한 것이다.

'홀연'과 '공중'은 대단히 흥미로운 표지다. 이인(異人)이나 환상적인 존재가 형상화될 때 관습적으로 활용되는 표현이긴 하지만 본디 의미하는 바는 예사롭지 않다. 만일 지금 여기, 연화도량에 없는 무엇이라면 가시적 범위 밖 멀리 떨어진 곳에 있어야 마땅하다. 그럼에도 말이 떨어지기 무섭게 바로 등장한다는 것은, 이동할 거리가 없었거나 혹은 이동에 시간이 소요되지

---

18 대시 소리 질너 굴오딕, 황건녁시 어딕 잇느뇨? 홀연 공듕으로셔 신쟝이 나려와 쳥녕ᄒ거늘 … 셩진이 홀일업셔 블샹과 ᄉ부의게 녜빗ᄒ고 모든 동문을 니별ᄒ고 녁ᄉ와 ᄒ가지로 명ᄉ의 나아갈ᄉᆡ 유혼관을 들고 망향딕를 디나 풍도셩의 다ᄃᆞᄅᆞ니 셩문을 잡은 귀죨이 뭇거늘

19 염왕이 ᄉᄌᆞ 아홉 사름을 블너 각각 비밀이 분부ᄒ여 보내더니 홀연 뎐 알픽 대풍이 니러나 모든 사름을 브러 공듕으로 올나 ᄉ면팔방으로 흐터지니, 셩진이 ᄉᄌᆞ를 조차 ᄇᆞ람의 일니여 표표탕탕ᄒ여 ᄒᆞᆫ 곳의 가 바람이 긋치며 발이 짜히 다핫거늘 졍신을 출혀 보니 프른 뫼히 네 녁흐로 두르고 시닉믈이 구븨지어 흐르ᄂᆞᆫ듸 대발와 프른 집이 슈플 ᄉᆞ이의 여라믄 인가는 ᄒ더라.

않았음을 의미한다. 어느 쪽이든 기존의 시공간 법칙을 무시한다. 다시 말해서 이러한 표현에는 기존의 시공간 법칙이 통용되지 않는 다른 차원의 세계가 자연스럽게 전제되어 있는 것이다. 이 장면의 경우 다른 차원의 세계란 곧 황건역사가 소속된 명부다. 따라서 결론적으로 '홀연'과 '공중'은, 명부가 다른 세계와는 일정한 단절이 있음을 극적으로 형상화하는 표지라 하겠다.

그런데 (ㄱ)과 (ㄴ)을 비교하면 단절에도 정도(定度)가 있음을 알게 된다. (ㄱ)의 연화도량은 그 역시 환상계, 즉 근원적 환상계-중첩계다. 따라서 또 다른 환상계인 명부로의 이동이 비교적 자연스럽게 이뤄지는 편이다. 이 점은 (ㄱ)에서 어느 정도 여로(旅路)가 표현되고 있다는 점에서 확인할 수 있다. (ㄱ)에서는 유혼관, 망향대, 풍도성 등 구체적인 지명이 등장하고 있다. 이는 비록 성진이 황건역사의 인도를 받아 가기는 하나, 자신이 가는 길을 인지하고 있음을 뜻한다.

반면에 (ㄴ)에서 성진은 전혀 다른 방식으로 이동하고 있다. 또다시 '공중'이 등장하면서 모든 이들이 바람에 불리어 날아간다. 명부로 갈 때와는 달리 지명은커녕 여로 자체도 묘사되지 않는다. 그저 바람에 휩쓸릴 뿐이다. 성진은 발이 땅에 닿고서야 '정신을 차리고' 주변을 인식한다. 공간에 대한 구체적인 묘사는 이 이전까지는 전무하다가 이 시점 이후로 등장한다.

묘사의 부재는 이동 과정에서 그만큼 단절이 있었음을 뜻한다. 그러므로 (ㄱ)에 비해 (ㄴ)에서는 단절성이 확연히 두드러지는 것이다. 이는 (ㄴ)에서 도착한 곳이 연화도량과는 전혀 다른 성격의 세계임을 방증한다. 만약 이곳이 연화도량처럼 현실의 성격을 가지면서도 기본적으로 환상계인 중첩계라면, 이렇게 공중과 대풍(大風)을 동원하면서까지 단절을 부각할 필요는 없을 터다. 그러나 현실계라면 환상계와의 분리가 어느 정도 필요할 테니 (ㄴ)에서 도착한 곳은 현실계일 가능성이 큰 것이다.

이는 이 직후의 장면들로 확실시된다. 사자는 성진에게 '이 땅은 대당국(大

唐國) 회남도(淮南道) 수(壽)의 땅'이며 '이 집은 양처사(楊處士)의 집'이라고 알려준다. 당나라는 실제 세계에 존재했던 시대이며 회남도(淮南道) 수(壽)는 실제 세계에 존재하는 공간이다. 이어지는 장면 묘사 역시 어디서나 볼 수 있는 촌락의 모습이며 들리는 말소리 역시 평범하디 평범한 사람들의 대화다. 그들은 연화도량의 인물들과 달리 신통력이 전혀 없어 성진이나 사자를 보지 못한다. 산통(産痛)이 길어지고 있는 유씨 부인을 염려하고 있는 것도, 그들이 초월적인 존재는 전혀 인지하지 못하는 평범한 현실계의 사람들임을 보여주는 대목이다.

이처럼 (ㄴ)에 대한 묘사는 텍스트 밖 실제 세계에서 시대와 지명, 일반적인 정경(情景)을 차용함으로써 이루어지고 있다. 그러므로 독자는 (ㄴ)이 기본적으로 실제 세계와 닮았으리라 기대하게 된다. 즉, 소유의 세계가 현실계로 형상화될 것임이 이로써 뚜렷해지게 되는 것이다.

이렇게 본다면 명부의 존재는 윤회를 가장(假裝)하기 위해서도 필요하지만, 세계를 구분함에 있어서도 꼭 필요한 것이 된다. 기실, 연화도량 모힌 당나리 시대의 남악 형산을 배경으로 삼기 때문에 연화도량과 소유의 세계는 이어져 있다. 특히나 연화도량은 중첩계이기 때문에 현실계와도 연결되어 있다. 그렇지만 서사 전개에 있어서는 연화도량과 소유의 세계가 뚜렷이 분리될 필요가 있었다. 소유로서의 삶은 연화도량에서의 삶과는 선을 긋는, 낯설고 새로운 것이어야 하기 때문이다. 만일 성진에서 소유로의 변화가 단순한 하산(下山) 정도로 그려지게 된다면, 언제든 연화도량으로 돌아갈 수 있는 셈이니 서사적 긴장감과 재미가 크게 반감되어 버릴 것이다.

따라서 연화도량과의 분리를 독자에게 뚜렷하게 각인시키기 위해서는 이 두 세계를 분리하는 구분선이자 양자의 차이를 뚜렷이 드러내 줄 수 있는 기준점이 필요해진다. 이것이 명부라는 근원적 환상계-분리계가 행하는 공간 층위에서의 기능이다. 명부를 하나의 기준점으로 두어서 그것이 연화도량과 소유의 세계에 대해 각기 다른 단절의 정도를 갖는다는 점을 보여주는 것이다. 명부와 연화도량의 거리감은 멀지 않으므로 연화도량은 근원적 환상계-분리와 상대적으로 친연성이 있는 근원적 환상계-중첩계임이 부각된다. 또한 명부와 소유의 세계 간에는 간극이 표현되므로 소유의 세계는 근원적 환상계-분리와 완전히 단절되어 있는 현실계임이 강조된다. 명부를 오고 감에 있어 이동의 양상이 서로 다르게 표현되는 것은 이러한 측면에서도 이해될 수 있다.

2) 근원적 환상계-연장계와 그 부정

성진은 소유로서 자신이 꿈꿨던 현실계를 체험하게 된다. 그러나 앞서 논급했듯, 깨달음을 위해서는 현실계뿐만이 아니라 환상계도 함께 체험되어야 했다. 깨달음은 현실계를 초월해 환상계에 도달함으로써 얻어지는 것이 아니며, 환상계로부터도 또한 벗어날 때 이루어지기 때문이다. 따라서 현실계 혹은 환상계에 안주해서는 곤란하다.

이를 염두에 두고서 <구운몽>을 분석하면 <구운몽>에서 환상계가 대단히 교묘하게 활용되고 있음을 알 수 있다. 현실계와 환상계 어느 한쪽에 매몰되지 않게끔, 소유의 현실계에도 환상계를 교묘하게 배치해 둔 것이다. 결론부터 말하자면 소유의 현실계와 그에 나타난 환상계 간의 구도는 '비슷한 양상을 가진 체험 두 가지가 일종의 짝패를 이루고, 서로가 서로를 부정(否定)하는 관계'로 제시된다.

본격적인 분석에 앞서 우선 양처사의 정체가 밝혀지는 장면부터 살펴보아야 한다. 이 장면은 이후에 등장할 '짝패'의 기능을 일부 미리 보여주는 일종의 예고편과도 같은 역할을 하기 때문이다. 이때 핵심은 양처사의 정체가 처음에는 감춰져 있었다는 점이다. 바로 그렇게 양처사의 정체가 감춰져 있었기 때문에 반대로 소유의 세계가 현실계라는 정체성을 확립한다. 만약 처음부터 양처사가 봉래산 도인(道人)으로 그려졌다면, 신선을 경험한 성진으로서는 이 세계를 친숙하게 여길 가능성이 커진다. 그뿐만 아니라 독자 또한 이전의 세계와 이 세계를 무차별하게 인식할 수 있다. 이를 방지하기 위해, 성진으로서의 정체성이 다 탈각된 뒤, 즉 소유가 어느 정도 성장하고 현실계에 완벽히 적응한 후에 비로소 양처사가 '이 세상 사람이 아니'었음이 밝혀질 필요가 있었다.

'이 세상 사람이 아니'라는 것은 직면한 현실계 외의 세계, 즉 환상계가 있음을 선언하는 것이기도 하다. 성진의 기억을 가진 상태라면 이 사실이 충격적이지 않을 수 있다. 그러나 현실계에 나고 자란 양소유라면 사정이 다르다. 따라서 이 사건은 양소유에게 현실계만이 세계의 전부가 아니며 환상과 환상계도 존재한다는 사실을 깨우쳐 주는 계기가 된다. 특히 환상계로 향한 사람은 다름 아닌 부친이다. 그러므로 환상계에 대한 소유의 인식 역시 긍정적인 방향으로 형성된다. 환상세에 내해 아런한 그리움과 동경을 느끼게 되는 것이다. 이후에 나타나는 "양생의 풍격이 본래 스스로 신기함을 좋아"한다는 구절이 이를 단적으로 보여준다.[20]

다만 소유의 세계가 현실계이다 보니 홀로 돌출된 환상은 지속되지 못한다. 양처사가 자신이 환상적인 존재임을 밝히기 전부터도 소유와의 인연은 임시적인 것이었지만, 밝히는 순간에 이별은 필연이 된다. 현실계는 기본적으로 환상을 배제하는 세계이기 때문이다. 환상이 환상계를 이뤄 현실계와 분리된 자족적인 차원이나 경계를 갖지 않는 이상, 현실계 한복판에 홀로 존재하기는 어렵다. 이별에 대한 서술이 급작스럽게 전개되는 것도 그러한

---

20 楊生風度本自好奇. 가춘운이 선녀로 분장하여 양소유를 속이는 사건 직전에 등장하는 구절이다.

이유에서다. 모든 도인들이 처사의 집에 모여 백룡(白龍)과 청학(靑鶴)을 타고 깊은 산골로 들어가 버린다. 원래 소속되어 있던 환상계로 다시 돌아간 것이다. 가끔 공중으로부터 편지가 오지만 양처사는 '마침내는 집에 돌아오지 않'는다.

양처사를 환상계로 돌려보낸 이후의 사건 전개 또한 점차 현실계 내의 것으로 회귀한다.

> 용모는 반악(潘岳) 같고, 기상은 청련(靑蓮) 같으며, 문장은 연허(燕許)와 같고, 필법은 종요(鍾繇)와 왕희지(王羲之) 같아서 제자백가(諸子百家)와 구류삼교(九流三敎)와 천문지리(天文地理)와 육도삼략(六韜三略)과 활쏘기와 칼쓰기 등에 정통치 않음이 없으니, 진실로 전생부터 수행한 사람으로서 세상의 속된 사람에 비할 바가 아니었다.[21]

소유가 능력을 갖게 된 것은 '전생(前生)'이라는 환상적인 조건 덕분이다. 그러나 능력의 쓰임새는 지극히 현실적이다. 성진의 삶에서는 수행의 결과가 신통력이라는 환상으로 발현되었었다. 그러나 소유의 삶에서 전생의 수행은 입신양명하기 위한 최적의 조건을 갖추는 데 활용되고 있을 뿐이다. 그러한 맥락에서 소유의 닮은꼴도 현실계의 역사적인 인물들 속에서 찾아진다.

소유는 자신이 충분한 능력을 갖췄다고 보고 과거를 보러 간다. 이는 지극히 현실적인 문제를, 현실적으로 타개하는 방식이기도 했다. 부친이 떠난 후 모친이 홀로 힘들게 살림을 꾸려나가고 있었기 때문이다.

---

21 容貌似潘岳, 氣像似靑蓮, 文章似燕許, 筆法似鍾王, 諸子百家, 九流三敎, 天文地理 六韜三略, 釰訣射法, 無不精通, 誠以前生修行之人, 非世上俗子之所比也.

① 남전산(藍田山): 근원적 환상계-연장계

환상과 환상계는 한동안 문면에 나타나지 않다가, 소유가 반란의 화(禍)를 피해 남전산(藍田山)으로 도망하는 대목에서 등장한다.

> (ㄱ) 남전산(藍田山)을 바라보며 깊이 절정으로 올라가니 한 초옥이 있었다. 그 초옥에 흰 구름이 자욱이 끼어 있고, 학 우는 소리가 매우 맑기에, 양생이 고인(高人)이 있을 것이라 생각하고 선가를 찾았다. 한 도인(道人)이 궤를 기대고 누웠다가 양생을 보고 일어나 앉아 말하였다.[22]
>
> (ㄴ) 거문고와 퉁소를 거두어 산을 내려오며 돌아보니 도인의 집은 간 곳이 없었다.[23]

(ㄱ)은 소유가 남전산 도인의 집을 발견하는 장면이다. (ㄴ)은 도인을 하직하고 산을 내려 오는 장면이다. 도인의 집은 예사로운 공간이 아니다. 흰 구름과 학 우는 소리는 도인의 집을 현실계와 분리시켜 놓는다. 소유도 이러한 경계(境界)를 알아차린다. 고인이 있을 것이라 생각하고 선가를 찾은 것이다. 실제로 그 경계 내로 들어서자 한 도인이 있어 소유의 과거, 현재, 미래를 꿰뚫어 본다. 환상적인 존재가 있고 환상적인 사건이 발생하는 공간이므로 이곳은 환상계다. 시간의 흐름이 현격히 달라지는 것 또한 이곳이 환상계임을 알려주고 있다. 도인의 집에 불과 하루를 머물렀을 뿐인데 현실계에서는 계절이 바뀌어 있다.

환상계 가운데서도 남전산 도인의 집은 근원적 환상계-연장계에 속한다. 도인의 집은 분리계처럼 초대를 받거나 특수한 매개체를 타고서야 도달할

22　望藍田山, 而深入絶頂, 有一草屋, 而自雲深鎖, 鶴唳甚清, 知有高人, 而訪仙扃, 有一道人憑几臥, 而見生起坐曰
23　收拾琴簫, 下山而顧見, 道人之家, 無去處矣.

수 있는 환상계는 아니다. 중첩계처럼 현실계 한복판에 현현하는 환상계도 아니다. 그것은 남전산 깊숙한 곳, 그것도 절정으로 올라가야 발견할 수 있는 곳이다. 또한 정확한 위치를 찾아간다 해도 항상 볼 수 있는 것은 아니다. 도인의 집을 이미 한 번 방문했던 소유에게조차 그러하다. (ㄴ)에서 나타나듯 집을 나서자 곧 그 집이 보이지 않는다. 즉, 도인의 집은 기본적으로 숨겨져 있는 공간이다. 현실계에 속한 사람이 자신의 의지로써 찾을 수 있는 공간이 아니다. 숨겨져 있으나 때로 어떤 우연적인 발견으로 드러나는 '연장계'인 것이다.[24]

주인공이 고난에 빠졌을 때 근원적 환상계-연장계를 만나게 되는 것은 여타의 소설에서, 특히 영웅소설에서 자주 보이는 대목이다. 근원적 환상계-연장계는 평소에 숨겨져 있다가 주인공을 구원하기 위해 잠시 열린다. <조웅전>에 나타난 월경대사의 절과 <유충렬전>에서의 서해 광덕산 백룡사가 모두 이 근원적 환상계-연장계에 속한다. 쫓겨 다니던 조웅 모자(母子)는 험준한 산속 깊은 곳에 자리한 선경(仙境)인 월경대사의 절에 머무르면서 한숨 돌리게 된다. 유충렬 또한 광덕산이 '신령스러운 산'임을 직감하고 올라가 백룡사에 도달한다. 그리고 백룡사에서 여러 능력을 익히며 후일을 도모한다. 주인공의 과거와 미래를 통찰한다는 점에서도 신승(神僧) 월경대사와 백룡사의 노승(老僧)은 남전산 도인과 같은 역할을 한다.

이처럼 고전 서사에서는 근원적 환상계-연장계가 주인공의 고난 직후에 배치될 때 정형화된 몇 가지 기능을 행하는 경향이 있다. 주인공의 당장의 안전을 확보해 주고, 그에게 환상적인 물건이나 능력을 부여하며 미래를 암시한다. <구운몽>에서 남전산 도인 역시 마찬가지다. 병사로 강제 동원되

---

24 이때 우연이라는 것은 '주인공의 입장에서' 우연적이라는 뜻이다. 고난 직후에 등장하는 근원적 환상계-연장계의 대다수는 주인공의 입장에서는 의도치 않게 발견되지만, 서사 전체를 놓고 보면 그러한 발견이 이미 예고 내지는 운명적으로 안배되어 있는 경우가 많다.

어 난리의 한복판으로 끌려갈 위험성으로부터 소유를 구해주었고, 그에 더해 거문고와 퉁소를 가르쳐주었으며 방서(方書)를 내어주기까지 한다.

이때 중요한 것은 바로 그렇기 때문에 양소유가 환상계의 실재(實在)를 믿고 또 의지하게 된다는 점이다. 이와 관련하여 한길연은 영웅소설에서의 환상계란 결여태(缺如態)로서의 남주인공에게 질적 상승을 위한 자양분을 공급해 주는 곳이라 논한 바 있다. 그러므로 환상계는 남주인공이 순종해야 하는 대상이 된다는 것이다.[25] 물론 영웅소설의 환상계를 일괄적으로 이렇게 보기는 어렵다고 생각한다. 양소유가 남해태자를 제압하는 장면에서는 주인공과 환상계의 관계가 전혀 다른 양상을 취하기 때문이다. 그러나 이는 적어도, 고난 직후의 근원적 환상계-연장과 주인공의 우열 관계에 대해서는 매우 적절한 지적이 아닐 수 없다. 남전산과 양소유의 관계 역시 마찬가지다. 첫 대면에서 남전산 도인은 양소유에게 세 가지로 말을 건넨다.

"그대는 피란하는 사람이구나."
양생이 그렇다고 하자, 다시 말하였다.
"그대는 회남 양처사의 아드님이 아닌가? 모습이 매우 닮았구나."
양생이 눈물을 머금고 사실이라고 대답하자, 도인이 웃고 말하였다.
"그대의 부친이 나와 함께 사흘 전에 자각봉(紫閣峰)에서 바둑을 두고 갔는데 심히 평안하니, 자네는 슬퍼하지 말게. 자네가 이미 여기에 왔으니 머물러 길이 트이거든 돌아가도 늦지 않을 것일세."
양생이 감사하고 모시고 앉았는데, 도인이 벽 위의 거문고를 보고 물었다.
"자네는 이를 탈 수 있겠는가?"

---

[25] 한길연, 「대하소설의 환상성의 특징과 의미」, 『고전문학과교육』 20, 한국고전문학교육학회, 2010, 475면.

양생이 대답하였다.

"매우 좋아하지만 아직껏 어진 스승을 만나지 못하였습니다."[26]

이 대화에는 남전산 도인과 소유의 관계가 잘 드러나 있다. 이 시점에서의 소유는 잠재적인 재능은 특출날지언정, 완성된 재자(才子)나 영웅은 아니었다. 이후에 그가 평정할 반란을 생각하면 상대적으로 대단치 않은 난리인데도, 놀라고 두려워 황급히 깊은 산속으로 숨어들기까지 한다. 깊은 산속은 소유에게는 낯선 공간이지만 도인에게는 친숙한 주거 공간이다. 그렇기에 남전산에서 소유는 객(客), 그것도 약자(弱者)인 '피란지인(避亂之人)'이며, 도인은 집주인이자 소유의 안위를 결정하는 자가 된다.

연이어 도인과 양처사의 교분이 밝혀지면서 그들의 관계에는 부친의 지인과 지인의 아들이라는 관계가 덧붙여진다. 이때 일련의 대화가 계속 도인의 주도로 이뤄지는 것도 눈여겨 보아야 한다. 소유는 도인도, 그가 우연히 닿게 된 이곳에 대해서도 전혀 아는 바가 없다. 반면에 도인은 소유와, 소유가 모르는 것들도 알고 있는 인물이다. 이 앎의 편차가 두 사람, 나아가 두 사람이 소속된 세계의 우열 관계를 자연스레 뒷받침한다.

더욱이 도인의 집은 환상성이 충만한 환상계로서 현실계에서 얻을 수 없었던 갖가지 것들을 전수받을 수 있는 곳이기도 하다. 도인은 소유에게 거문고와 악곡을 가르치고 신이한 악기를 건네준다. 또한 늙음을 막는 팽조의 방서도 내어준다. 심지어 도인에게는 미래를 예측하는 환상적인 능력이 있어 소유가 앞으로 취해야 할 행동까지 일러준다.

종합하자면 도인과 소유는 보호자와 피란지인, 부친의 지인과 지인의 아

---

26 君是避亂之人也. 楊生曰然矣, 又謂曰, 君非淮南楊處士令郞耶? 甚肖矣. 生含淚而實對, 道人笑曰, 尊公與我, 三日前圍棋於紫閣峰而去, 甚平安, 君無悲焉. 君旣來此, 留待路通而飯, 未晩也. 楊生謝而侍坐, 道人觀見壁上琴而問曰, 君能爲此否? 楊生對曰, 雖好之, 而未遇良師矣.

들, 스승과 제자라는 세 가지 관계에서 우열 관계를 형성한다. 이는 곧 두 사람이 소속된 공간의 우열 관계로 이어진다. 남전산 도인의 집이 소유의 현실계에 비해 우위에 놓이는 것이다. 동시에 그러한 우위는 소유에게 많은 것을 얻게 해주는 기꺼운 것이었으니, 소유에게 근원적인 연장계는 현실계보다 우월하여 지향되어야 할 곳으로 인식될 수밖에 없다. 소유가 '궤장을 받들어' 도인을 모시며 살고 싶다고 청하는 장면은 이를 확연하게 보여준다.

남전산 도인의 집은 양처사의 사례와도 대조된다. 양처사는 홀로 돌출된 환상이었고 곧이어 현실계로부터 벗어나 버렸다. 바꿔 말하면 현실계는 일시적인 환상을 배제해 버리고 금세 온전한 현실계로 회복될 수 있었다. 현실계를 열어놓는 힘으로서의 환상보다, 환상을 배제하는 힘으로서의 현실계가 더 크게 작용한 것이다. 그러므로 양처사가 향한 환상계는 아스라한 동경의 공간일지언정, 도달을 요하는 공간은 되지 못했었다.

반면에 남전산 도인은 현실계에 홀로 투출되어 있지 않다. 그는 일정한 영역을 확보하고 그에 연계된 다른 인물인 도동(道童)을 거느렸으며 방서나 악기 등 환상적인 물건들도 지니고 있어 그 관계 속에서 환상'계'가 형성되고 있다. 하나로 존재하는 환상과, 여러 환상이 계열체를 이룬 환상계는 각각 갖는 힘의 크기가 다르다. 하나의 환상은 쉽게 일회적인 예외로 치부될 수 있지만, 환상계라면 그러기 어렵다. 단순히 일(一)대 다수(多數)이기 때문에 나타나는 차이는 아니다. 그보다는 환상이 계열체를 이뤘을 때 자연스레 현실계와는 구별되는 영역 내지 공간이 발생하기 때문이다. 무시해 버리기 어려운 이 독립적 영역 때문에 환상계의 힘은 더욱 세진다.

더욱이 남전산 도인은 자각봉(紫閣峰)에서 양처사와 바둑을 두었다는 사실을 추가적으로 언급한다. 신선 및 도인들로 이루어진 환상의 계열체가 그 배후에 연계되어 있음이 표현되는 것이다. 이로써 환상계는 그만의 실재성을 공고히 한다. 앞서 양처사가 하나의 점(點)으로 나타났었다면 지금의 남전산 도인은 여러 점을 연결한 선(線) 위의 한 점으로 존재하고 있는 셈이다.

따라서 여기까지만 놓고 보면 근원적 환상계-연장계가 갖는 우월성과 실재성은 확고한 것으로 여겨진다. 여타의 영웅소설들이 그렇듯 주인공이 근원적 환상계-연장계와 조우함으로써 능력을 얻는 구조도 동일하게 나타나고 있다. 기실, 근원적 환상계-연장계의 우월성과 실재성이 강력할수록 그로부터 능력을 받은 영웅의 입지도 강력해진다. 그렇기 때문에 영웅소설의 상당수는 근원적 환상계-연장계를 신성하게 그렸으면 그렸지, 그것이 지닌 실재성을 회의한다거나 흔들어 놓는 방향으로 서술을 전개하진 않는다.

바로 이 점에서, <구운몽>의 환상계 활용 양상은 다른 영웅소설의 그것과 갈라진다. <구운몽>은 이 직후에 근원적 환상계-연장계의 짝패로서 '가짜' 근원적 환상계-연장계를 배치하기 때문이다. 그로써 지금껏 축적된, 근원적 환상계-연장의 실재성과 우월성에 대한 양소유의 믿음은 내파되고 만다.

② 종남산(終南山)과 자각봉(紫閣峰): 근원적 환상계-연장계의 모사(摹寫)

가짜 근원적 환상계는 정경패가 제시한 속임수에서 비롯된다. 정경패는 가춘운을 양소유와 이어주고픈 마음에서, 동시에 양소유가 여장하여 자신을 엿본 일에 대한 소소한 복수로 속임수를 준비한다. 내용인즉슨 가춘운을 선녀와 여귀(女鬼)로 변장시켜 양소유를 미혹시키자는 것이다. 가춘운이 분장할 선녀나 여귀는 모두 환상적인 인물이다. 그러므로 이어지는 속임수는 곧 환상이 아니면서도 환상을 가장(假裝)한 사건이 된다. 그런데 이때 속임수를 전개함에 있어 배경에 대한 고려도 함께 나타나고 있어 흥미롭다. 다음은 정경패의 말이다.

> "…우리 집 산장이 종남산(終南山) 깊은 골에 있어 비록 성 밖과 아주 가까운 땅이나 경치가 그윽하고 깊숙함이 인간 세상 같지 아니하니, 이 땅을 빌어 너의

화촉을 가장하고 십삼랑과 더불어 이리이리하면 가히 양랑을 속일 것이니…"[27]

　정경패는 종남산의 특성을 거론하면서 선녀나 여귀를 등장시키기에 적절한 공간이라 말하고 있다. 이는 그녀의 인식 속에 환상계가 될만한 공간적 요건이 따로 있음을 보여준다. '비록'이라는 말에서 '성 밖과 아주 가까운 땅'은 환상계가 되기에 부정적 요건임을 알 수 있다. 반면에 '경치가 그윽하고 깊숙한 산'은 긍정적 요건이다. 이는 연화봉과 남전산 등에서 여러 번 반복된 근원적 환상계-연장계의 양상과 일치한다.

　다만 이전에는 그러한 공간적 속성이 진짜로 근원적 환상계를 담은 데 반해, 여기에서는 가짜 근원적 환상계를 조성하는 데 '이용'되고 있다는 점에 주목해야 한다. 이전에 진짜로 환상계의 요건이 되었던 것을 끌어다가 환상계를 가장하는 수단으로 이용한다는 것은, 그 의도와 별개로 결과적으로 진짜 환상계의 독존적 위상을 끌어내리는 일이 된다. 진짜 환상계만이 가질 수 있는 공간적 아우라를 가짜 환상계와 공유하게 되기 때문이다.

　물론 정경패가 이러한 효과를 노리거나 의도한 것은 아니다. 정경패는 자신의 두 가지 목적에 충실했을 뿐이며, 그에 따라 부수적으로 발생한 효과에 불과하다. 그런데 오히려 이러한 비(非)의도성이 <구운몽>의 전반적인 방향성과도 부합한다. <구운몽>에서는 주인공에게 깨달음을 주입하려고 하지 않는다. 깨달음은 이런저런 경험 끝에 스스로 얻어지도록 안배되어 있다.[28] 본디 타력신앙이 아니었던 불교에서 궁극적인 깨달음이란 자득(自得)하

27　吾家山庄在於終南山深谷, 雖城外咫尺之地, 而景槩之幽邃, 非如人間, 借此地, 假春娘之花燭, 而與三十兄, 如是如是, 則可瞞楊郎

28　육관대사와 관련해서도 그 점이 잘 드러난다. 육관대사는 성진이 깨닫도록 도와주는 인물이다. 그러나 그는 자신이 깨달음을 주도하지는 않는다는 점을 계속 언급한다. '네가 만약 돌아오고자 하면 내 몸소 데려올 것이니', '네가 흥을 타고 갔다가 흥이 다하여 돌아왔으니 내가 무슨 간여한 일이 있겠느냐?'는 발화들이 그러하다. 이와 관련하여 유병환이 세밀하게

는 것이기 때문이다. 환상계를 가장하는 이 속임수 역시 마찬가지다. 정경패가 진짜 환상계의 실재성에 흠집을 내려는 의도에서 속임수를 제안하진 않았지만, 속임수를 경험하는 자가 경험의 과정에서 자연히 실재성을 회의하게 되는 것이다. 진짜를 모방한 가짜란, 진짜의 아우라에 흠집을 내는 존재일 수밖에 없다.

이는 또한 한편으로 <구운몽>과, 이후 분석할 <전우치전>, <옥루몽> 간의 뚜렷한 차이를 보여주는 대목이기도 하다. <전우치전>과 <옥루몽>에서는 등장인물들이 보다 의도적으로, 근원적 환상계를 모방한 허구적 환상계를 창조하기 때문이다. <구운몽>에서 정경패가 꾸민 것이 환상계인 척 가장된 것일 뿐 결코 환상계는 아니었음에 반해, <전우치전>과 <옥루몽>에서는 아예 등장인물에 의해 환상계가 만들어진다는 점에서 차이가 크다.

그렇다면 속임수는 어떤 방식으로 근원적 환상계의 위상을 흔들어 놓고 있는가? 이를 분석하려면 우선 정십삼이 소유를 속임수로 이끄는 장면부터 살펴볼 필요가 있다.

> 정생이 말하였다.
> "이 물은 자각봉(紫閣峰)에서 내려오니 여기서부터 십여 리를 올라 가면 이상한 땅이 있는데, 꽃 피고 달 맑을 때면 신선의 음악 소리가 난다 하오. 그러나 내 일찍 본 적이 없으니 마땅히 형과 더불어 함께 찾아 가고 싶소."
> 양생의 풍격이 본래 스스로 신기함을 좋아해, 이 말을 듣고 크게 기뻐하였다.[29]

분석한 바 있어 함께 언급해둔다: 유병환, 『구운몽의 사상적 실상』, 다래헌, 2007.

[29] 鄭生曰, 此水從紫閣峰下來, 自此上去十餘里有異地, 花發月明之時, 則出仙樂之聲云. 吾未嘗見, 當與兄共訪也. 楊生風度本自好奇, 聞此言大悅.

여기에서 다시 자각봉이 언급되고 있음을 눈여겨보자. ①절에서 자각봉은 양처사와 남전산 도인이 바둑을 두었던 곳, 다시 말해서 실제로 신선들이 노니는 공간으로 언급되었던 곳이다. 그런데 그러한 자각봉이 여기에서는 가짜 선녀를 등장시키는 배경 무대 중 하나로 활용되고 있다. 하나의 공간이 한편에서는 진짜 환상계로, 다른 한편에서는 환상계를 가장한 속임수의 무대로 쓰인 것이다. 이는 묘한 대구를 이루면서 동시에 서로 충돌하여, 진짜 환상계가 갖는 고유함을 흩뜨려 놓고 있다.

그러나 이것이 속임수인지를 모르는 소유로서는, 환상계를 만날 기대에 기쁘고 들뜰 뿐이다. 사실 소유로시는 지극히 당연한 일이나. 사각봉에서 바둑을 두었다는 남전산 도인의 말을 소유가 만약 기억하고 있다면 더욱 그렇다. 더욱이 이미 앞서 신선을 만나보았고, 그때의 경험은 소유에게 매우 긍정적으로 작용했다. '신기함을 좋아'하는 성향은 그러한 경험에 기인한 것으로 보인다. 그리하여 소유는 정십삼의 말에 한 치의 의심도 두지 않는다.

따라서 일련의 속임수 사건은 그 이전, 남전산의 근원적 환상계-연장계와 연결하여 이해해야 한다. 공간의 층위에서 보면 두 개의 사건은 서로 긴밀히 연결된 짝패다. 먼저 근원적 환상계-연장계가 등장했기 때문에 후에 속임수가 성공적으로 작동될 수 있었고, 속임수로 인한 충격이 배가될 수 있었다.

소유의 입장에서 보면 남전산에서 도인을 만났듯, 종남산에서는 선녀를 만난 것이다. 사실 선녀의 정체는 선녀로 분장한 가춘운이지만 소유는 이전의 경험에 비춰 당연히 선녀를 만난 것이라 믿는다. 선녀라는 단어 또한 소유의 발화에서 처음 등장한다. 소유가 가춘운의 형용과 그녀가 위치한 공간의 분위기를 보고서 먼저 그녀를 선녀라고 인식해 불렀고, 이로써 속임수가 저절로 작동한 것이다. 가춘운은 그녀의 내력을 꾸며 말함으로써 소유의 착각을 더 강화한다.

"옛 일을 말씀드리려 하니 마음이 슬퍼집니다. 첩은 본래 요지왕모의 시녀요, 낭군은 곧 상청선자셨습니다. 그런데 옥황상제의 명령으로 왕모에 조회하다가 우연히 첩을 만나 신선의 과일을 가지고 서로 희롱하자 왕모께서 노하시어 상제께 아뢰었습니다. 그래서 낭군은 인간 세상에 떨어지고 첩은 산중에 귀양와 이제 이미 기한이 되어서 장차 요지로 돌아가야 하는데 반드시 낭군의 모습을 뵙고 정을 나누고 싶어 선관에게 빌어 하루의 기한을 미루었답니다."[30]

그런데 꾸며낸 거짓말은 오히려 전생의 사실에 근접해 있다. 가춘운은 실제로 위부인의 시녀였으며, 성진은 육관대사의 명으로 용궁을 방문하다가 우연히 여덟 선녀를 만났었다. 그리고 서로 희롱한 탓에 벌을 받아 적강하게 된 점도 같다. 더욱 흥미로운 점은 이 거짓말이 심지어 '거짓말의 거짓말'이라는 것이다. 애당초 가춘운은 '선녀인 척 가장하는' 여귀를 가장하기로 계획되어 있었고, 이 거짓말 또한 거짓 여귀가 거짓 선녀를 연기하기 위해 하는 거짓말이기 때문이다.

가춘운의 가장 거짓된 정체성이 최종 심급의 진실, 즉 전생의 정체성과 묘하게 일치되고 있다는 점은 예사로이 지나쳐 볼 것이 아니다.[31] 이러한 일치는 진실과 거짓 둘 다에 영향을 끼친다는 점에서 전술한 '근원적 환상계와 가짜 환상계의 일치'와 같은 효과를 나타내기 때문이다. 즉, 진실에는

---

30 欲說故事, 助人之悲矣. 妾本瑤池王母侍女, 郞君卽上淸仙子. 玉帝命朝於王母, 偶見妾而以仙果相戲, 王母怒, 白上帝. 郞君墮人間, 妾謫此山中, 今已限滿, 將往瑤池, 而必欲見郞君之容, 而欲說情, 故焉於仙官, 退一日之限.

31 한 사람의 정체성을 여러 가지로 보여준다는 점에서 이는 불교적 환상의 작용 방식과 흡사하다. 불교 경전에서는 한 사람을 두고서 다른 모습으로 변신시키기도 하고, 다른 시공간에 존재했던 그를 보여주기도 한다. 이로써 '나'라는 실체에 대한 완고한 집착, 즉 아상(我相)이 파훼된다. 이에 대해서는 강혜진, 「<유마경(維摩經)>을 통해 본 불교 경전의 환상 실현 양상과 의미」, 고려대학교 석사학위논문, 2017을 참고.

그것 역시 거짓일 수 있다는 여지를, 거짓에는 그것이 사실은 진실일 수 있다는 여지를 안겨주는 것이다.

거짓과 진실의 일치, 그리고 환상계를 가장한 공간과 근원적 환상계의 일치라는 두 가지의 일치는 비록 해당 사건이 유희적인 것이라 해도 함의하는 바가 결코 얕지 않다.[32][33] <구운몽>과 밀접하게 연관된 불교에서는 상(相) 하나하나에 집착하지 말 것을 가르친다. 지각되는 모든 것들은 항구불변한 실체를 갖고 거기에 놓여 있는 것이 아니다. 무수한 원인과 결과[緣起] 속에서 오온(五蘊)이 잠시 결합된 것에 불과하다. 이와 같은 관점에서 본다면 어떤 것을 진(眞)으로, 어떤 것은 가(假)로 여기는 이분법적인 태도는 위험하나.

---

[32] 이 속임수 사건에 주목한 선행 연구의 대다수는 '인귀교환을 제재로 한 전기소설을 패러디 한 것'이라는 관점에서 논의를 전개했다(따옴표 안은 박희병, 「한문소설과 국문소설의 관련양상」, 『韓國漢文學研究』 22, 한국한문학회, 1998, 21면에서 인용). 대표적으로 신재홍은 이를 '전기성의 희극적 변용'이라 하여, 전기성 자체가 속임수의 한 수단이 되고 그로 인해 웃음이 유발되는 양상으로 변질되었다고 보았다(신재홍, 「구운몽의 서술원리와 이념」, 『고전문학연구』 5, 한국고전문학연구회, 1990). 또한 정길수는 인귀교환 모티프에 내장되어 있던 비극과 환멸의 정서는 희극적인 것으로 탈바꿈되었으며, 인귀교환 모티프 그 자체에 충실했던 양소유는 우스꽝스러운 광대로 전락한다고 했다. 이로써 표면적으로는 호색에 열중하던 양소유가 조롱의 대상이 되고 있지만, 정작 이 대목에서 조롱당하는 것은 인귀교환 모티프의 비극성이라 논의했다(정길수, 「傳奇小說의 전통과 『九雲夢』」, 『韓國漢文學研究』 30, 한국한문학회, 2002, 367면).
이상의 선행 연구를 통해 전기소설과 <구운몽>의 차이점을 짚어볼 수 있다. 그러나 패러디의 대상을 작품 외부의 전기소설에서만 찾을 수 있는 것은 아니다. 작품 내부에서도 이미 여덟 선녀나 남전산 도인의 근원적 환상계-연장계가 등장하고 있다는 점도 간과해서는 안된다. 이 점, 공간론적 층위에서의 논의가 필요한 이유이기도 하다.

[33] 위와 달리 속임수의 작품 내적 기능에 주목한 선행 연구로는 이강옥과 엄태웅의 연구가 있다. 이강옥은 속임수 상황이 등장인물과 독자로 하여금 가상이나 환상을 경험하게 하면서도 그 경험의 주체가 과연 실재인가를 의심하게 만든다고 보았다(이강옥, 『구운몽의 불교적 해석과 문학치료교육』, 소명출판, 2010, 171면). 엄태웅은 이강옥의 논의를 일부 수용하여 경판본 <구운몽>의 주제의식과 특색을 규명했다. 선본 <구운몽>과 경판본 <구운몽>을 비교함으로써 속임수가 작품의 '비현실적' 면모를 부각시키는 데 기여하고 있음을 선명하게 보여주었다(엄태웅, 「경판본 「구운몽」에 나타난 비일상적 면모의 변모 양상과 의미」, 『일본학연구』 47, 단국대학교 일본학연구소, 2016).

진(眞)을 절대적인 실체라 믿고 의존하게 되거나, 가(假)역시 연기(緣起)에 의한 것임을 망각하게 되기 때문이다.

바로 이 점에서 속임수 사건은 대단히 중요한 기능을 한다. 즉, 남전산 도인과의 만남을 통해 형성되었던 환상계의 실재성과 우월성을 내파(內破)시키는 것이다. 소유는 근원적 환상계-연장계에서 도움을 받았기 때문에 자연스레 환상계가 존재하며 그것도 현실계보다 긍정적이며 우월한 방식으로 존재한다고 무의식중에 생각하게 되었을 것이다. 이에 그는 가만히 살펴보면 그 어떤 환상적인 행위도 일어나지 않음에도 불구하고, 가짜 선녀와 가짜 근원적 환상계를 의심 없이 덥석 믿어버린다.[34] 그러한 믿음이 갖는 위험성은 가춘운이 천상의 선녀가 아니라 한낱 여귀임이 밝혀지고 난 뒤에도 상황을 이성적으로 분변하지 못하는 데서 부각된다. 양소유는 주위의 만류를 뿌리치면서까지 환상에 집착한다. 귀신이 위험하다는 경고나 그가 초췌해졌다는 걱정조차도 흘려듣는다.

앞서 보았듯 환상계는 주어진 현실에 우리의 사고를 긴박시키지 않고, 그 이상의 가능성을 열어두게 한다는 점에서 중요한 의미를 갖는다. 환상계가 존재하기 때문에 현실계의 독존적 위상이 재고되고 그에 대한 집착이 파훼될 수 있었다. 그러나 그렇다고 해서 반대로 소유의 경우처럼 환상계에 집착하거나 매몰되어서도 곤란하다. 현실계에 얽매이지 않듯 환상계에도 얽매이지 않아야 모든 것을 여여(如如)하게 바라볼 수 있는 깨달음의 경지에 도달한다. 그러므로 양소유의 믿음과 집착은 통렬히 부수어질 필요가 있었다.

이러한 맥락에서 볼 때 근원적 환상계의 짝패로서 속임수는 매우 긴요한 것이었다. 근원적 환상계로서 남전산이 현실계 너머를 볼 수 있게 했다면,

---

[34] 신선을 가장하는 속임수는 <옥루몽>에서도 동일하게 나타난다. 그런데 <옥루몽>에서 양창곡은 기본적으로 신선의 자취를 의심하는 태도를 보여 <구운몽>의 양소유와 대비를 이룬다.

가짜 환상계를 내세운 속임수는 환상계에 대한 집착 역시 넘어서게 했다. 이로써 현실계에도, 환상계에도 얽매이지 말라는 주제의식이 작품 초반부부터 복선처럼 깔리게 된다.

3) 근원적 환상계-분리계와 그 부정

소유의 현실계에서 짝패는 하나 더 등장한다. 앞 절에서 짝패는 근원적 환상계-연장계와 자각봉이라는 두 가지 요소를 공유함으로써 서로 연결점을 가졌었다. 이와 비교하여 이 절에서 다룰 짝패는 근원적 환상계-분리계와 꿈이라는 연결고리를 갖는다. 짝패의 구조와 기능은 앞 절의 그것과 거의 동일하다. 근원적 환상계가 등장함으로써 현실계의 틈을 내고 그 너머를 사유하게 한다. 그리고 다시 '근원적 환상계와 유사하지만 근원적 환상계는 아닌' 무엇을 등장시켜 근원적 환상계에 대한 의존성을 흔들어 놓는다.

① 백룡담: 근원적 환상계-분리계

앞서 근원적 환상계-연장계는 소유가 고난을 겪을 때 열렸었다. 마찬가지로 3)절의 근원적 환상계-분리계도 소유가 궁지에 몰릴 때 등장한다. 사실 이 직전까지 소유는 현실계에서 성공 가도를 달리고 있었다. 소유가 되기 전의 성진은 속세에서의 완벽한 삶을 다음과 같이 표현하고 있는데, 이중 태반이 이 시점에 이루어져 있다.

> 남자가 세상에 태어나 어려서는 공맹의 글을 읽고 자라서는 요순 같은 임금을 만나 싸움터에 나가면 삼군의 총수가 되고, 조정에 들어서면 백관의 우두머리가 되어 몸에 비단 도포를 입고 허리엔 자수를 띠며, 임금에게 충성하고 백성을 이롭게 하며, 눈으로는 고운 빛을 보고 귀로는 오묘한 소리를 들어 당대에

영화를 누릴 뿐만 아니라, 죽은 후에는 공명을 남겨 놓는 것이 실로 대장부의 일인데[35]

과거에 장원급제하고 하북의 세 절도사가 일으킨 반란을 조서(詔書)와 언사로 제압하면서 벼슬도 계속 올랐다. 토번으로의 출정도 이전의 이러한 공들을 인정받은 결과다. 그런데 너무나도 순탄히 항복을 받아낸 이전의 경우와는 다르게 이번 전쟁에는 뜻하지 않은 일들이 끼어든다. 근처의 물에 독성분이 있어 마실 물을 공급하는 데 차질이 생긴 것이다. 이는 심각한 문제였다. 보급이 원활하지 않으면 전투에 제대로 임하기는커녕, 속수무책으로 몰살당할 수도 있기 때문이다.

군사들을 명하여 우물을 파게 했는데 열 길 남짓이나 되어도 한 군데서도 샘이 나오지 않았다. 상서가 깊이 고민하다가 삼군을 호령하여 그곳을 떠나 진군하려고 하였다. 그런데 갑자기 산의 앞뒤에서 징이며 북치는 소리가 진동하면서 오랑캐의 군대가 험한 곳을 점거하여 길을 끊었다. 관군이 물러날 수도 없고, 나아갈 수도 없었고, 상서는 진영 가운데서 적을 물리칠 계책을 생각할 수가 없었다.[36]

상황은 점점 심각해져 퇴각로까지 끊기는 진퇴양난의 지경에 이른다. 이쯤 되면 재능으로 해결할 수 있는 문제가 아니다. 애당초 인간의 힘으로 해결하

---

35 男兒生世, 幼而讀孔孟之書, 壯而逢堯舜之君, 出則作三軍之帥, 入則爲百揆之長, 着錦袍於身, 結紫綬於腰, 揖讓人主, 澤利百姓, 目見嬌艷之色, 而聽幼妙之音, 榮輝極於當時, 功名垂於後世, 此固大丈夫之事也.
36 命軍士穿井, 十餘丈無一處出泉, 尙書深悶, 號令三軍, 離其地進去. 忽山之前後, 錚鼓之聲震動, 胡兵據險絶路. 官軍退不得進不得, 尙書在營中, 不能思却寇之策.

기 어려울 정도의 궁지인 것이다.

　이전까지 소유는 그 어떤 일이 닥쳐도 굽히지 않고 할 수 있는 행동을 취했다. 사혼령(賜婚令)이 떨어졌을 때는 하옥되는 것도 무릅쓰고 강경한 주장을 폈으며, 자객이 나타나도 목을 가져가 보라는 패기를 보여주었다. 그리고 그러한 태도가 실제로 긍정적인 결과로 이어졌다. 이렇듯 소유에게 유리한 방향으로 사건이 전개되는 것이 <구운몽> 현실계의 특징이다. 사실 위의 행동들은 위험 부담이 컸다. 반란도 원래는 그리 쉽게 진압될 리 없다. 그럼에도 불구하고 사건은 저절로, 소유의 뜻에 맞게 풀려왔다.

　다시 말해서 소유가 출세한 이후로 소유의 세계, 즉 현실계는 소유가 마음대로 주무를 수 있는 대상처럼 보였다. 궁지란 것은 주인공이 현실을 좌지우지할 때는 나타나지 않는다. 궁지는 주인공의 힘이 실은 보잘것없는 잘디잘은 것으로 드러나고, 주인공이 마주한 현실도 실로 울퉁불퉁하여 부조리와 우연으로 가득 차 있음을 직관하게 될 때 나타난다. 그러므로 그동안 궁지에 몰리지 않았다는 것은 돌려 말하면 소유도, 그가 놓인 현실도 결여 없이 온전하게만 표현되었음을 뜻한다.

　위 대목의 진퇴양난의 상황은 그런 점에서 눈여겨볼 필요가 있다. 이 사건은 그저 매끄럽게 흘러가기만 했던 현실계의 나날들을 잠시 중지시킨다. 아무리 노력해도 도저히 안 되는 것이 있음을, 현실계에는 메워지지 않는 결여들이 있음을 보여주는 것이다. 그것이 그 어떤 대책도 내놓기가 '불가능'한[不能爾] 소유의 무기력한 모습으로 형상화된다.

　물론 <구운몽>에서는 궁지에 몰린 소유의 모습을 길게 언급하지 않는다. 사태의 심각성에 비해 서술은 길지 않다. 깊은 고뇌나 불안감이 세밀히 표현되지는 않는 것이다. 오히려 곧장 환상계로부터의 초대가 나타난다. 그렇기 때문에 자칫 환상계는 단순히 현실계의 결여를 메워주고 그럼으로써 주인공에게 다시 힘을 실어주는 역할을 하는 것으로만 보일 수도 있다.

그러나 현실계를 환상계가 보충하는 구조는 그와 같은 단편적인 효과만 내는 것이 아니다. 이것은 양면의 효과를 갖는다. 보충은 대리의 기능과도 긴밀히 연결되어 있기 때문이다.[37] 즉, 환상계는 현실계를 '보충'함으로써 결여를 메우기도 하지만 동시에 현실계를 '대리'함으로써 결여를 드러내기도 한다. 사면초가의 상태에서 환상계를 불러들임으로써만 문제가 해결된다는 것은 현실계의 불완전성을 역으로 보여주는 것이기 때문이다.

물론 많은 소설에서 보충의 효과만이 전면적으로 드러나고 있음은 부인할 수 없다. 특히 주인공의 영웅성을 부각하는 데 주안점을 둔 소설이라면 더욱 그렇다. 이때 환상계는 현실계의 고충을 바로바로 해결해 주어 영웅의 승승장구를 보장할 뿐, 현실계가 근본적으로 불완전하다는 점을 폭로하지는 않는다. 따라서 이 경우 '대리'는 잠재적인 효과로 내재되어 있는 데에 그친다.

여기에서 <구운몽>의 독특함을 찾을 수 있다. <구운몽>에서는 영웅의 면모를 지닌 주인공을 등장시키면서도, 동시에 보충과 대리의 효과를 함께 드러내고 있기 때문이다. 그리고 이는 이후 환상계의 중층적 양상과도 호응되므로, 관련 장면들에 나타난 환상계의 구조부터 살펴보기로 한다.

> 그날 밤 베개에 의지해서 얼핏 잠이 들었다. 문득 기이한 향기가 진영 중에 가득 차더니 여동 두 사람이 앞에 나타나는데 모습이 아주 기이하였다. 상서를 보고 말하였다.
> "우리 낭자가 귀인을 청하고 가슴 속에 품은 생각을 말씀드리고자 하니 누추한 땅이라도 왕림하시기를 아끼지 마십시오."
> … 상서가 말하였다.

---

[37] 자크 데리다는 보충과 대리의 연결성에 주목해 대리보충이라는 용어로 표현하기도 했다. 자크 데리다 저, 김성도 역, 『그라마톨로지』, 민음사, 2010 참고.

"용이 사는 곳은 깊은 물 속이요, 나는 인간 세계의 사람이니 비록 가고 싶으나 어떻게 할 수 있겠는가?"

여동이 말하였다.

"밖에 말이 왔으니 수부(水府)로 가는 길에 방해받지 않을 것입니다."

상서가 여동을 따라 나가서 보니 총마(驄馬) 한 필에 금 안장을 지었고 종자 수십 명이 입은 옷은 곱고 화려하였다. 상서가 말에 타니 순식간에 호수 속으로 들어가는데 말의 네 굽에서 먼지가 일었다.[38]

소유가 백룡담 용궁으로 가는 과정에는 세 가지 절차가 따랐다. 꿈을 꾸고 초대를 받았으며 용궁의 말을 탐으로써 백룡담 용궁에 도달할 수 있었다. 비교하여 앞서 남전산의 경우에는 소유가 특별한 수단이나 꿈을 통하지 않고서도 우연히 발견할 수 있었다. 그러나 백룡담 용궁은 그런 식으로 발견될 수 있는 공간이 아니다. 이러한 인식은 소유의 발언에서도 드러난다. 용의 공간과 자신의 공간이 완전히 분리되어 있어서 가고 싶어도 갈 수 없다는 것이다. 이를 통해 백룡담 용궁이 '분리계'로 형상화되고 있음을 확인할 수 있다. 또한 백룡담 용궁은 현실계로부터 파생되거나 창조된 공간이 아니므로 근원적 환상계다. 종합하면 '근원적 환상계-분리계'가 된다.

일반적으로 사건이 진행될수록 작품의 무대가 확장되기 마련이다. 또한 그에 따라 작중 세계의 전반적인 모습 역시 더욱 많이 밝혀지기 마련이다. 위 대목에서 근원적 환상계-연장계가 아닌 근원적 환상계-분리계가 등장하는 것도 같은 맥락에서 이해할 수 있다. 근원적 환상계-분리계는 근원적 환상

38　而此夜倚枕乍眠. 便異香滿營, 女童兩人進前, 容貌奇異. 謂尙書曰, 我娘子請富貴人, 欲陳懷抱, 不惜降臨陋地也. … 尙書曰, 龍身所居之處深水也, 我則人間人, 雖欲往何可得也? 女童曰, 外有來馬, 不防水府之行. 尙書從女童而出見, 驄馬一匹備金鞍, 從者十數人衣服鮮華矣. 尙書上馬, 瞬息之間入潭水, 四蹄生塵.

계-연장계에 비해 거대한 규모의 환상계를 제시할 수 있다는 점에서 서사 전개상 이점을 갖기 때문이다. 개연성의 측면에서, 거대한 환상계는 현실계의 연장선상에 존재한다고 하기보다는 현실계와 분리된 곳에 존재한다고 하는 편이 자연스럽다.

<구운몽> 역시 마찬가지다. 소유의 현실계를 기준으로 삼아볼 때 처음에는 남전산과 같은 근원적 환상계-연장계가, 나중에는 근원적 환상계-분리계가 등장하고 있다. 그리고 나중에 등장하는 근원적 환상계-분리계의 경우, 백룡담 용궁 자체만으로도 이미 넓은 공간이지만 계속해서 동정호 용궁 및 남악 형산과 연결되면서 더욱 확장되는 모습을 보여준다.

> 상서가 말하였다.
> "지금은 삼군을 이끌고 적국과 서로 대치하고 있고, 동정호는 여기에서 만리 밖에 떨어져 있어 비록 가고 싶으나 어찌 갈 수 있겠는가."
> 사자가 말하였다.
> "이미 용 여덟 마리를 맨 수레를 준비하였으니, 용궁이야 한나절이면 가셨다가 돌아올 수 있을 것입니다."
> 양상서가 용녀와 함께 수레를 타자 신령한 바람이 차바퀴를 날려 공중에 솟아 오르니 이미 인간 세계를 몇천 리나 벗어났는지 알 수 없었고, 다만 굽어보니 흰 구름이 온 세상을 덮고 있었다.[39]

근원적 환상계-분리계는 현실계와는 분리된 자유로운 환상계의 장(場)이기 때문에 위와 같이 여러 개의 환상계를 연결시켜 제시할 수도 있다. 소유는

39　尙書曰, 方率三軍, 與敵國相對, 洞庭此去萬里之外, 雖欲往何可得也. 使者曰, 已備車駕八龍, 宮半日之間, 可以往還矣. 楊尙書與龍女同車, 神靈之風拚車輪, 上空中, 不知已離人間幾千里, 而但俯視白雲覆世界矣.

백룡담 용궁에서 동정호 용궁으로, 다시 남악 형산으로 이동한다. 근원적 환상계-분리계를 바탕으로 삼아, 기존에 나왔던 여타 환상계들까지도 엮어서 보여준 것이다. 그런 점에서 근원적 환상계-분리계의 장점이 십분 활용되고 있다 하겠다.

그러나 단순히 크기의 확장에만 주목하고 말 것은 아니다. 중요한 것은 그럼으로써 구축되는 다층적인 구조다. 환상계가 복수(複數)로 등장하면 각 환상계들 간에 층차나 위계가 자연스레 발생하게 된다. 즉, 다층적이고 복합적인 구조의 환상계가 형상화될 수 있는 것이다. 특히 <구운몽>에서는 기존에 나왔던 환상계, 즉 동정호 용궁과 남악 형산을 다른 맥락에서 다시 보여주고 있다. 이 때문에 다층적인 구조는 더욱 기묘하고 의미심장한 것이 된다.

기존에 나왔던 환상계 가운데 먼저 동정호 용궁이 만들어 내는 환상계의 층차를 살펴보고자 한다. 동정호 용궁은 성진일 적에 이미 방문했던 공간이다. 그럼에도 불구하고 소유의 방문은 그와는 아무런 관련이 없는 별개의 사건으로 묘사된다. 단적으로 동정호 용왕은 소유가 성진과 동일 인물임을 알아보지 못한다.[40] 이는 소유와 성진이 각각 별개의 주체로 동정호 용왕에게 인식되었음을 의미한다. 동정호 용궁에서 소유는 성진의 정체성을 회복한다거나, 성진의 세계에 영향을 주지 않는다. 소유가 동정호 용궁에서 만들어 내는 사건의 흐름은 그와는 별개로 진행된다. 즉, 소유는 '성진이 소거된' 성진의 세계를 '새로이' 경험하는 주체로 등장한다.

따라서 이 대목에서까지는 성진과 소유라는 서로 다른 주체를 기준으로 삼아 세계 간의 층차를 구분하는 것이 유효하다. 이는 다음과 같이 정리될 수 있다.

---

[40] 용왕이 말하였다. "원수는 이 산을 모를 것입니다. 이 산이 바로 남악 형산입니다."

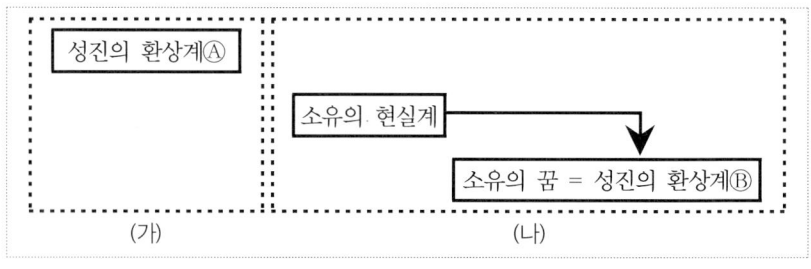

관계도 1

 만약 꿈이라는 형태에 주목한다면 성진의 환상계와 소유의 환상계 간의 관계는 상당히 기이한 것이 된다. 꿈은 본질적으로 허구이므로 '꿈을 산출하는 세계'와 '꿈으로 산출된 세계'는 서로 다른 층차를 가지기 마련이다. 전자는 후자를 산출한 실재이고 후자는 전자로부터 산출된 허구다. 그러므로 위의 관계도에서 (나)부분의 소유의 현실계는 소유의 꿈=성진의 환상계ⓑ를 산출하는 일종의 모(母)세계로서 실재성을 획득한다. 반면에 소유의 꿈=성진의 환상계ⓑ는 허구적으로 산출된 세계가 된다.
 그런데 소유의 꿈=성진의 환상계ⓑ가 최초에 제시되었던 성진의 환상계ⓐ와 일치하기 때문에 위의 관계는 뒤틀려 기묘한 것이 되고 만다. 꿈속의 세계가 실존했던 세계와 일치한다는 것은, 꿈속의 세계가 도리어 실재일 가능성을 시사한다. 그리고 이를 인정한다면 오히려 이제껏 실재하는 세계로 여겨졌던 소유의 현실계가 가짜일 수 있다. 실재와 허구의 관계가 전도(轉倒)되는 것이다.
 이는 결말부에서 육관대사가 성진에게 던진 질문과도 상통한다. 육관대사는 장주(莊周)와 나비 가운데 어느 것이 꿈이고 어느 것이 진짜인지 묻는다. 즉, 소유의 세계와 성진의 세계 가운데 어느 것이 허구이고 어느 것이 실재라고 과연 단정하여 말할 수 있느냐는 질문이다.
 그러나 아직까지 이 대목에서는 전도(轉倒)의 가능성이 직접적으로 표현되지는 않는다. 꿈과 실재에 대한 의구심을 부추겨 놓을 뿐이다. 또한 이것은 필연적으로 꿈이라는 외형적 형태에 기초한 판단을 철회시켜 원점으로 돌아가게 한다. 비록 표현되는 것은 꿈이라 할지라도 꿈이라는 외현에 사로잡혀 꿈을 산출하는 세계는 실재로, 꿈으로 산출되는 세계는 허구적인 무엇으로 여기고 말아서는 안 되는 것이다. 꿈은 동시에 꿈이 아니다(夢=非夢).

여기에 불교적 사유를 더해 보면 보다 적극적으로 해석해 볼 여지가 있다.[41] 위와 비슷한 예로 불교에서는 겨자씨에 세계를 담을 수 있다고 말한다. 대승불교의 주요 경전인 <유마경>에서는 아래와 같은 장면이 등장한다.

유마힐이 말했다.

"사리자님.

모든 부처와 여래와 응정등각(應正等覺)과 불퇴보살(不退菩薩)에게는 불가사의(不可思議)라 일컫는 해탈이 있습니다. 만약 이와 같은 불가사의해탈에 머무는 보살이라면, 묘고산왕(妙高山王)이 높고 넓기가 이와 같더라도 신통력으로써 겨자씨 속에 집어넣고 겨자씨의 크기가 늘어나지 않도록 하고 묘고산왕의 크기가 줄어들지 않도록 할 수 있습니다.

비록 이와 같은 신통한 작용을 드러내지만, 저 사대천왕(四大天王)과 삼십삼

---

[41] 이 겹겹의 꿈에 대해 설성경은 <금강경>과의 관련성을 들어 논한다. 그에 따르면 "<금강경>에서 공관(空觀)을 표현하기 위하여 핵심 이치로 제시하고 있는 시간성 이중부정인 '상(相)과 비상(非相)과 비무상(非無相)'이란 인식의 층위 관계가 <구운몽>에서 주인공이 처한 시공간 세계의 상대적 층위로 설정"된다(설성경,「『구운몽』의 주제와 표제의 의미망」,『한국민족문화』19, 부산대학교 한국민족문화연구소, 2002, 160-161면). 대단히 설득력 있는 지적이다. 다만 <구운몽>의 꿈속 사건이 계속해서 무대와 만나는 인물의 범위를 넓혀나간다는 점을 고려해 논의할 필요가 있다. 낯선 곳과 낯선 인물(백룡담·백능파)→아는 곳과 아는 인물(동정호·용왕)→살던 곳과 친숙한 인물(연화도량·육관대사)로 변화하면서 사건의 의미망 역시 변화를 거듭하기 때문이다. 따라서 단계를 나누어 변화하는 지점과 그 의미를 분석할 필요가 있다.

천(三十三天)의 왕이 '우리는 어디로 가고 어디로 들어갈까?'라는 생각을 하지 않게 하고, 오직 신통력을 보고서 조복된 나머지 무리들이 묘고산왕이 겨자씨 속에 들어가는구나 하는 생각을 하도록 할 뿐입니다."[42]

　세계를 겨자씨에 집어넣는 것은 분명 불가능한 일이다. 외형으로 보아서 세계는 한없이 커다란 것이고 겨자씨는 너무나 작은 것이기 때문이다. 그러나 위의 대목에서 이는 가능한 일이 되고 있다. 어떻게 가능한가? <유마경>에서는 보살이 '불가사의 해탈'이라고 불리는 경지에 이르렀기에 가능하다고 설명한다. 불가사의 해탈의 경지에서는 대상세계에 대한 집착이 소멸되는데, 그에 따라 대상세계의 질서와 이법으로부터도 자유로워진다는 것이다. 그렇다면 묘고산왕과 겨자씨의 외현적 크기에도 속박되지 않아서, 마침내 세계가 겨자씨에 들어가는 것도 가능해진다.[43]

　흥미롭게도 이는 위의 관계도와 호응하는 바가 있다. 작품 후반부에서 소유의 현실계는 윤회의 결과가 아니라 성진의 꿈이었음이 암시된다. 이렇게 새로이 밝혀지는 정보를 반영하면 감안하면 관계도1은 아래와 같이 수정된다.

42　현장 漢譯, 김태완 韓譯, 『유마경』, 침묵의향기, 2014, 204-205면. 無垢稱言: 唯, 舍利子. 諸佛如來應正等覺及不退菩薩, 有解脫名不可思議. 若住如是不可思議解脫菩薩, 妙高山王高廣如是, 能以神力內芥子中, 而令芥子形量不增, 妙高山王形量不減, 雖現如是神通作用, 而不令彼四大天王三十三天知見我等何往何入, 唯令所餘覩神通力調伏之者知見妙高入乎芥子

43　<유마경>에 대한 논의는 강혜진, 「<유마경(維摩經)>을 통해 본 불교 경전의 환상 실현 양상과 의미」, 59면에서 가져왔다.

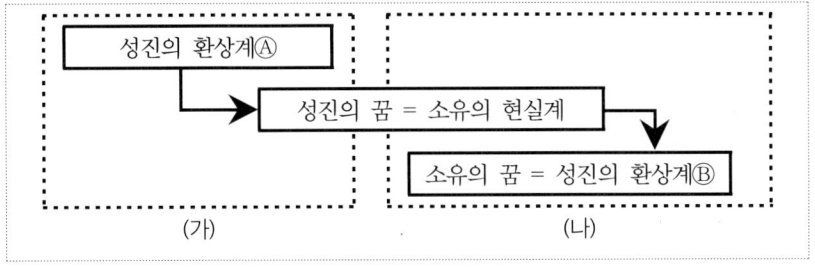

관계도 2

　성진의 환상계와 소유의 현실계는 서로 전혀 관련이 없는 듯해 보였지만, 실은 둘은 꿈을 매개로 한 관계를 맺고 있었다. 성진의 환상계Ⓐ는 꿈 밖의 세계이며 소유의 현실계는 꿈속의 세계였던 것이다. 그리하여 관계도1에 나타난 (나)부분의 관계가 관계도2에서는 (가)부분에도 반복되고 있다. 이로써 세계는 겹겹의 구조를 갖게 된다. 그러면서도 동시에, 최종적으로 산출된 꿈속 세계(성진의 환상계Ⓑ)와 궁극의 모(母)세계(성진의 환상계Ⓐ)가 일치하는 묘한 구조가 발생한다는 점도 눈여겨보아야 한다. <유마경>을 빌려오자면 성진의 환상계Ⓑ는 작은 겨자씨에 호응한다. 또한 성진의 환상계Ⓐ는 커다란 묘고산왕에 호응하고 있음을 알게 된다. 작은 겨자씨에 거대한 세계가 들어가듯, 궁극의 꿈속 세계에 궁극의 꿈 밖 세계가 들어가 있다. 이로써 다시 한번 '꿈'이라는 외형적·언어적 표지가 무력화되고 있음을 확인할 수 있다.

　그러나 세계 간 관계의 변형은 여기에서 멈추지 않는다. <구운몽>에서는 소유를 동정호 용궁뿐만 아니라 성진이 지내던 연화도량에까지 이르도록 함으로써 또 하나의 절묘한 국면을 만들어 낸다. 이것이 반사곡에서의 진퇴양난으로 촉발된 일련의 환상적인 사건들 중에서도 가장 이채로운 대목이다. 연화도량에서 소유는 육관대사를 만나는데, 놀랍게도 육관대사는 소유가 성진임을 알아본다. 이에 소유는 성진이요, 성진은 소유가 된다.

주체의 통합은 두 주체가 놓인 세계들 역시 서로 이어지게 됨을 뜻한다. 이를 토대로 위의 관계도는 또다시 변형된다.

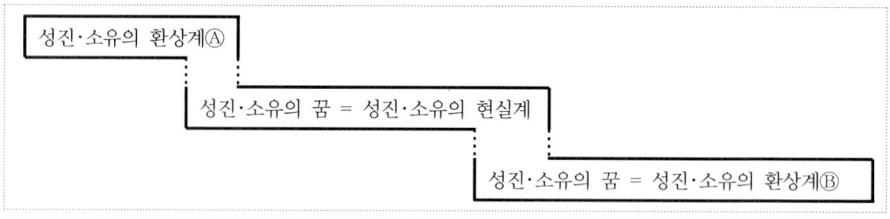

관계도 3

성진과 소유가 통합됨으로써 발생하는 가장 극적인 효과는 모든 세계가 연결된 사건으로서 경험된다는 것이다. 앞서 성진의 환상계Ⓐ와 소유의 현실계는 서로 완전히 관계 없는 세계이거나, 혹은 꿈을 경계로 단절되어 있었다. 그러나 경험하는 주체가 통합되자 그것은 연속적인 사건이 된다. 즉, 성진/소유가 그저 환상계에서 현실계로 '이행'하는 것뿐으로 해석될 여지가 생겨나는 것이다. 그렇다면 성진/소유의 현실계에서 다시 성진/소유의 환상계Ⓑ로 '이행'하는 것도 충분히 가능한 일이 된다.

이로써 앞의 모순도 더 이상 충돌하는 바 없이 자연스레 해결된다. 즉, 앞의 관계도1과 2에서는 소유의 꿈=성진의 환상계Ⓑ가 성진의 환상계Ⓐ와 일치하는 것이 대단히 기묘한 일로 여겨졌었다. 그러나 관계도3을 토대로 놓고 보면, 이는 성진/소유가 현실계에서 환상계로 왕래(往來)하거나 회귀한 것으로도 이해할 여지가 생겨난다. 말 그대로 '작은 노닒(少遊)'인 것이다.

물론 여기서도 이러한 효과는 직설적으로 표현되지 않는다.

　　(육관대사가) 여러 중들을 이끌고 강당에서 내려와 상서를 맞이하면서 말하였다.

"산야의 사람이라 귀와 눈이 없어 대원수께서 오시는 것도 알지 못하고 멀리 마중을 못했으니 죄를 용서하시길 빕니다. 원수께서 이번은 돌아오실 때가 아니나 이왕 오셨으니, 청컨대 전(殿)에 올라 부처님께 참배하시지요."

상서가 향을 사르고 참배한 후, 전에서 내려오는데 발을 헛디뎌 굴러 넘어져 깜짝 놀라 깨니 몸은 진영 가운데 있고 의자에 기대어 앉았는데 날은 이미 밝아 있었다.[44]

육관대사가 소유를 성진이라 부른 것은 아니다. 성진이라는 정체성을 소유에게 일깨워 준 것도 아니다. 단지 성진의 존재를 염두에 둔다면 의미심장한, 그러나 소유의 입장으로서도 특별히 이상하게 여길 구석은 없는 말로써 그를 대할 뿐이다. 소유가 곧 성진이고 성진이 소유임을 깨닫는 것은 어디까지나 소유 스스로가 해내야 할 바이기 때문이다. 그러나 넌지시 그 가능성을 돕고, 이후의 일을 암시한다는 점에서 육관대사의 말은 주목할 필요가 있다.

이미 논급한 바 있으나 이런 맥락에서도, 환상계가 소유와 소유의 현실계가 갖는 결여를 보충해 주는 역할만 한다고는 할 수 없게 된다. 현실계에서는 사면초가에 놓였던 소유가 환상계에서는 남해태자를 상대로 완승을 거두고, 그로써 현실계의 적으로부터도 항복을 받는다는 점에서는 분명 환상계의 보충 작용이 나타난다. 그러나 환상계가 은밀히 소유의 현실감각을 흔들고 나아가 소유 자신의 정체성까지 흔든다는 점에서는 대리의 기능이 나타난다.

연화도량에서 소유가 갖는 이중적 위치도 그 점을 상징적으로 보여준다. 표면적으로는 소유가 육관대사보다 우위에 있는 것처럼 보인다. 소유는 당당한 대원수로서 연화도량을 방문했고 육관대사는 그를 공손히 맞아들인다.

---

44 率諸僧, 下堂而迎尙書曰, 山野之人無耳目, 不知大元帥之來, 不得遠迎, 願赦罪也. 元帥今番則非歸來之時, 而旣來, 請上殿禮佛也. 尙書焚香禮拜, 下殿而失足顚仆, 驚而覺, 身在營中, 倚交椅, 而日已明矣.

그러나 실상은 소유가 열위에 놓여 있다. 육관대사는 소유가 모르는 것들을 알고 있어 소유가 갖는 시야의 한계가 부각된다.

같은 맥락에서 소유가 환상계로부터 물러서는 각몽 장면도 상당히 의미심장하다. 소유의 각몽 과정은 위풍당당하게 환상계를 빠져나오는 것으로 묘사되지 않는다. 소유는 '발을 헛디'디고 '굴러 넘어져'서 꿈을 깬다. 눈앞에 보이는 것만 볼 뿐, 실은 자기 자신의 정체성도, 자신이 살던 곳도 알아보지 못하는 소유는 눈뜬 장님과 같은 처지다. 그리하여 장님이 자신이 보지 못하는 것에 걸려 쉬이 넘어지듯 소유 역시 발을 헛디딘다. 소유가 환상계를 나오는 것이 아니다. 환상계가 소유를 굴러 넘어뜨려 내보낸다.

② 하늘 궁전: 허구적 환상계-분리계

소유의 현실계가 펼쳐지는 동안 소유의 꿈은 두 번 등장한다. 주목할 점은 두 개의 꿈에 모두 환상계가 구현되고 있을 뿐만 아니라 구현된 환상계의 성격조차 비슷하다는 것이다. 둘 다 신(神) 또는 선(仙)과 관련된 신령스러운 공간이다. 또한 그 중심에는 소유와 연을 맺은 신령한 여인이 놓여 있다. 게다가 두 꿈은 작중 시간상으로는 거의 연속적으로 등장한다. 백룡담에 관한 꿈이 끝나고 곧이어 전쟁을 마무리하는 시점에서 다음 꿈이 등장하기 때문이다. 두 꿈을 엮어서 이해할 수 있는 이유다.

갑자기 꿈을 꾸게 되었는데, 꿈속에서 하늘로 올라가니 칠보로 단장한 궁궐을 다섯 색깔의 구름이 에워싸고 있었다. 시녀 두 사람이 상서에게 말하였다.
"정소저께서 청하십니다."
상서가 시녀를 따라 넓은 정원에 들어갔는데 신선 세계의 꽃이 흐드러지게 피어 있었다. 백옥으로 만든 누각 위에 선녀 세 사람이 나란히 있는데, 입은 옷의 훌륭함이 왕후나 귀비와 같고 파르스름한 눈썹에 맑은 눈이 눈부셨다.

마침 난간에 의지하여 시녀들이 공놀이 하는 것을 구경하고 있다가 상서를 보고는 일어나 읍하고 손님과 주인이 자리를 갈라 앉았다. 윗자리에 앉은 선녀가 물었다.

"군자께서는 헤어진 뒤에 탈 없이 지내셨습니까?"

상서가 보니 정말로 거문고 타던 때 말 주고 받던 소저의 모습과 똑같았다. 상서가 기쁘고도 또한 슬퍼서 말을 하지 못하고 있으니까 소저가 말하였다.

"첩이 이제 인간 세계를 떠나 위로 하늘 궁전에 올라왔습니다. 옛날 일을 생각하니 어찌 다만 약수만 가로막혔을 뿐이겠습니까. 군자께서는 비록 첩의 부모를 보시더라도 첩의 소식은 듣지 못할 것입니다."[45]

하늘 궁전은 인간 세계와는 떨어져 있어 하늘로 올라가야 만날 수 있는 공간이다. 따라서 하늘 궁전은 '분리계'에 속한다. 현실계에서의 삶과는 유리되어 있는 다른 차원의 삶이 펼쳐지고 있다는 점에서도 그렇다. 맥락상 정경패는 죽은 후 하늘 궁전에서 선녀로 살아가게 된 듯하다. 반면 소유의 경우에는 정경패와 못다 이룬 인연으로 인해 꿈을 빌려 잠시 도달한 것으로 보인다. 그는 아직 살아 있는 자이기에 하늘 궁전에 임시로 방문할 뿐, 머무르지는 못한다.

죽은 사람이 꿈에 나오는 장면은 고전 서사에서 흔히 발견된다. 특히 죽은 사람이 산 자의 앞일을 예지해 주거나 대응책을 마련해주는 경우가 많다. <사씨남정기>에서 죽은 시부(媤父)가 사정옥에게 그녀를 둘러싼 음모를 알려

---

45 忽然一夢, 升于天上, 七寶宮闕五雲籠葱. 侍女兩人謂尙書曰, 鄭小姐請矣. 尙書隨侍女, 入去廣庭, 仙花爛開. 白玉樓上仙女三人幷肩, 服色之盛宛如后妃, 綠眉淸眼相輝矣. 方倚欄于, 見侍女抛毬之狀, 見尙書起而揖, 分賓主而坐. 上坐仙女問曰, 君子別後無恙否? 尙書見之, 宛然彈琴時, 議論之小姐容貌也. 尙書喜且悲, 不成言, 小姐曰, 妾今離人間, 上來天宮. 思念古事, 何徒隔弱水而已. 君子雖見妾之父母, 而不聞妾之消息矣.

주는 장면이 한 예다. <구운몽>의 위의 대목도 표면적으로는 그렇게 이해될 수 있다. 죽은 정경패가 소유에게 자신의 죽음을 알리고 그가 앞으로 이룰 인연을 미리 일러주기 때문이다.

> (정경패는) 이어서 옆의 두 선녀를 가리키며 말하였다.
> "이쪽은 직녀성이고, 저쪽은 향을 사르는 옥녀이니 모두 군자와 전생에 인연이 있습니다. 첩은 생각지 마십시오. 이 인연이 이루어지면 첩도 또한 의탁할 곳이 있을 것입니다."
> 상서가 두 선녀를 보니 말석에 앉은 선녀 얼굴이 눈에 익은 듯하면서도 기억나지는 않았다. 문득 동헌의 문에서 북치고 날나리 부는 소리에 잠이 깨었다.[46]

문제는 이 당시 정경패가 죽지 않고 멀쩡히 살아 있었다는 점에 있다. 혼사와 관련된 모든 문제는 이미 긍정적인 방향으로 해결된 상태였다. 난양공주 이소화가 정경패와 교분을 맺고 황태후에게 적극적으로 그녀를 만나볼 것을 청한 것이다. 이에 황태후는 마음이 움직여 정경패를 만나보았고 그녀의 인품에 반해 수양딸로 삼아 영양공주로 책봉했다. 이로써 소유는 정경패와 이소화 둘 다와 혼인할 수 있게 되었다. 다만 전쟁터에 나와 있는 탓에 아직 그러한 사정을 전해 듣지 못했을 뿐이다.

그렇다면 소유의 꿈에 나온 하늘 궁전은 실존하는 세계가 아니게 된다. 하늘 궁전에서 노닐고 있는 선녀로서의 정경패는 존재하지 않는다. 이는 작품 초반부 정경패의 정체성과도 다르므로 그것을 반영한 것이라고도 하기 어렵다. 그녀가 소속되었던 곳은 하늘 궁전이 아니라 남악 형산이었으며,

---

[46] 因指在傍二仙女曰, 此則織女星君, 彼則披香玉女, 皆與君子前生之緣. 毋爲思念妾. 成此因緣, 則妾亦所托矣. 尙書見仙女, 坐末席者面目似熟, 而能覺悟矣. 輒因軒門打鼓吹角之聲而睡覺.

그녀의 신분은 하늘 궁전의 주인이 아니라 위부인의 시녀였다. 따라서 이는 소유의 불안이 반영된 허구로 보아야 한다. 다시 말해서 하늘 궁전은 근원적 환상계-분리계가 아니라 허구적 환상계-분리계였던 것이다.

소유의 이 꿈은 짧게 등장하고 말아 간과하기 쉽지만, 사실 이는 대단히 문제적인 대목이다. 이전까지 소설에서 대부분의 경우, 내용상 신령한 공간은 대체로 곧 근원적 환상계이곤 했다. 그러나 소설의 구성과 묘사가 점차 공교해지면서 공간의 내용과 양태가 꼭 일치하지는 않게 되었다. 내용상 신령한 공간이라 하더라도 실제로는 허구적 환상계인 경우가 나타나게 된 것이다.

<구운몽>은 그러한 변화를 보여주는 작품이라는 점에서 매우 중요한 의미를 지닌다. <구운몽>에서는 종남산에서 펼쳐진 가춘운의 속임수와 꿈속 하늘 궁전, 두 차례에 걸쳐 '근원적 환상계를 모방하였으나 절대로 근원적 환상계는 아닌' 공간을 보여준다. 둘 중에서도 가춘운의 속임수보다 하늘 궁전이 더욱 대담한 사례다. 가춘운의 속임수는 환상계를 모방한 것일 뿐 환상계를 만드는 데까지 나아가진 못했다. 그것은 어디까지나 현실계의 일이었다. 그러나 하늘 궁전은 근원적 환상계를 모방한 허구적 환상계다. 환상계를 모방한 것이 또한 환상계여서 형상만으로는 둘을 구별할 수가 없게 된다.

앞서 가춘운의 속임수가 전기소설에 대한 패러디로 여러 차례 논의된 바가 있음을 언급했다. 그렇다면 하늘 궁전 또한 근원적 환상계에 대한 모방이므로 패러디가 된다. 이전 소설에서 '내용상 신령함을 담은 공간이면 곧 근원적 환상계'로 형상화했던 데 대한 패러디다.

동시에 이것은 가춘운의 속임수가 그랬듯 작품 내부에 대한 패러디이기도 하다. 가춘운의 속임수가 직전에 등장했던 남전산에 대한 패러디라면, 하늘 궁전은 그 직전에 등장했던 백룡담과 동정호에 대한 패러디다. 전자는 근원적 환상계-연장계에 대한 패러디이고 후자는 근원적 환상계-분리계에 대한 패러디다. 이로써 패러디는 현실계는 물론이고 근원적 환상계에도 의지하지 말 것을 주문하는 작품의 주제와도 절묘하게 어울린다.

소유의 입장에서 보면 직전의 꿈에서 만난 근원적 환상계-분리계는 진짜로 존재하는 세계였다. 꿈에서 깨어났을 때 백룡담 근처에 정말로 물고기 비늘이 흩어져 있어 그 믿음은 더욱 공고해진다. 그러니 소유의 입장에서 하늘 궁전 또한 진짜로 존재하는 세계라 믿게 되는 것도 무리는 아니다. 믿는 게 당연할 만큼 믿을 만한 근거를 세밀히 안배해 두는 것이 <구운몽>의 특징이다. 위에서 인용한 장면 역시 마찬가지다. 눈앞에 그려질 만큼 선명하고 생생하게 환상계를 그려내고 있다. 그렇게 주인공이 깜빡 속아 넘어가야, 실은 거짓이었음이 폭로될 때 받게 되는 충격 효과가 크기 때문이다.

나아가 하늘 궁전은 약간의 진실을 내포함으로써 스스로를 완전히 허구로 닫아두지 않는다. 정경패가 소개하는 두 여인은 각각 이소화와 진채봉이라 생각된다. 말석에 앉은 여인이 소유의 눈에 익은 듯도 하다는 묘사가 이를 뒷받침한다. 이후 실제로 소유는 영영 연을 이루지 못할 줄 알았던 진채봉과 혼인하게 된다. 그렇다면 이는 비록 허구적 환상계이나 약간의 진실은 담고 있다는 뜻이 된다.

이 기묘함은 하늘 궁전이 소유의 현실계에 나타난 짝패 중 가장 마지막에 위치해 있다는 점을 고려하여 풀이되어야 한다. 가장 마지막에 위치해 있다는 것은 그것이 최종적인 결과로 여겨질 가능성이 크다는 뜻이 된다. 즉, 상호 부정의 짝패가 종국에는 환상계의 부정으로 귀결되는 것처럼 보일 수 있으므로, 허구 속에 일말의 진실을 섞어 바로 이를 방지하고자 함이 아닐까 한다. 가장 마지막에 위치한 하늘 궁전이라는 퍼즐 조각이 그 스스로 불확정적인 것이 되면서 '그 어느 것에도 얽매이지 말라'는 주제의식을 완성시키는 것이다.

이러한 성격의 장치는 작품의 최종적인 결말에서도 다시 한번 확인된다. 극락세계 또한 궁극의 귀결점이 되지 않게끔 불확정적인 것으로 표현된다.

이 점에 대해서는 뒤에서 상세히 살피기로 하고, 여기에서는 소유의 현실계에 나타난 환상계의 전모를 요약하는 것으로 소결을 대신하고자 한다.

정리하자면 남전산과 종남산(가춘운의 속임수), 백룡담과 하늘 궁전은 서로를 내파하는 짝패로 기능하고 있었다. 남전산에서는 현실계보다 우위에 있는 환상계가 나타났지만, 다시 종남산에서의 속임수가 등장해 환상계의 위상을 흔들어 놓았다. 이어 백룡담의 환상계는 현실계의 결여를 드러내고 그를 대리 보충했지만, 다시 하늘 궁전의 환상계가 나타나 백룡담의 환상계를 대리 보충하는 연쇄가 일어났다. 또한 가장 마지막에 위치한 하늘 궁전의 환상계는 그 내부에 약간의 진실을 포함함으로써 그 스스로를 불확정적인 것으로 남겨 두었다. 이로써 현실계와 환상계 그 어느 편에도 얽매이지 않아야 한다는 주제 의식이 공간 구조로서도 은밀히 구현된다.

주지하듯 <구운몽>의 주제 의식은 결말부에서 육관대사의 설법을 통해 본격화된다. 그때 주제 의식이 갑자기 돌출된 것으로 여겨지지 않게끔 여기, 기 소유의 삶에서도 미리 변주되어 나타나고 있는 것이다.

3. 근원의 근원, 불이(不二)를 위한 환상계

1) 근원적 환상계로의 지향

성진의 욕망은 소유의 현실계로 이행하게 되는 원인이었다. 성진은 영예와 부귀가 있는 화려한 삶을 욕망했고 소유의 현실계는 그러한 욕망을 착실히 이뤄나가는 장(場)이었다. 그런데 이제 소유는 또 다른 욕망에 의해 성진의 환상계로 이행하게 된다. 모든 것을 이룬 듯한 욕망의 끝에서 조금 다른 결의 욕망을 갖게 된 것이다.

"…우리들 백년 뒤에 높은 대는 이미 무너지고 굽은 연못은 이미 메워지며 노래하고 춤추던 곳은 마른 풀에다 황폐한 안개 서린 곳으로 변해 나무꾼이며 소 치는 아이들이 오르내리면서 '이곳이 양승상이 여러 낭자와 노닐던 곳이다. 승상의 부귀와 풍류며 여러 낭자의 옥같은 모습과 꽃 같은 태깔은 지금 어디에 있는가'라고 한탄한다면 인생이 어찌 잠깐이지 않겠소이까? 내가 생각건대 천하에는 유도와 선도와 불도가 가장 높으니 이것을 삼교라고 부릅니다. 유도는 살았을 때 사업이니 죽은 뒤에는 이름만 흐를 뿐이오. 신선은 예부터 얻기가 어려우니 얻은 사람으로 진시황과 한무제, 현종 황제를 볼 수 있소. … (꿈에서) 반드시 부들 방석 위에서 참선하였으니, 이로 보면 반드시 불가와 인연이 있는 듯합니다. 내 이제 장자방이 적송자 따르기를 바랬듯이 하려고 하오. 집을 버리고 스승을 구하려 남해를 건너 관음을 찾고 오대산에 올라 문수보살을 예방하여 나지도 죽지도 않는 도를 얻어 티끌세상의 괴로움과 즐거움을 뛰어넘으려고 하오."[47]

이 시점의 소유는 부귀가 당대 제일인 데다가 처첩은 아름답고 자식은 영달하니 그 무엇 하나 아쉬울 것 없는 상태였다. 성진이던 시절 욕망하던 바를 최고도로 이룬 것이다. 심지어는 남전산 도인에게서 얻은 팽조의 방서 덕분에 늙음마저도 극복한다. 젊다는 것은 외형적인 아름다움을 유지한다는 뜻이면서 동시에 노화와 관련된 신체적 한계로부터도 벗어난다는 뜻이 된다. 가진 것에 부족함이 없으며 가진 것을 누리기에도 부족함이 없다. 뛰어난

---

47 我百年之後, 高坮已頹, 曲池已塡, 歌舞之地, 變爲衰草荒烟, 而樵夫牧童, 上下而嘆曰 此楊丞相與 諸娘子所遊之處也. 丞相之富貴風流, 諸娘子玉容花態, 而今安往云, 則人生豈不瞥然乎? 吾思之, 天下儒道仙道佛道最尊, 此謂三敎也. 儒道生前事業, 身後流名而已. 神仙 自古稀求, 而得之者秦始皇·漢武帝·玄宗皇帝, 可以見也.… 每於蒲團之上參禪, 此必與佛家有緣. 吾將張子房願從赤松子. 棄家求師, 渡南海尋觀音, 登五臺禮文殊, 得不生不滅之道, 超出塵世之苦樂.

세속적 성취를 계속 현재적 상태로 누릴 수 있으니 소유에게는 걱정거리가 없어 보인다.

그러나 욕망은 결핍된 무언가를 찾아 끊임없이 움직인다. 소유의 삶은 완벽할지언정 소유의 욕망은 완벽히 해소될 수 없었다. 그리하여 욕망은 기어이 결핍을 찾아내는데 그것이 의외로 삶의 기저에 놓인 근본적인 문제를 건드린다. 그 어떤 대단한 성취나 영화도 죽음 앞에서는 모두 스러져 버린다는 문제다.

이 지점에서 소유는 현실계에 온 이후 처음으로 '스스로' 자신의 삶을 상대화하여 바라본다. 이전까지 소유는 현실계든 환상계든 간에, 눈앞에 어떤 세계가 펼쳐져도 그것을 회의적으로 바라보거나 혹은 두려워 망설이지 않았다. 소유는 주어진 삶의 조건을 의문시하기보다는 순응했고, 그것이 소유가 세속적 성공을 거두는 요인이기도 했다. 그러나 이는 앞서 보았듯 한편으로는 깨달음을 저해하는 요인이었다. 개개의 물(物)과 세계에 구속되지 않아야 깨달음의 경지로 향할 수 있기 때문이다.

따라서 위 대목은 하나의 분기점이 된다. 그간 서로를 내파하는 짝패의 세계가 등장하여 소유의 고정된 인식을 흔들어왔다. 소유가 스스로 인식의 전환을 꾀한 것이 아니다. 세계가 그렇게 할 것을 주문했을 뿐이다. 그러나 위 대목은 다르다. 소유가 스스로 자신의 삶을 성찰하여 바라보게 되었다는 점에서 그렇다.

이 대목이 깨달음의 전조를 내포한다면, 바로 이처럼 소유가 자발적으로 삶에 대한 질문을 던진다는 점에서 그러할 것이다. 그러나 말 그대로 이는 전조일 뿐, 깨달음 자체는 아니다. 소유의 인식 속에서는 여전히 자기 자신에 대한 집착이 엿보인다. 그가 불교를 선택한 것은 도교에 비해 (그가) 도를 얻을 확률이 높기 때문이며, 부들 방석에서 참선하는 꿈을 꾸는 것으로 보아 (그에게) 인연이 있는 듯하기 때문이다. 깨달음의 차원에 대해 논하거나 깨달음의 본질에 대해 깊이 고민하는 행위는 잘 보이지 않는다. 즉, 불교를 택한 것은 불교적 가르침이 주는 깊이와 활원한 경지에 매료되어서가 아니다. 그저 자신에게 적합해 보이고 유리한 것을 택했을 뿐이다.

불교에서는 '무아(無我)'를 가르친다. 세계를 지각하고 경험하는 주체로서 '나'가 존재해야 할 것 같지만 그런 '나'란 색(色)·수(受)·상(想)·행(行)·식(識)의 오온(五蘊)이 화합한 것에 지나지 않아 집착할 것이 못 된다. <잡아함경(雜阿含經)>에서는 지혜로운 자들은 오온이 병과 같고 죽음과 같으며 무상하고 괴로움이며 공(空)임을, 그러므로 나도 아니고 나의 것도 아니라는 것을 관찰한다고 했다. 그렇게 오온에 집착하지 않아야 열반을 자각하게 된다.[48]

여기에 비춰 보면 소유의 구도 행위는 아직 '나'에 얽매여 있다고 할 수 있다. 도(道) 자체를 얻기 위해 나선다기보다는 '나'의 죽음을 극복하기 위한 방편으로써 도를 얻으러 가기 때문이다. <잡아함경>에서 서술되어 있듯 깨닫고 나면 '나'는 곧 죽음과 같다. 소유의 인식은 아직 그러한 수준까지는 도달하지 못하고 있다.

다시 말해서 이 시점의 소유는 욕망을 버리지 않았다. 이전까지 지녔던 세속적 성공에 대한 욕망을 버리고, '나'를 유지하고픈 욕망으로 옮겨갔을 뿐이다. 이것은 이전의 욕망의 연장선상에 있으면서도 그 모든 욕망을 배반하는, 대단히 독특한 결의 욕망이다. 욕망이 형태를 바꿔 소유의 '나'에 대한 집착에 눌러붙어 있는 것이다.[49]

48　多聞聖弟子於此五受陰觀察如病如癰如刺如殺. 無常苦空非我非我所. 於此五受陰不著不受. 不受故不著不著故自覺涅槃(<잡아함경> 제5권 104경 <大正藏>).

49　김일렬과 정출헌 또한 이와 같은 맥락에서 <구운몽>을 논했다. 김일렬은 양소유의 깨달음에 "대각을 이루기 위한 보다 긴 시간과 심각한 회의나 번민"이 부재한다고 보았다(김일렬, 「구운몽 新考」, 『한국 고소설 연구』, 이우출판사, 1983, 375면). 정출헌은 "세상의 부귀영화를 한껏 만끽한 그에게 남아있던 마지막 욕망을 채우는 것 이상이 결코 아니었다"고 본다. 그리하여 <구운몽>은 세속적 부귀공명의 추구와 유한한 현세적 삶의 초월이라는 두 가지

소유가 깨달음에 도달하지 못했다는 것은 '남해 관음'과 '오대산 문수보살'을 언급하고 있다는 점에서도 알 수 있다. 환상계에 가서 환상적인 인물을 만나야만 깨달음을 얻을 수 있다는 사고가 여기에 깔려 있기 때문이다. 그간의 삶 속에서 서로를 내파하는 짝패의 세계를 거쳤음에도 여전히 이분법적 사고에 사로잡혀 있는 것이다. 소유는 현실계의 한계를 자각하자 바로 현실계를 버리려 한다. 그리고 그 대립항인 환상계에 답이 있을 거라 손쉽게 생각해 의존한다.

바로 이것이 소유가 성진으로 돌아온 이후 한 번 더 인식을 전환해야 했던 이유다. 성진은 연화도량에서 잠을 깨고 소유로서 살았던 삶이 한바탕 꿈이었다고 여긴다. 소유가 삶의 끝에서 원했던 것은 곧 성진의 삶이었으며 또한 연화도량은 그가 소유일 때 바라던 '남해' 및 '오대산'과 같은 근원적 환상계다. 이에 성진은 연화도량으로 회귀함으로써 모든 문제가 종결되었다고 생각한다. 그리하여 육관대사에게 스스로 나아가 이미 크게 깨달았다고 고한다.

그러나 이때의 깨달음에는 '헛된 꿈과 실제의 현실', '꿈속 인물 소유와 실재하는 성진', '허구적인 현실계와 실재하는 환상계'로 나누어 보는 이분법적 사고가 전제되어 있다. 육관대사는 그 점을 짚어주어 성진으로 하여금 다시 생각하게 한다. 육관대사에 따르면 성진의 사고방식은 '꿈과 인간 세상을 나누어서 둘로 보는 것'이다. 그러므로 성진의 꿈은 '오히려 아직 깨지 않았다'.

그렇다면 어떻게 보아야 하는가? 이분법적인 사고가 아니면, 현실을 넘어선 곳에서 답을 구하지 않으면 깨달음은 어디에 있는가? <구운몽>은 이분법적인 사고를 넘어서는 방식을 두 가지로 보여준다. 재미있는 것은 두 방식 모두 평범한 서술 형식이 아니라는 점이다. 첫 번째는 게송으로, 육관대사는

욕망을 체험토록 하는 완결된 의미망을 가졌다고 평가한다(정출헌, 앞의 책, 175-176면).

이로써 성진을 깨달음에 도달케 한다. 두 번째는 극락세계에 대한 짧은 언급이다. <구운몽>은 거의 대다수의 이본이 '극락세계로 가니라(歸於極樂世界)'라는 지극히 간명한 문장으로 종결되고 있다.

두 방식 모두 세세한 설명이나 묘사를 거부한다는 공통점을 지닌다. 왜 그럴까? 언어는 근본적으로 구별과 대립을 전제하기 때문이다. 하나의 문장은 그 문장에 부합하지 않는 것들을 배제한다. '현실은 헛된 것이다'라는 문장은 현실이 참된 것일 가능성, 현실이 참되면서 헛되기도 할 가능성 등을 배제한다. 그런 점에서 언어는 구조적으로 이분법에 입각해 있다.

그러나 서사가 언어를 매개로 삼는 이상, 언어를 배제할 수는 없는 일이다. 따라서 언어를 빌리면서도 언어의 이분법적 구조를 최대한 피하는 방식이 바로 확정적인 서술 대신 함축적인 비유를 택하는 것이다. 실제로 <금강경>에서 빌려온 이 게송에는 비유법이 적극 활용되어 있다. '一切有爲法 如夢幻泡影 如露亦如電 應作如是觀'. 비유는 서술의 명쾌함 뒤에 도사리고 있는 이분법적 사고를 흩뜨려 놓는다. 그럼으로써 이분법적 사고에 의해 배제될 수도 있었던 제3, 제4의 가능성들을 살려둔다.

일체의 유위법은 꿈이나 그림자, 번개와도 같다. 꿈과 그림자, 번개는 항구적으로 존재하지 않으며 그 자체로 존재하지도 않는다. 꿈꾸는 자가 깨어나고 해가 지며 방전 현상이 잦아들면 이내 쉽게 사라져 버린다. 그러나 이것은 무(無)도 아니다. 그 순간에는 엄연히 존재한다. 그러니 이 비유는 '일체의 유위법이 헛되다'라는 문장과도, '일체의 유위법이 참되다'는 문장과도 동일하지 않다. 게송은 그 구분을 넘어선 존재 양태를 포착해 낸다. 그리하여 이에 이르러 성진의 이분법적 사고가 깨뜨려지고 성진은 깨달음에 도달할 수 있는 것이다.

또 하나 중요한 것은 위 게송에서의 주어가 '일체의 유위법'이라는 점이다. 즉, 꿈이나 그림자 등은 현실에 국한된 비유가 아니다. 그것은 환상을 포괄한 일체의 유위법에 대한 비유다. 현실이 상(相)이듯 환상 역시 상(相)이다. 따라서 현실에 사로잡혀서도 곤란하지만 환상에 사로잡혀서도 곤란하다. 현실이 무상하다고 하여 그 너머의 환상에 답이 있을 거라고 기대하는 것은, 무상함을 탈피하기 위해 손쉬운 방법만을 좇는 오답에 불과하다.

이것을 공간론적으로 표현한 결과가 곧 '극락세계로 가니라'라고 생각된다. 현실계와 마찬가지로 근원적 환상계인 연화도량 역시 모든 문제를 해결해 주는 정답이 아니었다. 그렇다면 근원적 환상계라는 상(相)마저 넘어선 무엇이 필요하다. 동시에 그것은 또 다른 단순한 환상계여서는 안 된다. 그러면 제2의 연화도량이 될 뿐이다. 즉, '이전의 환상계를 넘어서되 이전의 환상계와 같지 않고, 이분법을 극복하여 유(有)이되 무(無)'여야 한다. 상당히 까다로운 조건이 아닐 수 없다. 이제 이 조건들을 '극락세계'가 어떤 방식으로 충족하는지 살펴볼 차례다.

2) 근원의 근원으로의 지향

① 탈락된 결말들과 선택된 결말

<구운몽>에서 결말로 삼을 만한 지점은 극락세계로의 이행 이전에도 몇 있었다.

㉮ 게송을 듣고서 깨달음을 얻는 장면
㉯ 육관대사를 이어 연화도량을 이끌게 되는 장면

㉮와 ㉯ 가운데 어느 것을 택해도 이야기는 자연스럽게 마무리된다. ㉮의 경우, 깨달음이 <구운몽>을 관통하는 핵심 개념이라는 점에서 적절한 결말이 된다. 깨달음의 부재가 성진이 소유가 되게 했고, 깨달음에 대한 지향이

소유가 성진이 되게 했다. 그러니 깨달음을 얻은 시점은 변화도 종결되고 그에 따라 서사도 마무리되기에 적절해 보인다.

불교 경전에서 이야기가 종결되는 방식을 고려하면 더욱 그럴 법하다. 불교 경전에서 하나의 이야기는 보통 '문제 제기', '설법', '재현', '사건', '깨달음'으로 이루어진다.[50] 질문을 통해 문제를 제기하고 그에 대한 답을 설법하며 설법의 내용을 실제 행동으로 재현하거나 사건으로 표현한다. 그리고 그것을 보고 들은 대중들이 깨달음을 새로이 얻거나 깨달은 불법을 기뻐하며 믿고 받듦으로써 이야기가 끝을 맺는다. 경전 특성상 전달하고자 하는 핵심은 결국 설법의 내용인데, 그를 전달하기에 최적화된 구조로 이야기가 짜여있는 것이다.

불교계 서사의 이와 같은 전통을 고려하면 ㉮는 꽤 적절한 결말 후보다. 육관대사가 게송을 읊어 깨우쳐 주는 장면은 부처의 설법 장면과 비슷하게 형상화되며, 성진의 모습도 아뇩다라삼먁삼보리(阿縟多羅三貘三菩提)를 얻는 경전 속 대중들의 모습과 겹쳐진다. 주제적 측면에서 <구운몽>에 가장 영향을 크게 끼쳤으리라 여겨지는 경전인 <금강경>도 전체 서사가 설법에 따른 깨달음으로 종결된다는 점을 고려하면, ㉮는 충분히 선택될 만한 결말로 보인다.[51]

㉯는 ㉮보다 더 적절한 결말 후보다. <구운몽> 초반부 성진에게 기대되었던 바가 ㉯에서 실현되면서 안정적인 마무리를 가져올 수 있기 때문이다. 당초 육관대사는 성진을 도를 전할 그릇으로 여겼고 염라대왕은 그가 대중을 교화할 지도자가 되리라 기대했었다. 그간 성진은 그들의 기대에 부응하지 못하고 소유로 살았으나, 이제 깨달음을 얻어 그들이 기대했던 바를 성취하

---

50 강혜진, 「<유마경>을 통해 본 불교 경전의 환상 실현 양상과 의미」, 29면.
51 佛說是經已 長老須菩提 及諸比丘比丘尼 優婆塞優婆夷 一切世間天人阿修羅 聞佛所說, 皆大歡喜, 信受奉行 (<유마경> 32품).

게 되었으니 ㈔는 도입부와 수미상관을 이루는 결말이 되는 것이다.

또한 이것은 성진 개인의 변화와 성장을 보여준다는 점에서도 적합한 결말이 된다. 많은 서사에서 주인공의 성장은 서사의 진행 방향이자 도달점으로 작용한다. 특히 영웅서사는 주인공이 영웅으로 성장해 나가는 과정을 핵심적인 뼈대로 갖는다. 주인공은 변화를 거듭하며 주어진 세계를 탐색하고 끝내는 그 세계를 이끄는 자가 된다. <구운몽> 내에서도 소유의 이야기는 명백히 영웅서사의 면모를 가졌었다. 그런가 하면 성진의 이야기 또한 불교적 방식으로 전개된 영웅서사라 할 수 있다. 영웅이 고난을 딛고 과업을 성취하듯 성진도 번민을 거쳐 깨달음을 성취했고, 각성한 영웅이 세계를 이끌어가듯 깨달은 성진은 연화도량이라는 근원적 환상계를 이끄는 지도자로 거듭난다. 그러니 이 지점, ㈔에서 이야기가 종결되어도 무리는 없다.

그럼에도 불구하고 <구운몽>에서는 ㉮와 ㈔에서 결말을 내지 않는다. <구운몽>의 결말은 '극락세계로 간다'이다. 서울대본과 노존B본의 결말은 각각 다음과 같다.

> 이 후에 셩진이 연화도쟝 대듕을 거ᄂ려 크게 교화를 베프니, 신션과 뇽신과 사ᄅᆞᆷ과 귀신이 ᄒᆞ가지로 존슝ᄒᆞᆷ믈 뉵관대ᄉᆞ와 ᄀᆞ티 ᄒᆞ고, 여듧 니괴 인ᄒᆞ야 셩진을 스승으로 셤겨 깁히 보살대도를 어더 아홉 사ᄅᆞᆷ이 ᄒᆞ가지로 **극낙셰계**로 가니라.
>
> (서울대본)

> 以後性眞率蓮花道場大衆, 大宣敎化, 仙與就神, 人與鬼物, 尊重性眞如六觀大師. 八尼皆師事性眞, 深得菩薩大道, 畢竟皆歸於**極樂世界**. 嗚呼異哉.
>
> (노존B본)

두 선본(善本)의 결말은 서로 거의 일치한다. 성진이 연화도량 대중을 이끌게 되는 데에서 그치지 않는다. 극락세계로 가는 것이 최종적인 결말이다. 극락세계로의 이행은 선본만의 특징도 아니다. 결말의 전체적인 형태는 다른 비선본 계열에서 조금씩 달라지기도 하나, 그럼에도 극락세계로 간다는 골자만큼은 대다수의 이본에서 이어지고 있다.[52]

이는 김만중 원작 <구운몽>의 결말부에서도 극락세계가 언급되었을 가능성이 매우 높음을 시사한다. 그뿐만 아니라 여러 이본으로 개작될 때도 극락세계로 이행하는 결말이 여전히 공감과 설득력을 얻었음을 알 수 있다. 적어도 그것이 수정되지 않고 그대로 수용될 만큼은 동의를 얻었다고 할 수 있다.

물론 극락세계로의 이행이라는 결말을 수용함에 있어 각 이본들이 원작과 동일한 의도 내지 욕망에서만 수용했을 리는 없다.[53] 엄태웅의 용어를 빌려 '복수(複數)의 <구운몽>들'[54]은 각기 다른 이유에 의해서 극락세계를 (적극적인 의미에서)수용했거나 (소극적인 의미에서)삭제하지 않았을 것이다. 예컨대 완판본의 경우 극락세계에서 무궁한 즐거움을 누렸다는 언급이 덧붙여진다. 완판본에서 극락세계는 주인공에게 행복한 결말을 부여하는 장치로 해석되어 그와 같이 서술된 듯하다.

그러나 다른 이본들, 특히 선본 계열에서는 이러한 설명이나 묘사를 찾아

---

[52] 살펴본 바로는 서울대본, 노존본B 강전섭본, 노존본A 하버드대본, 노존본 한문 필사본, 방각본 을사본, 방각본 계해본, 완판본, 경판본, 버클리대 목판본, 버클리대 필사본, 동양문고본, 나카노시마 도서관본의 결말부에서 모두 '극락세계(極樂世界)'가 언급되고 있다.

[53] 경일남이 지적했듯 <구운몽>은 이본에 따라 세속적으로 변모된 양상을 보인다(경일남, 「고전소설의 <구운몽> 활용양상과 수용 의미」, 『인문학연구』 97, 충남대학교 인문과학연구소, 2014). 당시 향유되었오 <구운몽>은 오히려 이렇게 세속적으로 변모된 이본들일 것이다. 역으로 생각하면 이는 원작 및 선본 <구운몽>의 특징을 보여주는 것이기도 하다. 원작 및 선본 <구운몽>이 대중적인 취향과는 부합하지 않는-그러므로 개작될 필요가 있는- 깊은 문제의식을 오묘하고 정교한 방식으로 조직해 두었음을 말해주는 것이다.

[54] 엄태웅, 「완판본 <구운몽>의 인물 형상과 주제 의식」, 『어문논집』 72, 민족어문학회, 2014.

보기 어렵다. 극락세계로 가는 과정도, 극락세계에 대한 묘사도 전혀 나타나지 않는다. 이는 작중 표현의 양상을 고려해 보아도 분명 특이한 일이다. 이전까지 <구운몽>에서 특정 세계로의 이동에는 항상 그에 맞는 설명과 묘사가 나타나고 있었다. 소유가 연화도량에서 발을 헛디뎌 꿈을 깨는 장면이나 육관대사가 소유의 꿈을 깨게 하는 장면처럼 다소 추상적인 장면조차 그에 걸맞은 묘사가 곁들여져 있다. 하물며 극락세계는 불교에서 제시하는 이상적인 세계이자 작중 최후의 도달점이다. 중요도로 따지면 앞서 등장한 그 어느 세계보다도 우선순위에 있다. 그럼에도 불구하고 <구운몽>에서는 극락세계에 대해 전연 묘사하고 있지 않는 것이다.

여타 불교 서사와 비교한다면 이는 더욱 특이한 일이 된다. 예를 들어 <노힐부득 달달박박> 설화에서는 노힐부득과 달달박박이 성불한 뒤 떠나가는 장면을 환상적으로 그려낸다. <광덕 엄장> 설화에서도 마찬가지다. 공통적으로 이들의 이행에는 구름, 빛, 상서로운 음악 등이 함께 묘사된다. 그리고 이 묘사 덕분에 이들의 깨달음은 은연중 '진짜'로 받아들여진다. 환상적인 묘사가 깨달음의 위상을 높이는 것이다.

<구운몽>에서도 깨달음은 대단히 중요하다. 그럼에도 불구하고 극락세계에 대한 서술을 왜 그리도 간략히 했을까. 이 간략함 탓에 선행 연구 대다수에서는 극락세계의 의미가 깊이 탐색되지 않았던 것 같다. 극락세계는 '깨달음을 얻고 보살도를 베풀면 자연스레 이행하는 곳' 정도로 여겨지거나,[55] 혹은 별달리 언급되지 않고 그 직전에 이루어진 깨달음에만 분석의 초점이 맞춰지곤 했다.[56] 그러나 이렇게 본다면 굳이 극락세계를 결말부에 공통적으로 배치

55　예컨대 이강옥은 '…이러한 관찰을 통하여 지금 여기 내 마음속에서 일어나는 것을 여실지견(如實知見)한다. 마침내 그 연기의 고통을 벗어나는 수행을 할 수 있게 된다. 그 과정을 거쳤기에 성진도 연화도량 대중에게 교화를 베풀고 보살대도(菩薩大道)를 얻어 극락세계로 갈 수 있었던 것이다.'라고 서술하고 있다(이강옥, 앞의 책, 49면).

해 둔 이유가 해명되지 않는다.

이와 달리 극락세계의 의미를 해명하거나 혹은 논의의 중심으로 삼은 연구들은 입장이 크게 셋으로 나뉜다. 첫 번째는 깨달음을 실천으로 치환하기보다는 극락세계행을 택했으므로, 이는 <금강경>의 사상과 같지 않다고 보는 입장이다. 조동일의 논의가 대표적인 예다.[57][58] 그에 따르면 <금강경>에서는 깨달음을 얻은 후, 머무르는 데 없이 생각을 하며 보시를 하고 중생을 제도할 것을 말한다. 이와 달리 성진은 중생 제도에는 관심을 기울이지 않고, 혼자서만 깨달음을 성취해 출가한 사람으로서의 모든 복록을 누린다. 극락세계행 역시도 '수명을 연장'한 것에 불과하다.

두 번째는 극락세계를 별도의 세계가 아니라 마음의 변화에 대한 표현으로 보는 견해다. 유병환의 논의가 이와 같다. 그는 조동일의 논의에 대해 <금강경>과 공사상에 대한 이해가 미진하다고 비판하며,[59] 설법의 주체적 내용

---

[56] 정규복은 迷한 성진은 有요無요, 覺한 성진은 非非有요, 非非無여서 0°와 360°의 관계에 비유될 수 있다고 보았다. 그런 점에서 '<구운몽>과 『금강경』은 모두 迷에서 幻을 통하여 覺하기까지의 과정을 그린' 것이 된다. '覺한 이후의 세계는 <구운몽>에도 언급되어 있지 않으려니와, 『금강경』에도 언급이 없다. 이것이 <구운몽>과 『금강경』이 공통하는 空사상인 것이다. 覺한 이후의 세계는 眞空妙有인 것이다. 즉 <구운몽>은 眞空妙有에서 스토리는 끝나는 것이다'. 이어 논자는 김만중이 '불가의 진리도 반드시 황당무계한 바에만 있지 않다고 보'았음을 말하며 이것이 전문가적인 일견이라 평한다(정규복, 『구운몽 연구』, 보고사, 2010, 322-323면). 이는 탁견이나 <구운몽>의 결말에 극락세계에 대한 언급이 없었다면 더 어울렸을 견해이기도 하다. 정규복은 극락세계를 명확하게 적시하면서 서술하지 않았으나, 만약 그가 말했던 '覺한 이후의 세계', 즉 眞空妙有와 극락세계가 같은 것이라면, 본문에서 후술한 유병환의 견해에 대한 반박의 가능성이 여기에도 적용된다. <구운몽>에서 굳이 극락세계라는 표현을 택한 이유가 추가로 해명되어야 하는 것이다.

[57] 조동일, 「<九雲夢>과 <金剛經>, 무엇이 문제인가?」, 『김만중연구』, 새문사, 1983.

[58] '극락세계'를 명시하지는 않았으나 성현경의 논의 또한 조동일과 비슷한 관점에서 이뤄지고 있으며, 서울대본이 아닌 이본에 기초한 논의라는 점 역시도 동일하다(성현경, 「<九雲夢>과 金萬重의 삶意識」, 『김만중연구』, 새문사, 1983). 성현경에 따르면 '참 삶은 세속 부정적이 아닌, 세속 지양적일 때, 아울러 탈속 지양적이기까지도 할 때 이루어지는 것인데', <구운몽>에서는 성진의 삶을 더 가치있다고 보아 소승적인 불교를 보여주었다는 것이다.

서술이 없는 이유를 다르게 분석한다.[60] 내가 중생을 제도한다는 능견(能見)과 중생이 나에게 제도된다는 소견(所見)이 부정되기 때문이라는 것이다. 이어 그는 한문본에서 '歸於極樂世界'라고 표현했음을 들어 극락세계 또한 청정심의 가시적 표현이라 해석한다. 별세계로 떠나갔다는 의미(去)가 아니라 내면 공간을 청정의 공성(空性)으로 정토환원(淨土還元, 즉 歸)시켰다는 것이다.

세 번째는 정토교의 교리에 입각하여 극락왕생의 표현으로 보는 견해다. 경일남의 논의가 이에 속한다.[61] 그는 <구운몽>의 주제가 '제행무상(諸行無常)의 현실에서 초탈하여 극락왕생하고자 하는 불교적 인생관'이라 했다. 그리하여 인간윤회(人間輪廻)의 꿈을 대오(大悟)하여 극락왕생에 드는 것이 '핵심'으로 '부각'되는 것이라고까지 말한다.

극락세계에 대한 이 세 가지 방향의 논의는 각 논자가 <구운몽>의 주제를 어디에 고정시키고 싶은지를 드러낸다. 첫 번째 논의의 경우 <구운몽>을 경전과 분리시키고, 불교 사상을 허구화한 산물로 보지 말 것을 주문한다. '사상은 표현에서 생기는 것이지 표현 이전에 사상이 이미 마련되어 있는 것은 아니다'라는 조동일의 주장은 이를 단적으로 보여준다.[62] 이와는 정반대로 두 번째와 세 번째 논의는 <구운몽>을 불교 사상이 소설화된 결과로 보는 시각이 전제되어 있다. 유병환은 <구운몽>을 '거대한 상징 덩어리'라고까지 표현한다.[63] 작품의 종결점인 극락세계는 이처럼 <구운몽>의 주제 의식이 갖는 최종 향방을 결정하는 첨예한 격전지이기도 한 것이다.

그러나 이들의 주장에는 각각 문제점이 없지 않다. 우선 조동일의 견해는

---

59 유병환, 「<九雲夢>과 <金剛經>의 상관성 연구」, 『어문연구』 83, 어문연구학회, 2015.
60 유병환, 앞의 책, 2007.
61 경일남, 「新羅往生 說話의 硏究」, 충남대학교 석사학위논문, 1983.
62 조동일, 위의 논문, III-16.
63 유병환, 위의 책, 90면.

육관대사의 설법을 간과했다는 문제가 있다.[64][65] 육관대사의 설법을 배제하고 볼 경우, 양소유에게서 보이는 구도 의식의 한계가 극락세계행에 그대로 반영되어 해석될 수 있다. 그러나 육관대사의 설법이 뚜렷하게 그 두 장면을 분절하고 있는 이상, 해석은 달라져야 한다.

더욱이 극락세계로의 '도달'에 의미를 부여한 조동일, 성현경, 경일남의 견해대로라면, 극락세계로의 도달이 보다 자세하게 그려져야 마땅하다. 중요한 의미를 가진 최종적인 세계인만큼 그 세계 자체나 이행 과정이 부각될 필요가 있는 것이다. 그러나 작품의 실상은 그렇지 않았다. 이들의 논의만으로는 결말이 명쾌하게 설명되지 않는 이유다.

또한 경일남의 견해를 따른다면 육관대사의 설법과 성진의 깨달음을 통해 구현된 <구운몽>의 주제가 다소 축약되는 감이 있다. 이전의 연구들에서 지적되었듯 <구운몽>은 이분법적 사고의 극복을 주제 의식 중 하나로 삼고 있으며, 본서에서 살펴보았듯 그것은 공간의 층위에서도 부단히 전개되고 있었다. 극락왕생이 처음부터 목적이었다면 서사 장치들은 그처럼 정교해질 필요가 없었다. 더하여 선불교와 정토교의 교리는 서로 상충하는 측면이 있다. <구운몽>에서 <금강경>의 영향력이 선명히 발견되는 만큼 극락왕생을 <구운몽> 제1의 주제 의식으로 삼기에는 무리가 있다. 정토교에서는 극락세계를 타방정토로 보는 반면에 선불교에서는 유심정토설을 지지하기 때문

---

[64] 원작에 가장 가까운 결말을 갖고 있다고 여겨지는 서울대본에서는 육관대사의 설법이 보다 자세히 드러난다. 이어 육관대사는 <금강경>의 사구게를 직접 읊어주기까지 한다.

[65] 장효현 역시 이 점을 지적한 바 있다: 김일렬·조동일 두 분은 <구운몽>의 주제가 <금강경>의 공사상과는 다른 것으로 보았는데, … <구운몽>의 주제를 '양소유의 삶으로서 추구된 현세의 부귀공명이 허망하다는 깨달음'에 그친 것으로, 즉 '현실 부정'의 것으로 보았기 때문이었다. …<금강경>과 <구운몽>의 주제와의 관련을 부정하게 된 두 분의 이러한 견해는, <구운몽>의 주제에 대한 선입관에서 비롯되었거나 혹은 육관대사의 설법 대목이 누락된 <구운몽>의 축약 異本을 대본으로 삼은 데에서 비롯된 것으로 여겨진다(장효현, 「<九雲夢>의 主題와 그 受容史」, 『韓國古典小說史研究』, 고려대학교 출판부, 2002, 212-213면).

이다.[66]

극락세계를 마음으로 치환하여 읽은 유병환의 견해는 <구운몽>에 깔려 있는 불교 사상과 가장 근접해 있다. 다만 이렇게 볼 경우, 왜 하필 '극락세계'로 표현했느냐는 문제가 여전히 남는다. 만약 정말로 <구운몽>에서 청정한 마음으로 회귀한다는 점만을 표현하고 싶었다면, 오해의 여지를 두면서까지 극락세계를 언급할 필요가 없다. 성진이 그러한 마음으로 돌아갔음을 표현하면 되었을 것이다.

따라서 '극락세계로 가니라'라는 결말은 선행 연구만으로는 온전히 해석되지 않아 다른 시각이 요청된다. 그중 하나가 우리가 계속 살피고 있는 현실계와 환상계의 구도다. 결말의 핵심 개념이 극락'세계'인만큼 본서의 관점대로 이를 공간의 층위에서 논의할 필요가 있는 것이다.

② 경험 이전의 세계를 지시하는 근원적 환상계

작품의 문제의식이 심각하고 복잡한 것일수록 좋은 결말을 만들기는 어렵다. 선악 구도가 단순하게 제시된 작품이라면 선(善)이 승리하고 악(惡)이 징치되는 결말을 내면 된다. 주인공이 행복을 성취하는 데에 초점이 맞춰진 작품이라면 행복한 결말을 내면 된다. 그러나 불이(不二)를 구현하여 꿈과 현실이 복잡한 관계를 맺는 <구운몽>은 그러기 어렵다. <구운몽>의 주제

---

66 '극락세계'는 정토교 계열에서 신앙하는 세계로, 아미타불이 법장비구(法藏比丘) 시절에 서원하여 건립된 정토(淨土)라 믿어진다. 흔히 정토를 타방정토(他方淨土), 시방정토(十方淨土), 영장정토(靈場淨土), 범신론적 정토, 유심정토(唯心淨土)로 나누는데, 이 중 타방정토란 사바세계에서 멀리 떨어져 위치한 정토를 말한다(坪井俊映 저, 한보광 역, 『淨土學槪論』, 여래장, 2000, 22-42면). 아미타불의 극락세계는 바로 이 타방정토의 대표적인, 그리고 가장 널리 신앙된 정토이다. 그러므로 실제 신앙 대상으로서의 극락세계는 '실체를 가진 공간'으로 여겨지는 경향이 크다. 반면에 선종(禪宗) 계열을 비롯, <금강경>의 사상에 부합하는 것은 유심정토설이다. 정토는 사바세계 외 어느 곳에 별달리 존재하는 것이 아니라, 마음이 청정해지면 이곳이 곧 청정한 정토가 된다는 것이 유심정토설이다.

의식이 결말에 이르러 급선회한 것이 아닌 이상에야, 결말은 그 전까지의 주제 의식과의 연관 관계 속에서 해석되어야 할 것이다.

그런 맥락에서 되짚어 볼 때, 육관대사의 가장 중요한 일깨움은 연화도량 역시 일체의 유위법에 불과하다는 사실이었다. 처음에 성진은 소유의 삶만이 꿈이어서 그와 대비되는 자신의 삶은 굳건한 현실이라 여겼다. 육관대사는 그러한 이분법을 부정하고 성진과 자신이 발 디딘 현실 역시 찰나에 존재하고 찰나에 스러져 꿈과 다를 바 없다고 말한다. 소유의 세계든 성진의 세계든 간에 모두 꿈·그림자·번개와 같은 것으로 보아야 하는 것이다.

즉, 성진의 세계인 연화도량 역시 최종적으로 도달해야 할 곳이 아니다. 그럼에도 서사 전개상 연화도량은 소유의 세계를 버리고 회귀해야 할 공간으로 읽히기 쉽다. 이미 앞서 연화봉에 대한 묘사를 분석하면서 언급했듯, 그러한 착각은 어느 정도 유도된 것이기도 하다. 연화도량과 연화봉이 초반부에는 '신성한' 근원적 환상계로서 마치 최종 귀결점인 것처럼 그려졌고, 각몽 직후에는 한바탕의 꿈을 촉발시키고 배태시킨 진짜 세계인 것처럼 그려졌다. 성진이라는 본래의 정체성이 놓인 곳, 육관대사가 위치하고 있는 곳, 그리하여 성진/소유가 끝내는 회귀하여 도달한 곳이기에 더욱더 연화도량은 궁극적 실재처럼 여겨진다. 이런 방식으로 공간의 형상화는 성진의 착각과 호응하는 방향으로 설계되어 있었다.

따라서 육관대사가 설법을 베풀어 성진의 착각을 해소할 때, 공간의 차원에서도 응당 여기에 대한 호응이 있어야 한다. 연화도량이 정답이라는 착각에 갇히지 않게끔 그것을 넘어서는 공간이 제시되어야 하는 것이다.

이것이 곧 극락세계가 필연적으로 등장해야 하는 이유다. 극락세계의 존재로 인해 연화도량은 궁극의 실재가 아니게 된다. 극락세계는 그러한 실재 인식에 난 틈과도 같다. 물론 <구운몽>에서 극락세계는 거대한 규모로 육박해 오거나 구체적인 세계로 선명하게 나타나지는 않는다. 그러나 틈 사이로

다른 세계가 보인다는 사실은 그 자체로, 이 세계가 전부이며 완전하다는 믿음에 균열을 낸다.

단, 극락세계는 이전의 환상계와는 달라야 한다. 앞서 논급한 '이전의 환상계를 넘어서되 이전의 환상계와 같지 않고, 이분법을 극복하여 유(有)이되 무(無)여야 한다'는 까다로운 조건을 만족해야만 하는 것이다. 그래야만 결말로서 존재 의의가 있다. 그저 제2의 연화도량과 같은 또 다른 환상계로 제시된다면, 불이(不二)는 무색한 것이 되어버리기 때문이다.

이것이 극락세계를 짧게 서술한 이유다. 극락세계와 관련하여 그 어떠한 환상적인 묘사도 더하지 않은 덕분에, 극락세계가 또 다른 초월적 환상계로 여겨지지 않게 만들었다. 심지어는 극락세계로 가는 과정이나 극락세계에 도달한 이후의 모습조차 표현되지 않았다. 극락세계라는 공간을 제시하되, 그것에 뚜렷한 공간성을 부여하지 않은 것이다. 그럼으로써 극락세계는 구체적 실체로 존재했던 이전의 공간들과는 질적으로 다른 공간이 된다.[67]

물론 극락세계는 본서의 체계상 환상계에 속한다. <구운몽>의 현실계 이전에 존재하는 근원적 환상계이며 깨달음이라는 특정 요건을 충족해야 이행할 수 있는 공간이므로 근원적 환상계-분리계로 분류할 수 있다. 그러나 <구운몽>에서 극락세계는 여타 근원적 환상계 중에서도 유독 독특한 환상계다. 근원적 환상계(연화도량)의 근원적 성격을 깨뜨리는 근원적 환상계(극락세계)이기 때문이다.[68] 즉, 극락세계가 제시됨으로 인해 연화도량이 갖고 있는

---

[67] 이는 극락세계가 간략히 언급된다고 해서 무시되지는 않으리라는 판단에서 가능한 선택이기도 하다. 최종 결말에 위치해 있을 뿐만 아니라 애당초 그 자체가 불교에서 말하는 이상적인 세계이기 때문이다. 또한 이름이 환기하는 바에 의해, 언급되는 것만으로도 초월성을 갖는다. 그리하여 실제로도 다른 이본들에서도 극락세계라는 결말은 탈락되지 않고 남아 있다.

[68] <구운몽>에서 근원적 환상계를 활용하는 방식이 독특하다는 것은 <숙향전>과의 비교를 통해서도 확인할 수 있다. <숙향전>에서는 천상계라는 근원적 환상계-분리계가 최종적

것처럼 보였던 최종 근원지로서의 성격이 파기된다. 근원적 환상계-연장계가 현실계의 근원처럼 보일 때, 근원적 환상계-분리계는 다시 근원적 환상계-연장계의 근원으로 등장하여, 근원적 환상계-연장계가 최종 근원지가 아님을 선언하는 것이다.

결론적으로 극락세계라는 근원적 환상계-분리계의 등장은 근원의 근원을 묻는 행위가 된다. 그러한 행위는 근원적 환상계에 내포된 우월성을 해체시킨다. 현실계와 환상계의 어느 한쪽을 정답으로 상정하는 이분법적 구도에 균열을 가하는 것이다.

동시에 그것은 앞서 보았듯 공간적 실체나 환상성을 가지지 않기에 근원적 환상계-연장계의 역할을 단순히 대체하는 공간도 아니다. 극락세계는 공간 아닌 공간이며, 세계 아닌 세계다. 그러므로 진실로 '틈'으로 존재한다. 근원적 환상계-분리계를 이런 방식으로 활용한 덕분에 <구운몽>에서는 이분법 자체를 탈피한 불이(不二)의 결말이 완성될 수 있었다.

그러나 극락세계로의 이행이 이채로운 이유는 이것이 전부가 아니다. 불교의 사유를 참조하면 극락세계에 담긴 또 하나의 독특한 함의를 이끌어낼 수 있다. 묘용(妙用)의 상(相)을 비추는 진성(眞性)으로서의 극락세계다.

> 선남자여, 비유하자면 맑고 깨끗한 마니구슬이 오색을 반영하여 방향에 따라 각기 나타내자 어리석은 이들이 그 마니구슬을 보고 실제로 오색이 있다고 여기는 것과 같다.[69]

인 귀결점으로 상정되어 있다. 숙향의 여행은 근원적 환상계-분리계에서의 정체성과 인연을 현실계에서 찾아가는 과정이기도 하며, 현실계에서 행복을 누리다가도 결국에는 근원적 환상계-분리계로 회귀하기 때문이다. 그런 측면에서 <숙향전>에서 근원적 환상계-분리계는 근원성을 오히려 공고하게 가진다고 할 수 있다. 이처럼 같은 유형의 환상계라 하더라도 작품마다 어떻게 운용하느냐에 따라 다양한 효과와 문제의식을 산출한다.

[69] 善男子 譬如淸淨摩尼寶珠 映於五色 隨方各現 諸愚癡者 見彼摩尼 實有五色. <원각경(圓覺經)>

위는 <원각경(圓覺經)>에 나타난 마니구슬의 비유다. 마니구슬은 그 자체로 색이 없어 맑고 깨끗하다. 그러나 여러 가지 색이 마니구슬에 투영되면 마니구슬은 색을 되비추게 된다. 이를 보고서 깨닫지 못한 자들은 마니구슬에도 색이 있다고 착각한다. 이때 마니구슬은 성(性)에, 색은 상(相)에 대응된다. 즉, 흔히들 가시적인 상(相)을 실재로 여겨 그에 이끌리기 쉽다. 그러나 그를 넘어서서 상(相)을 비추어 내는 성(性)을 직관해야 한다.

단, 성(性)과 상(相)은 이분법적인 개념이 아니다. 고요하고 변함이 없는[不變] 진심(眞心)의 체(體)는 동시에 우리가 일상생활에서 경험하는 모든 특수성과 차별성에 따라 역동적으로 변하는[隨緣] 측면을 가진다.[70] 성(性)과 상(相), 마니구슬과 색은 애당초 각각 별개로 존재하지 않는다. 이들은 체(體)와 용(用)의 관계에 놓여 있다. 진심(眞心)의 체(體)는 그 자체는 전혀 변하지 않으면서도 다양하게 변하는 용(用)의 세계를 산출한다. 그러므로 여기서 또다시 이분법적 구도를 넘어서는 불이(不二)의 관계를 만나게 된다. 성(性)과 상(相) 역시 불이(不二)인 것이다.

지눌(1158-1210)의 <화엄론절요(華嚴論節要)>[71]에 따르면 규봉종밀(圭峰宗密, 780-841)은 다음과 같이 말한다.

> 만약 맑음이 [여러 색깔을] 나타낼 수 있는 체(體)로서 영구히 변하지 않음을 알지 못하고, 단지 검은색 등이 구슬이라고 말하거나(洪州宗), 혹은 검은 것을 떠나서 구슬을 찾으려 하거나(北宗), 혹은 맑음과 검음 모두가 공(空)이라고

<보안보살장(普眼菩薩章)>.

70 김희성, 『지눌의 禪사상』, 소나무, 2001, 127면.

71 지눌의 <화엄론절요>는 조선시대를 통틀어 가장 많이 발행되고 보급된 불교 문헌 중 하나다(김희성, 앞의 책, 245면). 저서뿐만 아니라 지눌의 사상 자체가 고려-조선 불교의 주가 된다. 조선 전기의 함허득통과 조선 후기의 서산휴정에게서도 지눌의 영향력이 확인된다.

말한다면(牛頭宗), 이러한 사람들은 모두 아직 구슬을 보지 못한 것이다.[72]

<구운몽>의 흐름을 차근차근 따라간 독자라면, 이분법적 사고를 넘어서고자 하는 문제의식에 친숙해졌을 것이다. 문제는 이것이 자칫 양비론(兩非論)이나 양시론(兩是論)으로 오해될 위험성이다. 종밀이 비판했던 사고방식의 부류로 빠져들 위험이 있는 것이다.

따라서 종밀의 말대로 구슬이 보아져야만 한다. 맑고 투명한 구슬이 있음을 직관해야 한다. 그래야만 깨달음의 존재가 확정되고 그 방향이 설정될 수 있다. 또한 그렇게 된다면 무엇이든 옳다거나 무엇이든 그르다는 단편적인 사고와도 선을 그을 수 있게 된다.

마찬가지로 <구운몽>에서도 문제의식의 왜곡을 방지하기 위해서 구슬과 같은 존재를 필요로 했다. 이것이 곧 '극락세계'다. 다시 말해서 극락세계란 현실계와 환상계라는 다양하고 변화무쌍한 상(相)들을 그 너머에서 되비추는 마니구슬의 세계와 같은 기능을 한다. 현실계나 환상계라는 묘용(妙用)을 자아내는 태초의 세계, 성(性)의 세계인 것이다.

그런즉 극락세계는 근원적 환상계를 외형으로 취하고 있지만, 그 의미작용은 근원적 환상계조차 탈피한 차원을 지시한다. 현실계 너머에서 만나는 근원적 환상계 역시 하나의 상(相)에 불과함을 일깨워 주는 것이다. 즉, 극락세계는 이전의 환상계 위에 새로이 덧입혀진 또 하나의 상(相)이 아니다. 도리어 근원적 환상계라는 상(相)마저 '벗겨낸' 지점, 궁극의 근원적인 경지를 지시한다. 다만 이는 애당초 현실과 현실계를 벗어나 있는 것이기에 현실

---

[72] 若不認得 明是能現之體 永無變易 但云黑等是珠 或擬離黑覓珠 或明黑都無者 皆是未見珠也(<화엄론절요> 703면). 길희성의 위의 책 149면에서 재인용했다. 길희성에 따르면 지눌은 종밀의 논의에 크게 공감하면서도 종파주의적 견해가 그의 참뜻은 아니었다고 보았다. 단지 그릇됨으로 빠져들까봐 경계의 의미에서 과하게 비판했다는 것이다.

적인 언어로는 표현될 수 없고, 환상으로서만 표현될 수 있었다. 극락세계라는 환상적 외형을 필연적으로 입어야만 했던 것이다.

작품이 반드시 작가의 뜻대로 만들어지는 것은 아니기에 작품은 항시 작가를 넘어서 있으나, 그럼에도 덧붙이자면 실제 작가 김만중 역시 규봉종밀의 이 논의에 직접적으로 영향을 받았다. <서포만필>에서 김만중은 규봉종밀을 직접 언급하면서 다음과 같이 말하고 있어 흥미롭다. 이를 참고한다면 본서의 논의는 작자 김만중의 생각 및 의도와도 멀리 떨어져 있지 않을 것이다.

> 불경이 비록 번다하지만, 그 요지는 진공묘유 네 글자에서 벗어나지 않는다. 규봉종밀은 "진공이라는 것은 유를 어기지 않는 공이고, 묘유라는 것은 공을 어기지 않는 유이다"라고 했다. 이 말은 주렴계의 "무극이태극"이라는 말과 매우 비슷하다.[73]

이처럼 극락세계가 결말에 자리해 있기 때문에 <구운몽>의 묘리(妙理)는 더욱 선명해진다. 현실계와 환상계 모두를 부정하는 허무주의, 혹은 뭐든 다 괜찮다고 생각해 버리고 마는 낙천론과 차별화될 수 있는 것이다. 특별히 '극락세계'를 선택해 끌어온 것도 이와 무관하지 않을 터, 단순한 외부 세계가 아니라 이상적인 세계의 대표격이기에 그러한 역할을 맡기에 적절하다.

제1부에서 경험 이전의 세계가 현실, 비현실, 환상이라는 세 가지 이미지로 주체에게 경험된다고 규정했었다. 이미지는 곧 상(相)이므로, <구운몽>은 이들의 관계를 문학적으로 훌륭하게 구현하고 사유한 작품이라 해도 과언이 아니다. 현실, 비현실, 환상은 모두 성의 묘용(妙用)인 상(相)이다. 그러므로

73　佛書雖繁, 基要不出於 眞空妙有 四字, 圭峰宗密謂: 眞空者, 不違有之空也. 妙有者, 不違空之有也. 此語頗與濂溪周子無極而太極相似. 번역은 김만중 저, 심경호 역, 『서포만필』 상권, 문학동네, 2010, 437-438면을 참고하였다.

현실은 흔히 생각하는 것처럼 세계를 완벽히 아우르는 독존적인 상(相)이 아니다. 그렇다고 해서 환상이 그 대체재가 되는 것은 아니다. 환상은 또 다른 상(相)으로서 현실에 대한 집착을 파훼하지만 그 또한 마찬가지로, 현실을 대체하는 독존적인 상으로 군림해서는 안 된다.

세계를 통찰하는 궁극적인 경지는 현실과 환상을 넘어섬으로써 획득될 수 있다. 즉, 마니구슬 및 극락세계와 같은 성(性)은 이 상(相)들을 넘어서 경험 이전의 세계를 직관하는 제3의 길이다. 모든 상(相)들이 묘용(妙用)할 수 있게 하는 그 원초적 경지를 지향케 하는 것이다. 때로 종교의 실천적 수행 방식으로 깨달음을 위해 명상이 활용되곤 하는데, 이와 같은 원리에서다. 경험을 차단해야만 경험 이전의 세계로 진입하는 실마리를 얻을 수 있다.

근원적 환상계는 현실계 이전부터 이미 존재했던 세계다. 그렇기 때문에 많은 서사에서 근원적 환상계는 환상들을 내려주는 근원으로서 표현된다. 이는 사실 자연스러운 일이다. 현실계에 반(反)하기에 현실계에서 설명이 불가능한 것들은, 따로 묶어 그것들의 출처가 되는 세계를 두면 설명하기가 편해진다. 또한 현실에는 부재하는 이상(理想)이 환상계에는 있다고 전제해 두고 나면, 현실계에 문제가 있을 때나 혹은 문제가 없더라도 언젠가 환상계로 초월하기만 하면 되니 마음은 더욱 편해진다.

다만 근원적 환상계를 이런 방식으로만 활용할 경우, 현실계와 환상계의 이분법적 구도가 더욱 가속화되고 강화된다는 문제점이 발생한다. 바로 이 한계 때문에 <구운몽>에서는 근원적 환상계를 설정하면서도 그것을 공고한 근원으로 표현하기를 거부한다. 근원적 환상계의 근원을 재차 물음으로써 근원적 환상계가 단순한 근원으로 자리 잡지 않게 하고, 그보다 더 근원적인 자리를 사유하게 했다. 근원적 환상계마저 상(相)임을 드러내고 현실과 환상 이전의, '경험 이전의 세계'를 표현할 수 있는 가능성을 제기했다.

이미 언어가 경험의 산물이므로 이는 모순일 수 있다. 그렇기 때문에 극락세계와 관련하여 언어는 오히려 부재(不在)하는 언어로 조탁된다. 극락세계를 극도로 짧은 언술로서 제시하고 극락세계 도달 이후에 대해서는 침묵하는 선택을 한 것이다.

그러므로 이 지점에서 철학적 사유를 도입하면서도 철학을 넘어서는 문학의 진면목마저 확인할 수 있다. 비유, 축약, 생략, 표현하지 않음 등을 활용할 수 있기에, 정교한 논리의 철학은 닿지 못하는 경지를 오히려 문학이 포착해 낼 수 있다. 이것이 환상계의 운용에 있어서 <구운몽>이 갖는 또 하나의 독특함이며, 그러므로 <구운몽>은 시사하는 바가 많은 작품이다.[74][75]

---

[74] <구운몽>의 결론이 갖는 독특함은 이분법을 탈피하고자 하는 여타의 서사들을 연구함에 있어서도 중요한 논점을 던져줄 수 있으리라 생각한다. 예컨대 보르헤스(Jorge Luis Borges)의 <원형의 폐허(Las ruinas circulares)>, 영화 <13층(The Thirteenth Floor, 1999)>에서는 피창조자-창조자의 관계가 나타나는데, 이분법적 관계를 넘어서기 위해 이들 작품이 택한 결말은 창조자 역시 피창조자임이 밝혀진다는 것이다. 그런 점에서 근원적 환상계가 근원지가 아닌 것으로 밝혀지는 <구운몽>의 서사와 닮았다. 또한 그러한 반전 이후에는 서사를 바로 종결시켜 침묵을 활용한다는 점도 <구운몽>과 비슷하다. 다만 <구운몽>에서 보여주는 사유는 이분법의 대안을 모색할 수 있는 가능성에까지 나아가고 있어 더욱 이채로운 측면이 있다.

[75] 또한 이러한 결말은 현대 영화에서 이미지를 활용하는 기법과도 상통하는 측면이 있다. 들뢰즈(Gilles Deleuze)가 제시한 '결정체 이미지(Crystal image)' 역시 함의를 비결정적인 상태로 만든다. 이미지 활용에 있어 현대와 고전의 사유가 접합되는 지점으로 연구해 볼 필요가 있다.

2장
<전우치전>의 허구적 환상계: 진가(眞假)의 구별을 뛰어넘다

　환상성이 전면에 드러나는 작품을 꼽는다면 빠질 수 없는 작품이 <전우치전>이다. 그런데 <전우치전>의 환상성은 Ⅲ장에서 살펴본 <구운몽>의 환상성과는 사뭇 다른 질감을 갖고 있다. <구운몽>의 환상성은 <전우치전>의 환상성에 비교하여 볼 때, 보다 정돈되어 있다는 느낌을 준다. 세계 간의 교섭이나 이행 과정은 그 규모가 큰 데 반해 세부 사건은 정적(靜的)인 편이다. 그편이 <구운몽>에서 제시하는 심원한 사유와 어울리기도 한다. 반대로 <전우치전>의 환상성은 국지적인 사건들에서 역동적인 형태로 발현된다. 정갈히 단장(丹粧)된 환상이 아니라 소란스럽고 때로는 난잡한 환상들이다. 대신에 그만큼 구체적이고 생동감 넘친다는 특장점도 갖는다.
　이러한 환상성은 일차적으로 그 표현으로부터 산출되는 것이나, 그것만으로는 해명되지 않는다. 애당초 왜 그러한 표현이 <전우치전> 전면을 덮고 있는지를 살펴보아야 한다. 이를 위해서는 <전우치전>의 주제 의식과 세계관, 그에 기반하여 조직되는 작품 내의 설정을 깊이 있게 분석해 보아야 한다.

<전우치전>의 환상성에 주목한 연구는 그리 많지 않다. 그 소수의 연구들도 주로 인물의 성격에 주목하고 있다. 대표적으로 조혜란은 민중적 영웅, 이명현은 <전우치전>에 나타난 여우에 주목하여 그 초월성을 살폈다.[76]

그러나 인물은 그가 놓여 있는 세계와 부단히 교섭함으로써 사건과 나아가 이야기를 만들어 낸다. 그렇다면 <전우치전>의 환상성을 분석함에 있어 인물 못지않게 세계의 속성 역시 반드시 분석되어야만 한다. 이러한 관점에서 보았을 때 <전우치전>에서는 <구운몽>과는 전혀 다른 방식으로 환상계를 운용하고 있음을 발견하게 된다.

1. 생략된 근원적 환상계

1) 위상의 저하

<구운몽>에서는 근원적 환상계가 작품의 출발점으로 확고하게 제시되어 있었으며, 주인공도 근원적 환상계의 일원으로 설정되어 있었다. 이는 곧 <구운몽>의 환상성이 처음부터 주어진 것으로 설정되어 있음을 뜻한다. <구운몽>에서 환상성은 자연스레 발산되는 것이지, 힘겹게 얻어내거나 탈취해야 하는 대상은 아니었다. 더욱이 <구운몽>의 근원적 환상계는 신성한 공간이자 주인공을 깨달음으로 나아가게 하는 긍정적인 공간이었다. 이러한 근원적 환상계가 도입부와 결말뿐만 아니라 소유의 삶 이면에도 계속 깔려 있어 중간중간 나타났기 때문에, <구운몽>에서 근원적 환상계의 위상이란 무시할

---

[76] 조혜란, 「민중적 환상성의 한 유형: 일사본 <전우치전>을 중심으로」, 『고소설연구』 15, 한국고소설학회, 2003.; 이명현, 「구미호의 이중적 관념과 고전서사 수용양상」, 『우리문학연구』 41, 우리문학회, 2014.

수 없는 것이었다.

<전우치전>과 <구운몽>에 구현된 환상성의 차이는 바로 이 지점에서 시작된다. <구운몽>과 비교하여 <전우치전>에서는 근원적 환상계의 위상이 현격하게 저하되어 있다. 위상이 저하된 정황은 크게 두 가지 측면에서 확인된다. 첫 번째는 영향력이 미미하여 작품의 후면으로 밀려나 있다는 점이며, 두 번째는 부정적인 속성을 지녀 퇴치되어야 할 것으로 그려진다는 점이다.

이는 <전우치전> 도처에 걸쳐 나타난다. 특히 도드라지는 대목 중 하나가 전우치가 환상성을 획득하는 부분이다. 경판 37장본에서 전우치는 두 차례에 걸쳐 환상성을 획득한다. 우선 여우 여인으로부터 호정(狐精)을 빼앗아 삼킴으로써 획득했으며, 이어서 여우 여인으로부터 천서(天書)를 빼앗음으로써 습득한다.

여타 고전소설에서 주인공은 환상적인 인물ⓐ로부터 환상성이 응축된 물건ⓑ을 건네받음으로써 환상성ⓒ을 획득한다. 보통 ⓐ는 신승(神僧)이나 도력이 높은 도사 혹은 신선으로 설정되어 한껏 신성하게 그려진다. ⓑ에는 환상적 술법의 교재인 천서(天書), 환상적 술법을 실현케 하는 도구인 검(劍), 환상적 술법을 보조하는 말(馬) 등이 있다.

중요한 것은 이 ⓐ와 ⓑ가 근원적 환상계로부터 나왔다는 점이며, 특히나 주인공에게 주어지는 것이 대체로 '운명적으로' 안배되어 있다는 점이다. 다시 말해서 이 구조는 근원적 환상계가 존재하며 현실계의 사건을 이면에서 주재하고 있음을 보여주는 가장 명확한 표징(表徵)이다. 그렇기 때문에 ⓐ와 ⓑ는 ⓒ의 성격을 결정할 뿐만 아니라 근원적 환상계의 위상도 결정한다. 예를 들어 많은 영웅소설에서는 ⓐ와 ⓑ가 신이(神異)하고도 위엄있게 그려진다. 이에 근간하여 근원적 환상계의 위상은 확고해지며 그로부터 내려온 천명(天命)의 당위성과 필연성 역시 확고해진다.

이러한 관점을 염두에 두고 볼 때, 전우치가 환상성을 획득하는 에피소드는 상당히 비전형적이다. '환상적인 인물ⓐ - 환상성이 응축된 물건ⓑ - 환상성ⓒ 획득'의 구조는 동일하지만 이 구조를 전혀 다르게 활용하고 있다. 우선 첫 번째 습득담인 호정 습득담의 내용을 보자.[77][78]

① 윤공은 세상의 문장을 두루 익혀 만 리 앞을 내다볼 수 있는 사람으로, 전우치는 그에게서 학문을 배운다.
② 서당을 오고 가는 길에 전우치는 울고 있는 여자를 만난다.
③ 여자는 계모가 자신을 핍박해 죽으러 왔음을 말하고 전우치는 그녀를 달래 정을 나눈다.

---

[77] 본서에서는 한국학중앙연구원 소장 경판 37장본을 저본으로 삼고 있음을 밝혀둔다. <전우치전>의 이본은 총 19종인데, 그 가운데 가장 많은 주목을 받은 이본은 일사본 계열이다. 특히 일사본 계열 중에서도 최고본(最古本)이자 최선본(最善本)이 바로 경판 37장본이다. 대표적으로 문범두, 변우복, 안창수, 김현양이 이러한 입장에서 논의를 펼쳤다. 이 외에도 <전우치전>에 관한 연구 대부분이 경판 37장본을 저본으로 삼는 것은 여기에서 기인한다. 또한 서혜은, 경판 37장본이 본격적으로 대중성을 획득하기 시작한 이본임을 언급했다. 특히 경판 37장본이 전우치의 도술담이 포함된 삽화가 많은 비중을 차지하고 있어 환상성이 부각되는 이본이라 평하기도 했다. 따라서 본서의 논의에 가장 적합한 저본은 경판 37장본이라 판단된다.
이상 선행 연구의 출처는 다음과 같다: 문범두, 「<전우치전>의 이본 연구-형성과정과 의미를 중심으로-」, 『한민족어문학』 18, 한민족어문학회, 1990.; 변우복, 「'전우치전' 연구」, 한국교원대학교 박사학위논문, 1998.; 김현양, 『홍길동전, 전우치전』, 문학동네, 2010.; 안창수, 「<전우치전>으로 살펴본 영웅소설의 변화」, 『한국문학논총』 50, 한국문학회, 2011.; 서혜은, 「<전우치전>의 대중화 양상과 그 소설사적 의미」, 『어문학』 115, 한국어문학회, 2012. 또한 이본에 관한 이와 같은 정리는 강혜진, 「<전우치전> '주선랑' 모티프와 가상에 대한 사유- 드라마 <알함브라 궁전의 추억>과의 비교를 바탕으로 -」, 『고전과해석』, 고전문학한문학연구학회, 2019에서 행한 바 있어 그에서 따왔음을 밝혀둔다.
[78] 경판 37장본에서는 전우치를 '전운치'로 표기하고 있다. 그러나 본서의 논의는 경판 37장본을 주요 분석 대상으로 삼고 있긴 하나, 그에만 국한된 작품론이 아니다. 논의의 대상으로 삼고 있는 화소들은 <전우치전> 여러 이본에 걸쳐 나타난다. 그러므로 대표성을 갖는 명칭인 <전우치전>과 '전우치'로 표기하기로 한다. 특정 이본에 관련된 서술일 경우에는 각 이본의 제목과 표기를 따른다.

④ 윤공은 이 일을 꿰뚫어 보고 여자의 입에 있는 구슬을 빼앗으라고 한다.
⑤ 전우치는 여자에게 혼인을 언급하며 자신의 뜻에 따를 것을 요청한 뒤 구슬을 달라고 한다.
⑥ 여자는 사랑하는 마음을 못 이겨 구슬을 넘겨주지만 전우치는 이를 삼켜 버린다.
⑦ 윤공은 전우치가 호정을 먹어 천문과 지리에 통달하고 변화를 부릴 수 있을 것이라 말한다.

이 습득담에서 환상적인 인물ⓐ는 보살이나 신선은커녕, 스님이나 도사도 아니다. 여인의 형상을 한 여우다. 환상적이되 신성함은 없는 인물이다. 그녀는 자신의 정체에 대해 "맹어사의 딸"이라 거짓말을 했다는 점에서 이미 긍정적인 인물이 아니며, 천명(天命)을 전하는 사자(使者)는 더욱 아니다. 이 직후에 연이어 등장하는 천서(天書) 습득담에서는 여우 여인의 부정적인 이미지가 더욱 강해져, 퇴치되어야 할 요망한 귀신으로 등장하기까지 한다.

환상적인 인물ⓐ의 부정적인 성격은 환상성이 응축된 물건ⓑ와 획득된 환상성ⓒ의 성격에도 자연히 영향을 끼친다. 그렇다면 이를 다름 아닌 '주인공'의 환상적 능력으로 삼기에는 어느 정도 부담이 있을 수밖에 없다. 전우치가 비록 선한 인물은 아니지만 그렇다고 악인으로 그려지지는 않기 때문이다.

그러므로 환상적인 인물ⓐ의 부정적인 성격을 어느 정도 탈각시키고 교정할 인물이 필요해진다. 이것이 바로 '윤공'의 역할이다. ④에서 윤공은 여우 여인으로부터 호정을 빼앗을 것을 지시하고, ⑦에서는 호정을 얻음으로써 발휘될 효과와 능력을 획정하여 말해준다. 이렇게 윤공의 지시에 따라 얻어졌고, 그 속성이 윤공에 의해 규정되었기 때문에 호정이 갖는 부정적 성격이 덜어질 수 있었던 것이다. 이것이 여타 영웅소설에서는 ⓐ가 단일한 인물로 나타나는 데 반해 <전우치전>에서는 그렇지 않고 여우 여인 외에도 윤공과 같은 보조 인물이 등장하게 되는 이유로 보인다.

그런데 이 보조 인물 윤공 또한 근원적 환상계를 담보해 주지 못한다. 그는 근원적 환상계로부터 투출된 인물이 아니다. 문장을 두루 익힌 끝에 미래의 일을 내다볼 수 있는 능력을 자득(自得)한 인물이다. 따라서 윤공에게서는 근접한 미래를 읽는 능력은 확인되어도 하늘의 이치를 알고서 그를 실현시키는 역할은 확인되지 않는다. 보조 인물 윤공에게서도 근원적 환상계의 존재가 소거되어 있는 것이다.

이렇듯 첫 번째 습득담에서 근원적 환상계가 소거되어 있다면, 두 번째 습득담에서 근원적 환상계가 심지어 부정적인 공간으로 등장하고 있다. 이야기의 짜임은 첫 번째 습득담과 거의 비슷하다.[79] 전우치는 세금사에 사람을 해치는 요괴가 나타난다는 말을 듣고도 그곳에 공부하러 간다. 아니나 다를까 세금사에 머무른 첫날 밤, 어떤 아름다운 여인이 나타난다. 첫 번째 습득담과 마찬가지로 전우치는 여인의 아름다움에 반해 잠자리를 같이하고, 여인의 정체가 둔갑한 여우라는 사실도 동일하게 밝혀진다. 이번에는 전우치가 습득 행위에 보다 적극적이어서 여우 여인을 직접 제압해 호정을 요구한다. 이에 여우 여인은 뱃속에 있는 호정 대신 천서를 주겠다고 제안한다.

따라서 두 번째 습득담에서도 환상적인 인물ⓐ는 여우 여인이다. 첫 번째 습득담과 동일하게 부정적인 인물로부터 환상적인 능력을 전수받는 것이다.

---

[79] 박일용의 경우 여우에게서 호정을 습득하는 사건과 천서를 습득하는 사건의 이질성을 부각하여 논했다. 그에 따르면 전자는 민담에 자주 보이며, 전우치에 관한 문헌설화에서는 후자만이 나타난다. 즉, 민담 담당층은 주인공이 여우와 우호적인 관계를 맺음으로써 재질을 얻을 수 있다고 긍정적으로 바라보았고, 그에 반해 식자층들은 여우를 요사스러운 것으로 보았기에 여우를 퇴치하여 책을 얻는 것으로 서술했다는 것이다(박일용, 「전우치전과 전우치설화」, 『국어국문학』 92, 국어국문학회, 1984, 47면). 이는 매우 일리 있는 지적이다. 그러나 천서를 탈취하고 해독이 되지 않아 여우로부터 배우는 <전우치전>의 습득담은 식자층이 서술한 다른 소설들의 습득담과도 상당히 차별화되는 측면이 있다. 이 점을 해명하려면 문학 담당층 이외의 요인도 분석할 필요가 있다.

문제는 이 다음이다. 첫 번째 습득담에서는 소거되어 있던 근원적 환상계가 작중 처음으로 이때 등장한다. 그런데 여기서 근원적 환상계는 심히 부정적인 공간이다.

> 여우의 발을 풀어준 후 여우 굴로 따라가니, 큰 산에 커다란 바위가 있고 그 아래에 굴이 있었다. 그 안으로 오리나 들어가니, 소나무와 대나무가 창창하고 시냇물이 잔잔하게 흐르는 곳에 단청 빛이 찬란한 집들이 무수히 많았다. 운치가 여우를 앞세우고 들어가니 고운 옷을 입은 시녀들이 나와 맞으며,
> "아기씨께서 오늘 사냥하러 가셨다가 이렇게 오셨으니 맛있게 먹겠구나"
> 하고 달려들었다.[80]

여우 굴은 세금사와 인접한 큰 산에 있으며 별다른 환상적인 수단이 없이도 도달할 수 있는 곳이다. 따라서 연장계에 속한다. 이후 이곳은 두 번 더 언급된다. 전우치가 스스로 천서를 되찾으러 가는 대목과 서화담과 함께 소탕하러 찾아가겠다는 대목에서다. 전자에서는 결국 길을 찾지 못해 실패한다. 숨겨져 있어 여우의 안내 없이는 길을 찾기 어려운 공간임을 알 수 있다. 그러나 후자에서 보이듯 찾는 것 자체가 불가능하게 그려지지는 않는다. 분리계처럼 별달리 큰 간극이 있어 도달하기가 불가능한 공간은 아닌 것이다. 또한 여우 굴은 작중 새로이 창조된 공간이 아니라 이미 존재해 있는 공간으로서 전우치에게 경험되므로 근원적 환상계다. 종합하여 여우 굴은 근원적 환상계-연장계로 분류될 수 있겠다.

---

[80] 발를 글너노코 싸라 여호 굴노 가니, 큰 산의 쟝딕흔 바회 잇고 그 아릭 굴이 잇는지라. 그 안흐로 오라나 드러간즉 숑듁이 챵챵ᄒ고 시닉 잔잔흔 곳의 무슈흔 집이 단쳥이 찬난ᄒ지라. 운치 여호를 압셰우고 드러가더니 추의 흔 시녜 나와 마즈며 왈, 아기시, 오늘 산힝ᄒ라 가시더니 소망 이러 오시미 맛 조히 먹으리라 ᄒ고 다리들거늘

이와 같이 산 깊은 곳의 굴속에 근원적 환상계-연장계가 자리하고 있다는 설정은 흔한 편이다. 무릉도원 전설에서도 어부는 산속 동굴을 지나 무릉도원을 만난다. <연이와 버들도령> 설화에서도 동굴 속 도령의 환상계가 산속 동굴에 있는 것으로 그려진다. <최생우진기>의 용궁 역시 두타산의 동굴 속에 자리해 있다. 통로를 내기 위해 인위적으로 뚫은 것이 아님에도 불구하고 자연 발생적으로 그와 같은 형상을 지닌다는 점에서, 옛사람들에게 동굴은 신비한 공간이었을 것이다. 그런고로 동굴이 사실은 환상적 통로여서 그 끝에 근원적 환상계가 있으리라는 상상도 자연스레 펼쳐졌을 터다.

다만 <전우치전>에서는 이렇게 등장한 근원적 환상계-연장계가 극히 부정적으로 그려지고 있어 문제적이다. 환상계의 풍경 자체에 대한 묘사는 여느 선계에 대한 묘사와 큰 차이를 보이지 않는다. 소나무와 대나무가 창창하고 시냇물은 잔잔하게 흐른다. 단지 단청빛에 대한 묘사가 이어진다는 점에서 화려함이 부각되기는 한다. <구운몽>의 남전산 도인의 집과 비교해 보면 탈속적이고 청정한 느낌은 적다. 그러나 이후에 등장하는 서화담의 초당에 그려진 그림에 대한 묘사도 여우의 공간에 대한 묘사와 거의 동일하다.[81][82] 따라서 환상계의 형상 자체만 놓고 보면 부정적인 성격을 찾기 어렵다. 부정적인 성격은 시녀들이 인간을 잡아먹겠다고 덤벼드는 부분에서부터 드러난다.

다시 말해서 <전우치전>에서는 긍정적인 의미를 지녔던 여타 근원적 환상계의 외형을 끌어오면서도, 그것을 부정적인 존재들의 공간으로 변개(變改)하여 활용하고 있다. 인간을 잡아먹는 요괴들의 공간이므로 근원적 환상계는

---

[81] 북벽의 걸닌 족주 그림의 빗난 치각이 두렷흐듸

[82] 이는 여성과 연계된 공간이기에 입혀지는 색채감일 수 있다. 예컨대 <숙영낭자전>에서 숙영낭자가 기거하는 옥연동도 긍정적인 공간이나 화려하게 묘사된다: 션군이 이갓튼 풍경을 보미 심신이 샹쾌ᄒ여 우화이 등션ᄒ 듯 희긔 자연 산용슈출ᄒ여 횡심일경 드러나니 쥬란화각이 외의표묘ᄒ고 분벽ᄉ창은 환연조요ᄒ 곳의 금ᄌ로 현판의 쓰되 옥녕동이라 ᄒ엿거 놀(소재영·황패강 역주, 『숙영낭자전』, 고려대학교 민족문화연구원, 2015, 248면.)

심지어 퇴치되어야만 하는 공간이 된다. 실제로도, 위 대목에서는 전우치가 요괴들을 죽이는 것 정도로 끝나지만 결말부에서는 환상계 전체가 소탕될 것임이 암시된다.

이와 같이 <전우치전>에서 근원적 환상계의 위상은 미미한 정도를 넘어서 추락한다. <구운몽>에서 근원적 환상계가 신성하게 그려짐으로써 마치 정답과도 같은 위상을 가진 것과는 전혀 딴판이다. 여우 굴은 지향되어야 할 공간도, 동경의 대상이 되는 공간도 아니다. 자연히 <구운몽>에서 연화봉이 가졌던 귀결점의 속성도 여기에서는 찾아볼 수 없다. 근원적 환상계가 현실계보다 우월하므로 현실계를 벗어나 환상계로 이행해야겠다는 사고 자체가 성립되지 않는 것이다.

바로 이 차이가 <전우치전>의 환상성을 결정짓는 핵심이 된다. 근원적 환상계로 이행할 필요가 없으므로 전우치가 현실계에 머무르는 것이며, 환상적 능력은 허구적 환상계를 다채롭게 창조하는 방향으로 발현될 수 있었다. <전우치전>의 환상성은 이 허구적 환상계를 중심으로 전개되며 그렇기 때문에 신성하거나 엄정하지 않다.

<전우치전>의 근원적 환상계가 모두 부정적으로 그려지는 것은 아니다. 이후 담화 속에 언급되는 '하늘'이나 '영주산', 서화담의 초당은 긍정적인 공간이다. 그러나 이들 공간은 문면에 아예 등장하지 않거나 결말부에 가서야 처음으로 모습을 드러낼 뿐이다. 만약 전우치가 활약하기 전이나 활약하는 중에 나타났더라면 전우치가 도술을 자유롭게 펼치는 데에 제약이 걸렸을 것인데, <전우치전>에서는 그 반대를 선택했다. 그 덕분에 허구적 환상계가 근원적 환상계에 제어되지 않아 위계질서를 뒤흔드는 파격적인 것으로 나타날 수 있었다.

아래 인용문에 나타난 두 번째 습득담의 보조 인물에게서도 이 점을 확인할 수 있다.

층암절벽 위에 허름한 옷을 입은 노인이 지팡이를 짚고 한가롭게 서 있었다. 운치가 다가가 예를 갖춰 인사하자, 노인이 말했다.

"그대는 누구이기에 수고롭게 예의를 갖추느냐?"

운치가 대답했다.

"노인께서 여기 계신데 어찌 소자가 무심히 지나치리까?"

"내 그대에게 줄 것이 있어 이곳에서 기다린 지 오래라."

노인이 소매에서 끈과 부적 한 장을 주면서 말했다.

"자연히 쓸 데가 있으리라."

이렇게 말하고는 노인이 갑자기 사라졌다.

…

얼마쯤 시간이 흐른 후 문득 큰 바람이 일어나 문이 열리더니, 푸른 구름 속에서 외치는 소리가 들렸다.

"구십자야! 끈은 찾아가고 부적은 두고 가노라."[83]

전우치는 세금사에 도착하기 전에 길에서 어떤 노인을 만난다. 이 노인은 전우치가 이곳에 올 것을 알아 기다리고 있었다. 그리고서는 그에게 도움이 될 물건들을 주고 사라진다. 전우치가 여우로부터 천서를 얻자 바로 끈을 회수해 가기도 한다. 현실계에서 진행되고 있는 일과, 앞으로 진행될 일을 훤히 꿰뚫어 보고 있는 것이다. 또한 전달이 끝나자마자 바로 현실계에서 모습을 감추는 것을 보아, 노인은 현실계가 아니라 근원적 환상계에 소속된

---

83 층암절벽 상의 일위 노인이 갈건야복으로 청녀장을 집고 훈가이 셧거늘, 운치 나아가 녜훈 뒤, 노인 왈, 그뒤는 엇던 스람이완뒤 슈고로이 녜훈느뇨? 운치 뒤 왈, 노인이 이의 계시니 쇼직 엇지 무심히 지뇌오리잇고. 노인 왈, 닉 그뒤를 줄 거시 이셔 이곳의셔 기다련 지 오리더니라 호고 스미로셔 부용승이란 노와 부작 훈 장을 쥬며 왈, 주연이 쓸 곳이 이스리 라 호고 문득 간뒤업거늘 … 이윽고 문득 뒤풍 이러나 문이 열니며 청운 속의셔 위여 왈, 구십직야 뇌 부용승은 추주가고 부작은 두고 가노라

인물일 가능성이 크다.

　두 개의 습득담을 통틀어 천상계나 선계와 같은 긍정적인 의미의 근원적 환상계를 담보한다고 볼 여지가 있는 유일한 인물이 이 노인이다. 그럼에도 여타 소설의 환상적 인물ⓐ들, 예컨대 <구운몽>의 남전산 도인과 비교하여 노인의 형상과 기능은 확연히 위축되어 있다. 그 행동을 볼 때 도력이 상당히 높은 인물임에도, 노인은 전우치에게 보조적인 물건을 건네주는 것으로만 역할을 마친다. 전우치에게 도술을 직접 전수해 주는 역할도 아니고 천서를 건네주는 역할도 아니다. 심지어는 구미호를 실질적으로 제압하고 천서를 얻어내는 것까지도 주인공의 몫으로 설정되어 있다. 노인은 천서를 다 습득한 후에야 다시 나타나 끈과 부적을 회수해 간다.

　따라서 두 번째 습득담에서도 근원적 환상계로부터의 개입은 최소화되어 있다. 주인공에게 직접 환상적 능력을 부여하고, 그로써 천지자연의 이치나 특정한 이념을 대리 실현시키는 구도가 <전우치전>에서는 소거되어 있는 것이다. 도리어 전우치는 악한 근원적 환상계로부터 환상적 능력을 자발적으로 탈취하여 자기 것으로 삼는다. 부여받은 것이 아니라 탈취한 것이니 근원적 환상계가 내세우는 천명과 같은 이념에 얽매일 이유도 없다. 이와 같은 환상계의 안배가 이후 전우치의 거침없는 도술 행위를 가능케 한다. 대표적으로 아래의 대목이 그렇다.

　　'내 벼슬을 해서 어머님을 봉양하려면 시간이 너무 오래 걸릴 것이라'
　하여 한 가지 계교를 생각해냈다. 운치는 몸을 흔들어 선관으로 변한 다음 오색구름을 타고 하늘로 올라가더니, 바로 대궐 안으로 들어갔다. 대명전에 들어가 자리하니 상서로운 기운이 공중에 어려 궁중이 황홀했다. … 운치가 자욱한 구름 안개 속에 서서 청의동자에게 외치게 했다.
　　"고려국 임금은 옥황상제의 명령을 들으라."

… 한 선관이 금관을 쓰고 붉은색 도포를 두른 채 동자를 좌우에 세워놓고 오색구름 가운데 단정하게 서 있었다.[84]

　위 인용문에서 전우치는 옥황상제의 명령을 사칭하는 대담함을 보인다. 그는 근원적 환상계를 모방한 허구적 환상계를 만들어 내어 임금을 속이고 절까지 받는다. 이는 <구운몽>에서 가춘운이 선녀로 분장했던 것과 차원이 다른 문제다. 가춘운의 속임수는 곧 그것이 거짓임을 스스로 드러낼 예정 하에서 이루어졌다. 그런데다 속인 대상 역시 양소유 하나로 파급력이 적으며 기본적으로 공공성을 띠지 않는 사적인 행위였다. 그러나 전우치의 속임수는 임금, 나아가 국가 전체를 대상으로 삼고 있다. 또한 자신의 금전적 이득을 위해 처음부터 작정하고 짠 속임수였다.

　더군다나 가춘운의 속임수는 분장에 불과했다. 환상을 동원하지 않았기에 근원적 환상계와 질적으로 동일한 것일 수 없었다. 반면에 전우치의 속임수는 환상적인 것이어서 근원적 환상계와 동일시될 가능성을 크게 내포한다. 심지어 전우치가 사칭한 것은 쫓겨난 선녀 정도가 아니라 옥황상제의 명을 받드는 사자(使者)다.

　무엇보다도 주목할 점은 이 일을 계획하고 실행함에 있어서 전우치에게 아무런 두려움이나 망설임이 보이지 않는다는 것이다. 전우치에게 이는 쉽게 실행에 옮길 수 있는 '계교'에 불과하다. 목숨을 건 모험도 아니고 가난 등 절박한 상황으로 인한 극단적인 선택도 아니다. 그저 보다 빠르게 자신의

84　닉 벼슬ᄒ여 모친을 봉양ᄒ려 ᄒ면 ᄌ연히 더듸리라 ᄒ고 이의 ᄒ 계교를 싱각ᄒ여 몸을 흔드러 변ᄒ여 션관이 되여 오운을 타고 반공의 올나 바로 궐니로 드러가 디명젼의 거즁ᄒ미 셔고 공즁의 어리여스니 공즁이 현황ᄒ여 … 운치 운무 즁의 셔고 쳥의동ᄌ 위여 왈, 고려국 왕은 옥계 견교를 드르라 ᄒ거늘 … 일위 션관이 금관 홍포로 동ᄌ를 좌우의 셰우고 오운 즁의 ᄡ이여 단정히 셧거늘

목적을 달성할 수 있는 '좋은 해결책', 그러므로 선택하지 않을 이유가 없는 방편이었던 것이다.

이러한 태도에서 그가 근원적 환상계를 아예 의식조차 하지 않고 있음을 알 수 있다. 천벌을 받을지도 모른다고 생각했다면 감히 그러한 방식을 계교로 생각해 내지도, 실행하지도 못했을 터다. 천상계가 있다면 하늘을 사칭하는 죄는 당연히 천벌로 다스릴 것이기 때문이다. 그렇지만 전우치는 이를 염두에도 두지 않아 어마어마한 규모의 사기 행각을 아무 거리낌 없이 행하고 있다.

2) 근원적 환상계와 단절된 환상

이처럼 <전우치전>에서 근원적 환상계가 표현된 양상은 상당히 비전형적이다. 이에 전우치가 창출해 내는 환상과 근원적 환상계의 관계를 되묻게 된다. 앞서 논급했듯 <구운몽>에서는 환상이 신성한 근원적 환상계를 배경으로 삼아 그로부터 투출되는 것으로 그려졌다. 이와 달리 <전우치전>에서는 환상을 활용하면서도 근원적 환상계를 의식하고 있지 않아, <구운몽>과는 다른 관계를 상정하고 있을 가능성이 높다.

예상되는 가능성은 세 가지로 나눠볼 수 있다. 첫 번째는 환상이 어떤 하나의 근원에서 산출되는 것이 아니라고 상정했을 가능성이다. 이때 환상은 각기 개별적인 것이어서 특별한 귀일점(歸一點)을 갖지 않는다. 그저 현실계에 부가된 형태로 존재하는 신기한 힘일 뿐이다.

두 번째는 환상의 귀일점을 부정하진 않아도 그것을 추상적인 힘이나 기운으로만 상정했을 가능성이다. 그렇다면 환상의 귀일점은 세계를 구성하는 어떤 원리일 뿐이다. 세계의 모습을 갖춘 공간, 즉 근원적 환상계로 별달리 존재하지는 않는 것이다.

세 번째는 근원적 환상계가 존재하긴 하나, 현실계에 영향을 주지는 않는다고 상정했을 가능성이다. 이 경우에는 두 번째 가능성과 달리 환상을 투출해 내는 세계로서 근원적 환상계의 실재 자체는 인정된다. 그렇지만 근원적 환상계가 현실계의 사건들을 주재한다거나 현실계에 깊이 관여하는 세계로서 그려지는 것은 아니다. 현실계는 근원적 환상계로부터 독립된, 독자성을 갖는 세계로 표현된다.

이렇게 세 가지 가능성을 따져봤을 때, 마지막 세 번째의 경우로 보는 것이 합당할 듯하다. 천서와 노인, 강림도령의 등장이 근원적 환상계의 존재를 증거하기 때문이다. 특히 강림도령은 자신이 하늘에서 인간 세상으로 내려왔다고 직접 언급하기까지 한다. 그러므로 천서의 출처이자 강림도령이 소속된 공간, 즉 천상계라는 근원적 환상계가 작품의 이면에 전제되어 있음을 알 수 있다. 다만 문면에 그 실체가 등장할 필요가 없을 정도로 현실계와는 별도의 독립적인 관계를 형성하고 있을 뿐이다.

이러한 일정 정도의 단절성은 다음의 대목에서도 보인다.

…요괴가 급히 가져왔다. 운치가 받아들고 보니 이는 천서라. 글자를 알아볼 수 없어 구미호에게 그 뜻을 가르쳐달라고 하니, 구미호가 말했다. … 술을 마신 후에 구미호를 앉히고 천서 상권(上卷)을 배워 하룻밤에 모두 통달하니, 이는 귀신도 헤아리기 어려운 술법이었다. 그제야 운치는 여우의 손을 풀어주고는 등에 붙였던 부적을 떼어 천서 상권에 붙이고 말하기를,

"내 너를 죽여 후환을 없애려고 했으나 도리어 네 은혜를 입었기에 살려 보내주니, 앞으로 다시는 변고를 일으키지 마라"[85]

---

85 요괴 급히 가져왓ᄂ지라. 운치 바다본즉 텬셰라. 글ᄌ를 아라볼 길 업스믹, 구미호더러 글 뜻을 가르치라 ᄒ니, 구미회 왈, … 슐를 마신 후의 구미호를 안치고 텬셔 상권을 빅화 일야간의 다 통달ᄒ니, 진짓 귀신도 측냥치 못ᄒᆯ 슐법이라. 그제야 운치 여호의 믠 거슬

주목할 점은 두 가지다. 첫 번째는 천서가 해독이 안 되는 것이다. 두 번째는 그리하여 구미호로부터 도술을 배운다는 것이다. 여타의 영웅소설에서 천서가 해독되지 않는 경우는 거의 없다. 주인공이 영웅인 이상, 능력과 자질이 출중한 것으로 그려지기 마련이어서 천서를 해독하지 못한다는 묘사를 굳이 넣을 이유가 없다. 특히 주인공과 천서가 같은 근원적 환상계로부터 나왔다면, 오히려 둘의 친연성은 강조될 필요마저 생긴다.

따라서 천서를 해독하지 못하는 장면은 <전우치전>의 특이함을 재차 부각시킨다. 다시 말해서 이것은 근원적 환상계와 현실계의 단절을 상징적으로 드러내는 대목이다. 근원적 환상계와 현실계의 구성원리가 서로 이질적이어서 근원적 환상계의 힘이 현실계에 그대로 투과되지 못하는 것이다. 그런 까닭에 천서를 수용함에 일정한 장애가 있을 수밖에 없어 천서는 해독을 요하게 된다.[86][87] 따라서 이 대목의 기저에서, 근원적 환상계로부터 현실계를 독립시키고 그럼으로써 현실계에서 근원적 환상계의 영향력을 소거하려는 서술시각을 엿볼 수 있다.

결국 전우치는 구미호를 통해 천서의 술법을 익힌다. 이 장면은 이후

풀고 등의 부작을 써허 텬셔 상권의 부치고 일너 왈, 너를 죽여 후환을 업시코ᄌ ᄒ더니, 도로혀 네 은혜를 닙엇기로 슬녀 보ᄂᆡᄂᆞ니, ᄎ후 다시 작변 말나

[86] <임화정연>에서도 조옥연이 천서를 읽을 수 없다는 묘사가 나타난다. 다만 조옥연의 경우 구미호와 달리 긍정적인 존재인 흑룡의 비호를 받으며, 특정 매개자나 학습없이 꿈을 통해 천서의 내용을 익힌다. 따라서 이때 천서를 해독하지 못하는 행위는 근원적 환상계로부터의 직접적인 전수를 오히려 부각시키는 데에 기여한다. 그런 점에서 <전우치전>의 경우와는 맥락을 달리한다. 김지연은 조옥연이 여도사로 거듭나는 과정이, 운명론적 세계관과 저승-본서의 맥락에 따르자면 '근원적 환상계'에 속하는-에서의 축원과 깊게 관련되어 있음을 논한 바 있다(김지연, 「<임화정연> 속 선택지의 맥락과 인정 획득의 전략-세 여성 인물의 사례를 중심으로」, 『고전과해석』 27, 고전문학한문학연구학회, 2019).

[87] 오히려 이것은 『현괴록』 수록 「호송통천경」의 경우와 비견될 수 있을 듯 하다. 「호송통천경」에서는 <통천경>이라는, 여우만이 해독 가능한 책이 등장한다. 최기숙 또한 이를 두고 '이계가 현실과는 다른 원리에 의해 지배된다'고 언급하였다(최기숙, 앞의 책, 76면).

살펴볼, <옥루몽>에서 도술을 익히는 장면과 크게 대비된다. <옥루몽>에서는 백운도사가 강남홍에게 도술을 가르치기 전에, 도술에도 지극히 정묘한 것과 그렇지 않은 것이 있어 전자만을 전수한다고 말해준다. 환상에 있어서 정(正)과 사(邪)의 구별을 전제하고 있음을 읽어낼 수 있는 대목이다.

그 후에 강남홍과 대결하게 되는 환상적인 힘을 가진 적대자들의 면면을 살펴보면 이러한 관점이 더욱 선명히 드러난다. 그 적대자들이란 곧 청운과 구미호인데, 이들은 '금기시되는 도술(둔갑술)'을 '몰래' 습득한다. 청운은 백운도사가 숨겨둔 선천둔갑서를 몰래 꺼내와 익힌다. 또한 구미호는 백운도사의 가르침을 허락 없이 엿듣고 달아나 변신한 모습으로 다시 나타난다. 백운도사에게 직접 '선택되어' 그의 매개 하에 '정묘한' 도술을 익히는 강남홍의 사례와는 정반대인 것이다.

<전우치전>에 내재된 의식은 <옥루몽>의 그것과는 전연 다르다. <전우치전>에서는 구미호가 천서를 가르친다. 부정적인 환상인 구미호가, 천상계와 같은 신성한 근원적 환상계를 매개할 수 있다는 사고방식은 실로 파격적이다. 구미호로부터 다름 아닌 천서를 배우는 행위에 전우치는 전혀 거리낌을 느끼지 않는다. '정묘한' 근원적 환상계의 힘을 '삿된' 구미호가 오염시켜 전달할지 모른다는 생각 자체가 없는 것이다. <옥루몽>에서는 힘을 주어 강조한 정(正)과 사(邪)의 구별이 <전우치전>에서는 아예 부재해 있다.

<전우치전>의 습득담은 <구운몽>의 습득담과도 흥미로운 대조를 이룬다. <구운몽>에서 환상성을 습득하는 대목은 양소유가 남전산에 갔을 때 나타난다. 남전산 도인으로부터 양소유는 천서와 악기를 전수 받는다. 그런데 악기는 결연에만 활용되고 천서의 내용은 독특하게도 '젊음의 지속'이 전부다. 무예를 강화하거나 환상적인 술법을 부여하는 종류가 아닌 것이다.

이에 다시금 <구운몽> 전반을 살펴보면, 애당초 환상이 근원적 환상계에서 주로 발생하고 있음을 알 수 있다. 양소유가 환상적인 전투를 벌이는

것은 꿈속에서 백능파의 초대를 받아 동정호에 갔을 때뿐이다. 환상성이 발현되는 무대 자체가 근원적 환상계로 한정되어 있는 것이다. 이어진 현실계에서의 싸움은 무척 싱겁게 끝나 환상적인 능력을 발휘할 틈도 없다. 남해 용을 이기고 우물에서 맑은 물을 구하자 '적들이 그 소식을 듣고 놀라고 겁먹어서' 스스로 항복한다.

요컨대 세 작품의 기저에 깔려 있는 환상과 근원적 환상계의 관계에 대한 인식은 서로 판이하게 달라, 서로 좋은 비교의 대상이 된다: <구운몽>에서 환상은 근원적 환상계에 소속되고 그 안에서 발현되는 힘으로 그려진다. <옥루몽>에서는 근원적 환상계의 힘이 현실계로 흘러나올 수 있다고 본다. 그로 인해 전수 받은 내용과 방식에 따라 환상에 정(正)과 사(邪)의 구분이 생긴다. 이는 각각 환상적인 힘을 가진 영웅(正)과 악인(邪)을 동시에 탄생시킨다. 자연히 서사는 정(正)에 의해 사(邪)가 퇴치되는 방향으로 흘러간다. 반면에 <전우치전>에서는 환상의 원료를 근원적 환상계로부터 받되, 그로부터의 개입을 최소화한다. 근원적 환상계와 현실계 간의 단절이 상대적으로 강조되는 것이다.[88] 따라서 주인공이 자유롭게 허구적 환상계를 창조한다.

물론 전우치의 행위가 늘 자유롭게 펼쳐지지만은 않는다. 특히 작품 후반부에서는 전우치의 과도한 술법 남용을 제지하는 인물이 두 명 등장한다. 강림도령과 서화담이 그들이다. 그러나 여기에서도 근원적 환상계가 직접 개입하는 일은 없다. 전우치를 최종적으로 제어하는 서화담은 하늘의 명에 따라 전우치를 교화하는 것이 아니다. 그가 전우치를 제압하는 까닭은 수준 낮은 도술로 임금을 속여서다. 또한 강림도령은 근원적 환상계의 인물인데,

---

88 조혜란은 <전우치전>의 서사가 거의 현실계 안에서 진행되며, 초현실계는 현실계 안에서, 등장인물들의 신념 체계 속에서 존재한다고 지적한 바 있다(조혜란, 앞의 논문, 64-65면). 이는 매우 적확한 지적으로, 그러한 현상을 나타나게 하는 공간론적 요인이 위의 본문을 통해서 해명될 수 있다고 생각한다.

그 형상이 무척 속화(俗化)되어 있다.

　이때 강림도령이 모든 거지를 모아 저잣거리로 다니며 양식을 구걸했는데, 홀연 향취가 코를 휩싸며 고운 구름이 동남쪽으로 흘러갔다. 강림도령이 위를 보고 손을 들어 구름을 한번 가리키자 구름 문이 저절로 열리며 선관과 고운 계집이 땅으로 떨어지니, 이는 전운치였다. 운치가 정씨를 데리고 구름을 타고 공중을 가고 있는데, 문득 검은 기운이 공중으로 오르더니 술법이 저절로 풀려 땅에 떨어진 것이었다. 운치가 크게 놀라 좌우를 살펴보니 아무것도 없었다. 괴이하게 여겨 다시 술법을 행하려 하는데, 문득 한 거지 아이가 나아 큰 소리로 꾸짖었다.

　"필부 전운치는 들으라. 네 요술을 배워 하늘을 속이고 열녀의 절개를 깨뜨리려 하니 어찌 하늘이 무심하겠느냐? 그러므로 나에게 너와 같은 놈을 죽이라 한 것이니, 나를 원망하지 말라." …

　운치가 크게 놀라 살펴보니, 그 아이의 모습이 남루하나 도술이 높은 것을 알고는 몸을 굽히고 빌며 말했다.

　…

　강림도령이 대답하기를,

　"나는 강림도령이니, 세상을 희롱하고자 하여 두루 다니고 있노라."[89]

89　이적의 강림도령이 모든 거어지를 모화 져저 거리로 다니며 냥식을 비더니, 홀연 향취 옹비 ᄒᆞ며 치운이 동남으로 가거ᄂᆞᆯ, 강림도령이 치미러보고 손을 드러 ᄒᆞᆫ번 구름을 가르치니, 운문이 졀노 열니며 션관과 고은 계집이 ᄯᅡ히 ᄯᅥ러지니, 이ᄂᆞᆫ 뎐운치라. 운치 뎡시를 다려 구름을 타고 공ᄃᆡ으로 가더니, 문득 거믄 긔운이 공중의 오르며 법슐이 졀노 풀녀 ᄯᅡ히 ᄯᅥ러지미, 운치 디경ᄒᆞ여 좌우를 ᄉᆞᆯ펴본즉 아모것도 업거ᄂᆞᆯ, 고히 녀겨 다시 슐법을 ᄒᆡᆼᄒᆞ려 헐식, 문득 ᄒᆞᆫ 거어지 아희 나와 ᄃᆡ미 왈, 필부 뎐운치는 드르라. 네 요슐를 빅화 하ᄂᆞᆯ를 속이고 렬부를 훼졀코져 ᄒᆞ니 엇지 명텬이 무심ᄒᆞ시리오? 이러므로 날노 ᄒᆞ여곰 너 갓흔 놈을 죽이라 ᄒᆞ시미니 날를 원치 말나 … 운치 디경ᄒᆞ여 ᄉᆞᆯ펴본즉, 그 아희 의샹이 남누ᄒᆞ나 도슐이 놉흔 쥴 알고 몸을 굽혀 비러 왈, … 기인 왈, 나는 강림도령이니 세상을 희롱코

앞서 부적과 끈을 준 노인도 '갈건야복'을 입고 있었는데, 강림도령은 그보다 더해서 거지 아이다. 심지어는 행색만 그런 것이 아니라 행동도 거지와 다를 바가 없다. 그는 '저잣거리로 다니며 양식을 구걸'한다.

<숙향전>에 나타난 초월자도 속화된 모습을 하고 있으나 그와 비교해도 강림도령이 속화된 정도가 더 심하다. 마고할미는 주막집 주인이었고 화덕진 군은 길 위의 노인이었으나, 신분은 그렇다손 치더라도 그들에 대한 묘사까지 속화되어 있지는 않았다. 원래는 매우 신성한 인물이지만 조력을 위해 변장하고 있다는 느낌을 풍긴다.

이에 비하면 <전우치전>의 강림도령에 대한 묘사는 단순 변장이라기에는 정도가 심하다. 거지의 형상이 옷차림에만 국한되어 있지 않고 구체적인 행위로까지 나타나고 있기 때문이다. 양식을 구걸하는 행위나 거지들을 모두 모아 다니는 행위는 하늘의 사자(使者)라기보다는 거지 무리의 우두머리에 적합한 묘사다. 이 역시 근원적 환상계의 신성함이 <전우치전>에서는 퇴색되어 있음을 보여준다.[90]

더구나 강림도령은 전우치를 목표로 삼아 현실계에 내려온 것이 아니다. 물론 그는 '하늘이 어찌 무심하겠느냐'면서 '너와 같은 놈을 죽이라'고 하늘이 명했다고 말한다. 그러나 강림도령은 전우치가 벌인 그간의 행적을 알고 있었음에도 불구하고 여태껏 사건에 일절 개입하지 않고 있었다. 이는 곧 전우치를 특정하여 천명이 내려진 것은 아님을 의미한다. 실제로 강림도령은

져 ᄒ여 두로 다니노라

[90] 흥미롭게도, 영화 <전우치(2009)>에서도 근원적 환상계로부터 투출된 인물들이 상당히 속화되어 등장한다. 세 명의 선관이 그들인데, 그들은 현대에 각기 무당, 스님, 신부로 살고 있었다. 골초여서 암에 걸린다거나 핀잔을 들을 정도로 사치를 부리는 모습에서 신성성은 전혀 보이지 않는다. 물론 자극적인 방식으로 형상화하여 재미를 이끌어 내기 위함이겠지만, 근원적 환상계를 신성하게 그리려는 노력이 없다는 점에서 근본적으로 고전소설 <전우치전>과 상통한다고 하겠다.

'너를 죽이라'가 아니라 '너와 같은 놈을 죽이라'고 말하고 있다. 하늘을 속이는 자들을 제어하라는 명을 받고 현실계에 와 있는 것이고, 그런 중에 전우치를 맞닥뜨리게 된 것에 가깝다.

이것은 강림도령의 원래 모습과도 배치(背馳)된다. <차사본풀이>에서의 강림도령은 능력 있는 사자(使者)다. 강림도령은 처음에는 김치원님의 사자가 되어 염라대왕을 성공적으로 이승에 데려온다. 그는 염라대왕의 호위군들을 무력으로 제압하고 염라대왕 앞에서도 겁먹지 않는 담대함을 보여준다. 그리하여 강림도령의 능력을 탐낸 염라대왕에 의해 이후에는 혼(魂)이 저승으로 가서 염라대왕의 사자로 활약하게 된다. 삼천 년간 저승으로 데려오지 못했던 동방삭조차도 강림도령은 꾀를 내어 수월하게 잡는다.

다시 말해서 강림도령은 본디 특정 개인을 제압하여 저승으로 끌고 가는 역할이 부각되는 인물이었다. 그는 무력과 지략을 고루 갖춘 능력 있는 차사였으며 또한 하늘의 명을 현실계에 곧바로 개입·실현하는 인물이었다. 그랬던 인물이 <전우치전>에서는 위와 같이 변형되어 나타난 것이다.

심지어 그의 발화를 살펴 가다 보면 과연 천명을 실현하기 위해 인간 세상에 내려와 있는 것인지도 의심스럽다. 그는 세상을 희롱하기 위해 두루 다니고 있다고 했다. 거지로서의 행색이 실감나게 구체적이었음을 상기한다면, 현실계의 일원으로서 살아가는 것이 오히려 그의 본 목적에 가까워 보인다.

그러므로 <전우치전>에서 강림도령은 '차사'라기보다 '이인(異人)'에 가깝다. 처음부터 강력한 초월자가 아니라, 범속한 형상을 하고서 홀연히 환상적 능력을 발현하는 인물 정도로 격하된 것이다. 강림도령의 위상 격하는 곧, 그가 소속된 근원적 환상계의 위력이 탈색되는 결과로 이어진다. 이는 근원적 환상계의 위력을 현실계에 직접적으로 실현하지 않는 작품의 흐름과도 일치한다. 그리하여 여타 작품과 달리 하늘이 직접 징치하지도 않으며 즉각

대리자를 보내 교정하지도 않는 것이다.

실제로 전우치에 대한 최종적인 징치는 근원적 환상계의 명을 받은 강림도령에 의해 이뤄지지 않는다. 강림도령은 그가 맞닥뜨린 해당 사건만 옳은 방향으로 교정한다. 전우치의 최종 향방을 결정하는 것은 강림도령과 그 배후에 자리한 천상계가 아니라 천상계를 배후로 두지 않은 개인, 서화담이다.

2. 진가(眞假), 근원과 허구에 대한 재평가

1) 가짜가 긍정될 수 있는 가능성

근원적 환상계는 이야기가 시작되기 전에 미리 일종의 설정으로서 주어지는 환상계다. 그러므로 이것은 자연스레, 진짜로 실체를 갖고 존재하는 것으로 여겨지게 된다. 반면 그 대척점에 놓인 허구적 환상계는 현실계에서 창조되어 현실계에서 창조되어 단시간 동안 임시로 존재하는 것이거나 혹은 실체 없는 가짜라는 속성을 얻게 된다.

그런데 중세에서 '가짜'라는 속성은 가치판단의 대상이었다. 진짜는 그 내용이 어떤 것이냐에 따라 올바르며 좋은 것일 수도, 그렇지 않은 것일 수도 있었다. 그러나 가짜는 구현된 내용에 앞서 가짜라는 존재 양태 자체가 중요했다. 가짜는 거의 항상 잘못된 것, 나쁜 것으로 여겨졌으며 따라서 지양되고 배척되는 대상이었다.

벤야민이 지적했듯 현대에는 원본과 복제 간의 구별이 약화된다.[91] 그러므로 위와 같은 가치판단도 적지 않게 힘을 잃는다. 그러나 중세에는 현대와는 다른 이념적, 사회적 상황을 갖고 있었다. 전근대에는 모두가 보편적으로

---

91 발터 벤야민 저, 최성만 역, 『기술복제시대의 예술작품』, 길, 2007.

지향해야 할 중심이 있었다. 그 중심은 곧 왕(王)이기도 해서 중심부와 주변부의 위계가 전도되는 것은 반역과 맥락을 같이 하는 사태였다. 진짜와 가짜에 대한 가치판단 역시 이와 무관하지 않다. 지향되어야 할 것과 지양되어야 할 것 간의 경계를 흩트려 놓는 일은, 전근대적 위계질서에 대한 도전으로 받아들여질 수 있었다.

진짜와 가짜에 대한 가치판단은 근원적 환상계와 허구적 환상계의 우열 관계를 결정짓는 중핵으로도 작용했다. 허구적 환상계는 가짜라 이해되었으며 그렇기 때문에 지양되어야 했다. 고전소설에서 허구적 환상계에 현혹되는 행위는 대체로 좋지 않은 상황으로 이어진다. 혹은 그것이 예외적인 경우에만 허용됨을 강조해 놓거나, 여기에 빠져들지 말라고 단속하는 언술이 단서처럼 따라붙는다. 이러한 안배는 모두 허구적 환상계와 가짜에 대한 가치판단에 기반하고 있다.

이러한 관점에서 볼 때, <전우치전>에서 가짜를 사유하는 방식은 상당히 흥미롭다. 가짜에 대한 사유는 '가짜 전우치 사건'이라 이름 지어 볼 수 있는 일련의 사건들에서 가장 잘 드러나고 있어 좋은 분석 대상이 된다. 이 사건을 특히 논의의 대상으로 삼는 이유다.

가짜 전우치 사건은 그 직전의 사건을 배경으로 삼는다. 전우치가 임금을 속이고 도주한 사건이다. 이 사건 이후 전우치는 임금의 회유를 받아 벼슬살이를 하고 있었는데 어느 날 역모가 고발된다.

> 임금께서 말씀하시기를,
> "과인이 덕이 없어 도적이 봉기하니 어찌 한심치 아니하리오."
> 하고 의금부와 포도청에 명하여 잡아들이라 하니, 즉시 잡아왔다.[92]

---

[92] 상이 왈, 과인이 박덕ᄒ여 도적이 봉긔ᄒ니 엇지 한심치 아니ᄒ리오 ᄒ시고, 금부와 포청으

임금은 역모 사건에 대해 자신이 덕이 모자란 탓이라고 말한다. 그러나 그것은 자신에 대한 성찰이나 역적들의 사정을 살피는 관용으로 이어지지 않는다. 물론 덕이 모자라다는 말이 상투적인 말이긴 하지만 그것이 일말의 자기 반성, 즉 사회 질서를 총괄하는 중심부로서의 책임을 재고하는 방향으로 이어질 수도 있을 것이다. 그러나 위 대목에서 이어진 행동은 역적들을 잡아들여 신문하고 처벌하는 것뿐이다. 왕을 정점으로 한 위계질서가 그 무엇보다도, 심지어는 덕(德)이라는 가치보다도 우선시 되어 강력하게 자리 잡고 있음을 확인할 수 있다.

> 임금께서 직접 신문하시니, 그중 한 놈이 아뢰었다.
> "전운치를 임금으로 삼아 백성을 진정시키고자 하였으나 이제 일이 발각되었으니, 만 번 죽어도 애석하지 않습니다."
> 이때 운치는 문사낭청으로 임금을 곁에 모시고 서 있었는데, 뜻밖에 역적의 진술에 이름이 오르게 된 것이었다.[93]

그런데 역적 중 하나가 전우치를 임금으로 삼고자 했다는 진술을 한다. 이때의 전우치는 얌전히 벼슬살이를 하고 있었기 때문에 이 진술은 '뜻밖'이며 허위다. 그러나 임금은 처음부터 전우치를 신뢰하지 않았다. 이전에 벼슬을 내려준 것도 그의 행동을 규제하기 위함이었다. 그러므로 역적의 진술을 듣자마자 진술의 진위 여부를 따지지도 않고서 바로 전우치를 죄인으로 취급해 버린다.

로 잡으라 ᄒᆞ수 즉시 잡아왓거늘
[93] 상이 친문ᄒᆞ실시, 기중 ᄒᆞᆫ 놈이 알외딕, 뎐운치로 님군을 삼아 빅성을 진정코져 ᄒᆞ옵더니 이제 일이 발각ᄒᆞ오민 만수무셕이로쇼이다 혈식, ᄎᆞ시 운치 문ᄉᆞ낭쳥으로 시위에 셧다가 불의에 역적 쵸ᄉᆞ에 오른지라.

이는 엄연히 권력을 가진 자의 횡포이지만 위계질서의 엄격함 때문에 횡포는 고스란히 자행된다. 전우치는 관리의 반열에서 곧바로 죄인의 자리로 끌어내려진다. 여기에는 어떤 제재 수단도 없어서 명령은 곧 즉각적인 처벌로 이어진다.

> 임금께서 크게 화를 내며 말씀하셨다.
> "전우치가 필경 역모를 꾸밀 줄 알았더니, 이제 진술에 그 이름이 나왔도다."
> 이에 신속하게 운치를 잡아내리고 형구를 갖춘 후 임금께서 명령을 내리셨다.
> "내 전날에 네 죄를 용서하고 벼슬을 주었더니, 국가의 은혜에 감복하지는 아니하고 이제 역률을 범했으니, 변명하지 말고 죽으라."
> 임금께서 나졸에게 엄히 명하시기를,
> "한 매에 죽이라."[94]

'현실적인' 방법으로는 잘못된 명령을 뒤집고 시정할 방법이 없다. 그런 점에서 전우치가 그림을 그려 그 속으로 도망하는 이 직후의 장면은 환상이 갖는 의의를 잘 보여준다. 그림 속 세계는 전우치가 그려냈으므로 허구적 환상계이고, 현실계와 연결되어 그 안으로 이동할 수 있기에 연장계다. 즉, 허구적 환상계-연장계가 된다. 물론 그림 속 세계는 독자적으로 존립하고 있는 또 다른 세계라기보다는, 안전한 곳으로 이동시켜 주는 방편적인 세계로 이해되어야 한다. 사건 직후에 '운치가 요술을 부려 임금을 속이고 죽을 액에서 벗어나 집에 돌아와'라는 구절이 등장하기 때문이다.

---

94 상니 되로ᄒᆞᆫ 왈, 뎐운치 필경 모역ᄒᆞᆯ 쥴 아랏더니 이제 쵸ᄉᆞ에 낫도다 ᄒᆞ시고, 쎨리 운치를 잡아느려 형구를 베풀고 하괴 왈, 너 젼일의 네 죄를 ᄉᆞᄒᆞ고 벼슬을 쥬엇더니 국가의 은혜를 감복지 아니ᄒᆞ고 이제 역눌을 범ᄒᆞ엿스니 발명 말고 죽으라 하시며, 나졸를 엄교ᄒᆞᄉᆞ, 한 ᄆᆡ에 죽이라

이처럼 허구적 환상계-연장계는 전우치에 의해 만들어진 공간이면서, 눈속임과 같은 '가짜'의 공간으로 형상화된다. 그러나 오히려 이 가짜는 현실계의 한계를 극복하게 해준다. 허구적 환상계-연장계가 효력을 발휘한 덕분에 전우치는 잘못이 시정되지 않는 현실계와 위계 질서로부터 벗어날 수 있었다.

이상을 통해 두 가지를 확인할 수 있다. 첫 번째는 허구적 환상계와 가짜가 전근대의 이념상 배척될 수밖에 없는 이유다. 그러면서 동시에 두 번째로 <전우치전>에서 허구적 환상계와 가짜를 재평가하고 있다는 점도 발견할 수 있다. 억울함을 구제해 줄 수 있는 유일한 길이 허구적 환상계라면, 그것이 아무리 가짜라 하더라도 긍정적으로 평가할 수 있는 여지가 생긴다.

그런데 <전우치전>의 전개는 이 여지를 조심스레 제기하는 것 정도에서 멈추지 않는다. 이 직후 이어지는 본격적인 '가짜 전우치 사건'은 가짜와 진짜의 구별 가능성 자체를 되묻는다. 그럼으로써 <전우치전>은 더욱 파격적인 사유로 나아간다.

2) 진가(眞假) 구별의 무효화

가짜 전우치 사건은 전우치가 못된 중을 징치하면서 시작된다. 어떤 중이 과부를 속여 겁탈하자 과부는 수절하지 못했다는 죄책감으로 자살을 시도한다. 우연히 그 장면을 보게 된 전우치는 과부를 구해내고 사연을 듣는다. 이 못된 중을 징치하기 위해 전우치는 중을 자신의 모습으로 변신시킨다.

이후 상황은 전우치의 예상대로 흘러간다. 중을 보고 전우치라고 생각한 관군은 중을 임금에게로 압송해 보낸다. 임금은 고대하던 전우치가 잡혀 오자 즉시 심문을 시작한다. 그런데 곧이어 전국 팔도에서 수많은 전우치가 줄줄이 잡혀 온다.

태수가 크게 기뻐하며 병사를 보내 그 중놈을 잡아 결박하여 서울로 올려보냈다. 임금께서 즉시 몸소 심문하고자 준비를 갖추게 하셨는데, 승정원에서 아뢰었다.

"각 도와 읍에서 전운치를 잡아들인 것이 삼백육십 명이오니, 이는 분명 전운치의 요술인가 하나이다."

임금께서 크게 화가 났으나 어떻게 처리할지 생각지 못하고 있는데…[95]

진짜와 가짜의 구별이 불가능한 상황이다. 이는 명확해 보였던 지배 이념과 위계질서를 잠시 중지시킨다. 앞서 임금은 역적에 대해 일사천리로 형벌을 집행했었다. 그와 달리 이 대목에서는 수많은 전우치의 등장이라는 환상성이 가미되면서 상황이 달라진다. 모든 것이 진짜이며 동시에 가짜일 수 있는 상황이 펼쳐지면서 임금은 '어떻게 처리할지 생각지 못'한다. 진짜와 가짜의 구분이 중심부와 주변부의 구분, 나아가 각각의 자리를 구분하는 지배 질서와 무관하지 않음을 암시하는 대목이다.

도승지 왕연희가 아뢰었다.

"전운치의 환술은 예측하기 어렵사옵니다. 이번에도 그럴 염려가 있사오니, 진짜 가짜를 가리지 말고 모두 다 베어버리는 것이 좋겠습니다."

임금께서 이 말이 옳다고 여겨 십자각에 자리하신 후 모든 전운치를 잡아들여 차례로 베고 있는데, 그중 한 사람이 나아가 아뢰었다.[96]

---

[95] 틱쉬 디희ᄒᆞ여 토병을 발ᄒᆞ여 그 즁놈을 잡아 결박ᄒᆞ여 경소로 올닌딕, 상이 즉시 친국을 빅셜ᄒᆞ시더니, 정원이 쥬ᄒᆞ되, 각 도 각 읍의셔 뎐운치를 잡아드린 거시 삼빅뉵십일명이오니, 이ᄂᆞᆫ 반다시 뎐운치의 요슐인가 하ᄂᆞ이다. 상이 진노ᄒᆞᄉ 쳐치ᄒᆞ시믈 싱각지 못ᄒᆞ실시

[96] 도승지 왕연희 쥬 왈, 뎐운치 환슐이 불측ᄒᆞ오니 금번도 일흘 념녜 잇ᄉᆞ오믹 진가를 물론ᄒᆞ고 모다 버혀지다 ᄒᆞ거늘, 상이 올히 녀기ᄉ 십ᄌᆞ각에 견좌ᄒᆞ시고 모든 뎐운치를 잡아드려 ᄎᆞ례로 버힐식, 그중 ᄒᆞ나히 나아와 알외딕

도승지 왕연희는 고민하는 임금에게 진짜와 가짜를 가리지 말고 모두 죽이자고 건의한다. 이에 중지되었던 질서는 더욱 가혹한 형태로 집행된다. '진짜와 가짜를 가리지 말고'라는 표현에서, 왕연희가 잡혀 온 전우치들이 모두 '진짜'라고는 생각하고 있지 않다는 점을 알 수 있다. 그럼에도 불구하고 그는 가짜의 억울함을 생각하지 않는다.

이는 여러 가지를 생각하게 하는 대목이다. 우선 지배층의 관심이 언제든 지배 질서를 흔들 가능성이 있는 전우치를 말살하는 데에만 쏠려 있음을 알 수 있다. 지배 이념은 늘 민심이나 백성 구제 의식을 명분으로 내세운다. 그러나 이 장면에서는 그 위선적인 민낯이 드러난다. 사실은 도(道)와 덕(德)에 입각한 통치 규범, 백성들을 살피려는 의식보다 지배 질서의 안녕 자체를 더 중요시하고 있음이 드러나는 것이다. 임금은 왕연희의 말이 옳다고 여긴다. 억울한 백성이 죽는 것은 생각지 않는다. 그리하여 진짜건 가짜건 모두가 줄줄이 목을 베이게 된다.

두 번째는 <전우치전> 전반에서 계속 제기되고 있는 환상의 속성이다. 왕연희는 전우치가 창출해 내는 환상성이 '예측하기 어렵다'고 말한다. 그것은 일차적으로 전우치의 환술이 다종다양한 형태로 나타나고 있는 현상 자체를 지시한다. 그런데 이것은 동시에 환상 일반이 지닌 한 속성을 진술하는 표현도 된다.

주어진 자리에 주어진 형태로 살아가는 대상에 대해서는 예측하기 쉽다. 예측 가능성은 곧 통제 가능성이기도 하다. 예측하기 쉽기에 지배층에서 통제하기도 쉽다. 그러나 환상은 주어진 조건에 애당초 구속되지 않는 개념이다. 제1부에서 규정했듯 환상은 객관적인 지각과 보편적 인정이 처음부터 불가능한 것이기 때문이다. 즉, <전우치전>은 환상의 속성이 예측과 통제의 가능성을 어그러뜨리고, 기존 질서를 전도(轉倒)케 하는 방향에서 활용될 수 있음을 보여준다. 전우치에 대한 지배층의 지속적인 불신과 증오도 이를 감지한 데에서 비롯한다.

지배 질서의 민낯을 파헤치는 것도, 기존 질서를 전도시키는 환상의 잠재력을 발견하는 것도 소중한 문제의식이 된다.[97] 그러나 본서에서는 또 다른 결의 문제의식에 주목해 보고자 한다. 진짜와 가짜의 자리 너머에 마련된 제 3자의 자리에 대한 문제의식이다.

왕연희가 가짜의 억울함을 생각하지 않는 이유는 단순하다. 적어도 그는 진짜와 가짜의 무리에 속해 있지 않기 때문이다. 데리다 식으로 말하자면 그는 진짜와 가짜에 '연루되지' 않은 외부자다. 가짜가 억울하게 죽어도 그에게는 영향이 오지 않는다. 진짜와 가짜를 가리지 말고 모두 죽이라는 대단히 폭력적인 건의는 '진짜와 가짜'의 대립항을 초월하여 자리한 제 3자이기에 내릴 수 있는 판단이다.

그런데 문제는 전우치들 중 하나가 왕연희로 변하면서 시작된다.

모든 전운치를 잡아들여 차례로 베고 있는데, 그중 한 사람이 나아가 아뢰었다.
"신은 선운치가 아니라 도승지 왕연희이옵니다."

---

[97] 선행 연구에서 이러한 문제의식은 사회 비판적 성격이 보다 강하게 드러나는 <전우치전>의 다른 이본들을 다룰 때 주로 등장했다. 예컨대 최광석은 나손본 <전우치전>에서 전우치가 기존 지배체제로 대표되는 적대 세계와 정면 대결하여 승리를 거두고 있음을 살폈다(최광석, 「<전우치전>의 설화 수용과 지평 전환」, 『국어교육연구』 28, 국어교육학회, 1996, 20-21면). 한편 조동일은 신문관본 <전우치전>에서 왕조적 질서에 정면으로 맞서는 민중의 정치성을 발견해 논했다(조동일, 「전우치전의 정치의식」, 『국문학 연구의 방향과 과제』, 새문사, 1983). 정상진도 전우치가 지배계급에 대해 저항했으나, 저항의 대상이 국왕을 정점으로 한 지배 관료층과 그 주변 인물들로서 세계의 벽이 너무 두터웠기 때문에 초월적인 힘을 바탕으로 고독한 항쟁을 전개했다고 보았다(정상진, 「전우치전의 현실저항과 그 한계」, 『한국어문논집』 10, 한국문학회, 1989, 125-126면). 또한 최혜진은 신문관본에 대해 잠재되어 있던 <전우치전>의 사회성을 전면으로 끌어올렸다고 평가하면서도, 체제의 불합리에 대해 자각하고 문제를 제기하는 의식이 부족함을 들어 정치성에 대해서는 재고해야 한다고 했다(최혜진, 「신문관본 <전우치전>의 성격과 문학교육적 의의」, 『숙명어문논집』 5, 숙명여자대학교 숙명어문학회, 2003, 340면).

임금께서 보시니, 분명 왕연희였다. 좌우 신하들에게 물으시니 신하들이 대답했다.

"이는 전운치이옵니다."

이에 임금께서 탄식하시기를,

"국운이 불행하여 요괴가 이처럼 장난하니, 종사를 어찌 보전하겠는가? 역적 하나를 죽이려고 죄 없는 신하와 억울한 백성만 수없이 죽이겠도다."

하시고 심문을 그치셨다.[98]

왕연희의 건의는 폭력적이지만 적어도 완벽하게 뿌리를 뽑을 수 있는 제안처럼 보였다. 진짜건 가짜건 전우치일 가능성이 있는 모든 사람들을 죽이면, 희생은 따를지언정 진짜 전우치도 죽을 것이기 때문이다. 그러나 환상은 다시금 주어진 상황을 바꿔놓는다. 전우치가 다름 아닌 제안자 왕연희로 변신한 것이다.

'가짜 전우치 사건'을 통틀어 전우치가 왕연희로 변하는 이 변신 사건이 가장 이채롭고도 중요하다. 앞서 논했듯 왕연희의 건의는 자신과, 진짜 및 가짜 전우치 무리와의 거리를 전제로 하고 있었다. 그런데 전우치의 변신이 이 거리를 소멸시켜 버린 것이다. 이제 왕연희는 외부자의 위치에서 끌어내려져 진짜와 가짜의 대립항에 연루된다.

이것은 왕연희에게만 국한된 일이 아니다. 환상의 개입이 제안자인 왕연희조차 진짜와 가짜에 연루되게끔 할진대, 다른 사람들이라고 해서 고고한

---

[98] 모든 뎐운치를 잡아드려 추례로 버힐식, 그중 ᄒ나히 나아와 알외ᄃᆡ, 신은 뎐운치 아니오 도승지 왕연희로쇼이다 ᄒᆞ거ᄂᆞᆯ, 상이 보신즉 분명 왕연희라. 좌우더러 무르신ᄃᆡ 좌위 디 왈, 이ᄂᆞᆫ 뎐운치로쇼이다. 상이 탄 왈, 국운이 불ᄒᆡᆼᄒᆞ여 요얼이 이갓치 작난ᄒᆞ니 종ᄉᆞ를 엇지 보젼ᄒᆞ리오? 젹신 ᄒ나흘 죽이려 ᄒᆞ미 무죄ᄒᆞᆫ 됴신과 이미ᄒᆞᆫ 빅셩을 만히 죽이리로다 ᄒᆞ시고, 친국을 파ᄒᆞ시니라.

외부자의 자리를 지킬 수 있으리라는 보장이 없다. 즉, 환상을 통해 소멸된 것은 왕연희 혼자의 자리가 아니다. 외부자라는 자리 자체다.

　상황이 여기에 이르러서야 지배층은 가짜의 억울함을 되돌아본다. 그들 자신이 연루되고 나서야 '죄 없는 자'에 대한 부당한 처벌과 백성들의 희생을 화제로 삼는 것이다. 심지어 이것은 그전까지 엄격하게 집행했던 형벌을 갑자기 중단하는 데에 대한 명분으로 끌어다 쓰인 느낌마저 준다.

　<전우치전>에서 외부자의 자리를 소멸시키는 방식은 외부자를 연루시키는 행위에만 기초해 있지 않다. 왕연희로의 변신은 대단히 독특하다. 그것은 어느 하나로 고정된 변신이 아니다. 임금의 눈에는 그가 왕연희로 보이지만 신하들의 눈에는 전우치로 보인다. 혹은 왕연희로, 혹은 전우치로 사람마다 달리 보이는 것이다. 그렇다면 이 자는 왕연희인가, 전우치인가? 진짜 전우치인가, 가짜 전우치인가?

　진짜와 가짜를 구별하고 규정하는 것은 그로부터 벗어나 있는 외부자다. 앞서 가짜 전우치일 수 있는 수많은 사람들도, 외부자인 왕연희와 임금 등이 그들을 진짜 전우치의 무리로 묶어 판단했기 때문에 진짜 전우치로서 사형당했었다. 그런데 외부자의 시선이 믿을 수 없는 것이 되어 효력을 상실한다면, 그와 같은 구별 및 규정 행위도 효력을 잃게 된다. 진짜와 가짜를 구별할 수 없게 되는 것이다.

　전우치는 한 발짝 더 나아가 왕연희의 모습으로 왕연희의 집에 감으로써 왕연희에게 가짜의 억울함을 맛보게 한다. 진짜와 가짜를 구분하지 못할 정도로 꼭 같은 두 명의 왕연희가 나타나자 집안에는 한바탕 난리가 난다. 둘은 서로를 잡아내라고 호통치지만 누가 주인인지 모르는 하인들로서는 섣불리 나설 수가 없어 안절부절 못한다. 그때 전우치가 진짜 왕연희를 구미호로 만든다.

운치가 왕연희를 향해 물을 뿜고 주사를 내어 바르니, 왕연희가 변하여 구미호가 되었다. 노복들이 그제야 칼과 몽둥이를 들고 달려들어 쳐죽이려 하자, 운치가 이를 말리며 말했다.

"이 일은 큰 변고이니, 나라에 고하여 처치할 것이다. 그때까지 단단히 동여매 방 안에 가두고 잘 지키거라."

이에 노복들이 명령을 듣고 왕연희를 결박하여 가두었다.

왕연희는 뜻하지 않은 변고를 당했으나 말을 하면 여우의 소리가 났다. 정신이 아득하여 그저 눈물만 흘리고 누워 있으니, 겉은 짐승의 모양이나 속은 사람이라.[99]

실제로는 구미호가 진짜 왕연희다. 그러나 실상과는 별개로 외형은 진실을 결정해 버린다. 진짜 왕연희가 구미호로 나타난 순간, 그의 가족을 포함하여 모두가 진짜 왕연희를 구미호라 여긴다. 노복들은 더 이상 망설이지 않는다. 구미호의 외형을 확인하자 '그제야 칼과 몽둥이를 들고 달려들어 쳐죽이려' 한다.

더욱이 왕연희는 목소리조차 여우의 울음소리로 바뀌었기 때문에 항변의 기회를 갖지 못한다. 그런 점에서 이 대목은, 마찬가지로 항변할 기회가 없었던 전우치와 숱한 가짜 전우치들을 연상하게 한다. 그들의 억울함은 이야기 전개가 지배층의 행동을 중심으로 이뤄졌기 때문에 생략되었었다. 그러나 이제 그때의 지배층이 희생자가 되자, 생략되었던 억울함이 왕연희의 심리를

---

99 (운치가) 왕공을 향ᄒ여 물를 쑴고 쥬ᄉ를 ᄂ여 바르니 왕공이 변ᄒ여 구미회 되니, 노복 등이 그제야 칼과 몽치를 들고 다라드러 즛쳐 죽이려 ᄒ거ᄂᆯ, 운치 말녀 왈, 이 일이 큰 변괴니 나라히 고ᄒ여 처치헐 거시미 아직 단단이 동혀 방즁에 가도고 잘 직희라 ᄒ니 노복 등이 쳥녕ᄒ고 왕공을 동혀 가두니라. 왕공이 불의지변을 맛나미 말를 하고면 ᄒ즉 여호의 쇼ᄅ리로 나고 졍신이 아득ᄒ여 다만 눈물만 흘니고 누어시니 가위 즘ᄉᆼ의 모양이오, ᄉᆞ름의 속이라.

통해 간접적으로 드러나게 된다. 진짜와 가짜에 대한 폭력적인 구분 앞에서 왕연희가 할 수 있는 일은 아무것도 없다. '정신이 아득하여 그저 눈물만 흘리고 누워'있을 수밖에 없는 것이다. 이는 곧 이전의 다른 이들이 처했던 상황이기도 하다.

이처럼 왕연희를 구미호로 변신시키는 환상적 사건은 '가짜 전우치 사건'의 종결부에서 두 가지 기능을 했다. 첫째는 '진짜와 가짜를 가리지 말고 죽이라'는 건의를 제안자에게로 부메랑처럼 돌아가게 한 것이다. 그럼으로써 그것에 담긴 폭력성을 효과적으로 부각시킬 수 있었다.

둘째는 보다 근본적인 문제와 관련되어 있다. 진짜와 가짜의 구분 자체가 한꺼풀의 외형에 기대어 있는 얄팍한 것임을 반어적으로 보여주는 것이다. 앞서 수많은 전우치들을 진짜 전우치로 처리해 처형한 행위는 그들이 전우치의 외형을 갖고 있기 때문이었다. 또한 전우치들에 대한 사형 집행을 중지한 것도 그중 하나가 누군가에게는 왕연희로 보였기 때문이었다. 즉, 전우치의 외형과 왕연희의 외형은 그 대상을 진짜와 가짜로 구분하는 기준이었다.

세1부에서 규정했듯 현실은 가시적인 상(相)으로 이루어져 있다. 그렇기 때문에 현실적인 사건들만으로는, 외형에 근거한 진가(眞假)의 판단이 얼마나 잘못되기 쉬운 것인지를 보여주기 어렵다. '가짜 전우치 사건'에 담긴 환상성은 그런 점에서 긴요한 것이었다. 환상적 사건은 외형과 진실을 분리함으로써 진가(眞假) 구분의 가능성을 근본적으로 사유하게 해준다.

> (왕연희를 제 모습으로 돌려놓고) 운치가 다시 당부하기를,
> "너를 구하고 내가 돌아간 후에 집안이 시끄러울 것이니 여차여차하라"
> 하고는 남서부로 갔다.
> 왕연희가 즉시 노복을 불러 말했다.
> "그 요괴를 자세히 보라."

노복들이 방에 가보니 요괴가 간데없었다. 모두 놀라 그대로 고하니, 왕연희가 화난 체하며 말하기를,

"너희들이 집을 잘못 지켜 이렇게 되었도다."

하고 노복들을 수없이 꾸짖은 후 물러가게 했다.[100]

왕연희는 진실을 규명하지 않는다. 사실은 구미호가 진짜 자신이었으며, 가족들이 공인했던 왕연희는 전우치였다는 점을 알리지 않는다. 오히려 왕연희는 '구미호가 도망갔다'는 거짓말을 보탬으로써 기존의 거짓을 '진실'로 더욱 공고하게 만들고 있다. 거짓과 거짓의 결합이 '진실'로 굳어진다는 데서 모순은 극에 달한다. 진짜와 가짜의 구분이 무효화되고 있음을 상징적으로 보여주는 결말이다.

이처럼 <전우치전>에서 변신이라는 환상적 사건은 궁극적으로 진가(眞假)의 대립항 자체를 무너뜨려 사고하게 한다. 기실 진가쟁주(眞假爭主) 모티프로 유명한 작품은 <옹고집전>이고 가짜 주인공들이 잡혀 오는 모티프는 이미 <홍길동전>에 나타난다. 그러나 <전우치전>은 이 둘을 하나로 아우르면서도 동시에 그를 넘어서는 독특한 사유를 보여준다. <전우치전>에서는 진짜와 가짜란 처음부터 정해져 있는 것이 아니다. 그저 만들어 내기 나름이다. 그렇기에 반(半)은 진(眞)이고 반은 가(假)인 환상조차 가능하다. 또한 진가(眞假)의 환상을 놓고 가타부타 말할 수 있는 거리 혹은 대상을 바라보는 별도의 공간, 다시 말해서 초월성조차 허용하지 않는다.

이러한 사유는 근원적 환상계와 허구적 환상계에도 소급하여 적용될 수

---

[100] 운치 다시 당부 왈, 그딕를 구ᄒ고 가ᄂ니 닉 도라간 후에 집안이 쇼동ᄒ리니 여ᄎ여ᄎᄒ라 ᄒ고 남셔부로 가니라. 왕공이 즉시 노복을 불녀 왈, 그 요괴를 즈시 보라 ᄒ니 노복 등이 방에 가본즉 요괴 간딕업는지라. 모다 놀나 그딕로 고ᄒ딕, 왕공이 양노 왈, 여등이 직희기를 잘못ᄒ여 일헛도다 ᄒ고 무슈히 ᄭ지져 물니치니라.

있다. 즉, 근원적 환상계가 진(眞)이고 허구적 환상계가 가(假)라는 사유가 부정된다. 또한 애당초 그것을 그렇게 구별할 수 있는 가능성도 부정된다.

<구운몽>에는 근원적 환상계와 현실계 중 어느 하나로 귀속되지 말 것을 당부하는 사고방식이 내재되어 있었다. 이분법적 사고에 갇히지 말라는 맥락 자체는 <전우치전>의 그것과 동일하다. 그러나 <구운몽>의 대립항인 근원적 환상계와 현실계는 처음부터 진(眞)으로 대우받았던 공간들이다. <구운몽>에서 문제되는 것은 특정 대상을 가짜로 치부하는 사고방식보다는 어느 한쪽만을 진짜라고 여기는 사고방식이었다. 따라서 <구운몽>에서는 허구적 환상계는 빈번히 등장하지도 않았으며 논란의 중심에 서지도 않았다.

그런 점에서 <전우치전>은 <구운몽>과 차별화된다. <전우치전>에서는 가(假)를 적극적으로 사유의 장(場) 안으로 끌어들였다. 그 결과가 '가짜 전우치 사건'을 통해 극명하게 드러나, 진가(眞假)의 구분 불가능성이 제기되었다. 이것은 기존의 근원적 환상계와 현실계의 구도에 허구적 환상계를 추가하는 <전우치전>의 공간적 특징과도 직결된다. 그런 까닭에 근원적 환상계가 갖는 절대성과 초월성이 소거되고 허구적 환상계가 부정적 편견이나 제재 없이 마음껏 펼쳐질 수 있었던 것이다. 바로 이것이 <전우치전>이 허구적 환상계로 가득할 수 있는 이면의 원리다.

3. 진짜를 대체하는 허구적 환상계

1) 근원적 환상계를 모방한 허구적 환상계

<전우치전>의 허구적 환상계는 크게 두 가지로 나눌 수 있다. 근원적 환상계를 모방한 것과, 그렇지 않은 것이 그 둘이다. 근원적 환상계를 모방한 것이든 모방하지 않은 것이든 간에 허구적 환상계가 갖는 문제적 성격은

상당한 것이다. 전자가 근원적 환상계의 위상을 훔친다면 후자는 현실계를 대체하기 때문이다.

전자에 해당하는 대목은 총 셋이다. 하나는 이미 분석한, 선관(仙官)으로 변신하고 궁궐에 나타나 임금을 속이는 대목이다. 선관이 오색구름과 청의동자를 대동하고 강림하는 장면은 전우치가 변신한 것이라는 사실만 가리고 본다면 근원적 환상계-중첩계와 다를 바가 없다. 단순히 꾸민 것과는 달리 실제로 환상이 발현되었기 때문에 근원적 환상계와 외형적으로 완벽히 일치할 수 있었다. 그리고 그 때문에 임금 이하 모두가 속았던 것이기도 하다. 심지어는 전우치가 황금 기둥을 잘라 팔기 전까지 아무도 속은 줄을 몰랐다. 즉, 허구적 환상계는 근원적 환상계의 자리를 완벽히 차지하고 있었다. 전우치가 스스로 밝혀서야 비로소 구분하게 되었다는 것은 곧 구분이 불가능했다는 뜻과 같다.

이는 선전관들을 잡아 오는 장면에서도 반복된다. 앞서 전우치는 옥황상제의 명을 받아 천상계로부터 내려온 선관을 사칭했다. 이번에도 전우치는 하늘나라의 관리를 사칭한다. 사실 전우치는 저승을 가본 적도 없고 저승의 인물이었던 적도 없다. 나중에는 도리어 진짜로 저승에서 온 인물인 차사 강림도령에게 하늘을 속인다며 혼쭐이 나기까지 한다. 저승과는 아무 연관도 없음에도 불구하고, 전우치는 대담하게 자신이 마치 선전관들을 저승에 보낼 수 있는 권한이 있는 것 마냥 행세한다.

운치가 서울로 돌아온 후 조정 신하들이 모두 와서 운치의 공을 치하했으나, 오직 선전관만이 한 사람도 와보는 이가 없었다. 이는 백사장 허참례 때 욕보인 일로 미워하는 마음이 있었기 때문이다. 이에 운치가 다시 그들을 속이려고 했다.

하루는 사경 때 달빛이 밝게 비치고 푸른 하늘에 구름 한 점 없었다. 운치가 오색구름을 타고 힘이 센 신장인 황건역사와 온갖 도깨비들을 다 모은 다음, 신장을 불러 분부했다.

"빨리 가서 모든 선전관을 잡아 오라."

신장이 명령을 듣고 가더니 이윽고 선전관들을 다 잡아 왔다. 운치는 구름 의자에 앉아 좌우에 신장 등을 늘어세우고 등불을 휘황찬란하게 밝혔다. 이어 성난 목소리로 말하기를,

"황건역사는 어디 있느냐? 모든 죄인을 잡아들이라"

하니, 황건역사 등이 일제히 명령을 듣고 각각 한 사람씩 잡아들였다.

선전관들이 겁나고 두려워 땅에 엎드려 눈을 치떠 보니, 귀신과 신장이 좌우에 늘어서 있는데 그 모습이 매우 엄숙했다. 운치가 큰 소리로 꾸짖으며 말했다.

"내 전날 희롱하고자 그대들의 부인을 잠깐 욕되게 하였으나 어찌 그렇듯 미워하는 마음을 품고 나를 심히 푸대접하는가? 내 일찍이 그대들을 잡아다가 지옥에 보내려고 했으나, 밤이면 천상에서 벼슬아치로 해야 할 일이 많고 낮이면 나라에서 맡긴 임무에 골몰하느라 지금까지 미뤄왔거니와, 이제는 마지못해 너희들을 지옥에 보내 고행을 겪게 하여 거만하게 사람을 업신여기던 죄를 갚게 하고자 하노라."[101]

---

[101] 운치 경성의 도라온 후의 됴졍이 다 와셔 운치를 보고 성공ᄒᆞᆯ 치하ᄒᆞ되, 홀노 선전관이 일인도 와보ᄂᆞ니 업스니, 이ᄂᆞᆫ 빅소경 허참시의 욕 뵈던 혐의러라. 운치 다시 쇽이고져 ᄒᆞ도니, 일일은 ᄉᆞ경 ᄯᅦ의 월ᄉᆡ이 죠요ᄒᆞ여 벽공의 일졈 운이 업ᄂᆞᆫ지라. 운치 오운을 타고 황건녁ᄉᆞ와 이미망냥 등을 다 모호고 신장을 불너 분부ᄒᆞ되, ᄲᆞᆯ니 가 모든 션전관을 잡아 오라ᄒᆞ니 신장이 쳥녕ᄒᆞ고 가더니 이윽고 다 잡아왓거ᄂᆞᆯ, 운치 구름 교의에 안고 좌우의 신장 등을 버려 셰우고 등쵹이 휘황ᄒᆞ되, 운치 녀셩 왈, 황건녁ᄉᆞᆫ 어디 잇ᄂᆞ뇨? 모든 죄인을 잡아드리라 ᄒᆞ니 녁ᄉᆞ 등이 일시에 쳥녕ᄒᆞ고 각각 ᄒᆞ나씩 나입ᄒᆞᄂᆞᆫ지라. 션전관들이 황겁ᄒᆞ여 ᄯᅡ히 업듸여 치미러본즉, 귀왕과 신장이 좌우의 나렬ᄒᆞ여 위의 심히 엄슉ᄒᆞᆫ 곳에 운치 고성 디미 왈, 니 전일에 희롱코져 ᄒᆞ여 그디 부인을 잠간 욕되게 ᄒᆞ여스나 엇지 그러틋 함혐ᄒᆞ여 날를 쇼디ᄒᆞ미 심ᄒᆞ뇨? 니 일즉 여등을 잡아다가 지옥으로 보ᄂᆡ고져 ᄒᆞ되, 니 밤이면 텬샹 벼ᄉᆞᆯ에 다ᄉᆞᄒᆞ고 나지면 국가 쇼임의 골몰ᄒᆞ기로 지금 쳔연ᄒᆞ엿거니와, 이제ᄂᆞᆫ 마지못ᄒᆞ여 너의 등을 풍도옥에 보ᄂᆡ여 고힝을 격거 ᄉᆞ람을 만모ᄒᆞ던 죄를

'그들을 속이려고 했다'는 서술에서 이후 전개될 사건이 눈속임과 비슷한 것임을 확인할 수 있다. 진실로 실현 가능성이 있는 일은 아닌 것이다. 실제로 전우치는 자신이 '밤이면 천상에서 벼슬아치로 해야 할 일이 많다'는 거짓말을 한다. 그렇다면 전우치가 사역(使役)하고 있는 황건역사와 신장들 역시도 진짜 저승에서 온 자들이 아니라고 봐야 마땅하다. 애당초 저승의 관리가 아닌 전우치가 진짜 황건역사와 신장들을 불러올 수 있을 리 없다. 거짓말이 그럴듯해 보이도록 도술로 만든 것이다.

그러므로 전우치가 조성한 공간, 구름 의자 아래 귀신과 신장이 좌우에 늘어서 있는 이 공간은 허구적 환상계가 된다. 근원적 환상계를 모방한 허구적 환상계인 것이다. 그러나 앞의 대목과 마찬가지로 선전관들은 이를 근원적 환상계로 인지하고 공포에 벌벌 떤다. 그런 그들의 모습에서 이것이 허구적 환상계일지 모른다는 의심은 전연 보이지 않는다. 그것이 꿈임을 깨닫게 된 이후에도 마찬가지다.

"몰아서 내쳐라"

하니, 모든 선전관이 문득 깨달으매 한바탕 꿈이었다. 온몸에 땀이 흘러 비단이 불을 적셨고, 정신이 아득했다. 그 후에 모든 선전관이 관청에 모여 그날 꿈에 있었던 일을 말하니 모두 똑같았다. 이후부터 선전관들은 운치를 각별히 극진하게 대접했다.[102]

꿈은 너무나 생생해서 깨어보니 식은땀이 흘러 있을 정도였다. 또한 어느

속ᄒ게 ᄒ노라

[102] 모라 너치라 ᄒ니 모든 션젼관이 문득 ᄭㅣ다르민 남가일몽이라. 일신에 쌈이 흘너 금침이 져것고 정신이 아득한지라. 그후의 모든 션젼관이 쳥즁의 모혀 그날 몽ᄉㆍ를 이른즉 모다 여츌일구여ᄂㆍᆯ, ᄎㆍ후로 운치를 디졉ᄒㆍ미 각별 극진ᄒㆍ더라.

한 사람만 꾼 것이 아니라 모두가 같은 꿈을 꾸었다. 이 두 가지는 선전관들이 꿈의 내용을 실재로 여기는 결정적인 요인이 된다. 사실 꿈을 깨는 순간, 목도했던 환상계를 그저 한바탕 꿈으로 치부할 수도 있었다. 근원적 환상계가 아니라 허구적 환상계에 불과했다는 것을 알아차릴 수도 있었다. 그런데 위의 두 가지가 그런 의혹을 차단한다.

이는 한 가지 중요한 점을 시사한다. 즉, 충분히 구현된 환상은 인식적 차원에서 근원적 환상계와 허구적 환상계의 구분을 무화(無化)시킨다는 것이다. 만약 전우치가 구현한 환상이 열악한 것이어서 흐릿하게 보이거나 가짜임이 들통날 정도였다면, 선전관들은 그것을 쉽사리 허구적 환상계로 판단할 수 있었을 것이다. 또한 환상을 구현하는 힘이 어느 한 사람의 꿈을 조작하는 수준밖에 되지 않았다면, 꿈은 말 그대로 한낱 꿈에 불과하다고 여겨졌을 것이다.

그러나 전우치의 도술, 즉 환상 구현 능력은 대단히 높은 수준이었기에 그런 구분을 불가능하게 했다. 그가 구현한 허구적 환상계는 근원적 환상계와 다름없는 실체감을 가졌다. 또한 그 범위는 선전관 모두의 꿈을 조작하는 데까지 이른다. 이 뛰어난 환상 구현 능력이, 선전관들로 하여금 허구적 환상계를 '가짜로 창조해 낸 것'이 아니라 근원적 환상계로 여기게 했다.

분명히 존재하는 양태의 차원에서는 근원적 환상계와 전우치의 허구적 환상계가 구분된다. 전우치의 허구적 환상계는 현실계 배후에 존재하고 있을 근원적 환상계와 동일한 것일 수 없다. 그러나 인식적 차원은 이와 별개의 문제다. 선전관들의 인식 속에서 전우치의 허구적 환상계는 곧 근원적 환상계다. 선전관 그 누구도 의혹을 제기하지 않는다. 전우치더러 또 장난을 치느냐며 화를 내지도 않는다. 오히려 지옥으로 잡혀갈까 싶어서 전우치를 극진히 대접한다.

이처럼 환상 구현 능력의 출중함은 허구적 환상계가 근원적 환상계의 위상을 훔칠 수 있게 하는 결정적인 요인이 된다. 정씨녀와 연관된 일련의 환상적 사건은 이 점을 더욱 잘 보여주고 있다.

> 하루는 정씨가 마음이 뒤숭숭하여 방 안을 배회하고 있는데, 문득 구름 속에서 한 선관이 붉은색 도포에 옥대를 두르고 머리에 금관을 쓰고 손에는 옥홀을 쥐고 나타나 맑고 낭랑한 목소리로 부르며 말했다.
> "주인 정씨는 나와서 옥황상제의 명을 들으라."
> 정씨가 이 말을 듣고 어머니께 고하니, 그 어머니가 놀라며 괴이하게 여겨 급히 마루 위에 향안을 차려놓고 정씨는 뜰에 내려와 엎드렸다.
> 운치가 말했다.
> "문선랑아! 인간 세상의 재미가 어떠하냐? 이제 천상요지반도연에 참석하라."
> 정씨가 옥황상제의 명을 듣고 크게 놀라며 말했다.
> "저는 인간의 더러운 몸이고 또한 죄인이니, 어찌 천상에 오르겠습니까?"
> 운치가 말하기를,
> "문선랑은 인간 세상의 더러운 물을 먹어 천상의 일을 잊었도다"
> 하며 호리병에 향기로운 선약을 가득 부어 동자에게 권하게 했다. 정씨가 받아 마시니 정신이 아득하여 아무것도 모를 지경이었다. 운치가 정씨를 구름에 싸서 공중에 오르니, 그 어머니가 공중을 향해 수없이 하례했다.[103]

---

103 일일은 뎡시 심회를 뎡치 못ᄒ여 방즁의셔 빅회ᄒ더니, 문득 구름 속의 일위 션관이 홍포옥 ᄃᆡ의 머리의 금관을 쓰고 손의 옥홀을 쥐고 쳥음 낭셩으로 불너 왈, 쥬인 뎡시는 나와 옥졔 교명을 드르라 ᄒ거ᄂᆞᆯ, 뎡시 ᄎᆞ언을 듯고 모친ᄭᅴ 고ᄒᆞᆫᄃᆡ, 그 모씨 놀나며 고히 녀겨 급히 쳥상에 향안을 비셜ᄒᆞ고 뎡시 뜰의 나려 업딘ᄃᆡ, 운치 이로ᄃᆡ, 문션낭아! 인간 ᄌᆞ미 엇더ᄒᆞ뇨? 이졔 텬상요디반도연의 참예ᄒᆞ라 ᄒ거ᄂᆞᆯ, 뎡시 옥칙을 듯고 ᄃᆡ경 왈, 쳡은 인간 더러온 몸이오, ᄯᅩ는 죄인이라. 엇지 텬상에 올나가리오? 운치 왈, 문션낭은 인간 더러온 물을 먹어 텬상 일을 이졋도다 ᄒ고 호로파의 향온을 가득 부어 동ᄌᆞ로 ᄒ여곰 권ᄒᆞ거ᄂᆞᆯ, 뎡시 바다 마신즉 졍신이 아득ᄒᆞ여 인ᄉᆞ를 모로ᄂᆞᆫ지라. 운치 인ᄒᆞ여 뎡시를 구름의 쓰

전우치의 친구 양봉안은 수절하고 있는 과부 정씨에게 반해 상사병에 걸린다. 전우치는 그를 위해 정씨를 속여 데려오기로 한다. 이때 전우치가 택한 방식이 천상계의 선관을 사칭하는 것이다. 전우치도 허구적 환상계가 근원적 환상계의 위상을 훔쳐 쓸 수 있음을 잘 안다. 실제로 이번에도 허구적 환상계는 근원적 환상계와 같은 위력을 발휘한다. 정씨와 정씨의 어머니는 진짜로 선관이 강림했다고 믿는다. 딸을 데리고 사라지는, 실제로는 딸을 납치하고 있는 전우치에게 정씨의 어머니는 수없이 하례한다. 환상의 위력을 아이러니하게 보여주는 장면이다.

다만 이 사건은 미수에 그친다. 양봉안에게로 가는 길에 강림도령과 마주치기 때문이다. 전우치가 강림도령에게 제압당하면서 사태는 급변하고 이후에는 서화담과 만나면서 이야기는 결말로 치닫는다. 결말을 살피기 전에, 또 하나 남은 구도, 즉 허구적 환상계와 현실계의 구도를 살펴보겠다.

2) 현실계를 대체하는 허구적 환상계

허구적 환상계가 가로채는 것은 근원적 환상계의 위상만이 아니다. 허구적 환상계는 현실계의 위상 역시 가로챈다. 이는 전우치가 처음으로 도술을 부렸던 황금 대들보 사건에서부터 이미 예고된 것이었다. 근원적 환상계와 허구적 환상계가 환상계에 속한다는 점에서는 동류이나, 받는 취급의 측면에서는 오히려 근원적 환상계와 현실계가 유사하기 때문이다. 근원적 환상계는 현실계 이전에 이미 존재하는 환상계였기 때문에 실재하는 진짜 세계로서 대접받았다. 반면에 허구적 환상계는 창조된 것이 확실한 환상계였으므로 일시적인 가짜 세계로 여겨졌다. 따라서 허구적 환상계가 근원적 환상계의

공중의 오르니, 그 모시 공중을 향ᄒ여 무슈 하례ᄒ더라.

위상을 훔친 것은 바꿔 말하면 가짜 세계가 진짜 세계의 위상을 훔친 것과 같다.

이것이 허구적 환상계와 현실계의 구도에서도 동일하게 발견된다. 현실계 역시 진짜 세계로 받아들여지기 때문이다. 기실, 근원적 환상계는 당대의 이념과 종교·사상에 근거해 실재성을 획득하므로 다소 관념적이고 추상적인 세계다. 구체적인 형상은 각 개인의 상상력에 기반하기 때문에 특정 환상계의 형상을 객관적으로 지각하거나 보편적으로 인정하는 것은 불가능하다. 애당초 그것이 근원적 환상계가 작중 실재하는 세계로 인식되면서도, 현실계가 아닌 환상계로 분류될 수밖에 없는 이유였다. 그에 반해 현실계의 실재성은 지각 작용과 경험에 의해 즉각적으로 획득된다. 현실계는 객관적으로 지각된 결과이며 그렇기 때문에 그 형상도 통일된 형태로 보편적인 인정을 받을 수 있었다.

다시 말해서 근원적 환상계와 현실계, 허구적 환상계의 3자 가운데 '진짜'의 위상을 가장 강력하게 갖고 있었던 것은 현실계다. 그렇기 때문에 <전우치전>에 나타나는 허구적 환상계와 현실계의 관계는 주목을 요한다. 계속 분석해 왔듯 <전우치전>은 진가(眞假) 구분의 불가능성을 제기하는 사건, 근원적 환상계의 고유 정체성을 모방하는 사건들로 가득했었다. 그러니 현실계와 허구적 환상계의 구도 역시 그에 준하여 파격적으로 사유할 것임을 짐작할 수 있다.

이런 관점에서 근원적 환상계를 모방하지 않은 허구적 환상계들을 살펴보면 중요한 특징 하나를 도출해 낼 수 있다. 바로 현실계에 현현(顯現)하여 직접적인 영향력을 행사한다는 점이다. 대표적인 예가 한재경과 고직이 사건이다. 이 사건은 전우치가 부친상을 당했으나 장사 지낼 돈조차 없어 통곡하고 있던 한재경을 만나면서 시작된다. 전우치는 그를 불쌍히 여겨 족자 하나를 내준다.

(운치가 말하길)"이 족자를 집에 걸고 '고직아' 하고 불러 대답하는 자가 있으면 은자 백 냥을 달라고 하라. 그러면 백 냥을 내줄 것이니 그 은자로 장사를 지내고, 또 매일 한 냥씩만 달라고 해 노모를 봉양하라. 하지만 만일 더 달라고 하면 큰일 날 것이니 부디 조심하라."

그 사람이 반신반의하며 운치의 사는 곳과 이름을 묻고는 집으로 돌아왔다. 돌아와 족자를 펴보니 아무것도 없고 큰 집만 하나 그려져 있는데, 집 앞에는 동자를 그리고 문에 자물쇠를 채워놓았다. 그 사람이 시험 삼아 "고직아" 하고 부르니, 과연 그림 속에서 동자가 대답하고 나왔다.

…

하루는 돈 쓸 곳이 있어 생각하기를,

'은자 백 냥을 꾸어 쓴들 무슨 상관이 있으리오'

하고 고직이를 불러 말했다.

"쓸 곳이 있어 은자 백 냥을 먼저 꾸어 쓰려고 하노라."[104]

한재경은 반신반의한다. 전우치가 말하는 허구적 환상계가 '진짜로' 가능한 것인지 의심스러운 것이다. 현실계의 관점에서 볼 때는 불가능한 일이므로 그런 태도를 보이는 것도 당연하다. 그러나 허구적 환상계는 전우치의 말대로 진짜로 작동해, 한재경에게 꼬박꼬박 한 냥씩 내어준다.

그러나 허구적 환상계의 존재를 인정하는 것과, 나아가 그것의 현현을

---

[104] 이 쪽주를 집의 걸고 고직아 불너 되답ᄒ는 직 잇거든 은ᄌ 빅냥을 닉라 ᄒ면 줄 거시니, 그 은ᄌ로 장ᄉ 지니고 ᄯ 믹일 ᄒᆫ 냥식만 달나 ᄒ여 노친을 봉양ᄒ되, 만일 더 닉라 ᄒ면 큰일이 날 거시니 부듸 조심ᄒ라 ᄒ든디, 기인이 반신반의ᄒ며 운치의 거쥬 셩명을 뭇고 집의 도라와 쪽ᄌ를 펴본즉 아모것도 업고 큰 집 ᄒ나흘 그리고 그 집 압희 동ᄌ를 그려 열쇠를 치왓거ᄂᆞᆯ, 기인이 시험ᄒ여 고직아 부른즉 과연 그림 속의셔 되답ᄒ고 나오는지라. … 일일은 쓸듸 이려 ᄒ여오되, 은ᄌ 빅 냥을 ᄭᅮ어 쓰면 무ᄉᆞᆷ 관계 이스리오? ᄒ고, 고직을 불너 왈, 쓸듸 이셔 인ᄌ 빅 냥을 몬져 ᄭᅮ어 쓰고져 ᄒ노라

인정하는 것은 다른 층위의 일이다. 전자는 존재하느냐 마느냐의 여부에만 관련되어 있다. 이와 달리 후자는 허구적 환상계가 뚜렷한 실체성을 가지며 현실계와 긴밀한 영향 관계를 형성하고 있음을 인정하는 것이다. 한재경은 허구적 환상계의 존재를 인정하기는 했지만, 그것의 실체성을 심각하게 받아들이지는 않았다. 그는 허구적 환상계를 현실계와 영향 관계는 없는 일시적인 신비스러운 현상 정도로만 인식한 듯하다. '은자 백냥을 꾸어 쓴들 무슨 상관이 있'겠느냐며 전우치의 말을 쉽사리 어겨버리는 것에서 그러한 인식을 확인할 수 있다. 이는 곧 허구적 환상계를 가볍게 보고 있음을 방증하는 대목이다.

하지만 고직이의 창고는 한재경의 생각과는 전혀 다른 공간이었다.

> 재경이 (고직을) 따라 들어가 은자 백 냥을 가지고 나오려 하는데 창고 문이 닫혔다. 재경이 놀라서 고직을 불렀지만 아무 대답이 없자 크게 화가 나 발로 문을 박차고 나왔다. … (호조판서가) 하급 관리들을 모아 문을 여니, 한 놈이 은자를 가지고 서 있었다. 관리들이 크게 놀라 물었다.
> "네 어떤 도적이기에 이곳에 들어왔느냐?"
> 재경이 화를 내며 말했다.
> "너희들은 누군데 남의 창고 안에 들어와 이러느냐?"
> 이에 관리들이 재경을 결박하고 호조 판서에게 아뢰니, 호조 판서가 재경을 계단 아래에 꿇리고 꾸짖었다. 그제야 재경이 주위를 살펴보니 제집이 아니라 관가였다.
> 재경이 크게 놀라 말했다.
> "내 어찌 이곳에 왔을까? 이것이 꿈인가 생시인가?"[105]

---

[105] 직경이 따라 드러가 은주 빅 냥을 가지고 나오려 ᄒ니 고문이 닷첫거늘 일벼 놀라 고직을

한재경은 허구적 환상계를 대수롭지 않게 여긴 나머지 별 망설임도 없이 그 속으로 들어간다. 한재경의 생각 속에서 허구적 환상계는 이미 자기 것이 된 그림 속 세계에 불과하기 때문이다. 하지만 허구적 환상계는 한재경의 생각처럼 그렇게 단순한 공간이 아니었다. 족자 속 창고는 놀랍게도 관가의 창고이기도 했다. 환상계와 현실계가 하나의 공간을 함께 점유하고 있다는 점에서 허구적 환상계-중첩계로 분류될 수 있겠다.

분리계, 연장계, 중첩계 가운데 현실계에 가장 근접해 있는 것은 단연 중첩계다. 그렇기에 현실계에 미치는 영향력 면에서도 가장 큰 효과를 발휘한다. 더구나 임시로 만들어진 것에 불과하다고 여겨졌던 허구적 환상계였기에 충격은 배가(倍加)된다. 가벼이 생각했던 그림 속 세계는 현실계와 긴밀하게 연결되어 있어 한재경을 현실계 한복판으로 끌어낸다.

그런데 허구적 환상계의 영향력은 여기에서 그치지 않는다.

호조 판서가 재경을 가두고 창고에 있는 물건을 조사해보니, 은자는 하나도 없고 청개구리만 가득했다. 또 다른 창고를 보니 돈은 없고 누런 뱀만 가득 똬리를 틀고 있었다. 호조 판서가 괴이하게 여겨 이 사연을 임금께 아뢰니, 임금께서 여러 신하들을 모아 의논하셨다.

이때 각 창고의 관원들이 보고하기를,

"창고의 쌀이 벌레로 변했나이다"

또 각 군영에서 보고하기를,

부르되 디답이 업는지라. 직경이 디로ᄒ여 발노 문을 박츠더니 … 호판이 듯고 의괴ᄒ여 ᄒ속을 모호고 문을 여니, 흔 놈이 은ᄌ을 가지고 셧거늘 하속 등이 디경ᄒ여 문 왈, 네 엇던 도젹이완디 이곳의 드리왓ᄂ뇨? 직경이 노 왈, 너의ᄂ 엇던 스람이완디 남의 고즁의 드러와 이럿틋 ᄒᄂ뇨? ᄒ거늘 하속 등이 직경을 결박ᄒ고 호판의 알왼디, 호판이 직경을 계하의 꿀니고 ᄭ지지니 한개 그졔야 슯펴본즉 졔집이 아니오 곳 관기라. 디경ᄒ여 왈 닉 엇지 이곳의 왓ᄂ고? 이 꿈인가 상신가?

"창고 안에 있던 무기가 다 없어지고 나뭇가지만 쌓였나이다"

또 궁궐 내시가 보고하기를,

"말린 해물이 생선으로 변했나이다"

또 궁녀가 보고하기를,

"궁녀들의 족두리가 금까마귀로 변해 날아가고, 내전에 큰 호랑이가 들어와 궁인을 해쳤나이다"[106]

허구적 환상계는 현실계에 얌전하게 중첩되는 데서 머무르지 않고, 창고 밖으로 일파만파 퍼져 나간다. 심지어 현실계의 형상을 직접 변화시키기까지 한다. 이쯤 되면 허구적 환상계는 단순히 존재하는 정도를 넘어선다. 그것은 뚜렷한 실체성을 갖고서 현실계로 육박해 온다.

진짜 세계를 바꿔놓을 정도의 실체성을 가진 세계를, 그저 만들어졌다는 이유로 가짜 세계로 대하기는 어렵다. 이 점에서 허구적 환상계에 대한 <전우치전>의 독특한 사유 방식을 발견하게 된다. 허구적 환상계에 강력한 실체감을 부여함으로써, 현실계와 허구적 환상계를 진가(眞假)로 대립하여 보는 사고를 허물어뜨리는 것이다.

이는 아래의 산수화 사건에서도 반복된다.

운치가 대답했다.

---

[106] 호관이 이의 한가를 가도고 인하여 뉴고를 번고흔즉 은즈는 다 업고 쳥기고리 가득하고, 쏘 다른 고를 본즉 돈은 업고 누른 빅얌이 가득 셔렷거늘, 호관이 고히 녀겨 이 연유를 상달한디, 상이 디경하수 제신을 모화 의논하실시, 각 창관이 쥬하되, 창고의 뷜이 변하여 버러지 즘싱이 되엿느이다 하며, 쏘 각 영문이 쥬하되, 고 즁 군긔 다 업고 나모가지만 싸혓느이다 하며, 차지닉관이 쥬하되, 히물이 변하여 싱션이 되엿나이다 하며, 궁녜 쥬하되, 궁녀 등의 족도리 변하여 금가마귀 되어 나라가고, 닉젼의 큰 범이 드러와 궁인을 히하느이다

"신이 그림을 잘 그리니, 나무를 그리면 점점 자라고 짐승을 그리면 걸어가고 산을 그리면 초목이 나는 고로, 세상에서 명화라 하옵나이다. 이 그림을 세상에 전하지 못하고 죽으면 원혼이 될 것이옵니다."

… 운치가 붓을 들어 산수를 그리니, 만학천봉에 만길이나 되는 폭포를 산꼭대기에서 흘러내리게 하고, 시냇가에는 버들가지가 늘어지게 했다. 그 아래 안장 없은 나귀를 그린 후에, 붓을 던지고 네 번 절하니, 임금께서 말씀하셨다.

"너는 죽을 죄인인데, 네 번 절하는 것은 무슨 뜻이냐?"

운치가 아뢰기를,

"신은 이제 폐하를 하직하고 산속으로 들어가나이다"

하고는 나귀 등에 올라 산속으로 들어가니, 문득 간데없이 사라졌다.[107]

전우치가 역모의 누명을 받고 죽을 위기에 처하자 도망치는 대목이다. 고직의 창고 사건과 마찬가지로 이 사건에서도 허구적 환상계의 실체성이 뒤늦게 반전처럼 제시된다. 임금은 한재경이 그랬듯 전우치가 그린 세계를 말 그대로 '그림 속 세계'에 불과하다고 생각했다. 그것이 현실계와 긴밀히 연결되어 있을 수도 있다고 생각했다면, 순순히 산수화를 그리게 내버려 두지는 않았을 것이다. 그가 전우치의 도술을 늘 경계하고 있었던 것을 고려한다면 더욱 그렇다. 그림 속 세계가 비록 전우치의 말대로 살아 움직이는 세계라 해도, 임금의 생각에 그것은 현실계와 단절된 특수한 공간일 뿐이었

---

[107] 운치 딕 왈, 신이 그림을 잘 호오믹 나무를 그리면 점점 주라고, 즘승을 그리면 거러가옵고, 산을 그리면 산에셔 쵸목이 싱호옵기로 셰상의셔 명화라 호옵느니, 이 그림을 셰상에 젼치 못호고 죽수오면 원혼이 되리로쇼이다. … 운치가 붓슬 드러 산슈를 그릴식, 만학천봉 만장폭푀 산상으로 조ᄎ 나리게 호고 시닉가의 버들가지 느러지게 호고 그 아릭 안장 지은 나귀를 그린 후에 붓슬 더지고 ᄉ빈호온딕, 샹 왈, 너는 죽을 죄인이여늘 ᄉ빈호믄 무슴 뜻인고? 운치 쥬 왈, 신이 이제 텬안을 하직호고 산즁으로 드러가ᄂ이다 호고 나귀 등에 올나 산즁으로 드러가더니 문득 간딕업ᄂ지라.

던 것이다.

그러나 허구적 환상계는 그러한 사고방식을 여지없이 깨뜨린다. 그것은 현실계와 연결되어 있어 현실계에 속한 전우치가 그 안으로 들어가는 것도, 심지어 그를 통해 현실계의 또 다른 공간으로 도망치는 일마저도 가능하게 그려진다. 즉, 현실계에 실제적 효력을 발휘하는 공간이었던 것이다. 허구적 환상계를 통해 전우치는 평범한 진가(眞假) 논리에 갇혀있던 임금을 멋지게 골탕 먹인다.

무엇보다도 허구적 환상계의 실체성을 보여주는 백미(白眉)는 주선랑 족자 사건이다.[108]

> 운치가 집으로 돌아오다가 한 곳에 이르러보니, 여러 소년이 족자를 가지고 서로 다투어 보면서 칭찬했다.
> "이 족자의 그림은 천하의 명화라."
> 운치가 나아가 보니 이는 곧 미인도라. 미인이 아이를 안고 희롱하는 모습인데, 입으로 말하는 듯 눈으로 보는 듯 마치 살아 움직이는 것 같았다. … 이에 운치가 말하기를,
> "내게도 족자 하나가 있으니 그대들은 보라"
> 하고 소매 안에서 미인도를 내놓으니, 그 미인이 매우 아름다웠다. 푸른 저고리에 붉은 치마를 입고 머리에 화관을 썼는데, 과연 천하에 제일가는 미인으로 그 아름다움을 견줄 데가 없었다. 여러 사람이 보고는 칭찬하며 말했다.
> "이 그림도 마치 살아 있는 듯하니 우리 족자와 견줄 만하도다."
> 운치가 비웃으며 말했다.

---

[108] 주선랑 족자 사건은 이미 강혜진, 「<전우치전> '주선랑' 모티프와 가상에 대한 사유」에서 세밀히 분석했음을 밝혀둔다. 이 책에서는 <전우치전>에 나타난 허구적 환상계 전반의 특징에 집중하여 고찰하기로 한다.

"그대의 족자도 좋지만 그림의 생기는 이 족자만 못하다. 이 그림의 격을 보라."

운치가 족자를 걸어놓고 가만히 부르기를,

"주선랑(酒仙娘)은 어디 있느냐?"

하니 그 미인이 대답하며 동자를 데리고 나왔다.[109]

위 대목에서 족자를 평가하는 기준은 '보는 듯 말하는 듯'한 사실적인 묘사, 즉 생기(生氣)다. 생기를 구현한 그림은 '천하 명화'가 된다. 실제로 그것은 전근대에 그림을 평가하는 중요한 기준 중 하나였다. 솔거(率居)가 그린 벽화에 새가 날아와 부딪혀 죽었다는 이야기나, 제욱시스(Zeuxis)와 파라시우스(Parrhasios)의 경쟁 이야기는 동서양을 막론하고 생기가 중요시되었음을 알려준다.

중요한 것은 이 기준에 의거할 때 허구적 환상계가 갖게 되는 위상이다. 허구적 환상계는 생기가 감도는 정도를 넘어서서 실제로 살아 움직일 수 있다. 현실계의 그 어떤 그림도, 심지어는 사실성을 극도로 확보하는 사진조차도 이 경지는 따라갈 수 없다. 여러 소년들이 그전까지 그토록 칭찬하던 천하 명화조차 제쳐 두고 주선랑의 그림에 경탄하는 것도 당연하다.

다시 말해서 <전우치전>에서는 주선랑 족자 사건을 통해 허구적 환상계가

---

109 집으로 도라오다가 흔 곳의 다다라 본즉, 여러 쇼년이 죡즈를 가지고 닷토아 보며 칭찬 왈, 이 죡즈 그림이 텬하 명화라 ᄒ거늘, 운치 나아가 보니 곳 미인되라. 그 미인이 아희를 안아 희롱ᄒᄂ 형상이로ᄃᆡ 입으로 말ᄒᄂ 듯 눈으로 보ᄂ 듯 ᄒ여 싷긔 유동ᄒ거늘 ⋯ 운치 왈, 닉게 흔 죡지 이스니 그ᄃᆡ 등은 보라 ᄒ고 쇼믹 안호로셔 미인도를 닉혀노흐니, 그 미인이 가장 아롬다온ᄃᆡ 몸의 녹의홍샹을 닙고 머리의 화관을 써스ᄆᆡ 진짓 텬향국식이오, 절ᄃᆡ가인이라. 졔인이 보고 칭찬 왈, 이 그림도 싷긔 온전ᄒ여 우리 죡즈와 방불ᄒ도다 ᄒ거늘, 운치 닝쇼 왈, 그ᄃᆡ 죡즈도 조타 ᄒ려니와 싷긔ᄂ 이 족자만 못ᄒ니 이 화격을 보라 ᄒ고 죡즈를 걸며 가마니 부르되, 쥬션낭은 어듸 잇ᄂ뇨? ᄒ니 문득 그 미인이 ᄃᆡ답ᄒ며 동즈를 다리고 나오거늘

우월하게 평가될 수 있는 가능성을 제시한다. 더구나 평가 기준은 누구나 동의할 만한 '보편적이며 상식적인' 기준이다. 그리하여 주선랑 족자는 앞의 창고 그림이나 산수화와는 다른 맥락에서 실체감을 갖는다. 창고 그림이나 산수화가 현실계의 질서에 타격을 가하는 방식으로 실체성을 보여주었다면, 주선랑 족자는 현실계보다도 우월한 모습으로서 실체감을 드러낸다.

그렇게 보면 주선랑(酒仙娘)이라는 명칭도 예사롭지 않다. 주선랑은 '천하에 견줄 데 없는' 미인으로 평가받고 있다. 현실계의 실존하는 미인들보다도 아름다운 미인, 선녀(仙女)와 다를 바 없는 미인인 것이다.

> "모든 공자에게 술을 부어드려라."
> 운치가 말하니, 선랑이 대답하고 잔에 술을 따라드렸다. 운치가 먼저 마시고 차례로 여러 사람이 받아 마셨는데, 그 맛에 매우 감격했다. 여러 사람에게 술잔을 다 돌린 후 선랑이 술상을 거두어 그림 속으로 들어가니, 사람들이 크게 놀라 서로 말했다.
> "이 그림은 하늘의 조화도 아니요 꿈속의 희롱도 아니니, 만고에 희한한 보배라."[110]

심지어 허구적 환상계의 실체성은 시각 외의 감각으로도 발현된다. 환상계의 인물인 주선랑이 따라주는 술은 실제로 마실 수 있다. 게다가 맛도 우월해 사람들이 감격할 정도다. 그렇기 때문에 이제 허구적 환상계는 긍정적으로 평가받게 된다. '하늘의 조화(근원적 환상계)'는 아니지만 한낱 '꿈속의 희롱

---

110 모든 공즈의 술를 부어드리라. 션낭이 딕답ᄒ고 잔의 술를 부어드리니, 운치 몬져 마시고 ᄎ례로 졔인이 바다 마시미 쥬미 가장 감열ᄒ지라. 졔인이 빅쥬를 파ᄒᆫ 후의 션낭이 쥬안을 거두어 그림이 되어 드러ᄉ거니, 졔ᄉᆼ이 딕경ᄒ여 셔로 이로딕, 이 그림은 텬상 죠화도 아니오, 몽즁 희롱도 아니니 만고의 희한헌 보빅라

(가짜)'도 아니다. 허구적 환상계는 우월한 실체성을 갖는 '만고에 희한한 보배'다.

그러나 우월한 허구적 환상계의 등장은 찬양하기만 하면 되는 단순한 사태가 아니었다. 이것은 한 가지 중요한 문제를 수반했다. 실체감을 가지면서도 우월하기까지 한 허구적 환상계가 현실계를 위협할 수 있다는 문제였다. 현실계는 기존에 진짜의 위상을 갖는 세계였다. 그러므로 기존의 진짜 세계인 현실계와 새로이 실체감을 갖고 등장하는 허구적 환상계 간에 일종의 인정투쟁이 일어나는 것은 필연적인 수순이었다.

> 오생이 만취하여 족자를 외당 벽에 걸어놓고 보니, 주선낭이 병을 들고 서 있었다. 오생이 그 고운 태도를 흠모하여 옥 같은 손을 잡아 무릎 위에 앉히고, 사랑하는 마음을 이기지 못해 막 잠자리로 나아가려고 하는데, 갑자기 문이 열리더니 오생의 처 민씨가 급히 달려 들어왔다. 원래 민씨는 질투하는 데 선봉이요, 샘내는 데 대장이라. 남의 일을 보아도 칼을 들고 내달려오는 성격인데, 그날 밤 오생이 주선낭을 희롱하는 것을 보고는 매우 화가 나 선낭을 때리려 했다. 그러나 선낭은 이미 그림이 되었는지라, 민씨가 더욱 분노하여 족자를 떼어내 찢어버리니, 오생이 매우 놀라며 말했다.[111]

만일 주선낭이 허구적 환상계가 아닌, 그저 평범한 그림에 불과했다면 오생이 주선낭을 희롱하는 일은 없었을 것이다. 물론 민씨의 투기도 없었

---

111 오싱이 디ᄎᆔᄒᆞ며 쟉ᄌᆞ를 외당 벽샹의 걸고 보니 쥬션낭이 병을 들고 셧거늘, 오싱이 그 고은 ᄐᆡ도를 흠모ᄒᆞ여 옥슈를 잡아 무릅 우희 안치고 ᄉᆞ랑ᄒᆞᆷ를 이긔지 못ᄒᆞ여 침셕의 나아가고져 헐 즈음의, 문득 문 열니는 곳의 급히 달녀드러오니, 이는 오싱의 쳐 민시라. 원닉 민시는 투긔의 션봉이오 싀음의 딕쟝이미 남의 일를 보아도 칼를 들고 닉닷는 셩벽이러니, ᄎᆞ야의 오싱의 희롱ᄒᆞᆷ를 보고 딕로ᄒᆞ여 션낭을 치려 ᄒᆞ되 션냥의 발셔 그림 화샹이 되엿는지라. 민시 더욱 분노ᄒᆞ여 쟉ᄌᆞ를 뮈여 씨져바리니, 오싱이 딕경 왈

을 것이다. 그림은 찬탄의 대상이 될지언정 사랑을 나누는 상대가 될 수는 없기 때문이다. 그러나 주선랑은 실체를 갖기 때문에 사정이 달랐다. 더구나 주선랑은 진짜 사람인 민씨보다 우월한 미모를 갖고 있다.

따라서 이 대목은 허구적 환상계가 가질 수 있는 새로운 가능성을 시사한다. 즉, 허구적 환상계가 강력한 실체성에 이어 우월함까지 지니게 된 결과, 현실계를 '대체'할 가능성이 발생하는 것이다. 이것은 앞서 현실계에 긴밀히 연결된 허구적 환상계의 경우나, 현실계를 변화시키는 허구적 환상계의 경우보다도 더 적극적으로 현실계의 위상에 위협을 가한다.

민씨는 이 점을 예민하게 포착한다. 그리하여 주선랑을 자신의 자리를 위협하는 연적으로 인식하고 적극적인 행동에 나선다. 주선랑을 '때리려' 하는 행위는 민씨가 주선랑을 한낱 허상이 아닌 실체적 성격을 갖는 인물로 인식하고 있음을 보여준다. 그리고 끝내는 주선랑 족자를 찢어버림으로써 허구적 환상계를 소멸시켜 버리기까지 한다. 의식적인 행동이었을 수도, 혹은 단순히 분풀이였을 수도 있으나 효과는 확실했다. 주선랑이 더 이상 그림 밖으로 나오지 않게 된 것이다.

이로써 허구적 환상계에 대한 현실계의 우위가 입증되는 듯했다. 통제의 권한이 어디까지나 현실계에 있다는 점에서 발현되는 우위다. 다시 말해서 허구적 환상계가 아무리 강력하거나 우월한 실체감을 가진다고 하더라도 그것을 통제하는 권한은 결국 현실계의 인간에게 있다는 것이다.

> 오생이 운치를 맞으며 그 사연을 말하니, 운치가 듣고는 민씨를 속이려고 민씨에게 쇠실로 엮은 그물을 씌우니 속은 사람이나 몸은 이무기로 변했다. … 다시 오생의 집으로 가서 민씨를 보고 꾸짖으며 말했다.
> "네 남편을 업신여겨 사납고 악한 행동을 일삼고, 질투를 숭상하여 심지어 남의 족자를 찢고 나를 욕하였다. 그 죄로 쇠그물을 씌워 돌구멍에 넣고 고초를

겪게 하려고 했으나, 이제라도 잘못을 고치고자 한다면 그물을 벗겨 주리라."
민씨가 고개를 끄덕이자, 운치가 진언을 외우니 그물이 저절로 벗겨졌다. 이에 민씨가 놀라 허둥지둥 일어나 거듭 절하며 감사했다.[112]

그런데 이어진 상황은 현실계와 환상의 우열 구도를 전혀 다르게 바꿔놓는다. <전우치전>의 뛰어난 점 중 하나는 문제를 단순화시키지 않는다는 것이다. <전우치전>에서는 환상적인 사건들이 복수(複數)로 연이어 나타나면서 직전의 상황을 계속 뒤집어 놓는다. 여기에서도 마찬가지다.

족자를 찢어버린 민씨의 행위는 허구적 환상계의 통제권이 현실계에 있음을 성공적으로 입증하는 듯했다. 그러나 전우치는 바로 그 민씨를 이무기로 바꿔놓음으로써 환상의 영역으로 끌어들인다. 전우치는 가상에 대한 통제권이 민씨에게 있는 것이 아니라, 오직 전우치 자신에게만 있음을 폭력적으로 확인시킨다. 통제되는 환상계와 통제하는 현실계라는 구도는 이 지점에서 무효화 된다. 오히려 구도는 통제하는 소수와 통제되는 다수로 바뀌어버렸다. 통제하는 현실계는 동시에, 또 다른 누군가에 의해서 통제되는 환상계다.

자연히 통제 권한에 기초한 현실계의 우위도 효력을 잃는다. 민씨가 주선랑보다 우위에 있음을 입증할 방법도 사라진다. 그렇다고 <전우치전>에서 대안을 제시해 주는 것도 아니다. <전우치전>에서는 늘, 흥미진진하게 전개되는 환상적 사건 이면에 도발적인 문제 의식을 슬며시 제기해 놓지만, 문제를 봉합하려 하지는 않는다.

---

112 운치 오거늘 오성이 마주 그 수연을 이른딕, 운치 듯고 민시를 속이고져 ᄒ여 민시를 금수망을 씨우니, 민시 속은 사람이나 몸은 딕망이라. … 오성의 집의 가셔 민시를 보고 ᄭ지져 왈, 네 가군을 업슈이 녀겨 포악을 일삼으며 투긔를 숭상ᄒ여 심지어 남의 족ᄌ를 찟고 날를 욕ᄒ미 그 죄로 금수망을 씨여 돌굼긔 너허 고초를 격게 ᄒ려 ᄒ느니, 이졔 허물를 고칠진딕 금수망을 벗기리라 ᄒ니 민시 고기를 좃거늘, 운치 진언을 념ᄒ니 금수망이 졀노 버셔지믹 민시 황연이 이러나 빅빅ᄉ레ᄒ더라.

그러나 그것은 오히려 제기된 문제의 파급력을 높여준다. 섣불리 봉합되지 않기에 지속적으로 사유하게 만드는 것이다. 실제로 <전우치전>에서 제기하는 허구적 환상계의 실체성과 우월함, 그로 인한 대체의 가능성은 시대적 조건을 넘어 지금도 유효한 화두가 된다. 특히나 현대 사회의 도처에서 가상(假想)이 현실을 대체해 나가고 있음을 생각한다면 더욱 그렇다.[113] 주선랑의 경우처럼 기술의 발전은 가상 캐릭터의 외모를 진짜 사람들보다 우월하면서도 생생하게 구현하게 했다. 다만 가상 캐릭터의 외모는 소비될 뿐 경계 대상이 되지는 않는다. 이것 또한 진가(眞假)의 논리와 멀지 않다. 가상의 허구성, 즉 인간이 만든 것이니 어디까지나 가짜이며 인간이 통제할 수 있으리라는 생각에 근거한 것이다. 그러나 <전우치전>은 그렇지 않을 때 벌어지는 일들을 보여준다.[114] 그런 점에서 <전우치전>이 펼쳐 놓는 환상적인 이야기들은 지금과 미래의 사회상에 대한 사고실험으로서도 의의를 지닌다.

---

[113] 최근의 게임 대회, 대표적으로 LOL 월드 챔피언십에서는 게임의 캐릭터가 증강현실로 구현되어 축하 무대의 가수로 나서기도 했다. 이 가상의 캐릭터들은 현실의 아이돌 가수처럼 그룹(K/DA)을 이뤄 활동하고 심지어는 신곡도 발표했다. 본서의 맥락에서 보면 이는 가상이 현실을 대체하는 매우 상징적인 현상이라 할 수 있다. 기실, 그간 가상에 가장 친연성을 보였던 장르는 게임이다. 앞으로도 가상에 대한 파격적인 실험과 사유를 선도하는 영역은 게임일 것이라 예상된다.

[114] <전우치전>에서 도출할 수 있는 이러한 문제의식은 최근의 드라마에서도 동질하게 발견된다. 드라마 <알함브라 궁전의 추억>은 가상이 진짜로서 현실계에 영향을 끼칠 때 발생할 일들을 이야기한다. 또한 드라마 <블랙미러> 시리즈 중 <핫샷>은 가상의 통제권이 소수에게 국한될 때 일어날 일들을 보여준다. 현대 드라마에서 표현되는 미래에 대한 통찰이, 오래전의 고전 서사에서도 나타나고 있는 셈이다. 그런 맥락에서도 고전 서사는 현재적이고 미래인 서다. 두 드라마에 대한 분석은 강혜진, 「<전우치전> '주선랑' 모티프와 가상에 대한 사유」 참조.

3) 봉합과 계승의 양면을 지닌 결말

주지하듯 <전우치전>은 특정 작가의 고유한 창작물이 아니다. 역사적 기록과 설화 등, 전우치에 관한 전승담이 먼저 형성되고 이로부터의 영향이 여러 가지 방식으로 누적되어 이본이 형성되어 왔다. 따라서 <전우치전>은 이본 간 편차도 크며 각 이본 내에서도 굵직한 사건들 간의 인과관계가 다소 느슨한 편이다.[115] 그런 점에서 김만중이라는 한 명의 작가가 서두부터 결론까지 일관되게 써 내려간 <구운몽>과는 구조적인 차이를 갖는다.

따라서 <구운몽>을 분석했던 것과 같은 방식으로 <전우치전>을 대해서는 곤란하다. <구운몽>을 분석할 때는 전체를 관통하는 시각에서 사건이 조직되는 방향과 원리를 섬세하게 고찰했었다. 이와 달리 <전우치전>에서는 종종 사건 간에 이질성이 두드러지는 경우가 있을 수 있고 표현되는 주제 간에도 상충되는 부분이 있을 수 있음을 인정해야 한다.

이질성과 상충이 부각되는 부분으로 선행 연구에서 오랫동안 지적되어 온 곳이 결말부다.[116][117] 앞서 살핀 정씨녀 사건과 이어지는데, 강림도령에게

---

[115] 이것이 꼭 단점일 수만은 없다. 조혜란은 <전우치전>의 느슨한 인과관계가 독자들에게 있어 다른 고소설과 차별화되는 고유한 요소, 서사의 독특함으로 받아들여졌을 수 있다는 의견을 제시하기도 했다(조혜란, 앞의 논문, 63면).

[116] 서화담이 등장하는 결말부는 경판 37장본 외에도 여러 이본에 나타나고 있는데, 이는 여러 논자들에게 오랫동안 논쟁거리였다. 예컨대 박일용은 필사본인 일사본, 작가의식이 드러나는 신문관본 및 한문본에만 이 단락이 나타나는 점을 들어, 식자층의 의식을 통해 전우치의 행적을 평가하기 위해 부수적으로 덧붙여진 단락일 것이라 추정했다(박일용, 앞의 논문, 48면). 문범두는 활자본 <전우치전>을 두고 '전우치의 성격이 민중의 근본적인 문제 해결에 나서는 영웅의 모습으로 지속되었더라면 서화담의 출현은 사족에 불과' 했을 것이라면서, 개작자의 주제의식이 철저하지 못했기 때문에 서화담 등장 삽화를 포함해 여러 삽화를 차용하는 과정에서 전우치의 도술행위가 이중적인 의미를 갖게 되었다고 논했다(문범두, 「전우치전의 이본 연구-형성과정과 의미를 중심으로-」, 24면).

[117] 이와 달리 최근에는 결말부를 포함하여 서사 전체를 유기적으로 보고자 하는 연구들이 제시되고 있다. 특히 최윤희는 경판 27장본이 설화와는 다른 삽화들로 이루어져 있음을

제압당한 전우치는 서화담을 만나러 간다. 서화담에게서 교화를 받은 전우치는 결국 그를 따라 영주산으로 떠나고 이로써 이야기가 종결된다.

이전까지는 전우치가 독보적인 도술 능력을 바탕으로 마음껏 허구적 환상계를 펼쳤었다. 허구적 환상계는 전우치의 우월한 능력에 기반하여 근원적 환상계와 현실계의 위상을 위협했다. 그 누구도 전우치에게 대적하지 못했고 또한 그 어떤 근원적 환상계도 이를 제지하려 들지 않았다. 그런데 갑자기 결말부에 와서 대적자가 둘씩이나 나타나고 근원적 환상계가 지향점으로 강제되고 있는 것이다.

물론 그러한 결말부의 전개가 아무 개연성 없이 제시된 것은 아니라고 본다. 정씨녀 사건은 그 이전의 사건과 비교해 볼 때 중요한 차이점 하나를 갖는다. 전우치가 무고한 사람에게 도술을 쓴다는 점에서 그렇다. 정씨녀 사건 이전까지 전우치의 도술은 그 자신의 신변 보호를 위해서, 혹은 잘못한 자를 징치하기 위해서 주로 활용되었다. 잘못을 먼저 저지르지 않고서야 전우치의 술법에 당할 일은 없었다. 그러나 정씨녀 사건에서는 아무 잘못도 없는 정씨의 의지를 거스르고 그녀를 속이는 방식으로 도술이 쓰이고 있었다. 이에 강림도령이 개입하고 서화담이 교화해야 할 필요가 생긴 것이다.

그러나 조금 더 근본적으로 고찰해 볼 필요가 있다. 애당초 왜 그러한 성격의 사건이 안배되었는지, 그로써 전개의 방향을 틀어놓을 이유가 무엇이었을지를 따져볼 필요가 있다. 본서의 맥락에서 보자면 전우치가 행한 도술

지적하며 구성이 유기적 완결성을 갖추고 있다고 보았다(최윤희, 「<전우치전>의 구성과 의미에 대한 재고찰」, 『우리文學硏究』 48, 우리문학회, 2015). 또한 최지선의 경우 전체를 관통하는 문제의식을 짚어보고자 하는 의도에서 <전우치전>의 성장소설로서의 가능성을 타진했다(최지선, 「<전우치전>의 욕망 구현 방식과 서사적 의미」, 『돈암어문학』 28, 돈암어문학회, 2015). 홍현성도 결말에 주목해 스승 얻는 이야기로 <전우치전>을 해석했다(홍현성, 「'스승 얻는 이야기'로 읽는 <전우치전>」, 『한국고전연구』 41, 한국고전연구학회, 2018).

과 허구적 환상계에 내재된 위험한 잠재력을 제어하기 위함이라는 답이 가능할 듯하다. 실제로 강림도령과 서화담 모두 그들이 나서는 이유를 특정 사건에만 국한해 말하지 않는다. 강림도령은 전우치를 치죄할 때 과부의 절개를 깨뜨린 죄에 이어 '하늘을 속인다'는 점도 언급한다. 이는 서화담에 의해서도 반복된다. 그 역시 하늘과 임금을 속인 죄를 거론한다. 즉, 전우치의 도술과 허구적 환상계 자체가 당대의 이념과 질서에 배치(背馳)되었던 것이다.

<전우치전>은 분명 허구적 환상계를 작품 전면으로 내세워 다루었다는 점에서 도발적인 작품이다. 그러나 그러한 성격이 당시의 지배 이념을 무너뜨리는 데까지 나아갈 수는 없었을 것이다. 살아남기 위해서는 어느 정도 타협이 필요했을 터, 허구적 환상계의 우월함이 끝까지 강조되는 방향으로 완결되는 결말은 꺼려졌을 것이라 추정된다. 결말부의 이절성, 급선회는 이러한 맥락에서 마련되었다고 보인다.

그렇지만 결말부가 갖는 함의는 섬세하게 다시 한번 살펴볼 필요가 있다. 전체 얼개만 놓고 보면 전우치가 제어되고 허구적 환상계가 근원적 환상계로 내체되었다고 요약되지만, 세부적인 국면에서 배어 나오는 함의는 다를 수 있기 때문이다. 그런 관점에서 사건을 세밀하게 살피면 흥미로운 지점을 발견할 수 있다.

강림도령이 위를 보고 손을 들어 구름을 한번 가리키자 구름 문이 저절로 열리며 선관과 고운 계집이 땅으로 떨어지니, 이는 전운치였다. 운치가 정씨를 데리고 구름을 타고 공중을 가고 있는데, 문득 검은 기운이 공중으로 오르더니 술법이 저절로 풀려 땅에 떨어진 것이었다. 운치가 크게 놀라 좌우를 살펴보니 아무것도 없었다. 괴이하게 여겨 다시 술법을 행하려 하는데, 문득 한 거지 아이가 나와 큰 소리로 꾸짖었다.

"필부 전운치는 들으라. 네 요술을 배워 하늘을 속이고 열녀의 절개를 깨뜨리려 하니 어찌 하늘이 무심하겠느냐? 그러므로 나에게 너와 같은 놈을 죽이라 한 것이니, 나를 원망하지 말라."

이에 몹시 화가 난 운치가 차고 있던 칼을 빼 위협하려 하자, 그 칼이 백호로 변하여 도리어 운치를 해치려 했다. 운치가 의심하여 피하고자 했으나, 갑자기 발이 땅에 붙어 움직일 수가 없었다. 급히 변신하려고 했으나 술법을 부릴 수 없었다. 운치가 크게 놀라 살펴보니, 그 아이의 모습이 남루하나 도술이 높은 것을 알고는 몸을 굽히고 빌며 말했다.[118]

위는 강림도령이 등장하면서 사태가 급변하기 시작한 부분이다. 강림도령이 전우치의 도술을 깨뜨리면서 전우치의 계책은 도중에 실패하게 된다. 근원적 환상계로부터 투출된 인물이 모방에 불과한 허구적 환상계를 간단히 제압하는 것은 자연스러운 결과다. 그것보다 더 중요한 것은 허구적 환상계에 대한 제어가 어떤 방식으로 이루어지느냐이다.

강림도령이 신성함과는 거리가 먼, 거지 아이의 모습으로 등장하고 있음은 이미 살펴본 바 있다. 그전까지는 비록 거지로 살고 있었다고 해도, 가짜 선관을 퇴치하는 일에서는 본래의 신성한 모습으로 돌아옴직도 했다. 그편이 근원적 환상계의 신성성이 갖는 고유함을 부각시켜 허구적 환상계의 열등함

---

[118] 강님도령이 치미러보고 손을 드러 ᄒᆞ번 구름을 가르치니, 운문이 절노 열니며 션관과 고은 계집이 싸히 써러지미, 운치 뎡시를 다려 구름을 타고 공즁으로 가더니, 문득 거믄 긔운이 공즁의 오르며 법술이 절노 풀녀 싸히 써러지미, 운치 디경ᄒᆞ여 좌우를 슯혀본즉 아모것도 업거늘, 고히 녀겨 다시 슐법을 힝ᄒᆞ려 헐식, 문득 ᄒᆞᆫ 거어지 아희 나와 디미 왈, 필부 뎐운치는 드르라. 네 요술을 빗화 하늘를 쇽이고 렵부를 훼졀코져 ᄒᆞ니 엇지 명뎐이 무심ᄒᆞ시리오? 이러므로 날노 ᄒᆞ여곰 너 갓흔 놈을 죽이라 ᄒᆞ시미니 날를 원치 말나 ᄒᆞ거늘, 운치 디로ᄒᆞ여 ᄎᆞᆺ던 칼를 쎅혀 져히고져 ᄒᆞᆫ즉, 그 칼이 화ᄒᆞ여 빅회 되어 도로혀 운치를 히ᄒᆞ려 ᄒᆞ니, 운치 의심ᄒᆞ여 피코져 ᄒᆞ다가 문득 발이 싸히 붓고 움즉이지 못ᄒᆞ미 급히 변신코ᄌᆞ ᄒᆞ나 법슐이 힝치 못ᄒᆞᄂᆞᆫ지라. 운치 디경ᄒᆞ여 슯혀본즉, 그 아희 의샹이 남누ᄒᆞ나 도슐이 놉흔 줄 알고 몸을 굽혀 비러 왈

을 노출시키고, 감히 근원적 환상계를 모방한 죄를 효과적으로 치죄하는데 훨씬 더 적합했을 것이다. 그럼에도 불구하고 그러한 선택지는 활용되고 있지 않다.

그렇다고 논리적인 설득이나 윤리에 근거한 훈계가 주된 방식이 되는 것도 아니다. 사칭한 죄와 절개를 깨뜨리려 한 죄를 언급하기는 하지만 내용이 소략하다. 게다가 비루한 거지이자 만만한 아이의 모습이기에 말에 제대로 된 위엄도 실리지 않고 있다.

그 때문에 강림도령의 말은 전우치의 반성을 유도해 내지 못한다. 전우치는 반성하기는커녕 도리어 성을 내며 강림도령을 위협하러 든다. 그리고 그런 전우치를 결국 제압하는 것은 바로 강림도령의 도술이다.

다시 말해서 전우치에 대한 제압은 근원적 환상계가 내세우는 신성성이나 윤리적 우위에 기반하고 있지 않다. 전우치를 제압하는 과정이 도술 대결의 형식을 취하고 있다는 점에 주목해야 한다. 즉, 강림도령이 전우치를 제압할 수 있게 만들어 주는 핵심적인 요인은 '환상 구현 능력의 우위'다. 처음에 전우치가 구현하고 있던 허구적 환상계가 파괴되는 것도 강림도령의 도술이 더 우위에 있었기 때문이다. 또한 전우치가 강림도령에게 굴복하는 것도 도술 대결에 패했기 때문이며, 그로써 상대방의 '도술이 높은 것을 알'았기 때문이다.

이것은 상당히 이채로운 사고방식이다. 앞서 허구적 환상계가 근원적 환상계의 위상을 취할 수 있었던 바로 그 논리와 사실은 동일한 논리 구조를 취하고 있기 때문이다. 첫 번째의 황금 대들보 사건과 두 번째의 선전관 사건에서 보았듯, 전우치의 '환상 구현 능력'이 뛰어났기에 그로부터 구현된 허구적 환상계는 근원적 환상계와 구분 불가능한 것이 되었었다. 마찬가지로 이제 세 번째의 정씨녀 사건에서도 우열을 구분 짓는 기준은 환상 구현 능력이다. 단지 이번에는 근원적 환상계로부터 온 인물의 환상 구현 능력이 더 뛰어난 것으로 밝혀졌다는 점이 이전과 다를 뿐이다. 강림도령이 형성한 허구적 환상계 안에서 전우치는 자신의 칼도 못 쓰고 움직임도 봉쇄당한다. 그로써 전우치의 허구적 환상계는 파괴되고 제압된다.

이처럼 <전우치전>에서는 줄곧 환상 구현 능력의 우열이 그것이 구현해 낸 환상계의 우열을 결정하고 있다. 첫 번째와 두 번째 사건은 허구적 환상계의 우월함을, 세 번째 사건은 근원적 환상계의 우월함을 암시하고 있어 표면적으로는 상반된 성격의 사건처럼 보인다. 그러나 실은, 양자는 같은 논리에 기초해 있는 것이다.

근원적 환상계가 허구적 환상계보다 우월하다는 사고방식은 고전 서사 도처에 흔하게 나타난다. 하지만 그 사고방식은 대체로 신성한 것과 세속적인 것, 진짜와 가짜, 이념의 내포와 이념의 부재라는 대립 구도에 기대어 있다. 허구적 환상계는 보통 적강한 주인공의 대적자들에 의해 구현된다. 그러므로 주인공이 출신 배경으로 삼는 근원적 환상계는 정(正)이 되고, 대적자들이 만들어 내는 허구적 환상계는 사(邪)가 된다. 당장 다음 장에서 살펴볼 <옥루몽>도 그렇다.

<전우치전>에서 그러한 대립 구도가 활용되지 않는 것은 아니다. 그러나 <전우치전>에서는 정사(正邪)의 대립 구도가 최소화되어 오히려 부차적인 요소로 작용하고 있다는 점이 중요하다. 우열을 판가름내고 확정 짓는 주된 기준은 환상 구현 능력이다. 따라서 결과적으로 도출된 우열 구도가 근원적 환상계의 허구적 환상계에 대한 우위로 여타 서사와 동일해 보인다고 할지라도, 그 구도의 근거는 전연 다른 것이다.

근거의 차이가 갖는 함의는 결코 작지 않다. 비교하여 본디 우열 구도의 근거가 되었던 신성함, 가짜, 이념의 부재와 같은 속성은 각 환상계에 고유 속성으로서 내재된 것이다. 이런 속성에 근거하면 우열 구도는 바꿀 수 없는 고정적인 것이 된다. 근원적 환상계가 항상 허구적 환상계보다 우위에 서게

되는 것이다.

반면에 환상 구현 능력은 환상계에 내재된 속성이 아니다. 그것은 환상을 구현하는 주체와 관련된 속성이며, 그렇기 때문에 가변적이고 상대적이다. 환상을 구현하는 주체가 능력을 얼마나 갈고 닦느냐에 따라서 변화할 수 있고, 환상을 구현하는 주체가 놓인 상황에 따라서 상대적으로 우위에 있을 수 있다. 따라서 이 기준에 의거하면 허구적 환상계는 근원적 환상계의 우위에 설 수 있는 가능성을 갖게 된다.

그러므로 강림도령이 전우치를 도술의 우위로써 제압하는 사건은 심층적으로 고찰되어야 한다. 그것은 표면적으로는 그 직전까지의 <전우치전>의 주제 의식보다는 다른 일반적인 고전 서사의 주제 의식으로 선회하는 것처럼 보인다. 그러한 표면적 양상이 당시 사회와 마찰을 빚을 만한 <전우치전>의 문제적이며 도발적인 속성을 완화하는 효과도 가져왔을 것이다. 그러나 세부적인 국면에서는 <전우치전> 본연의 독특한 주제 의식이 여전히 이어지고 있었다.

이 점은 서화담과의 만남에서도 동일하게 찾아볼 수 있다. 특히 서화담이 부리는 도술은 허구적 환상계를 형성하는 것보다 근원적 환상계를 끌어오는 데 집중되어 있어 독특하다.

> 운치가 말했다.
> "소생이 선생의 높으신 이름을 우레같이 듣고 천 리를 멀다 않고 왔사오니, 선생의 가르침을 바라나이다."
> 화담이 사양하며 말했다.
> "전공이 나를 본받으러 왔구나. 내 무슨 도학이 있기에 이처럼 지나치게 칭찬하느냐? 내 들으니 그대 술법이 높아 모르는 일이 없다 하기에 한 번 보기를 원했더니, 이제 만나매 평생에 큰 행운이로다."

운치가 일어나 고마움을 표하고 종일 한가롭게 이야기를 나누었는데, 화담이 계집종에게 명하여 술과 안주를 재촉했다. 또 칼을 빼 벽 위에 꽂으니, 신선이 마시는 영출주가 술동이에 흘러 잠깐 사이에 한 항아리가 차자 즉시 칼을 뺐다. 북쪽 벽에 걸려 있는 그림에는 아름답게 채색한 누각이 뚜렷하고, 사창을 열고 보니 울긋불긋 고운 옷을 입은 선녀가 술상을 갖추어 들고 나와 운치 앞에 놓더니 잔을 받들어 술을 권했다. 운치가 받아 먹어보니 극히 향기로웠다.

운치가 화담에게 감사 인사를 했다.

"소생이 선경에 이르러 신선의 술과 진수성찬을 맛보았으니, 지극히 감사하옵니다."[119]

전우치가 구현했던 도술은 허구적 환상계를 만들어 내는 데 쓰였다. 이와 달리 서화담이 구현하는 도술은 근원적 환상계와 통교하는 데 쓰인다. 서화담의 초당 자체부터 '선경(仙境)', 즉 근원적 환상계-연장계의 속성을 지니고 있지만 이어지는 서화담의 도술은 근원적 환상계를 더욱 확실하게 불러들이고 있다. 그의 도술은 신선이 마시는 영출주를 불러왔고, 사창(紗窓)으로부터는 선녀가 술상을 갖추어 들고나온다.

그런데 이 대목에서의 묘사가 앞서 살핀 허구적 환상계에 대한 묘사와 상당히 흡사하다는 점을 눈여겨보아야 한다. 사창으로 들어온 선녀는 전우치

---

[119] 운치 왈, 쇼싱이 션싱의 놉흔 일홈을 우레갓치 듯잡고 불원쳔리ᄒ여 왓ᄉ오니 션싱은 가르치시믈 바라ᄂ이다. 화담이 숀ᄉ 왈, 년공이 날를 밀바드라 왓도다. 너 무ᄉ 도학이 잇관듸 이갓치 과찬ᄒᄂ뇨? 너 드르니 그듸 법슐이 놉하 모롤 일이 업다 ᄒ미 혼번 보기를 원ᄒ더니 이졔 맛나미 평싱 만힝이로다. 운치 이러 칭ᄉᄒ고 종일 한담ᄒ더니, 화담이 시비를 명ᄒ여 쥬찬을 지쵹ᄒ고 또 칼를 ᄲ혀 벽상에 ᄭ즈니 신션의 영츌쥬 쥰준의 흘너 잠간 ᄉ이의 한 항이 ᄎ거ᄂᆞᆯ, 즉시 칼을 ᄲ히고 북벽의 걸닌 폭주 그림의 빗난 쳑각이 두렷ᄒ듸, ᄉ창을 열고 본즉 치의 입은 션녜 쥬반을 갓초아 들고 나와 운치 압히 노코 잔을 밧드러 슐를 권ᄒ거ᄂᆞᆯ, 운치 바다 먹은즉 극히 향괴로온지라. 화담의 칭사 왈, 쇼싱이 션경에 이르러 경장옥익과 진슈미찬을 맛보오니 지극 감ᄉᄒ여이다.

의 족자에서 나온 주선랑과 형상 및 역할이 유사하다. 영출주든 주선랑의 술이든 간에 환상계로부터 술을 얻어 마신다는 점 또한 비슷하다.

결과적으로 서화담의 도술과 그에 연계된 근원적 환상계는, 전우치의 도술과 허구적 환상계의 닮은꼴을 제시함으로써, 같은 내용을 보다 우월하게 구현할 수 있음을 은연중에 드러내 보인다. 주선랑보다 선녀가, 주선랑의 술보다 신선의 영출주가 더 격이 높다. 전우치는 술을 받아 마시고서 '극히 향기롭다'고 평하며, 그러한 경지를 맛보게 해준 서화담에게 감사 인사를 한다. 주선랑 족자 사건에서의 오생의 위치로 전우치가 내려간 것이다. 즉, 주선랑 족자 사건에서의 전우치-오생 구도가 여기에 이르러 서화담-전우치 구도로 변화되었다고 할 수 있다.

이렇게 <전우치전> 결말부에 등장한 근원적 환상계의 존재는 허구적 환상계가 설 자리를 좁혀버린다. 근원적 환상계에 의거했을 때 같은 내용이 더 우월하게 구현된다면, 허구적 환상계를 굳이 선택할 이유가 사라진다. 서화담과의 만남 이후로 전우치는 허구적 환상계 만들기를 관두고 근원적 환상계로 가는 것을 선택한다. 그러한 선택의 단초가 바로 여기에서부터 마련되고 있는 것이다.

그리고 그러한 선택은 도술 대결을 통해 더욱 확고해진다. 강림도령과의 도술 대결처럼, 서화담과의 도술 대결은 전우치를 제압하고 삶의 방향을 틀어놓는 데 결정적인 역할을 한다.

> 운치가 무안하여 달아나려고 하자 화담이 알고 살쾡이로 변신하여 달려들었다. 일이 급하기에 운치가 보라매로 변신하여 날아가려 하자, 화담은 청사자로 변해 운치를 물어 쓰러뜨리고 크게 꾸짖으며 말했다.
> "그 정도의 요술로 임금을 속이고 함부로 장난하여 버릇이 없으니 어찌 죽이지 아니하리오?"

운치가 애걸하며 말했다.

"선생의 도술이 높으심을 모르고 높으신 위엄을 범하였으니 지은 죄가 커서 죽어 마땅하오나, 소생에게는 노모가 있사오니 원컨대 선생은 남은 목숨을 살려주소서."

화담이 말했다.

"내 이번에는 살려주지만 다시는 그런 버릇없는 일을 행하지 말고 그대 어머니를 봉양하다가 어머니가 돌아가신 후에 나와 영주산에 들어가 신선의 도를 닦는 것이 어떻겠느냐?"

이에 운치가 말하기를,

"선생의 교훈대로 받들어 행하겠습니다."

…

화담이 말하기를,

"내 이제 그대를 데려가려 하니, 행장을 꾸리거라"

하니 운치가 크게 기뻐하며 재산을 노복들에게 나눠주며 말했다.

"이제 영원히 이별하려 하니, 너희들은 탈 없이 지내면서 내 조상의 제사를 받들어다오."[120]

무엇으로 변신한다는 점에서는 도술의 내용이 동일하다. 그러나 변신의

---

[120] 운치 무안ᄒ여 다라나고져 ᄒ더니 화담이 알고 변신ᄒ여 솜이 되어 다라드니, 운치 일이 급ᄒ미 변신ᄒ여 보라미 되어 날녀 ᄒ즉, 화담이 또ᄒ 쳥ᄉᄌ 되어 운치를 무러 박지르더미 왈, 너 갓흔 요술이 괴군망상ᄒ고 작난이 무샹ᄒ니 엇지 죽이지 아니ᄒ리오? 운치 이걸 왈, 션ᄉᆼ의 도고ᄒ시믈 모로고 존위를 범ᄒ엿스니 죄당만ᄉ이오나, 쇼ᄉᆼ의 노뫼 잇ᄉ오니 원 션ᄉᆼ은 잔명을 빌니쇼셔. 화담 왈, 너 이번은 살니거니와 다시 그런 무샹ᄒ 일 힝치 말고 그ᄃ 모친을 봉양ᄒ다가 그ᄃ 모친이 기셰 후의 날과 영쥬산의 드러가 션도를 닷그미 엇더ᄒ뇨? 운치 왈, 션ᄉᆼ의 교훈ᄃ로 봉힝ᄒ리다 … 화담 왈, 너 이제 그대를 다려가려 ᄒᄂ니, 힝장을 슈습ᄒ라 ᄒ거ᄂ 운치 ᄃ희ᄒ여 가산을 훗터 노복을 쥬며 왈, 나는 이제 영결ᄒᄂ니, 여등은 무양이 이셔 나의 죠션 향화를 밧들나

결과로써 보여지는 힘의 세기는 서화담 쪽이 압도적이다. 서화담은 전우치를 제압하고서 '그 정도의 요술로' 장난을 했냐며 꾸짖는다. 이로써 전우치의 환상 구현 능력보다 서화담의 환상 구현 능력이 우위에 있음이 확실시된다. 전우치 역시 '선생의 도술이 높으심을 모르고'라는 말로 서화담의 우위를 인정한다.

　서화담은 이어 전우치에게 영주산에 들어가 신선의 도를 닦자고 권한다. 서화담에게 목숨을 구걸하는 상황이니 전우치가 따르겠다고 바로 대답하는 것도 당연해 보인다. 그러나 서화담이 전우치를 데리러 오는 장면에서 전우치는 영주산으로 가게 될 것을 '크게 기뻐한다'. 즉, 영주산으로 가는 일은 전우치가 제압당했기 때문에 억지로 선택하게 된 '처벌'이 아니다. 전우치 역시 영주산으로 가기를 진심으로 소망하게 되었던 것이다.

　이것은 전우치도 근원적 환상계의 우위를 인지하고 그를 지향하고자 했음을 보여준다. 단, 지향의 근거는 강림도령과의 도술 대결담에서와 마찬가지로 환상 구현 능력의 우위다. 전우치 자신의 도술보다 신선의 도술이 우월함을 깨닫고 그리로 이끌리게 된 것이다. 따라서 서화담과의 도술 대결에서도 허구적 환상계의 패배는 그에 담긴 이념적 요인으로 인한 것이 아니게 된다. 그저 근원적 환상계에 비해 힘의 세기에서 밀리기에 대체될 뿐이다.

　서화담은 '그 정도의 요술로 임금을 속이며 버릇 없이 장난을 했느냐'는 말 외에 별다른 이념적 가치관을 설파하지 않는다. 유교 경전에 근거한 훈계도 나타나지 않는다. 그저 근원적 환상계와 연계된 도술의 내용적 우월함을 보여주었고, 이어 도술 대결을 통해 전우치가 가진 도술의 한계를 깨닫게 해주었을 뿐이다. 그런 점에서 이 도술 대결담 역시 강림도령과의 도술 대결담과 본질적으로 상통한다. 허구적 환상계가 그 구현 능력이 뛰어났기 때문에 '진짜'로 대접받았었던 논리를 여기에서도 여전히 근거로 삼고 있는 것이다.

　이덕형(李德泂, 1566-1645)이 지은 『죽창한화(竹窓閒話)』에는 한문본 <전우

치전>이 실려 있어 위 대목과 좋은 비교 대상이 된다. 한문본 <전우치전>의 경우 전우치가, 윤군평에게서 배운 선술보다 서화담의 도술이 더 높다며 서화담을 우러르는 장면이 있다. 이에 서화담은 "선술이니 환술이니 나는 알지 못한다. 단지 정(正)이 사(邪)를 제압할 뿐이다."고 단언한다.[121] 이러한 서술시각은 논평에서도 이어진다. 환상을 나누고 평가하는 기준으로 정(正)과 사(邪)를 내세우는 것이다. 즉, 한문본 <전우치전>에서 환상계에 대한 평가는 환상 구현 능력의 우위보다는 정(正)과 사(邪)라는 가치관에 입각해 있다.[122]

이 한문본 <전우치전>은 <전우치전> 이본들 가운데 가장 먼저 출현했을 가능성이 높다.[123] 그렇다면 초기 이본에 보이는 정(正)과 사(邪)의 기준이 그 이후 경판본이나 활자본에 가서는 채택되지 않았거나 혹은 아예 고려 대상이 아니었다는 뜻이 된다. 물론 이 차이는 한문본 <전우치전>에서 전우치가 일으킨 사건의 내용과 경판본 및 활자본에서 일으킨 사건의 내용이 다르다는 점에 일차적으로 기인할 것이다. 한문본 <전우치전>에서는 도술을 부녀자와 사통(私通)하는 등, 불의(不義)한 일에 쓰는 경우가 다수 나타나기 때문이다. 그러나 그보다 더 중요한 것은 도술의 내용이 그와 같이 다르게 나타나고 평가 또한 달라지게 만드는 요인 그 자체, 즉 대다수 <전우치전> 이본들의 서술 시각이다.

한두 예외를 제외하고서 대다수 <전우치전> 이본들에서는 환상을 정(正)과 사(邪)의 논리로 보려 하지 않았다. 지배 이념과 마찰을 빚을 위험성 때문

---

[121] 先生曰 所謂仙術幻術 吾皆不智 但以正制邪矣(국립중앙도서관 소장본 『竹窓閒話』 <田禹治傳>).
[122] 況君子正也 術士邪也 君子陽也 術士陰也 邪不勝正 陽能制陰 當然之理也(출처는 위와 동일).
[123] 사대부 한문 식자층이 閒話의 형태로 기록해둔 것이기 때문이다. 앞서 언급한 서혜은, 앞의 논문, 200면에서도 동일하게 추정하고 있다.

에 결말부에 전우치가 패배하는 형태로 일종의 제어 장치를 두게 되었지만, 그 패배의 근거는 따져 들어가면 결국 술법의 우위, 즉 결말부 이전까지 통용되었던 환상의 논리였다. 한문본 <전우치전>에 나타난 서화담의 논리와 전우치의 논리 가운데, 배척된 후자가 도리어 채택된 셈이다. 서화담은 환술이든 선술이든 환상적 술법의 우위가 중요한 것이 아니라 정(正)과 사(邪)의 기준이 중요하다고 했다. 반면에 전우치는 환술보다 우위에 있는 선술, 선술보다 우위에 있는 서화담의 술법에 탄복했다. 한문본 <전우치전>에서는 전우치가 패자였는데 후대 <전우치전>에서는 도리어 전우치의 논리가 승자가 된 셈이다.

그런 점에서 <전우치전>의 도발적인 문제의식은 다소 이질적인 결말에 가서도 이면적으로 살아남아 빛을 발하고 있다고 평가할 수 있겠다. 이것은 허구적 환상계를 별로 중시하지 않았던 대다수의 고전 서사, 대표적으로 앞서 본 <구운몽>에서는 다룰 수 없었던 문제의식이다. 또한 허구적 환상계를 등장시키되, 정(正)과 사(邪)의 논리로 사유하는 <옥루몽>에서도 다룰 수 없는 문제의식이다. 그런 점에서 <전우치전>은 광대한 환상 문학사에서도 유독 빛나는 작품이다.

3장
<옥루몽>의 근원적 환상계와 허구적 환상계: 환상계와 올바름의 문제

　앞의 <구운몽>, <전우치전>과 비교했을 때 <옥루몽>이 지닌 가장 주요한 특징은, 근원적 환상계와 허구적 환상계 둘 다 상당한 존재감을 가지며 함께 등장하고 있다는 점이다. <구운몽>에서는 주로 근원적 환상계와 현실계의 관계를 문제 삼고 있었다. 허구적 환상계는 그다지 관심사가 아니어서 짧은 꿈 하나가 등장하는 것에 불과했다. 또한 <전우치전>에서는 허구적 환상계가 지면의 전반을 차지하고 있었다. 근원적 환상계는 언급되는 것 정도로 아예 생략되어 있거나, 혹은 나오더라도 부정적인 모습으로 짧게 묘사되고 말았다. 반면에 <옥루몽>은 근원적 환상계와 허구적 환상계 둘 다를 다룬다. 두 환상계 모두 잠시 언급되는 정도가 아니며 꽤 상세한 묘사가 수반된다.
　이러한 특징이 도출되는 이유는 물론 <옥루몽>이 <구운몽>과 <전우치전>보다 훨씬 길다는 점, 즉 장편의 서사라는 점에서도 기인할 것이다. 그러나 장편소설이라고 해서 모두 이러한 특징을 지니는 것은 아니다. 둘 다를 등장시켜 상세하게 묘사한 것은 <옥루몽>이 독보적으로 선보이는 특징이다.

그렇기에 더더욱 이것이 갖는 함의를 섬세하게 고찰할 필요가 있다.

근원적 환상계와 허구적 환상계를 함께 한 작품 안에 아우르는 일은 의도했든 의도하지 않았든 간에 서사 전반을 규율함에 있어 부담으로 작용한다. 환상과 환상계의 성격을 일률적으로 규정하는 것이 서사를 조직함에 있어서 훨씬 더 간편한 방식이기 때문이다. 현실과 환상으로 이분법적 구도를 설정해 놓고 각각에 선(善)·악(惡) 등 명확한 성격을 부여하면 한쪽은 퇴치될 것으로, 한쪽은 지향될 것으로 삼아 주제를 명확하게 드러낼 수 있다.

그러나 근원적 환상계와 허구적 환상계가 함께 비중 있게 등장할 경우, 그러한 단순한 이분법적 구도가 무너져 버리고 세계관은 복잡한 양상을 띨 수밖에 없다. 환상계에 대한 태도 역시 일률적이지 않게 되어 하나의 해결 방식이나 단선적인 진리관으로는 문제를 완전히 해결하기 어려워진다. 후술하겠으나 <옥루몽>에서는 등장인물 간에 환상계에 대한 태도가 하나로 합치되지 않는다. 이 역시 환상계의 등장 양상에 기인한다.

그런 점에서 <옥루몽>이 선보이는 허구적 환상계-분리계에 대한 묘사는 특히 이채롭다. 이 묘사는 맨 처음에 등장한 근원적 환상계-분리계에 대한 묘사와 거의 일치한다. 그 결과 사태는 더욱 복잡해지고 심각해지며 작품 내부에서 이 사태를 해결할 수 있는 방안이 새로이 모색되어야만 했다.

<옥루몽>은 선행 연구에서 이미 논했듯 '소설의 질적 차이를 증명하려 노력했고 그 평가도 문학적 기준에서 이루어졌던' 19세기의 산물이다.[124] 사대부 문인이 공을 들여 창작한 '의미 있는 허구적 창조물'이 이 시기의 한문장편소설이다.[125] 따라서 <옥루몽>의 복합적 성격은 우연한 결과가 아니다.[126] 근원적 환상계와 허구적 환상계를 함께 등장시킴으로써 유발된 복잡다

---

124 이기대, 「19세기 한문장편소설 연구」, 고려대학교 박사학위논문, 2004, 34면.
125 유광수, 「<옥루몽> 연구」, 연세대학교 박사학위논문, 2005, 10면.
126 환상계 외의 층위에서 보더라도 <옥루몽>은 이전의 소설사적 전통을 수용하고 종합한

단한 면모를 서사적으로 잘 풀어나가는 데서 오히려 작가 의식이 십분 발휘되었다고도 볼 수 있다.

결과적으로 <옥루몽>은 근원적 환상계와 허구적 환상계를 아울러 담아내어 중층적이고 다면적인 함의를 산출한다. 이것이 <옥루몽>이 환상계를 운용함에 있어 개척한 새로운 경지다. 또한 바로 이것이 환상계 연구에서 <옥루몽>을 특히 주목해야 하는 이유다.

이에 우선 작품의 도입부를 장식하고 있는 근원적 환상계를 살펴보고, 이어 허구적 환상계가 등장한 원인과 그 양상을 살피고자 한다. 그리고 이 둘의 공존으로 제기된 문제의식이 <옥루몽>에서 어떻게 해결되어 가는지를 양창곡, 강남홍, 그리고 독자의 층위에서 분석할 것이다.

1. 확고하게 제시되는 근원적 환상계

1) 드러나 있는 근원적 환상계-분리계

환상계와 관련하여 살펴봐야 할 주요 화소 중에 하나로 적강(謫降)이 있다. 적강을 기점으로 적강 전의 세계(근원적 환상계)와 적강 후의 세계(현실계)가 제시되기 때문이다. 적강 자체는 당연히 환상적인 사건이다. 그런데 적강이 나타날 때 중점적으로 다뤄지는 세계는 대체로 현실계인 경우가 많다. 적강 이전의 삶과 세계가 처음부터 구체적으로 묘사되는 경우는 생각 외로 많지 않다. 적강 이전의 신분이 태몽이나 이인(異人)의 언급을 통해 밝혀지고 그로써 현실계에서의 인과율이 설명되는 경우가 대부분이다. <소현성록>이 대표

의의가 있다. 이승수에 따르면 <옥루몽>에는 가정소설적 요소, 영웅소설적 요소, 판소리계 소설적 요소 등 이전의 소설 작품들이 가졌던 서사 양식이 녹아들어 있다(이승수, 「<옥루몽> 소고 2」, 『한국언어문화』 20, 한국언어문화학회, 2001).

적인 예다. 그 외에는 적강 이전의 삶을 꿈을 통해 짧게 경험하는 경우도 종종 보이는데, <숙향전>이 그러한 경우다. 이러한 작품들에서 근원적 환상계는, 적강했다는 표지가 의심의 여지 없이 뚜렷하게 제시된다는 점, 적강 이전의 삶이 이후에도 지속적으로 영향을 끼친다는 점을 통해 우회적으로 그 존재감을 드러낸다.

그에 비하면 앞서 살펴본 <구운몽>, 그리고 지금부터 살펴볼 <옥루몽>은 적강 이전의 삶을 상당히 소상하게 묘사하는 편이다. 물론 이들 작품에서도 현실계에서의 삶이 분량 면에서 압도적인 지분을 차지한다. 그러나 이들 작품에서는 근원적 환상계로부터 이야기가 시작되고 있고, 이 점은 분명히 괄목할 만한 차이라고 할 수 있다. 근원적 환상계가 등장인물의 언급이나 꿈과 같은 매개를 거치지 않고서 문면에 직접 등장하기 때문에, 그 존재가 현실계만큼이나 확고부동해지는 것이다. 더구나 작품이 시작되는 부분에 등장하므로 독자는 이후의 사건을 접할 때도 근원적 환상계의 존재를 염두에 두고서 읽게 된다.

근원적 환상계의 배치에 있어 <옥루몽>과 <구운몽>이 같은 것만은 아니다. 둘은 도입부에서 밝혀지는 근원적 환상계의 '범위'에서 차이를 보인다. <구운몽>과 달리 <옥루몽>에서는 처음부터 근원적 환상계의 전모를 제시한다. 이는 단순히 묘사의 범위와만 관련된 문제는 아니다. 환상계의 운용 방식은 주제 의식의 향방, 그리고 그 구현과도 연관된 중요한 요소다.

앞서 <구운몽>에서는 근원적 환상계-분리계가 간략히 언급만 될 뿐, 근원적 환상계-연장계를 배경으로 작품이 시작되었다. 그리고 그럼으로써 <구운몽>의 결말이 갖는 충격적 효과가 배가될 수 있었다. 즉, 근원적 환상계-연장계로의 회귀가 문제의 종결점 같아 보였지만 사실은 그렇지 않으며 그 배후에 다시 근원적 환상계-분리계가 있었음이 밝혀졌던 것이다. 이와 같은 환상계의 정교한 배치는 <구운몽>의 주제 의식을 보조하면서 성진과 독자의 사유를 지속적으로 전복시키는 데 기여하고 있었다.

반면에 <옥루몽>에서는 근원적 환상계-분리계를 이야기가 시작되는 무대로 설정해 놓고 있다. <구운몽>이 근원적 환상계-분리계를 '숨겨둔 패'로 활용했다면, <옥루몽>은 근원적 환상계-분리계라는 패를 처음부터 완전히 보여준 셈이다. 심지어 이때 묘사되는 근원적 환상계-분리계는 곧 <옥루몽>의 근원적 환상계 전체나 다름없다.

> 옥황상제께서 계시는 백옥경(白玉京)에는 열두 개의 누관(樓觀)이 있는데, 그중에서 백옥루(白玉樓)가 으뜸이다. 규모가 크고 화려하며 주변 경관이 탁 트였는데, 서쪽으로는 도솔궁(兜率宮)에 이어져 있고 동쪽으로는 광한전(廣寒殿)을 바라본다. 아로새긴 기와와 단청으로 장식한 기둥은 푸른 하늘에 우뚝 솟아 있고 옥 같은 창문과 수놓은 듯한 문은 상서로운 빛이 맺혀 있어서, 하늘 위 누관 중에서 첫손가락에 꼽힌다.[127][128]

<옥루몽>은 위 대목으로부터 시작된다. 천상계를 주재하는 옥황상제의 궁궐을 이야기의 시작 지점으로 잡은 것이 이채롭다. 근원적 환상계의 최중심부가 밝혀지는 마당에 다른 근원적 환상계를 굳이 숨겨둘 이유가 없다. 이후 모든 근원적 환상계가 차례차례 조망되는 것이 이로써 자연스러워진다.

더구나 모든 사건의 시발점이 되는 공간은 천상계가 내려다보이는 백옥루

---

[127] 이 책에서는 <옥루몽>의 한문교감본(장효현 외, 『校勘本 韓國漢文小說 英雄小說(2)』, 고려대학교 민족문화연구원, 2007)을 저본으로 삼고 세창서관본과 규장각본을 참고했다. 또한 현대어역은 김풍기 역, 『옥루몽』, 그린비, 2006을 참고하였음을 밝혀둔다.

[128] 上帝臨御ᄒ신 白玉京에 十二樓가 有ᄒ고 十二樓의 一은 白玉樓ㅣ니 制度가 宏麗ᄒ고 景槪가 平遠ᄒᆫ데 西連兜率宮ᄒ고 東望廣寒殿이라. 雕甍畵棟은 碧空에 聳出ᄒ고 獄窓繡戶ᄂᆫ 瑞色이 凝結ᄒ야 上淸樓觀에 第一指를 屈ᄒ올러라.

다. 백옥루를 보수하며 펼친 낙성연(落成宴)에서 문창성군이 인간 세상에 연관된 시를 지었던 것이 원인이 되어, 옥황상제가 그를 적강하게 했기 때문이다. 또한 문창성군이 다섯 선녀와 인연을 맺고 잠들어 인간 세상을 향하는 계기가 되는 곳 또한 백옥루다. 천상계가 환히 내려다보이는 곳이 곧 본격적인 사건이 촉발되는 공간으로 설정된 셈인데, 이 역시 근원적 환상계의 전모를 밝히며 시작하는 <옥루몽>의 구도와 호응하고 있어 흥미롭다.

실제로 <옥루몽>에서는 천상계 외에도 다른 근원적 환상계들을 등장시키거나 혹은 언급을 통해 그 존재를 간접적으로 드러낸다. 문창성군은 백옥루에서 달빛을 감상하다가 용왕을 만난다.

> 가을 바람은 소슬하고 은하수는 빛나며, 드넓은 푸른 하늘에는 빗자루로 쓸어낸 듯 구름 한 점 없었다. 잠시 후 갑자기 동북방에서 한 떼의 검은 구름이 일어 하늘을 온통 뒤덮더니 북해의 용왕이 뇌거(雷車)를 몰고 백옥루 아래를 지나가는 것이었다. 문창성군이 크게 노하여 말했다.
> "내가 한창 달빛을 구경하고 있는데 어찌 늙은 용이 구름을 일으켜서 가리는가?"
> 용왕이 머리를 조아리며 말했다.
> "오늘은 칠월 칠석 아름다운 때라 운손낭랑(雲孫娘娘)이 견우에게 내려가십니다. 사해(四海)의 용왕이 그곳으로 수레를 씻으러 가는 길입니다."[129]

용왕과의 조우는 이후 이야기의 전개에 있어 필수적인 사건은 아니다.

---

[129] 此時는 秋七佳節이라 金風은 蕭瑟ᄒ고 銀河는 耿耿ᄒ데 萬里碧空에 點雲이 如掃ᄒ더니 俄然 東北方一陣黑雲이 彌滿中天ᄒ고 北海龍王이 驅雷車ᄒ야 過樓下어늘 文昌이 大怒曰 吾方觀月色이어늘 老龍이 何以起雲ᄒ야 遮月光고? 老龍이 稽首曰 今日은 七七佳節이라 雲孫娘娘이 下降牽牛ᄒ실식 四海龍王이 爲洗車而去ᄒᄂ이다.

그럼에도 불구하고 이 화소가 삽입된 까닭을, <옥루몽>의 세계를 구성하는 근원적 환상계들을 처음부터 널리 조망해 보여준다는 측면에서 이해해 볼 수 있다. 더욱이 용왕은 마침 '사해(四海)의 용왕'들이 모이는 날임을 언급함으로써 수궁계의 존재도 환기시켜 준다.

잠시 후 아름다운 건물들이 우뚝 나타나고 흰 이슬이 하늘을 가로지르는데 새로 뜬 반달이 두성과 우성 사이를 배회한다. 문창성군이 취하여 난간에 의지해 달을 바라보며 생각하다가 말했다.
"옥경(玉京)이 좋기는 하지만 맑고 담박함을 견디기 어렵다. 저 월궁의 항아도 외로이 광한전을 지키고 있으니 어찌 무료함을 근심하지 않겠는가."[130]

월궁과 항아는 여러 고전 서사에서 나타나곤 하지만 사실 <옥루몽>의 사건 전개와는 별 관련이 없다. 그럼에도 문창성군이 백옥루에서 달빛을 감상하는 장면이 설정된 덕택에 월궁 역시 근원적 환상계의 하나로 삽입되어 묘사되고 있다. 천태산과 마고선자 역시 마찬가지다.

홍란이 웃으며 말했다.
"지난번에 마고선자를 만났는데, 군산(群山)에 천일쥬(千日酒)가 새로 익어 맛이 더할 나위 없이 좋다더군요. 시녀를 보내서 얻어오는 게 좋겠습니다."
옥녀가 웃으면서 한 시녀를 천태산(天台山)으로 보내니, 마고선자가 놀라며 말했다.
"옥녀는 지조가 고상하여 일찍이 술을 구한 적이 없었는데, 정말 괴이한 일이

130　小頃에 玉宇崢嶸ᄒᆞ고 白露ㅣ 橫空ᄒᆞᆫ데 半輪新月이 斗牛間에 徘徊ᄒᆞ니 文昌이 醉依欄干ᄒᆞ야 望月而思曰 玉京이 雖好ᄒᆞ나 難耐淸淨澹泊이로다. 彼月宮姮娥ᄂᆞᆫ 孤守廣寒殿ᄒᆞ야 豈無無聊之愁리오?

로구나."

그리고는 즉시 마노로 만든 호로병에 술 여러 말을 담아 보냈다. 홍란성이 낭랑하게 말하였다.

… "그러니 필시 주성부(酒星部)에 쌓아 둔 술이 바다처럼 많을 겁니다. 문창성군께서 구하신다면 얻으실 수 있을 겁니다."

문창성군이 응낙하고 즉시 선동을 보냈다. 잠시 후 천사성(天駟星)은 술을 싣고 북두성(北斗星)은 잔을 씻어 왔다.[131]

술을 구하는 장면은 주요 등장인물인 옥녀와 홍란성의 성격을 자연스럽고도 특색있게 드러낸다. 그뿐만 아니라 그것은 근원적 환상계에 대한 묘사에도 크게 기여한다. 백옥루를 중심으로 하여, 신선계라 할 수 있는 천태산의 마고선자로부터 천상계의 관청과 별들까지도 엮이어 등장하는 것이다. 이로써 근원적 환상계의 전모가 구체적으로 실감 나게 묘사된다.

이와 같은 방식으로 근원적 환상계에 대한 시야를 넓혀 묘사했다면, 이후 이어지는 적강 사건을 예비하기 위해서는 사건이 시작될 공간을 좁혀 특정할 필요도 있을 것이다. <옥루몽>은 그 점까지도 놓치지 않고 적절한 묘사로써 구현해 낸다.

여섯 선관들이 난간에 기대어 잠드니, 옥 같은 산이 절로 기울고 꽃 그림자가 산란해졌다. 희고 깨끗한 별과 달이 은하수를 감싸고 맑디맑은 바람과 이슬이

---

131 紅鸞이 笑曰 向逢麻姑仙子ᄒ니 君山에 千日酒가 新熟ᄒ야 極爲醇美라 ᄒ니 命送一個侍女則可得ᄒ리이다. 玉女가 笑而命一侍女ᄒ야 送天台山ᄒ니 麻姑ㅣ 見而大驚 曰 諸方玉女ᄂ 持操高尙ᄒ야 曾無求酒之事러니 最可怪之事로다. 卽取碼瑠壺ᄒ야 纔以數斗酒而送之ᄒ니 紅鸞이 語娘娘曰 … 必酒星部之所積이 應如滄海라 文昌이 求之則可得ᄒ리다. 文昌이 應諾ᄒ고 卽命送仙童이러니 而已요 天駟星은 載酒ᄒ고 北斗星은 洗盃ᄒ야

옷을 온통 축축하게 적시니 자연스럽게 백옥루에서의 풍월이 호중천지(壺中天地)로 변하였다. 다만 시녀와 선동은 난간머리에 시립해 있었고, 아름다운 봉황과 푸른 난새는 누대 아래에서 서성거리고 있었다.[132]

여섯 선관들이 소란스레 떠드는 장면에서는 여러 공간들을 개입시킴으로써 묘사되는 공간의 범주를 확장했다. 이에 반해 여섯 선관들이 잠드는 장면에서는 백옥루를 중심으로 공간 묘사가 잦아드는 양상을 보인다. 별과 달은 은하수를 감싸 반경을 좁힌다. 바람과 이슬은 옷을 축축하게 적셔 차분한 분위기를 조성한다.

그 절정이 '호중천지(壺中天地)'라는 표현에 있다. 항아리 속에 작은 세계가 담기듯 백옥루라는 공간이 좁혀져 특정되는 것이다. 이후의 이 백옥루의 광경이 관음보살의 시선에 잡히는 점, 또한 현실계에서의 삶이 백옥루에서의 꿈으로부터 연유하는 점을 상기한다면 매우 절묘한 표현이다. 여기에는 별다른 사건 전개가 나타나지 않는다. 오로지 공간 묘사로만 이 세밀한 변화를 포착해 이후의 적강 사건으로 자연스레 이어지도록 안배하고 있는 것이다. <옥루몽>이 이룩한 공간 묘사 측면에서의 성취가 이로부터 확인된다.[133]

<옥루몽>의 근원적 환상계-분리계에는 도교적 천상계만 있는 것이 아니다. 불교적인 공간인 영산도량도 존재한다. 영산도량은 부처가 설법을 베푸

---

[132] 六仙官이 亦依欄而睡ᄒᆞ민 玉山이 自倒ᄒᆞ고 花影이 散亂이라. 皎潔星月은 繞在天河ᄒᆞ고 淸亮風露ᄂᆞᆫ 滿襲衣裳혼데 居然히 玉樓風月이 變作壺中天地라. 但侍女와 仙童은 侍立於欄頭ᄒᆞ고 彩鳳靑鸞은 徘徊於樓下러라.

[133] 이와 같은 수준 높은 공간 묘사는 작가 남영로의 회화적 재능과도 관련이 있을 듯하다. 특히 산수화에 대한 감각은 소설 속 공간을 기교 있게 묘사하는 데에도 영향을 미쳤을 것이다. 이러한 관점에서 조선 후기 소설 속 공간 묘사와, 같은 시기 회화에서의 묘사를 비교하여 조선 후기의 공간론을 논하는 연구도 가능하리라 생각된다. 관련 선행 연구로 남영로의 회화적 재능과 <옥루몽> 속 화상 그리기 대목 및 나비의 형상을 연관시킨 논의가 있다. 설성경·심치열, 『옥루몽의 작품세계』, 개문사, 1997, 35-37면.

는 곳이며 여러 보살들을 비롯해 부처의 제자들이 모여 있는 곳이다. 이 불교적 환상계를 등장시킨 것은 결과적으로 탁월한 전략이 된다. 우선 사건이 갖는 의미와 주제 형성의 측면에서 그렇다. 만일 영산도량이 등장하지 않고 주인공 일행이 적강했다면 적강은 다소 단순한 의미만을 지니게 되었을 터다. 옥황상제는 문창성군의 시에 담긴 인간 세계로의 지향성을 걱정하여 적강을 명했으니, 이것이 적강하는 계기의 전부였다면 적강은 그 기운을 풀어버리는 방편 정도의 소박한 의미만 갖게 되는 것이다.

그러나 관음보살의 매개를 거침으로써 적강은 보다 복잡한 함의를 갖게 된다. 부처는 백옥루에서 연꽃을 가져오게 하고 연꽃에 쓰인 시들을 명주로 변화시킨다. 그리고서는 연꽃과 명주로 무엇을 할 것인지를 묻는다. 아난(阿難)의 경우, 교종의 논지에 가까운 대답을 내놓는다. 잎마다 팔만대장경을 쓰겠다는 것이다. 반면 관음보살은 선종의 가르침과 비슷한 논지를 펼친다.

"여덟가지 진귀한 음식을 먹어보면 콩과 좁쌀로 만든 음식의 담박함을 알고, 화려한 무늬로 수 놓인 옷을 입어보면 베로 만든 옷의 검소함을 깨닫습니다. 제자가 이 연꽃과 명주를 가지고 한 인연을 만들어 천추만세토록 취한 듯 꿈꾸는 듯 살아가는 중생들로 하여금 옛 경지를 깨닫게 하고 불교의 가장 높은 청정광대함을 알도록 하겠습니다."[134]

부처는 관음보살의 답에 흡족해하며 그에게 연꽃과 명주를 내준다. 그리하여 관음보살은 자신의 말을 실제로 실현하는데 이것이 곧 적강이라는 사건이 갖는 의미가 된다. 진귀한 음식이 입에 물리고 화려한 옷이 싫증 나면 그제야

---

134 食八珍之味則知菽粟之淡ᄒ고 被紋繡之衣則覺布帛之儉素ᄒᄂ니 弟子ㅣ 持這蓮花與明珠ᄒ야 作一種夤緣ᄒ야 千秋萬世之醉夢浮生으로 使覺舊境케 ᄒ고 以知佛家上乘之淸淨廣大矢리이다.

담박함과 검소함이 가진 청정한 매력을 되돌아보게 되는 법이다. 마찬가지로 불교에서 제시하는 해탈의 차원 역시 다른 삶을 체험함으로써 더욱 절실히 추구될 수 있다. 그런 점에서 적강은 불교적 깨달음과 엮이기에 더없이 적합하다. 적강은 완전히 다른 삶을 체험한다는 불가능한 일을, 가능한 일로 만들어 주는 수단이기 때문이다.

그러므로 불교적 환상계의 등장은 적강을 일종의 선(禪)적인 체험으로 변모시키는 역할을 한다. 그 덕분에 적강은 심지어 불교의 교리를 익히는 것보다도 더 가치 있는 일로 그 의미가 격상되고 있다. 변화로 가득한 양창곡과 다섯 여인의 삶을 의미로 포섭할 뿐만 아니라, 환상계에서의 삶 또한 서두를 화려하게 장식하는 것 이상의 의미를 갖게 만드는 것이다.

환상계, 공간의 차원에서도 불교적 공간의 등장은 탁월한 선택이었다. 분리계는 연장계나 중첩계에 비해 환상계의 규모가 큰 경향이 있다. 연장계나, 특히 중첩계는 현실계에 밀착된 유형이다 보니 현실적으로 납득 가능한 정도의 규모를 갖는 것으로 그려질 필요가 있다. 이들에 뚜렷한 독자성이나 거대한 규모가 부여될 경우, 그런 환상계가 쉽게 발견되지 않고 존재할 수 있느냐는 반박에 대응해야 하기 때문이다. 그에 반해 분리계는 현실계와 분리되어 있어서 그러한 반박을 피할 수 있다. 따라서 거대한 환상계, 나아가 현실계 밖의 전 우주를 아우르는 환상계는 분리계에 가장 잘 어울리는 속성이다.

그러한 맥락에서 불교적 공간은 근원적 환상계-분리계의 압도적인 규모를 완성해 주는 역할을 한다. 불교의 세계관은 본디 상당히 방대하다. 불교에서는 자연계와 천상계, 수라계를 아울러 하나의 세간이라고 지칭하는데, 우주에는 이러한 세간이 총 10억 개 있다고 말한다.[135] 이렇듯 거대한 불교의

---

135 한 세간을 1천 개 합하면 소천(小千)세계, 이를 다시 1천 배하면 이천(二千) 또는 중천(中千)세계, 이를 다시 1천 배 하면 삼천(三千) 또는 대천세계가 된다. 결국 삼천대천세계, 즉 10억의 세간이 불교에서 말하는 우주의 총체다(한자경, 『동서양의 인간이해』, 서광사,

세계관이 영산도량이라는 불교적 공간을 매개로 <옥루몽>에 차용되는 것이다.

  관세음보살이 합장하여 명을 받고는 즉시 구름을 타고 공중으로 올라갔다. 위로는 12천(天)을 우러러보고 아래로는 3천계(界)를 굽어보니, 옥경(玉京)의 12루(樓)에서 한 줄기 이상한 빛이 흘러나오는 것이었다. 관세음보살이 그 빛을 따라가니 백옥루에 이르렀다.[136]

관음보살의 시선에 의해 근원적 환상계-분리계는 위로는 12천, 아래로는 3천계의 범위를 가진 것이 된다. 이로써 <옥루몽>의 근원적 환상계-분리계는 그에 걸맞은 크기와 밀도를 갖춘다. 도입부부터 근원적 환상계의 전모를 보여주고 있는 <옥루몽>이기에 이러한 설정은 긴요했다. 아예 감춰져 신비스러움으로 포장되지 않을 거라면, 차라리 그 크기와 밀도가 강조되는 편이 낫다.

  정리하자면 <옥루몽>에서 근원적 환상계-분리계는 작품의 시작점에서부터 이미 존재감을 확실하게 드러내 보인다. 등장인물들이 원래 소속된 공간이나 적강하게 된 내력 등이 온전히 밝혀진 채로 작품이 시작하는 것이다. 또한 근원적 환상계-분리계가 그 전모를 내보이며 문면에 등장한 탓에 더 이상 밝혀질 만한, 숨겨진 근원적 환상계-분리계도 없다.

  따라서 <옥루몽>은 애당초 <구운몽>과는 다른 독법으로 읽혀야 한다. <구운몽>에서는 주인공이 놓여 있는 세계 이후에 또 다른 세계가 등장하기 때문에, 항시 이전까지의 세계가 전부라고 생각해서는 안 되었다. 근원적 환상계-분리계는 그러한 전복적 사유의 대미(大尾)로서 결말까지 숨겨져 있었다.

2001, 68면).
136 菩薩이 合掌受命ᄒ고 卽乘雲而向空中ᄒ야 上으로 仰觀十二天ᄒ고 下으로 俯察三千界ᄒ니 玉京十二樓에 放出一線異常光彩어늘 菩薩이 隨其光彩ᄒ야 到白玉樓ᄒ니

반면 <옥루몽>에서는 오히려 근원적 환상계-분리계가 진실로 존재하고 있음을 독자에게 확인시킨다. 결말에 가서 새롭게 드러나는 근원적 환상계-분리계란 없다.[137] 그리하여 독자는 근원적 환상계-분리계의 존재를 염두에 두고서 현실계의 사건을 읽게 된다.

2) 근원적 성격의 부각

<옥루몽>의 근원적 환상계-분리계는 존재감만 확실한 것이 아니다. 근원적 환상계가 갖는 근원으로서의 속성 또한 선연하게 나타난다. 제1부에서 근원적 환상계의 특징을 논하면서 근원적 환상계는 많은 경우 현실계에 나타난 환상들의 근원으로 그려진다고 했었다. <옥루몽> 서두의 근원적 환상계는 이러한 특징을 잘 보여주는 환상계다.

근원적 환상계-분리계의 근원으로서의 성격은 우선 공간 설정의 층위에서 발견된다.

> 관세음보살은 합장하고 재배한 후 보리주를 메고 금실로 수놓은 가사를 입고 왼손에는 다섯 개의 명주를, 오른손에는 연꽃 한 송이를 들고 남천문(南天門)에 올랐다. 대천토(大天土)를 굽어보니 망망한 괴로움의 바다에 욕망의 물결이 하늘에 닿도록 넘실거리고, 쓸쓸한 먼지 가득한 세상이 취한 듯 꿈꾸는 듯 몽롱하

---

[137] 이러한 점에서 <구운몽>과 <옥루몽>은 반전(反轉)에 관한 서로 다른 서사적 구성을 대표한다고도 할 수 있다. <구운몽>은 반전을 끝에 두어 결말에서 의미를 도출한다. <옥루몽>은 반전을 끝에 두지 않으므로 사건의 진행 과정 속에서 의미를 도출한다. 반전을 가장 잘 활용하는 추리 서사의 경우, 범인이 결말에 가서 밝혀지는 유형과 처음부터 범인을 알려주고 범행 방식과 동기를 서서히 밝히는 유형으로 나뉜다. <구운몽>과 전자의 유형, <옥루몽>과 후자의 유형이 묘하게 호응한다. 비록 시대나 장르 간 현격한 차이는 있겠으나, 서사의 구조 면에서는 동질하다는 점에서 연구해 볼 가치가 있을 듯하다.

다. 관세음보살이 미소를 지으며 오른손의 연꽃과 왼손의 명주를 동시에 허공에 던지자 명주는 사방으로 흩어져 간 곳을 알지 못하게 되었다. 다만 연꽃 한 송이는 흰 구름 사이를 날아다니다가 하계에 떨어져서 명산(名山)이 되었다.

알지 못하겠구나, 관세음보살의 법력이 장차 어떻게 인연을 만들어 어떠한 결과를 만들어 낼 것인가.[138]

관음보살이 남천문에서 던진 연꽃은 현실계로 내려와 옥련봉이 된다. 그리고 이 옥련봉에서 탄생하는 인물이 바로 문창성군의 후신(後身)인 양창곡이다. 이 점, 상당히 흥미로운 대목이다. 여타의 적강 소설에서는 보통 인물만이 환상계로부터 분리되어 현실계에 환생한다. 환생을 보조하기 위해 환상계에서 추가로 투출되는 것도 주로 인물이다. 탄생 시에 천상계에서 선녀가 내려와 출산을 돕는다거나, <구운몽>에서처럼 황건역사가 환생자를 인도하는 경우가 그렇다. 그런데 <옥루몽>에서는 인물뿐만 아니라 공간조차도 환상계로부터 투출되고 있다.

다시 말해서 <옥루몽>에서는 근원적 환상계-연장계조차 근원적 환상계-분리계로부터 생성되는 것으로 설정된다. 환상적인 인물에 더하여 환상계까지도 유래되는 공간이기에 근원적 환상계-분리계가 갖는 근원적 성격은 보다 뚜렷해진다. 더욱이 <옥루몽>에서는 이 점을 세 가지 다른 방식으로 반복하여 묘사한다.

첫 번째는 직접적인 서술이다. 옥련봉을 '멀리서 바라보면 한 송이 연꽃이 푸른 하늘에 우뚝 솟아 있는 듯'하다고 묘사하는 것이다. 이는 옥련봉이 곧

---

[138] 菩薩이 合掌再拜ᄒ고 登南天門ᄒ야 俯視大千土ᄒ니 茫茫苦海에 慾浪이 接天ᄒ고 蕭蕭紅塵에 醉夢이 矇昧커늘 菩薩이 微笑ᄒ고 右手之蓮花와 左手之珠를 一時向空而投ᄒ니 明珠는 四散ᄒ야 不知去處요 但一朶玉蓮이 飛白雲間ᄒ야 落下下界ᄒ야 爲一座名山ᄒ니 不知케라. 菩薩 法力이 將作如何夤緣ᄒ야 作如何結果오?

제2부 작품론: 고전 서사의 환상계 활용

관음보살이 던진 연꽃임을 강력히 명시해 준다.

두 번째는 등장인물의 발화다. 한 도사(道士)를 등장시켜 그를 통해 옥련봉의 신성성을 강조하는 것이다.

"아름답구나, 이 산이여. 우뚝한 형세는 봉황이 날고 용이 서린 듯하고, 맑은 기운을 받았으니 이는 우공이 산과 물을 이끌던 산이로구나. 불가(佛家)에서 말하는 비래봉(飛來峰)이니, 3백 년이 지나지 않아 기남자(奇男子)를 낳아서 반드시 맑고 밝은 땅의 기운에 응하리라."[139]

도사의 말은 옥련봉과 양창곡의 관련성도 아울러 명시한다. 도사의 말대로 몇백 년 이후 옥련봉 주위에 마을이 형성되고 그 가운데 환생자 양창곡의 부모도 살게 된다. 그러므로 환생자 양창곡은 근원적 환상계-분리계로부터 적강했음과 동시에 근원적 환상계-연장계로부터도 기운을 받아 환생한 것이 된다. 근원적 환상계-분리계뿐만이 아니라 근원적 환상계-연장계에도 무엇인가를 생성해 내는 근원성을 부여한 것이다.

서술과 등장인물의 언급 이후에는 사건의 전개로도 근원성을 재확인 시켜 준다. 아이가 없던 양처사와 허부인이 옥련봉으로 산행(山行)을 갔다가 양창곡을 얻는 사건이다. 특히 그들이 옥련봉에서 관음보살이 조각된 바위를 만나는 장면은 근원적 환상계-분리계와 근원적 환상계-연장계의 상관관계를 돈독히 만든다. 관음보살이 연꽃을 던진 대목과 옥련봉에 관음보살상이 숨겨져 있는 대목이 서로 호응하기 때문이다.

관음보살 조각은 '너무도 정교'한 데다 '예스럽고 기이한 빛'이 있어 예사

---

[139] 美哉라 此山이여! 突然形勢는 鳳翥龍蟠이오 受淸淑之氣運ᄒ니 此非禹貢의 導山導水之山이라 佛家所謂飛來峰이니 不出三百年에 生一特異之奇男子ᄒ야 必應淸明地氣이라.

롭지 않은 것임을 절로 짐작하게 한다. 이에 양처사 부부는 관음보살상 앞에서 예를 표하고 아들 낳기를 발원(發願)한다. 이는 실제로 실현되어 허부인은 '보살님 한 분이 연꽃 한 송이를 들고 옥련봉에서 내려와 자신에게 공경히 하사하는' 꿈을 꾸고 양창곡을 얻는다. 옥련봉, 즉 근원적 환상계-연장계가 근원적 성격을 갖고 있음을 다시금 보여주는 대목이다. 근원적 환상계-연장계, 그리고 그 배후에 있는 근원적 환상계-분리계로부터 환상은 창출되어 나온다. 그리하여 현실계에 사건을 일으킬 준비를 마친다.

근원적 환상계가 갖는 근원적 성격은 다른 사건에서도 확인된다. 근원적 환상계-분리계에서 일어난 일은 후에 현실계에서 벌어지는 일과 상당히 유사한 모습을 보인다. 특히 문창성군과 옥녀, 홍란성, 제천선녀, 천요성, 도화성이 만나는 과정이 그렇다.

근원적 환상계-분리계에서 제천선녀는 천요성과 갈등을 빚는다. 제천선녀가 문창성군에게 은근히 감사의 뜻을 표한 일에 대해 천요성이 따지고 든 것이다. 천요성은 제천선녀와 문창성군이 주고받은 꽃과 시를 빼앗는다. 이는 현실계에서 천요성의 후신(後身)인 황부인이 제천선녀의 후신(後身)인 벽성선을 핍박하는 일과 일치한다. 꽃과 시를 빼앗는 행위도 벽성선과 양창곡의 인연에 훼방을 놓는 일을 상징적으로 암시한다. 황부인이 일방적으로 벽성선을 괴롭혔듯 근원적 환상계-분리계에서도 천요성은 제천선녀에게 괜한 시비를 걸어 갈등을 일으킨다.

이 갈등에 개입하는 이가 홍란성이다. 홍란성은 웃으며 재치 있는 말로써 천요성의 말에 반박하고, 제천선녀와 천요성의 소매를 잡고 연회로 이끌어 갈등을 무마시킨다. 홍란성의 중재로 더 이상의 갈등은 발생하지 않고 모두 백옥루에 올라앉음으로써 연회가 시작된다. 현실계에서도 강남홍은 황부인과 제천선녀의 갈등을 종식하는 데 크게 공헌한다. 황부인이 추자동에서 기운이 막혀 쓸쓸히 죽어 가자 강남홍은 벽성선과 함께 그녀를 구하러 간다.

그리하여 결과적으로 황부인이 양씨 문중으로 되돌아오게끔 했다.

강남홍은 황부인뿐만 아니라 일지련이 양창곡의 첩이 되게 하는 데에도 결정적인 역할을 한다. 일지련이 애당초 양창곡을 따라온 것도 처음에 강남홍을 따랐기 때문이다. 이 또한 근원적 환상계-분리계에서의 사건에 이미 반영되어 있다. 홍란성이 도화성을 먼저 만나 백옥루로 초청한 덕분에, 도화성이 백옥루의 잔치에 참석할 수 있었다. 강남홍이 양창곡과 일지련의 인연을 이어주는 일과 호응하는 것이다.

이러한 맥락에서 보면 홍란성이 은하수를 건너다 수중고혼이 될 뻔했다고 너스레를 떠는 것도 예사로이 넘길 일이 아니다.

"제가 조금 전에 운손낭랑을 축하하고 돌아가다가 은하수를 지날 때에 까막까치가 다리를 만들었는데 그 모양이 너무 기이했습니다. 제가 어린 마음에 그 다리를 건넜지요. 그때 홀연히 북해의 용왕이 수레를 씻고 돌아가는 길이었는데, 한 무리의 까막까치가 놀라 흩어지는 바람에 그만 제가 물에 빠져 수중고혼이 될 뻔했습니다."[140]

까막까치가 만든 기이한 모양의 다리, 즉 오작교는 인연을 맺는 과정을 상징한다. 오작교를 건너다가 빠질 뻔한 일은 곧 인연을 이루는 과정에서 강남홍이 고난을 겪게 될 것임을 암시한다. 실제로 강남홍은 황여옥의 손아귀에서 벗어나기 위해 강물에 몸을 던진다. 정말로 수중고혼이 될 뻔한 것이다. 다행히 강남홍은 윤부인과 손삼랑의 구원으로 살아나게 되지만 양창곡과의 인연은 한동안 끊기게 된다. 까막까치가 한동안 흩어져 있던 셈이다.

---

140 妾이 俄者에 賀雲孫而歸라가 過銀河ᄒᆞ식 烏鵲이 成橋ᄒᆞ야 制度가 絶異ᄒᆞ지라 妾이 以年少之心으로 渡其橋러니 忽然北海龍王이 洗車歸路에 一陣烏鵲이 驚散함으로 妾幾成水中孤魂이러니이다.

이와 같이 인물, 공간에 이어 사건까지도 근원적 환상계에서 유래되는 것으로 그려지고 있다. 특히나 이에 대한 묘사가 도입부에 등장하기 때문에 모든 독자는 근원적 환상계의 존재를 인지하고서 현실계의 사건을 따라가게 된다. 오히려 주인공 일행이야말로 근원적 환상계의 존재를 알지 못한 채 현실계의 사건에 휘말린다. 그런 까닭에 주인공 일행의 시선에서 포착되는 사건의 함의와, 모든 것을 아는 독자의 시선에서 파악되는 사건의 함의는 다른 것일 수밖에 없다. 이 두 함의는 때로는 공존하지만 때로는 상충된다.

이처럼 <옥루몽>에서는 환몽 구조가 <구운몽>과는 다른 방식으로 활용되고 있다. 근원적 환상계-분리계라는 꽤를 처음부터 공개하고 그 근원성을 부각시켜 힘을 실어줌으로써, <옥루몽>만의 독특한 환몽 구조가 탄생된 것이다.

우리 고전 서사에서는 환몽 구조의 활용이 두드러지게 나타나는 편이다. 나말여초의 <조신>에서부터 17세기의 <구운몽>을 아울러 환몽 구조는 고전 문학사에서 유장한 흐름을 이룬다. 19세기 <옥루몽>은 이 흐름에 또 하나의 독특한 분기점을 만들어 놓고 있다.

2. 근원적 환상계와 허구적 환상계의 외면적 일치

1) 도(道)의 부재와 허구적 환상계 창출

<옥루몽>에서는 허구적 환상계도 상당히 비중 있게 등장한다. 묘사가 구체적일 뿐만 아니라 천자(天子)와 연관되어 나라를 어지럽히고 전쟁을 발발시키는 요인이 되므로 사건 전개에 끼치는 영향도 크다. 허구적 환상계를 창조한 주체는 '청운'이다. 그러므로 허구적 환상계의 형성 원인이나 그에 대한 평가를 분석하기 위해서는 우선 청운에 주목해 볼 필요가 있다.

청운은 백운도사의 세 제자 중 한 사람이다. 백운도사의 본 정체성은 문수보살인데, 도사의 모습으로 백운동에 자리를 잡고 제자를 길러내고 있었다. 청운 외의 제자로 채운동의 운룡도인과, <옥루몽>을 이끌어가는 또 한 명의 주인공인 강남홍이 있다.

백운도사는 세 제자에 대해 각기 다른 평을 내린다. 운룡도인에 대해서는 '술법이 아직 완성되지 않았으며 사람됨이 어리석어' 근심거리라 평한다. 청운에 대한 평도 좋지 않다. 청운은 '작은 재주는 있지만 천성이 경망스러워 잡스러운 술법에 쉽게 빠진'다는 것이다. 그리하여 백운도사는 청운에게는 아예 학문을 전하지 않는다. 반면에 강남홍에게는 '재주와 그릇이 남달라 청운과 운룡의 부류가 아니'라며 학문을 가르친다.

인물평이 극명하게 갈리기는 하지만, 그럼에도 불구하고 청운이 강남홍과 함께 수학한 동문(同門)으로 설정되는 점이 흥미롭다. 흔히 고전소설에서 악인(惡人)들은 처음부터 선인(善人)을 모해할 뜻을 품는 것으로 그려진다. 이에 반해 청운과 강남홍은 사이좋은 동문이다. 청운은 강남홍을 '사형'이라 부르며 친근하게 따른다. 강남홍도 백운동을 떠날 때 그의 손을 잡았다가 헤어질 정도로 그를 '형제처럼 여겼'다.

그랬던 청운이 악역의 행보를 걷게 되는 것은 강남홍과 백운도사가 떠난 뒤부터다. 전쟁을 계기로 강남홍이 양창곡에게로 떠나고, 얼마 있지 않아 백운도사 역시 서천세계로 가버린다. 그러나 청운은 도를 깨닫지 못해 서천세계와 같은 근원적 환상계-분리계로 나아갈 수가 없다. 이에 백운도사는 청운에게 백운동에 남아서 도를 닦으라고 명하지만 홀로 남은 청운은 명을 어기고 산문(山門)을 나선다.

'내 평생 산문 밖으로 나가지도 않으니 평생 배운 도술을 쓸 곳이 없다. 잠시 사방으로 노닐면서 견문을 넓혀야지.'

그는 마침내 서쪽으로 서역국(西域國)을 노닐면서 약목(若木)을 올랐고, 동으로는 관상산(觀桑山)에 올라 멀리 부상(扶桑)을 바라보았으며, 북으로는 현상문(玄象門)에 올라 반목(盤木)을 굽어보았다. 그리고는 한숨을 내쉬며 길게 탄식하였다.

"천지가 비록 광대하다고는 하지만 손바닥에 불과하거늘, 어찌 평생을 구속되어 두려워 겁을 낼 게 있는가."[141]

위 인용문은 상당히 중요한 함의를 내포하고 있다. 이후 청운의 행보를 설명해 주는 중요한 단서, 즉 청운의 심경 변화를 보여주는 대목이기 때문이다. 청운은 처음부터 천자를 속이고 나라를 어지럽히겠다는 결심을 하고 백운동을 나선 것이 아니다. 그가 원하는 바는 크게 세 가지였다. 도술을 써보고 싶다는 욕망, 백운도사의 명에 얽매이지 않고 사방으로 놀러 다니고픈 마음, 속세로 뛰어들어 견문을 넓혀봐야겠다는 욕심이 그것이다.[142]

그러나 세계를 둘러본 후 청운의 심경에는 약간의 변화가 생긴다. 여기에는 다름 아닌 공간 차원의 요인이 크게 작용하므로 더욱 주목을 요한다. 청운이 본 것은 현실계의 어느 한 단면이 아니다. 중세인의 세계관을 기준으로 했을 때 현실계의 전체 모습이라 해도 과언이 아니다. 약목, 부상, 반목은 각기 현실계의 서쪽, 동쪽, 북쪽 경계를 상징한다.

---

141 我ㅣ 一生에 不出山門外ᄒᆞ고 所學道術을 試之無處ᄒᆞ니 暫遊四方ᄒᆞ야 以廣見聞호리라 ᄒᆞ고 遂遠遊西域國ᄒᆞ고 東攀若木而上觀桑山ᄒᆞ야 望見扶桑ᄒᆞ고 比上玄象門ᄒᆞ야 俯視盤木하고 乃喟然長嘆曰 天地ㅣ 雖曰廣大나 不過爲手掌이어날 豈可以拘束平生ᄒᆞ야 有所恐懼이리오?

142 조혜란은 <옥루몽>의 미학적 특질 가운데 하나로 '하층 인물에게 욕망을 발화할 기회를 주는 것'을 꼽는다(조혜란, 「<옥루몽>의 서사미학과 그 소설사적 의의」, 『고전문학연구』 22, 한국고전문학회, 2002). 이때 논자가 하층 인물의 예로 드는 것은 군사나 소청, 연옥과 같은 시비다. 그러나 본서에서 살핀 청운도 그 예가 된다. 청운의 욕망이 세밀히 표현되는 까닭을 이러한 각도에서 이해해 볼 수 있다.

현실계 전체를 내려다보는 일은 도술과 전혀 인연이 없는 범인(凡人)에게는 불가능하다. 현실계의 어느 작은 한 공간 안을 맴돌거나 혹은 깃들일 공간조차 없어 그 언저리를 떠도는 것이 대다수 사람들이 처한 삶의 풍경이다. 그러한 삶은 동전의 양면과도 같다. 어떤 측면에서는 고정된 시야로 인한 한계가 나타나지만, 어떤 측면에서는 그렇기 때문에 매순간 주어진 삶에 충실할 수 있는 삶의 철학을 일구어낸다.

반면에 청운은 그간 익힌 약간의 도술 덕분에 현실계 전체를 내려다볼 수 있었다. 현실계의 경계로 빠져나와서 현실계를 대상화해서 바라볼 수 있는 기회가 청운에게는 있었던 것이다. 사실 청운 말고도 이는 도술이나 법력 등 환상적인 능력이 어느 정도 갖춰진 자들이라면 가질 수 있는 기회다. 바꿔 말하면 환상적 능력은 현실계를 대상화하여 볼 수 있는 특권을 제공한다. 환상적 능력을 발휘함으로써 어느 한 공간에 속박되지 않고, 삶의 무대로 주어졌던 현실계 전체를 하나의 대상으로서 내려다볼 수 있는 것이다.

그렇다면 문제는 이 기회로 인해 발생하는 태도의 변화일 것이다. 범인들이 삶을 대하는 태도에 양면성이 있듯, 기회를 얻은 이의 태도에도 양면성이 있을 수 있기 때문이다. 이러한 관점에서 보면 청운의 태도가 흥미롭다. 현실계를 대상화하여 본 결과 그는 현실계가 자신의 생각보다 훨씬 작다고 생각한다. 이에 촉발될 수 있는 감정은 여러 가지가 있는데, 청운이 느낀 감정은 그 가운데서도 허망함과 호기로움이다. 그간 배워 왔던 구도(求道)라는 삶의 방식이 고작 이 작은 현실계를 살아가기 위함이었는가고 회의하게 된 것이다. 그런 맥락에서 현실계를 규율하는 질서, 도덕, 윤리도 청운에게는 우습게 여겨진다. 그리고 바로 이것이 이후 청운의 행보를 결정짓는 한 요인이 된다.

'내 일찍이 들으니 천하의 9주(州) 중에서 중원이 으뜸이라 하였다. 그런데 이렇게 요란한데도 지혜 있는 자가 적으니, 내 마땅히 술법을 드러내어 한 번

심심한 걸 깨봐야겠다.'¹⁴³

위 인용문에서 청운이 술법을 쓰는 이유는 그저 '심심한 걸 깨보기' 위해서다. 현실계를 대상화하여 바라본 것이 현실계를 가볍게 생각하는 태도로 이어진 것이다. 그로 인해 곤란에 빠질 가능성이나 자신의 행위가 현실계에 미칠 영향 등에 대해서는 전혀 고려하지 않고 있다. 마치 현실계를 시험하듯 술법을 쉽게 베풀어 버린다.

현실계를 가볍게 생각하기 때문에 선악에 대한 가치판단도 하지 않는다. 그는 간신 노균의 추천을 받아 천자를 알현한다. 마침 천자 역시 현실계의 부질없음에 회의하고 있었고, 그는 그런 천자에게 허구적 환상계를 만들어 보여준다.

앞서 청운은 서천세계로 함께 가지 못했으며 현실계를 살펴볼 때도 현실계 너머의 근원적 환상계까지 바라볼 수는 없었다. 근원적 환상계의 일원이 되기에는 턱없이 도가 모자랐던 것이다. 그러나 천자는 이를 전혀 모르고 청운의 그럴듯한 외형과 도술에 속아 그가 대단한 도사일 것이라 오판하고 만다. 또한 그런 청운이 보여준 것이므로 허구적 환상계도 근원적 환상계일 것이라 착각한다. 더구나 그가 만든 허구적 환상계가 선계(仙界)의 모습을 빼닮아 있기도 하다.

그 결과 청운을 통해 진짜 선계로 갈 수 있다고 믿은 천자는 정사(政事)보다 신선술에 관심을 쏟는다. 자연히 나라가 어지러워지고 이 틈을 타서 흉노의 선우(單于)가 침입한다. 그 와중에도 청운은 별생각이 없어 끝내 간신 노균과 함께 선우의 편에 붙는다. 그러다 양창곡과 강남홍이 천자의 명을 받들어

143　吾曾聞之ᄒᆞ니 天下九州에 中原이 爲首 | 라 ᄒᆞ더니 擾亂如此ᄒᆞ야 有智者 | 少ᄒᆞ니 吾 | 當顯術ᄒᆞ야 一次破寂ᄒᆞ리라

군사를 일으키면서 상황이 달라진다. 청운이 푸른 기운으로 변해 적 진영을 살펴보는데 강남홍이 그가 청운임을 알아차린 것이다. 청운도 강남홍을 보고 놀라 울면서 보고 싶었노라고 고한다.

> "사형! 청운이 어찌 악업을 지었겠습니까? 엎드려 바라옵건대 잠시 분노를 진정하시고 제 말씀을 들어보십시오 예전에 사형께서는 오랑캐 왕을 따라 하산 하시고, 사부님께서는 서천 극락세계로 가시니, 적막한 백운동에서 누구에게 마음을 붙이겠습니까? 푸른 산에 꽃이 떨어지고 향로에 연기가 사라지니, 백 년 인생에 무료함을 견디기 어려워 잠시 천하를 구경하고 싶었습니다. 동으로는 부상(扶桑)을 보고 서쪽으로는 약목(若木)을 찾아보며, 북쪽 지방을 두루 밟아보 고 중원에 이르니, 모두 꿈과 같은 세계였으며 뜬구름 같은 사람의 삶이 가소로 웠습니다. 출중한 인물과 탁월한 재주가 우리 사형만한 사람이 없었으니, 제가 진실로 어린 소견으로 한번 도술을 드러내서 사람들을 놀라 움직이게 하고 돌아가려 했습니다."[144]

행위의 결과만 본다면, 청운은 분명 나라를 어지럽게 하고 오랑캐의 편에 서는 등 여타 소설에서의 악인 형상과 다를 바가 없다. 그러나 청운이 보이는 행위의 동기가 그를 전형적인 악인으로 단정 짓기 어렵게 만든다. 앞서 살펴 보았듯 그는 선역(善役)인 강남홍과 배움의 뿌리를 같이 하며, 강남홍과의 유대감을 백운동에 이어 전장에서도 재차 보여준다. 즉, 청운은 선한 주인공

---

[144] 師兄아! 靑雲이 豈欲作惡業이리오? 伏願息怒ᄒ시고 暫聽靑雲之言ᄒ소서. 前日에 師兄은 隨 蠻王而下山ᄒ시고 師父ᄂᆞᆫ 往西天ᄒ시니 寂寞白雲洞에 寄心於誰ㅣ리오? 靑山에 花落ᄒ고 香 爐에 烟消ᄒ니 人生百年에 難堪無聊ᄒ야 欲暫觀天下ᄒ야 東見扶桑ᄒ고 西訪若木ᄒ고 遍踏北 方ᄒ고 轉倒中原ᄒ니 都是醉夢世界요 可笑浮生이라. 彼出衆之人物과 卓越之才局이 無如我師 兄ᄒ니 靑雲이 實以幼穉之見으로 欲一顯道術ᄒ야 驚動人間而歸去로니

을 해치기 위한 마음에서 악행을 저지른 것이 아니다. 강남홍에 대해서만 그런 것도 아니다. 누군가를 해치려는 마음 자체가 그에게는 딱히 나타나지 않는다.

흔히 악행은 누군가를 향한 질투나 욕심에 의해 발생한다. 연적에 대한 질투, 왕좌에 대한 욕심 등이 악행을 유발하곤 한다. 당장 <옥루몽>에서도 황부인의 악행은 벽성선에 대한 질투에서 비롯된다.

이와 달리 청운이 보이는 악행은 전혀 다른 차원의 동기를 갖는다. 위에 나타난 청운의 말에서 보이듯 동기는 크게 '무료함'과 '현실계와 그에 속박된 인생의 허무함'이었다. 홀로 남겨져 도를 수양해야 하는 상황에 이르자 청운은 문득 외로워졌고, 자신이 따르던 삶의 방식에 회의가 일었다. 청운이 말하는 '백 년 인생에 무료함'은 인생에 대한 실존적 인식과도 관련이 있다. 인간은 고수하던 삶의 방식이나 가치관이 흔들릴 때, 인생이 갖는 무의미함과 무목적성을 마주하게 된다. 그런 의미에서 무료함은 삶의 맨얼굴이기도 하다.

현실계를 대상화하여 내려다본 일은 그러한 감정을 더욱 부추겼다. 광대하다고 여겨졌던 삶의 무대는 사실 손바닥만 했다. 대단한 의미를 갖지 못한 협소한 세계, 그것이 '꿈과 같은 세계'이며 '뜬구름 같은 사람의 삶'이라는 말로 표현되고 있다. 그리하여 모든 것이 가소롭게 느껴져 마음대로 술법을 펼쳤을 따름인데 그 결과가 곧 악행으로 이어졌던 것이다.

여기에 덧붙여 도술을 써보고 싶다는 욕망이, 심심함을 깨보고자 하는 욕망과 만나 일을 벌이는 동기가 되었다. 바로 이 점이 악역 청운과 선역 강남홍의 행보를 가르는 중요한 잣대가 된다. 실제로 청운은 도술을 배우고자 하는 욕망과 배운 도술을 써보고 싶어 하는 욕망을 지속적으로 내보여 왔다. 백운도사가 청운에 대해 내린 평가도 그러하며 백운동에서 소란을 일으킨 일도 그와 관련되어 있다. 백운도사가 청운에게 도술을 가르쳐주지 않자 청운이 몰래 <선천둔갑서>를 꺼내 온 것이다.

"사형(師兄)이 이미 검술을 배우셨으니 이 책도 보세요. 이건 선천둔갑서(先天遁甲書)인데 선생께서 마침 감추어두셨기에 몰래 가지고 왔어요."

강남홍이 크게 놀라며 말했다.

"사부님께서 나를 사랑하셔서 모든 것을 가르쳐주셨다. 이 책은 함부로 볼 필요가 없는 것이니, 빨리 원래 자리에 갖다 놓아라."

청운이 웃으며 말했다.

"어젯밤에 선생님께서 주무시는 틈을 타서 이 방서를 가져다 보았는데 정말 오묘한 술법이 적혀 있어요. 제가 한번 해볼게요."[145]

<선천둔갑서>에 대한 청운과 강남홍의 태도는 완전히 다르다. 청운은 자발적으로 내용을 익히며 도술을 습득한 것에 기뻐한다. 반면 강남홍은 일말의 호기심도 표하지 않는다. 그녀는 '함부로 볼 필요가 없다'고까지 말한다. <선천둔갑서>와 관련된 사건뿐만이 아니라 강남홍의 배움은 백운도사에 의해 대단히 피동적으로 이루어진다. 가르침을 전수하려는 백운도사에게 도리어 '배워서 어디에 쓰겠'냐면서 고사하기도 한다. 또한 그렇게 습득된 도술은 꼭 필요한 곳에만 한정적으로 활용된다. 양창곡과 나라를 구하는 일, 그리고 자신이 귀국하는 데만 소용되는 것이다. 즉, 강남홍과 도술의 결합에는 욕망이 소거되어 있다.

기실, '도술과 같은 큰 힘이 어떻게 제어될 수 있는가' 하는 문제는 환상서사에서 악이 등장할 때마다 필연적으로 마주치는 문제다. 환상은 현실이 내포하는, 혹은 수용할 수 있는 한계치 이상의 것이다. 그러므로 환상적인 힘이 악역에 부여된다면 문제는 간단치 않아지게 된다.

---

145 師兄이 旣學劍術ᄒ니 又見此書ᄒ라. 此則先天遁甲方書니 先生이 適藏之故로 暗取以來로다. 紅이 大驚曰 師父ㅣ 愛我而無所敎어늘 此則不必妄視니 急還故處ᄒ라. 靑雲이 笑曰 吾ㅣ 夜則乘先生之就寢ᄒ야 取此方書而看之ᄒ니 最爲妙之法이라. 吾且試之라.

더구나 우리의 고전소설에서는 절대적이고 전지전능한 신을 상정하는 서사적 전통이 옅은 편이다. 그러한 까닭에 환상적인 능력을 가진 악역을 등장시킬 경우 상황이 곤란해진다. 외부의 초월적 개입이 확실한 억제력으로 작용하지 못하기 때문이다.

실제로도 고전소설에서 천벌은 <운영전>의 '특'이나 <숙향전>의 '사향'과 같은 범속(凡俗)한 악역에게 유효하다. 이들은 엄청난 힘을 가진 악역이 아니다. 잔꾀를 써서 해악을 끼치지만 초월적인 능력이라고는 전혀 없는 범인(凡人)들이다. 또한 천상계의 수장인 옥황상제가 초월적인 능력을 과시하는 장면도 찾아보기 어렵다. 천상계의 질서는 옥황상제의 절대적인 능력에 의해 굴러가는 것이 아니다. 그보다는 관료제 하에서 죄인을 유배시키는 형태로 유지된다. 적강이 대표적인 수단이다.

외부의 초월적인 개입을 기대하기 힘들다면 대책은 내부에서 마련되어야 한다. 다시 말해서 내적인 자기 제어가 요청되는 것이다. 그에 꼭 부합하는 것이 곧 유교적인 도(道)다. 그 결과, 환상적인 힘을 가지면서도 '유교적 덕목으로써 도술에 대한 욕망을 제거한' 영웅이 소환된다. 이 모범적인 영웅이 모범적이지 않은 악인을 퇴치함으로써 어그러진 천리(天理)를 바로잡는 것이다.[146]

종합하여 말하자면 청운의 감정과 행위는 도(道)의 부재에서 기인하는 것으로 그려진다. 도(道)를 체득하지 못한 까닭에 무료함과 허무함의 감정을 제어하지 못했고 환상적인 힘을 써보고 싶은 욕망을 제어하지 못했다. 그리하여 자기 제어를 못해 결국에는 환상적인 힘을 남용하는 악인이 되어버린다. 이러한 논리가 내장되어 있기 때문에 <옥루몽>에서는 청운의 감정을

---

[146] 욕망을 제어하고 조화를 추구한다는 점에서 이러한 패턴은 크게 보면 심성가전과도 결이 비슷하다고 하겠다.

긍정적으로 평가하지 않는다. 삶의 무료함이나 허무함을 통해 삶의 진실된 국면이나 인간의 본질에 닿을 수 있다고 보지는 않는 것이다. 오히려 그것은 마음의 부정적인 상태여서 단속되어야 할 것으로 여겨진다.

허구적 환상계가 창조된 배경이 이러하기에 <옥루몽>에서 허구적 환상계는 부정적인 대상으로 표현될 수밖에 없다. 허구적 환상계는 청운이 지녔던 부정적인 마음가짐에서 산출되었고 그러므로 도가 부재하는 대상이다. 그러한 상관관계는 천자(天子)를 통해서도 유사하게 반복된다. 천자도 청운과 같은 심정을 느끼고 있었기 때문에 허구적 환상계에 매혹되었고 그 결과 나라에는 도가 부재해 간신이 횡행하고 반란이 일어난다.

물론 이와 같은 평가에는 자연히 의문 하나가 뒤따른다. 현실계를 대상화하여 바라볼 때 촉발되는 감정은 그렇다면 어떻게 다스려야 하는가? 청운이 그랬던 것처럼 현실계와 그에 속박된 삶의 한계에 누구든 탄식하게 되지 않는가? 이 의문을 푸는 열쇠는 청운의 안티테제, 강남홍에게 있다.

2) 두 환상계의 외면적 일치와 파생되는 문제

제기된 문제를 해결하기 전에 허구적 환상계가 제기하는 또 다른 문제 하나를 아울러 살필 필요가 있다. 위의 절에서는 도(道)의 부재가 허구적 환상계가 만들어지는 결정적 계기로 묘사된다는 점이 중요했다. 여기서 더 나아가 청운이 창출해 낸 허구적 환상계의 형상 자체도 눈여겨보아야 한다. 허구적 환상계-분리계에 대한 묘사가 근원적 환상계-분리계에 대한 묘사와 상당히 유사하기 때문이다.

> 천자가 눈을 들어 서왕모를 보니, 그 엄연한 태도와 아름다운 용모는 꽃 같고 달 같았다. 푸른 머리카락은 봄구름이 막 짙어진 듯하고 별처럼 반짝이는

눈동자는 가을 물이 잠시 고여 있는 듯 너무도 아름다웠다. … 서왕모가 미소를 지으며 천자에게 말했다.

"저 소년은 저희 이웃집 아이 안기생이고, 저 노인은 태산 아래에서 약을 캐던 적송자입니다. 오늘밤 청하였기로 이렇게 왔습니다."[147]

위는 청운이 천자에게 보여주는 허구적 환상계-중첩계다. 서왕모나 안기생, 적송자는 여타 작품들에서 근원적 환상계에 단골로 등장하는 인물들이다. 충분히 근원적 환상계의 인물로 존재하고 있을 법한 유명한 인물들을 끌어와 보여줌으로써 이것이 허구적 환상계라는 사실을 은폐하려 한 것이다. 안기생은 붉은 과일을, 적송자는 청송 잎을 바치면서 이를 먹으면 오백 년, 1만 5천 살 가까이 장수할 수 있다고 말한다. 천자는 혹하지만 이는 허구적 환상에 불과하므로 이후 효력이 표현되는 일은 없다.

허구적 환상계에 대한 묘사는 '있을 법한' 근원적 환상계를 모방하는 데만 그치는 것이 아니다. 그것은 실제로 작중에 등장하는 근원적 환상계에 대한 묘사와도 일치한다.

㉮ 난새와 학과 봉황이 쌍쌍이 오가며 선녀와 선관이 우의와 예상을 입고 이리저리 왕래하는 것이 바로 앞에서 벌어지는 듯하였다.[148]

㉯ 다만 시녀와 선동은 난간머리에 시립해 있었고, 아름다운 봉황과 푸른 난새는 누대 아래에서 서성거리고 있었다.[149]

---

147 天子ㅣ 擧眼視王母ᄒ시니 儼然之態와 嬋妍之容이 如花如月ᄒ고 綠髮은 春雲이 初濃ᄒ며 星眸ᄂᆞᆫ 秋水ㅣ 暫凝ᄒᄋᆞ야 十分美麗어늘 … 王母ㅣ 微笑ᄒ고 告于天子曰 彼少年은 妾家鄰兒安期生이오 老翁은 泰山下採藥之赤松子ㅣ라. 因今夜之請而來니이다.
148 鸞鶴鳳凰이 雙雙往來ᄒ고 仙女仙官이 以羽衣霓裳으로 忽往忽來ᄒᄋᆞ야 如臨咫尺이라.
149 但侍女와 仙童은 侍立於欄頭ᄒ고 彩鳳靑鸞은 徘徊於樓下러라.

㉰ 누각 아래로는 푸른 난새와 붉은 봉황이 쌍쌍이 배회하고 있었으며 선동과 시녀가 하의와 예상을 입고 난간머리에 서 있었다.[150]

청운은 천자가 삼신산(三神山)을 보고 싶어 하자 바닷가로 데려가 환상계를 보여준다. 이곳은 청운의 도술로써 무지개와 구름을 타고 가야만 볼 수 있는 공간이므로 분리계다. 이 삼신산 선계(仙界)의 모습이 바로 ㉮다.

그런데 청운이 천자에게 보여준 환상계들은 모두 서술의 정황상, 근원적 환상계가 아니라 청운이 만들어 낸 허구적 환상계다. 그렇게 판단할 근거는 <옥루몽> 전반에 걸쳐 여럿 등장한다.[151] 우선 이 사건의 직후에 작자는 직접 서술에 개입하여 '아! 천자는 일월과 같은 밝은 눈과 천지와 같은 커다란 도량으로 어찌 일개 요망한 도사에게 미혹되겠는가마는'이라고 써놓고 있다. 즉, 이 환상계들은 모두 '요망한 도사'에게 '미혹'된 바로 이해해야 한다는 것이다. 실재하는 근원적 환상계를 보여준 사건이었다면 이러한 서술이 따라 붙지 않았을 것이다.

또한 허구적 환상계-중첩계에서 서왕모는 천자더러 상계에서 내려온 신선이라고 했다. 그러나 이는 거짓이다. 작중 실제로 근원적 환상계에 소속된 인물인 관음보살의 말이 이를 입증한다. 강남홍의 꿈에서 관음보살은 그간

---

150 樓下에 靑鸞丹鳳이 雙雙徘徊ᄒ며 數個仙童과 三四個侍女ㅣ 霞衣霓裳으로 立於欄頭라.
151 유광수 또한 주변 사람들과 청운을 통해 천상 존재들을 불러들이게 한 노균조차 이를 믿지 않는다는 점, 청운이 둔갑법을 익혔다는 점, 해상의 신기루 사건을 들어 '천상 존재들이 거짓이고 그 상황이 헛것'이라 논했다. 다만 이로써 드러나는 환상의 기능을 '서사에서 재미있는 흥미의 요소로 작용하여 독자들을 몰입시키는 한편 반드시 독자 현실에서 이해 가능한 영역 안으로 설명을 시도'하는 것으로 보고, 그리하여 '독자들은 자기 기대지평에 만족하게 되고 서사는 대중적으로 수용되게 된다'는 논의로 나아간다(유광수, 앞의 논문, 340-342면). 유광수 외에도 <옥루몽>의 환상성에 대한 기존의 논의는 대체로 환상성이 대중성을 띤다는 점에 집중되어 있다. 분명 그러한 측면도 있으나 본서의 관점에서 보면 환상성은 대중적 흥미요소 이상의 기능과 의의도 갖고 있다. 3장에서 고찰하기로 한다.

지상으로 내려가 강남홍과 인연을 맺은 별들에 대해 이야기한다.

"저 가운데 가장 큰 별은 하괴성이며, 그 다음은 삼태성, 다음은 덕성, 천기성, 복성이오. 지금 인간 세상에 태어났지요. 그 다음에 있는 예닐곱 개 큰 별들이 차례로 인간 세상에 귀양을 가서 인연을 맺은 뒤에야 백옥루 꿈에서 깨어날 것이오."

다시 남쪽 하늘을 바라보니, 두 별이 찬란한 광채를 내면서 있었다.

"천랑성과 화덕성이지요. 그대와 한바탕 나쁜 인연이 있었지만 끝내는 필시 그대를 돕게 되지요."[152]

하괴성부터 복성까지는 모두 양창곡의 다섯 아들이다. 앞으로 귀양을 갈 별들은 맥락상 이 시점 이후로 태어날 별들이니 후손들일 것이다. 또한 남쪽 하늘의 천랑성과 화덕성은 나쁜 인연이 있었다는 것으로 보아 나탁과 축융왕이다. 이렇듯 양창곡 일행과 관련 있는 천상의 인물들은 악연이었던 나탁과 축융왕마저도 언급이 되지만, 천자는 중심적인 인물이면서도 해당 사항이 없다.

그렇다면 서왕모가 거짓말을 한 것인가고 따져봐야 한다. 그러나 서왕모가 진실로 근원적 환상계의 인물이었다면 거짓말을 하거나 청운의 구미에 맞는 말을 해줄 이유가 없다. 그러니 서왕모는 근원적 환상계로부터 내려온 인물로 보기 어렵다.

이뿐만 아니라 청운의 도력을 생각하면 청운이 근원적 환상계에 갈 수 있을 리가 없다. 백운도사는 청운의 도가 부족했던 탓에 그를 두고 갈 수밖에

152　其中大星은 河魁星이오 其次는 三台星이오 其次德星 天機星 福星이니 今已誕生於人間ᄒᆞ고 其次六七個大星은 又將次第謫降於下界ᄒᆞ야 結塵緣後에 醒玉樓醉夢ᄒᆞ리라. 又望見南天ᄒᆞ니 二星이 光彩燦爛이어늘 菩薩日 天狼星 火德星이니 與君으로 一場惡緣이ᄂᆞᆫ 終必助君矣오

없었다. 강남홍도 전장에서 청운을 만나 그에게 도를 닦아서 서천세계로 가라고 권했던 것을 보면, 이 당시 청운은 근원적 환상계에 갈 수 없는 상태가 맞다.

더군다나 그가 부리는 술법이 둔갑술인 것도 눈여겨보아야 한다. 작중에서 청운의 술법은 모두 몰래 얻어낸 둔갑술에 기반해 있다. 그런데 둔갑술을 부리는 장면을 보면 근원적 환상계를 모방한 허구적 환상계를 만들어 내는 묘사가 명백히 나타나고 있다. 아래는 <선천둔갑서>의 둔갑술을 익혀 보여주는 장면인데 채색 구름, 신장귀졸, 선관, 선녀 등 근원적 환상계의 모습을 한 허구적 환상계가 등장하고 있다.

> 청운은 주문을 외운 뒤에 풀잎을 꺾어서 공중에 던지니 푸른 옷을 입은 동자로 변하는 것이었다. 청운이 다시 웃으며 다시 주문을 외고 풀잎을 어지러이 던지니, 채색 구름이 사방에서 일어나고 풀잎은 신장귀졸로 변하고 선관과 선녀들이 분분히 내려왔다.[153]

청운이 허구적 환상계로써 천자를 속인 사건은 이후 천자가 반성하는 대목으로 마무리 지어진다. 천자는 전쟁이 발발하자 바닷가로 피난을 간다. 그러다 우연히 선계의 궁궐처럼 보이는 누각들을 목격하고 경탄한다. 그런데 그것은 곧이어 신기루로 밝혀진다. 이는 청운이 보여준 환상계도 신기루와 같은 것이었음을 돌려 표현하는 대목이다. 이에 천자는 자신이 어리석었다며 깊이 뉘우친다.[154]

---

153 念呪後에 折草葉而投空中ᄒ니 化爲一個靑衣童子] 라. 靑雲이 復笑而再次念呪ᄒ고 亂投草葉 ᄒ니 彩雲이 四起에 草葉이 化爲神將鬼卒과 仙官仙女ᄒ야 紛紛下降이러라.
154 청운이 환상계를 만들었다는 서술이 명확히 드러나지 않은 이유도 여기에 있다. 물론 청운의 정체를 아는 독자로서는 청운을 불신할 것이다. 그럼에도 불구하고 '만들었다'는 직접적

이상의 논의를 통해 ㉮의 환상계를 허구적 환상계-분리계로 판정해 놓고 보면, ㉮에서의 묘사가 ㉯와 ㉰에 나타난 묘사와 상당히 유사함을 발견할 수 있다. ㉯는 작품 초반부에 등장했던 백옥루 주변 풍경에 대한 묘사다. ㉰는 강남홍이 꿈을 통해 본 백옥루의 모습이다. 즉, ㉯와 ㉰는 같은 대상에 대한 묘사이므로 동일할 수밖에 없다. 그러나 ㉮는 ㉯, ㉰와 같아야 할 이유가 없다.

허구적 환상계-분리계의 모습이 근원적 환상계-분리계의 모습을 빼다 박은 듯 닮게 그려졌다는 점은 실로 문제적이다. 앞서 <구운몽>과 <전우치전>에서도 근원적 환상계를 닮은 허구적 환상계가 등장했으니, 이들 소설에서 제기된 문제와는 또 다른 결을 지닌다. <구운몽>에서는 하늘 궁전이 근원적 환상계-분리계를 닮은 허구적 환상계-분리계이기는 했으나, 꿈의 외피를 입고 있었다. 의도적으로 창조된 것은 아니라는 점에서 <옥루몽>의 경우와는 다르다. <전우치전>에서는 근원적 환상계를 의도적으로 모방한 허구적 환상계가 다수 등장하지만 근원적 환상계가 생략되어 있었다는 점이 결정적으로 다르다. 근원적 환상계와 허구적 환상계가 둘 다 대등하게 나타나 외면적인 일치를 보여주는 대목은 없다. 외면적인 일치로 구분 불가능성이 문제된 부분은 환상과 현실의 사이에서다. 근원적 환상계는 그 대상이 아니었다.

반면에 <옥루몽>에서는 근원적 환상계-분리계가 명확하게 제시된 상태에서 사건이 전개된다. 근원적 환상계-분리계가 버젓이 존재하는데도 이를 닮은 허구적 환상계-분리계가 함께 형상화되고 있는 것이다. 이 때문에 환상계

인 서술이 없으니 천자의 시각에서 환상계를 보고 천자와 함께 환상계에 미혹될 수 있다. 만일 청운의 환술이 선명하게 언급되어 버리면 천자의 시점에는 몰입할 수 없게 된다. 그 경우 이것이 후에 허구로 탄로나면서 받는 충격을 독자는 누리지 못하게 된다. 그러므로 독자로 하여금 반신반의하면서 환상계를 보게 한 후, 맥락상 허구적인 것임을 깨달아 반성적 거리를 확보하게 하는 것이 가장 최상의 표현 방법이다.

에 대한 가치판단은 대단히 복잡해질 수밖에 없다. <옥루몽>에서 근원적 환상계는 진실로 존재하는 세계이자 오히려 현실계를 포함한 모든 것의 근원이 되는 공간이다. 반대로 <옥루몽>의 허구적 환상계는 앞의 두 작품에 비해서도 훨씬 부정적인 결과를 산출하는 공간이다.

정리하자면, 지향되어야 할 근원적 환상계와 지양되어야 할 허구적 환상계가 <옥루몽>이라는 한 작품 내에 같은 모습을 하고 들어와 있는 상황인 것이다. 이런 맥락 때문에 묘사의 일치는 문제적이다. 만일 두 환상계가 전혀 다른 모습이었다면 쉽게 둘을 분리하여 대하면 그만이다. 그러나 묘사가 일치하기 때문에 두 환상계를 떼어놓고 생각하기는 어렵게 된다.

근원적 환상계와 허구적 환상계의 외형적 일치는 다른 대목에서도 나타난다.

> 그(양창곡)는 동자를 데리고 산으로 향했다. 기이한 꽃과 괴석이 곳곳에 널려 있고, 맑은 시내와 빼어난 봉우리는 골짜기마다 둘러싸여 있다. 양창곡은 경치를 따라서 그 근원을 찾아보고 싶었지만, 다리 힘이 다 빠져서 피곤함을 이기지 못하여 바위 위에서 쉬고 있었다. 그런데 갑자기 어디선가 보살 한 분이 나타났다. 그는 비단 가사를 입고 석장을 손에 들었으며, 꽃 같은 얼굴에 가느다란 눈썹을 하고 단아한 기운이 서려 있었다. 보살은 양창곡을 보더니 길게 읍을 하며 말했다.
>
> "문창은 그동안 별고 없으셨소?"
>
> 양창곡이 당황하여 대답을 하지 못하니, 보살이 웃으며 말했다.
>
> "홍란성은 어디 두고 제천선녀와 즐기시는 게요? 빈도는 남해 수월암의 관음보살이외다. 옥황상제의 성지를 받들어 무곡성의 병서를 그대에게 전하니, 그대는 널리 중생을 구제하고 빨리 천상 극락세계로 돌아오시오."
>
> … 양창곡이 놀라서 깨니 한바탕 꿈이었다. 그런데 자신은 아까처럼 바위 위에 앉아 있었지만, 단서 한 권이 눈앞에 놓여 있는 것이다.[155]

고전소설에는 환상계로부터 적강한 인물이, 마찬가지로 환상계로부터 온 조력자를 만나는 장면이 자주 등장한다. <옥루몽>에서도 마찬가지다. 관음보살은 양창곡이 문창성군임을 알려주며 그가 전쟁에 임할 것을 미리 알아 단서(丹書)를 건네준다. 강남홍의 경우도 마찬가지다. 백운도사는 강남홍에게 여러 도술과 검술을 아낌없이 전수해 준다. 또한 헤어질 때는 자신이 서천 극락세계의 문수보살임을 밝히며 강남홍 역시 '천상의 별의 정령'임을 알려준다.

그런데 <옥루몽>에서는 이러한 근원적 환상계와 적강한 인물의 관계가 허구적 환상계와 인물의 관계에도 동일하게 모방되어 나타나고 있어 문제적이다. 청운과 천자의 관계는 천상계 인물과 영웅의 전형적인 관계와 다를 바 없다. 천자는 청운의 높은 신통력을 듣고 모셔 오고, 청운은 '빼어난 기상과 밝은 자질을 지닌 미목청수한 도사'로 표현된다. 이는 위 인용문의 관음보살이나 백운도사에 대한 묘사와 별 다를 바 없다.

게다가 천자는 청운에게서 '천자는 상계의 신선으로 지상계에 귀양을 온 것'이라는 말을 듣는다. 발화자와 청자만 다를 뿐, 근원적 환상계와 적강한 인물의 관계가 똑같이 반복되고 있는 것이다. 심지어는 천자가 청운의 지시에 따라 천서(天書)를 얻는 장면까지 등장한다.

한밤중에 갑자기 한 줄기 상서로운 기운이 명당의 정실 뒤에서 피어올라

---

155 率童子而向山ᄒᆞᆯ세 奇花怪石은 處處排置ᄒᆞ고 淸溪秀峰은 谷谷圍繞ᄒᆞ니 翰林이 隨其景槪ᄒᆞ야 欲尋其源이러니 脚力이 已盡ᄒᆞ고 不勝困勞ᄒᆞ야 憩于岩上ᄒᆞᆯ세 忽然 情神이 昏昏터니 一位菩薩이 着錦袈裟携錫杖ᄒᆞ고 花顔細眉에 凝着瑞氣ᄒᆞ야 見翰林而長揖曰 文昌은 別來無恙가? 翰林이 唐慌不答ᄒᆞ니 菩薩이 笑曰 紅鸞星은 置之何處ᄒᆞ고 與諸天仙女로 行樂고? 貧道ᄂᆞᆫ 南海水月菴觀音菩薩이라. 奉玉帝聖旨ᄒᆞ야 以武曲星官兵書로 傳之ᄒᆞ노니 君은 普濟蒼生ᄒᆞ고 速還上界極樂ᄒᆞ라. … 翰林이 驚覺ᄒᆞ니 乃是一夢이라. 自己ᄂᆞᆫ 依然坐在巖上ᄒᆞ고 丹書一卷이 在前이어늘

하늘 끝에 닿았다. 태청진인 청운이 아뢰었다.

"이는 명기(明氣)입니다. 그 아래에서 반드시 천서(天書)를 얻을 것입니다. 땅을 파서 보십시오."

노균이 사람들을 시켜서 땅을 몇 길 파내려 가니, 과연 돌로 만든 함이 하나 있었다. 함 위에는 글자가 새겨져 있었는데, 용과 봉황 무늬와 전서(篆書)가 구불구불 드러나 있었지만 해석할 수가 없었다. 석함을 열어보니 그 안에 책이 한 권 들어 있었다. 이 또한 문자가 기괴하여 세속의 눈으로는 해독할 수가 없었다. 태청진인 청운이 아뢰었다.

"이것은 옛날 과두문자입니다. 박식한 선비는 해독할 수 있을 것입니다."

노균이 그 단서를 받들고 한참 동안 바라보다가 아뢰었다.

"신이 비록 이것을 다 알 수는 없사오나 그 가운데 '성수무강(聖壽無疆)' 네 글자는 완연하옵니다."[156]

청운은 대단한 도사인 척 천자를 속이고, 간신 노균은 그에 영합해 나라를 어지럽힌다. 위 인용문은 그 와중에 일어난 일이다. 근원적 환상계에 속해 본 적이 없는 청운이 천서를 매개해 줄 수 있을 리 없다. 마찬가지로 노균은 하늘의 뜻을 어지럽히는 간신이지, 하늘의 뜻을 전해줄 수 있는 '박식한 선비'가 아니다. 그런데도 이 일련의 환상에 대한 묘사는 근원적 환상계가 현현했을 때의 묘사와 크게 다르지 않다. '상서로운 기운'과 '명기(明氣)', '천서'와 같은 직접적인 표현도 그렇거니와, 천서를 얻게 되는 과정도 양창곡이나

---

[156] 夜將半에 忽有一道瑞氣ㅣ 起於明堂正室之後ᄒᆞ야 接於天際이어ᄂᆞᆯ 太淸眞人이 奏曰 此ᄂᆞᆫ 明氣라. 其下에 必獲天書ᄒᆞ리니 掘地而見ᄒᆞ소셔. 盧均이 命左右ᄒᆞ야 掘地數丈ᄒᆞ니 果有一個石函ᄒᆞ고 石函上에 有刻字ᄒᆞᆫᄃᆡ 龍章鳳篆이 蜿蜒屈曲ᄒᆞ야 未能解釋이러라. 開見石函ᄒᆞ야 丹書一卷이 在其中ᄒᆞ니 亦是文字奇怪ᄒᆞ야 非俗眼之所可解러라. 太淸眞人이 奏曰 先天蝌蚪文字ㅣ라. 博識之士ᄂᆞᆫ 可以解得이리이다. 盧均이 奉其丹書ᄒᆞ고 良久視之라가 奏曰 臣이 雖未能盡識이오ᄂᆞ 其中聖壽無疆四字ᄂᆞᆫ 宛然ᄒᆞ니이다.

강남홍의 경우에 못지않게 신비로운 분위기로 묘사되어 있다. 천자가 청운에게 계속해서 속아 넘어가는 것도 어찌 보면 당연한 일이다. 천자가 어리석어서라기보다는 천자가 속을 만큼 허구적 환상계가 근원적 환상계와 닮아있기 때문이다.

이와 같이 <옥루몽>에서는 근원적 환상계를 명확히 등장시킨 상태에서 허구적 환상계를 닮은꼴로 등장시키고 있어 문제가 된다. 그렇다면 허구적 환상계와 근원적 환상계는 어떻게 구별될 수 있는가? 천자와 같은 우(愚)를 범하지 않으려면 어떻게 해야 하는가? 이 구분 불가능성은 근원적 환상계를 부정하는 것으로까지 이어질 수 있어 중요한 사안일 수밖에 없다.

따라서 이 지점에서 <옥루몽>은 서사 전개상 두 가지 해결해야 할 과제를 갖게 된다. 표면적인 과제는 청운과 노균의 난을 진압해야 하는 것이다. 그러나 이는 영웅적인 주인공들이 있기에 그다지 어렵지 않은 과제다. 더 어려운 과제는 근원적 환상계와 허구적 환상계의 외면적 일치에서 파생되는 문제 상황, 즉 환상계 전반을 어떻게 가치 판단할 것이냐는 문제다. 환상계의 층위에서 보면 <옥루몽>의 후반부는 이에 대한 세 가지 답이라고 해도 과언이 아니다.

3. 문제 해소의 방향

앞서 제기한 문제 상황을 염두에 두고서 이후의 서사 전개를 살펴보면, 세 가지 방향의 움직임을 포착하게 된다. 그중 둘은 등장인물의 층위에서 벌어지는 방식이다. 다른 하나는 <옥루몽>을 읽는 독자의 층위에서 완성되는 해결 방식과 효과다.

등장인물의 층위와 독자의 층위는 필연적으로 구분되어야 한다. 근원적 환상계의 위상이 흔들리는 사태 앞에서, 근원적 환상계가 작중 실존하고 있음을 아는 사람과 모르는 사람 간에 서로 취하는 태도가 다를 것이기 때문이다. 다시 말해서 <옥루몽>은 등장인물과 독자 간에 정보의 불일치가 일어난다는 특징을 갖는다. 근원적 환상계가 실존하고 있음을 아는 사람은 독자이고 모르는 사람은 등장인물이다. 따라서 이 사태는 등장인물이 놓인 사건의 층위와 독자가 놓인 수용론적 층위에서 서로 다른 방식으로 해결되고, 서로 다른 결론으로 도달한다.

또한 등장인물 간에도 유의미한 차이가 있다. 양창곡을 중심으로 한 대다수의 등장인물과 예외적 개인인 강남홍을 구분해야 한다. 양창곡과 강남홍은 실로 <옥루몽>의 두 주인공이라 해도 과언이 아니다. 많은 영웅소설에서는 독존적 위상을 차지하는 한 개인을 중심으로 서사가 진행되는 경향이 있다. 그러나 <옥루몽>은 그렇지 않다. 강남홍은 양창곡만큼이나 때로는 그 이상으로 활약하면서 서사 전개를 좌우한다.

그러한 까닭에 <옥루몽>에서 제시하는 해결책은 단순하지 않다. 양창곡을 통해 구현되는 해결책과 강남홍을 중심으로 제시되는 해결책, 독자의 층위에서 도출해 낼 수 있는 해결책이 각기 다르다. 하나씩 살펴보기로 한다.

1) 양창곡과 현실계로 포섭되는 환상계

청운의 소동은 환상계 전반의 위상을 저하시키는 결과를 가져왔다. 허구적 환상계의 경우 바다 위 신기루와 같은 것으로 취급된다. 천자가 허구적 환상계에 현혹되었던 과거를 반성하는 장면은 허구적 환상계가 지양되어야 할 대상임을 강하게 부각시킨다. 허구적 환상계에 대한 부정적인 시각은 이전부터 이어져 왔던 것이기에 사실 이 점은 그다지 새로울 것이 없다. 다만 문제는 근원적 환상계다. 허구적 환상계와 근원적 환상계의 외형적 일치로 인해 허구적 환상계의 위상에 근원적 환상계의 위상이 연동된다는 점이 문제인 것이다.

　천자가 목도한 허구적 환상계는 그 존재 양태가 허구적 환상계였을 뿐, 환상계에 구현된 내용은 기존의 근원적 환상계에 구현되었던 것과 같다. 그렇기 때문에 천자가 반성하는 장면에서 부각되는 비판의식은 일차적으로 허구적 환상계를 대상으로 삼지만 근원적 환상계와도 무관하지 않다. 허구적 환상계는 애당초 악용할 목적으로 창조되었으므로 그로 인한 악영향은 당연한 것이었다. 그러나 그것이 근원적 환상계였다고 할지라도 악영향이 없었으리라고는 장담하지 못한다. 진실로 서왕모, 적송자, 안기생이 내려와 근원적 환상계-중첩이 구현되었다고 하더라도 천자가 신선의 세계에 경도되게 만드는 이상, 정사를 어지럽게 만들 위험성이 충분히 있는 것이다.

　바로 이 지점에서 여타 소설과는 다른 해법이 요구된다. 근원적 환상계와 허구적 환상계를 손쉽게 나누어 전자는 지향하고 후자는 지양하는 단순한 방식은 통하지 않는다. 그보다 더 근본적인 방식, 혹은 더 고차원적인 해결 방식이 제시되어야 하는 것이다.

　이에 가장 먼저 생각해 볼 수 있는 대안은 환상계 전반을 회의적으로 바라보는 방식이다. 이는 유가(儒家)의 현실 중심적인 사고방식에도 부합하면서 점차 현실의 구체적 실상에 다가가고자 했던 조선 후기의 경향과도 상통한다. 실제로 이 방식이 <옥루몽>에서 제시되는 주된 해결 방식이다. <옥루몽>의 주인공인 양창곡의 입을 빌려 환상계에 경도되는 일 자체를 비판하는 것이다.

　　황당하고 거짓된 신선술과 내실이 없는 봉선에 이르러서는 신이 논의할 틈이 없사옵니다. 그러나 분수의 가을 바람에 한무제의 후회를 성스러운 천자의 일월 같은 밝음으로 어찌 일찍 돌이켜 깨우치지 못하겠사옵니까. 다만 눈앞의 시급한 걱정과 두려운 일은 오직 주나라 왕실이 텅빈 틈을 타서 서자(徐子)가 반란을 일으킨 것과 같은 일이 있을까 하는 점이옵니다. … 엎드려 바라옵건데 폐하께옵서는 요지(瑤池)로 타고 가신 여덟 준마를 돌리시어 종묘사직의 위태로움이 없도록 해주시옵소서.[157]

천자에게 보내는 편지에서 양창곡은 환상계를 지향하는 행위가 현실계에 환난을 가져올 수 있음을 걱정하고 있다. '황당하고 거짓된 신선술'은 허구적 환상계만을 비판하는 구절로 이해될 수 있으나 이어진 '내실이 없는 봉선'은 허구적 환상계만을 비판의 대상으로 삼지 않는다. 허구적 환상계이든 근원적 환상계이든 봉선하는 일 자체가 내실이 없다. 한무제는 <옥루몽>의 천자와 달리 근원적 환상계를 추구했지만 그도 결국은 후회했음을 양창곡은 지적한다.

따라서 양창곡이 말하는 내실은 근원적 환상계의 여부와는 관계가 없다. 그것은 철저히 현실계 차원에서의 득실에 초점을 맞춘 말이다. 그가 걱정하는 부분도 나라가 텅 빌 때 생기는 반란의 위험이다. 환상계에 빠져든 결과 현실계의 종묘사직이 위태로워지는 점을 걱정하는 것이다. 그러므로 천자가 근원적 환상계가 아닌 허구적 환상계에 현혹되었다는 점은 부차적인 문제다. 천자가 현혹된 것이 허구적 환상계로서의 요지(瑤池)이건 근원적 환상계로서의 요지이건, 그 여부는 중요하지 않다. 요지라는 환상계를 지향하는 것 자체가 문제다.

양창곡의 편지가 천자에게 전달된 것은 이미 양창곡이 걱정했던 대로 반란이 일어난 후다. 천자는 청운과 바다 너머 선계를 본 뒤, 그대로 바닷가 근처에 행궁을 지어 신선의 일에 열중한다. 벽성선은 그런 천자를 일깨워 주지만 그 전에 벌써 오랑캐가 틈을 타서 도성에 쳐들어 와 있는 상태다. 이어 천자는

---

[157] 至於仙術之荒誕과 封禪之無實ᄒ와ᄂ 臣未暇論이오ᄂ 汾水秋風에 漢武帝之所悔를 以聖天子日月之明으로 豈不早卽悔悟시리오만은 但目前時急之虞와 悚懼之事ᄂ 唯恐乘周室之空虛ᄒ야 有徐子之作亂일신 ᄒ노니 伏願階下ᄂ 返瑤池之八駿ᄒ사 使無宗廟社稷之危ᄒ소서.

바닷가의 신기루를 보고서 그가 빠져들어 열망했던 것이 신기루와 같은 허구적 환상계였음을 깨닫게 된다. 양창곡의 편지는 바로 이 직후에 등장한다. 그러므로 양창곡의 간언은 하나의 가설이나 견해가 아니라 완벽하게 옳은, 이미 검증된 사실이 된다.

이로써 환상계를 멀리하고 현실계를 중시하는 양창곡의 태도는 정당한 해법으로서 힘을 얻게 된다. 더구나 양창곡은 사태를 수습하는 주역으로 활약한다. 허구적 환상계를 만들어 낸 청운과 노균을 징벌하고 허구적 환상계로 인해 파생된 결과인 오랑캐의 난을 진압한다. 또한 이후에는 천자에게 춘언하여 왕도(王道)가 바로 서도록 돕는다. 아래의 인용문은 환상계에 대한 양창곡의 태도를 집약해서 보여주고 있다.

> "옛글에 이르기를, '하늘을 믿기 어려운지라, 왕노릇하는 것은 쉽지 않다'고 했사옵니다. 천명만을 믿으면 안 되고 오직 덕을 닦을 뿐이옵니다. 나라의 치란(治亂)은 편안한 가운데 위태로움이 있고 위태로움 속에 편안함이 있사옵니다. 그러므로 옛날의 성왕(聖王)은 그 편안함을 경계하여 정치가 이미 안정되었다 해도 항상 그 위태로움을 잊지 않았사옵니다. 엎드려 바라옵건대 이제 폐하께옵서는 항상 지난번 연소성에서의 위태로움을 잊지 마시고 자신전 위에서 신하들을 대하시옵소서."158

천자는 난리가 진압되자 "어리석은 오랑캐들이 천시(天時)를 모르고" 죽을 곳에 왔다고 말한다. 위의 간언은 그에 대한 양창곡의 대답이다. 천시(天時)를 모른다는 말은 사실 상투적인 표현에 가까운 것인데도 양창곡은 굳이 그것을

---

158 古書에 云 天難忱思ㅣ라 不易維王이라ᄒᆞ니 不可徒恃天命이오 惟在修德而已니 國家治亂이 安中生危ᄒᆞ며 危中生安故로 古之聖王은 戒其安逸ᄒᆞ야 治雖已安而常不忘其危ᄒᆞ나니 伏願階下ᄂᆞᆫ 恒念前日鷰巢城之危ᄒᆞ샤 以對今日紫宸殿上諸臣ᄒᆞ소셔.

꼬집어 자신의 주장을 편다. 하늘이나 천명에 의지하지 말고 그와 별개로 현실계에서 할 수 있는 일, 즉 덕을 닦으라고 간언하는 것이다.

옛사람들이 환상계에 관심을 가진 것은 다가올지 모르는 숱한 위험의 가능성을 미리 대비하기 위함이었다. 현실계 너머의 환상계의 이법을 배제하면 눈에 보이는 것은 오직 현재의 상황일 뿐, 미래는 알 수 없다. 이에 대한 양창곡의 대안은 지극히 현실적이다. 과거를 잊지 말고 편안한 가운데서도 늘 위태로움을 대비하라는 것이다. 현실계 바깥으로 눈을 돌리지 말고 현실계 안에서 오직 스스로를 갈고 닦는 일[修身], 또한 과거의 일이나 역사를 거울로 삼는 일[鑑戒] 모두가 유교적인 해결 방식이다.

이러한 문제 해결 방식은 양창곡의 언행으로만 구현되지 않는다. 사건 및 공간의 차원에서도 환상계 전반에 대한 의존도를 낮추고 현실계를 중시하는 움직임이 포착된다. 기존에 환상계가 해왔던 역할 중 일부가 <옥루몽>에서는 현실계의 역할로 나타나는 것이다.

그중 첫 번째는 이색적인 공간으로서의 역할이다. 환상계는 기본적으로 현실계와는 다른 이질적인 공간이다. 이질성은 불안과 호기심을 동시에 유발한다. 불안이 호기심보다 더 크게 유발되면 환상계는 곧 공포스럽고 기괴한 공간이 된다. 반대로 호기심이 불안보다 더 크게 유발되면 환상계는 탐색해 보고 싶은 신비한 공간이 된다. 어느 쪽이든 간에 환상계는 이질적인 공간으로서 색다른 매력을 선보이고 새로운 감정을 유발하는 기능을 한다.

산출되는 감정과 매력을 극대화하려면 순차적인 진입 과정을 설정해 둘 필요가 있다. 현실계와 가까워 이질성이 약한 공간에서 이질성이 강한 환상계의 한복판까지 등장인물이 이동하고 탐색해 나가는 과정이 있어야 이질성이 구체적으로 표현될 수 있다. 진입이 순식간에 이뤄진다면 시시각각 짙어지는 이질성이 곡진히 표현될 겨를이 없다.

그러므로 이질성을 가장 구체적으로 표현할 수 있는 환상계는 연장계다.

특히 작중 전체 세계의 일부로서 등장인물의 탐색이 요청되는 공간이자 사실상 탐색될 것이 예정된 공간, 즉 근원적 환상계-연장계가 그에 해당한다. 모험과 도전을 주된 주제로 삼는 서사들에서 근원적 환상계-연장계가 거의 항상 등장하는 이유다.[159]

그런데 <옥루몽> 후반부에서는 근원적 환상계-연장계 특유의 이질성이 현실계를 통해 구현되고 있다. 양창곡은 벼슬길에서 물러난 후 도성을 떠나 취성동(聚星洞)에 새로이 장원을 마련한다. 이 때문에 강남홍, 벽성선, 일지련은 자신의 처소를 꾸밀 기회를 갖게 되는데, 그 결과 각자의 성격에 맞는 다채로운 공간이 만들어진다.

> Ⓐ 맑은 시내 기이한 바위는 골골이 선경이었다. 몇 명의 하인들이 산길을 쓸며 길을 안내했고 양현은 경관을 완상하며 갔다. 남쪽으로는 수없이 많은 먼 산들이 울울창창하여 구름과 안개로 둘러싸여 있고, 앞으로는 길게 누운 강줄기가 맑은 거울처럼 매끈하게 펼쳐져 있었다. … 북쪽은 백옥루다. 청송과 푸른 대나무가 무리를 지어 뒤섞인 채로 자라고 흰 솔개와 백학이 쌍쌍이 왕래한다.[160]

---

159 지하국대적퇴치설화에 나오는 지하국이나 <태원지>에 나오는 섬들이 대표적인 예다. 특히 많은 RPG 게임에서는 근원적 환상계-연장계의 기능이 십분 활용되고 있다. '던전(Dungeon)'에서 플레이어가 퀘스트(Quest)를 완료하면 많은 보상이 제공되게끔 설계해 놓은 것이 그 예가 된다. 던전은 대체로 숨겨져 있어서 입구부터 찾아야 하는 경우가 많으며, 던전의 끝으로 갈수록 기존보다 센 몬스터나 보스가 자리 잡고 있어 끝까지 탐색을 요한다. 그런 점에서 던전은 호기심과 불안감을 동시에 유발하는, 근원적 환상계-연장계의 대표적인 현대적 사례라 할 수 있겠다. 게임의 공간과 고전문학의 공간에 대한 비교론은 강혜진, 「고소설과 게임의 공간-<전우치전>과 <로스트아크>의 비교를 중심으로」, 『고소설연구』 56, 한국고소설학회, 2023.; 강혜진, 「<이야기 주머니> 민담의 메타 이야기적 성격과 게임과의 비교」, 『어문논집』 102, 민족어문학회, 2024 참고.

160 淸溪奇石은 谷谷仙境이라. 數個蒼頭는 掃山逕而導路ᄒ니 太爺ㅣ 玩景에 南有無數遠山이 鬱鬱蒼蒼ᄒ야 繞帶雲霧ᄒ고 前有長江ᄒ야 平鋪如淸鏡ᄒ니 … 北은 白玉樓니 靑松綠竹은 叢叢雜

Ⓑ 서늘한 솔바람은 얼굴에 불어오고 졸졸 흐르는 물소리에 가슴이 시원해져서 속세의 먼지와 더러움을 잊게 하였다. 그때 갑자기 푸른 옷을 입은 아이 둘이 숲 속에서 나오더니 앞을 안내한다. 깨끗한 대나무 사립은 맑은 바람에 반쯤 열려있다. 벽성선의 곧고 고요한 태도와 그윽하고 우아한 기상은 보는 사람에게 속세의 괴로움이 모두 사라지고 정신이 상승되는 듯한 느낌을 주었다. 윤부인이 황부인에게 말했다.
　"요대와 낙포의 선녀를 인간 세상에서 보기가 어려웠는데, 오늘 보게 되는구려."[161]

　강남홍, 벽성선, 일지련의 처소는 각기 개성이 뚜렷한 데다 서로 달라 방문객으로 하여금 이색적인 느낌을 갖게 한다. 특히 Ⓐ에 나타난 강남홍의 처소와 Ⓑ의 벽성선의 처소는 선계를 방불케 한다. 그리하여 양창곡 및 양처사 부처는 마치 근원적 환상계-연장계를 탐험하듯 이들의 처소를 둘러본다.
　공간의 정체를 가려놓고 보면 Ⓐ와 Ⓑ에 나타난 묘사는 앞서 양처사 부부가 옥련봉을 오르던 대목이나 강남홍이 백운동에 이르던 대목에서의 묘사와 거의 흡사하다. 단지 차이가 있다면 이번에는 강남홍과 벽성선이 꾸민 공간임을 방문객들이 알고 있기 때문에 불안감을 느끼지는 않는다는 것뿐이다. 그 대신 낯설고 새로운 공간이 주는 신비로운 매력에 담뿍 취해 나아가는 모습이 주로 나타난다.
　이들의 처소를 완상한 끝에 양현은 '진시황과 한무제는 헛되이 마음을

在ᄒ고 白鵰皓鶴이 雙雙往來ᄒ고
[161] 灑落松風은 取拂面前ᄒ고 潺湲水聲은 胸襟이 清涼ᄒ니 使人忘却塵累러라. 忽有兩個靑衣ㅣ 自林間出而前導ᄒ니 瀟灑竹扉ᄂᆞᆫ 半開於清風ᄒ고 仙淑人의 貞靜之態와 幽雅之氣ㅣ 足使觀者로 物累ㅣ 盡消ᄒ고 神魂이 飄蕩이라. 尹夫人이 謂黃夫人及諸郞曰 瑤臺仙子洛浦仙女를 難見於塵世러니 今日見之로다.

쏟아 땅 위의 신선이 옆에 있는데도 선문자와 안기생 같은 신선을 구했다'며, '오늘 밤의 광경을 보았다면 아마도 신선이 멀리 있는 것이 아니라는 사실을 깨달았을 것'이라고 평한다. 이러한 평가는 강남홍 및 벽성선의 공간이 환상계의 대체재로서 실질적인 효용이 있음을 확인시켜 준다. 이들의 공간은 환상계 가운데서도 특히, 공포스러운 공간으로서의 환상계보다는 신비스러운 매력을 지닌 공간으로서의 환상계를 대체한다. 그럼으로써 근원적 환상계로 향하는 호기심을 현실계로 붙잡아 둘 수 있게 한다.

실제로 <옥루몽> 후반부에서는 별다른 환상계가 등장하지 않는다. 새로운 공간을 탐색하는 과정은 주로 현실계를 무대로 삼아 이루어진다. 세 첩들의 처소를 방문하는 일이 두 번에 걸쳐 나타나는 것도 그러한 맥락에서 이해될 수 있다. 진왕 화진 일행이 취성동을 방문하는데 양창곡은 그들을 세 첩들의 처소로 안내하면서 처소의 주인을 알아맞혀 보라고 제안한다. 그리하여 서술은 진왕 화진 일행의 시점에서 이루어진다. 이미 처소를 소상히 아는 자의 시점이 아닌, 처음 방문하는 이들의 시점에서 다시금 탐색이 이뤄지는 것이다.

이처럼 두 번씩이나 탐색이 이뤄졌음에도 이야기는 지루하게 늘어지지 않는다. 세 첩들의 처소는 낯선 공간으로서의 흥취를 다시금 제공해 준다. 현실계로써 환상계를 성공적으로 대체할 수 있음을, 집 안의 공간을 무대로 삼아 확인케 하는 것이다.

이어지는 전개는 집 밖의 공간에서도 현실계가 환상계를 대체할 수 있다는 점을 보여준다. 양창곡 및 화진 일행이 자개봉을 유람하면서 신선의 자취를 좇는데, 나중에 밝혀진바 그것은 강남홍의 주도로 만들어진 가짜 신선의 자취다. 그러나 그러한 진실이 드러나기 전까지 자개봉에서 마주하는 신선의 자취는 진짜 신선의 자취처럼 보인다. 이는 곧 근원적 환상계-연장계나 근원적 환상계-중첩계가 실제로 나타나지 않는다고 하더라도, 충분히 현실계만으로 그것을 대체하여 구현할 수 있음을 보여준다.

환상계의 역할을 현실계의 것으로 대체하는 가장 확실한 움직임은 결말부에서 찾아볼 수 있다. 결말부에서 강남홍은 꿈을 통해 근원적 환상계-분리계에 도달한다. 그리고서는 그들이 백옥루에서 신선의 모습으로 잠자고 있는 것을 발견한다. 그 광경은 <옥루몽> 초반부에서 관음보살이 굽어본 백옥루의 광경과 동일하다. 따라서 강남홍이 도달한 세계는 <옥루몽> 초반부에 등장했던 바로 그 근원적 환상계-분리계라 판단할 수 있다.

강남홍은 관음보살의 도움으로 자신의 본래의 정체성이 홍란성이었음을 깨닫게 된다. 게다가 그 꿈은 강남홍만 꾼 것이 아니었다. 신선이었던 다른 네 여인들 역시 같은 꿈을 꾸었다. 이로써 꿈속의 세계가 실제로 작중에 존재하는 근원적 환상계-분리계였음은 의심의 여지가 없게 된다.

그런데도 이후의 전개는 근원적 환상계-분리계의 실재를 믿고 그로 지향하는 방향으로 이뤄지지 않는다. 그처럼 예사롭지 않은 꿈을 꾸었다면 자신의 본 정체성이 무엇인지, 근원적 환상계-분리계로 어떻게 하면 되돌아갈 수 있을지 번민할 법도 하다. <옥루몽>의 천자는 자신이 전생에 신선이었다는 서왕모의 말만 듣고도 근원적 환상계로 가는 일에 집착하기 시작했다. 그와 달리 다섯 여인들은 그보다 더 구체적이며 확실한 근원적 환상계의 존재 근거를 마주했음에도 근원적 환상계를 지향하지 않는다.

특이하게도 근원적 환상계에 대한 꿈의 의미를 해석하고 그에 대한 태도를 결정하는 것은 양창곡의 어머니 허부인이다. 허부인은 근원적 환상계-분리계로부터 적강한 인물이 아니다. 별다른 언급이 없는 것으로 보아 그녀는 지극히 평범한 현실계의 여인이다. 심지어 그녀는 다섯 여인과 달리 근원적 환상계에 대한 꿈을 꾸지도 않았다. 그럼에도 불구하고 꿈의 의미는 허부인의 주도로 결정된다.

"내가 옛날 시골에 있을 때 나이가 들도록 자식이 없었다. 그래서 옥련봉

돌부처에게 기도하여 연왕을 낳았지. 그 분이 바로 관세음보살님이었다. 한량 없는 공덕을 아직도 갚지 못하였는데, 너희 꿈에 나타나셨으니 어찌 관세음보살님께서 불사(佛事)를 잘 하라고 권하는 것이 아니겠느냐? 내가 일찍이 들으니, 벽성선 낭자의 부친 보조국사께서 자개봉 대승사에 계시면서 불법에 통달하셨다고 하더구나. 옥련봉 돌부처를 위하여 암자를 한 채 세우고 대승사에서 백일 동안 재(齋)를 올려서 관세음보살의 자비로운 공덕에 보답해야겠다."

벽성선이 크게 기뻐하면서 보조국사를 청하여 재를 올리고 금과 비단을 후하게 보내서 옥련봉에 암자를 창건하였다. 과연 그 이후에 40년 동안 부귀를 누리니…[162]

꿈의 주된 내용은 근원적 환상계를 보여주는 것이었음에도 허부인은 근원적 환상계에 대해서는 별반 관심이 없다. 허부인이 관심을 갖는 것은 현실계에서의 인과(因果)뿐이다. 관음보살이 자식을 점지해 주었으니 그에 보답해야겠다는 것이다.

꿈이 보여준 드넓은 세계 가운데 관음보살에만 관심을 보이는 것은 일견 부자연스럽기까지 하다. 그렇지만 그 누구도 허부인의 해석 방식에 토를 달지 않는다. 그것은 또다시 현실계 차원에서의 이유 때문이다. 허부인은 사실 근원적 환상계에서는 다섯 여인들과 달리 존재감이 없으나 현실계에서는 엄연히 다섯 여인들의 시어머니로 윗전이다. 그러므로 허부인의 주도 하에 꿈의 의미가 정해진 것은, 곧 근원적 환상계에서의 정체성이 밝혀진 결말부의 이 시점에서조차 현실계의 위계질서가 우선시되고 있다는 뜻이

---

[162] 吾昔在鄕時에 老而無子ᄒᆞ야 禱於玉蓮峰石佛而生燕王ᄒᆞ니 此卽觀世音이라. 其無量功德을 夫及報答矣러니 現夢於汝ㅣ 豈非觀音이 勸善佛事리요? 曾聞之ᄒᆞ니 仙娘之父親輔祖國師가 在紫盖峯大乘寺ᄒᆞ야 報觀音菩薩慈悲功德이로라. 仙淑人이 大喜ᄒᆞ야 卽請輔祖國師ᄒᆞ야 施設齋ᄒᆞ고 厚送金帛ᄒᆞ야 創建菴子於玉蓮峰이러니 果然其後에 享四十年富貴라가…

된다.

　물론 허부인이 다섯 여인을 무시하고 강압적으로 꿈의 의미를 획정한 것은 아니다. 오히려 불사를 보조국사의 대승사에서 올리자고 제안하여 벽성선을 살뜰하게 챙겨주는 자애로운 모습을 보인다. 그리하여 반발은 전혀 없이 자연스레 현실계의 인연을 돌보는 방향으로 일이 전개된다. 벽성선은 크게 기뻐하며 불사를 진행한다.

　이처럼 결말부의 꿈은 철저히 현실계의 맥락으로 포섭되어 이해되고 있다. 결말부의 꿈은 본디 근원적 환상계의 존재를 상기시키는 내용으로 이루어져 있었기 때문에, 근원적 환상계를 포함한 총체적 세계의 차원에서 사건을 귀결시키고 주제를 종합하는 기능으로 이어져야 마땅했다. 여인들이 근원적 환상계에서의 정체성을 깨닫는 장면은 <구운몽>에서 성진이 본래의 정체성을 깨닫는 장면과도 상응한다. 그런데도 평범한 현실계의 여인인 허부인이 현실계의 위계질서에 따라 주도권을 가져, 현실계의 인과관계로 꿈의 의미를 확정하고, 현실계의 인연을 강화시키는 방향으로 꿈을 활용했던 것이다.

　심지어 그 결과로 나타난 <옥루몽>의 최종 결말 역시 지극히 현실적이다. 모두가 부귀를 누리며 장수(長壽)하였고 자손도 번창했다는 것이다. 근원적 환상계-분리계에 대한 언급은 전혀 없다. 최종 결말까지도 현실계의 맥락에서 소화되고 있음을 볼 수 있다.

　근원적 환상계-분리계는 <옥루몽>에서 현실계 배후에 진실로 존재하는 세계였다. 애당초 근원적 환상계-분리계에서 현실계로 등장인물들이 보내졌고 근원적 환상계-분리계에서의 인연이 단초가 되어 사건이 엉글어졌다. 그러므로 그 모든 것이 종결되는 결말에는 근원적 환상계-분리계가 등장하는 것이 자연스러운 방향이었을 것이다. 그럼에도 불구하고 <옥루몽>에서는 근원적 환상계-분리계를 도외시하고 현실계의 영역 안에서 이야기를 종결시킨다. 근원적 환상계-분리계가 충분히 가질 수 있었던 결말의 역할이 현실계의 역할로 대체된 것이다.

이상의 논의를 통해, <옥루몽>의 후반부에서는 현실계가 중심이 되어 환상계를 포섭하는 방식이 제법 뚜렷하게 나타난다고 정리할 수 있겠다. 적어도 그것은 표면적 사건의 층위에서는 주축을 이뤄 서사 전개를 주도해 나간다. 등장인물들의 태도 역시 여기에 대체로 종속되어 있다. 근원적 환상계를 추구하는 움직임은 특별히 나타나지 않는다.

유의할 것은 다음의 2)절에서 다룰 강남홍 역시도 여기에 포섭되는 경향이 있다는 것이다.[163] 강남홍 역시 모범적인 아내이자 며느리로서, 동시에 충신으로서 당대의 이데올로기에 부합하는 영웅으로 그려지고 있기 때문이다. 다만 <옥루몽>의 서술자는 강남홍을 전형적인 인물로만 그려내지는 않는다. 만인에게 찬양받는 완벽한 인물이자 동시에 재기발랄함이 넘치는 개성적인 인물로 형상화하려 했다.

그 결과 강남홍은 1)절에서 서술한 것처럼 허부인의 꿈 해석에 순응하는 며느리로서의 모습과, 2)절에서 상술할 것처럼 현실계를 넘어서는 대안을 제시하는 현자(賢者)의 모습을 고루 갖춘다. 서로 다른 1)절의 속성과 2)절의 속성을 함께 구현해 내는 양면성을 갖는 것이다. 그런 점에서 강남홍은 독특한 개성을 발휘하면서도 보편적인 이념에 따르는 완벽한 인물로 자리매김한다. 예외적인 개인이되, 고립된 고독한 개인으로 그려지지 않는 것은 그 때문이다.

---

163 차용주는 등장인물 가운데 도교의 영향을 가장 많이 받은 강남홍마저 유가의 윤리 의식을 벗어나지 못한다는 점을 들어 <옥루몽>에 유가 사상이 많이 반영되어 있음을 논했다(차용주, 「玉樓夢의 背景思想 硏究」, 『西原大學 論文集』 9, 서원대학교, 1980). 그러나 강남홍도 그 나름대로의 해결 방식을 보여주는바, 그에도 주목할 필요가 있다.

2) 강남홍이 담지하는 도(道)와 환상계

<옥루몽>에서 양창곡 못지않게 큰 비중을 가진 인물이 강남홍이다. 강남홍은 전장에서는 독보적인 능력을 지닌 장수이고 가정에서는 기지를 발휘해 갈등을 풀어주는 문제 해결사다. 이에 더해 또 한 가지 돋보이는 면모가 있다. 바로 깨달음에 근접한 현인(賢人)으로서의 면모다.

이는 보조국사와 문답을 주고받는 대목에서 특히 잘 부각된다. 양창곡과 강남홍을 비롯한 주인공 일행은 대승사를 방문했다가 우연히 보조국사의 설법을 듣게 된다. 보조국사는 도량을 메운 대중들에게 불교적 교리가 담긴 질문들을 던지는데 여기에 답을 내놓은 유일한 인물이 강남홍이다. 심지어 강남홍의 답은 단순한 정답이 아니다. 질문의 의표를 찌를 뿐만 아니라 질문이 의도하는 바를 넘어서는 명답(名答)이다. 이에 오히려 보조국사가 강남홍에게 가르침을 구하는 태도를 취하기도 한다.

흥미로운 것은 양창곡의 침묵이다. 여타 영웅소설에서는 영웅인 주인공이 그 어느 대목에서건 독보적인 위상을 갖는다. 그러나 <옥루몽>에서는 깨달은 자의 면모를 양창곡이 아닌 강남홍에게 부여한다.

돌이켜보면 수련의 기회를 얻었던 것도 양창곡이 아니라 강남홍이다. 양창곡에게 환상적 능력이 부여되는 과정은 비교적 짤막했다. 꿈을 통해 천서를 받은 것이 전부다. 반면에 강남홍은 백운도사의 문하에서 수제자로서 가르침을 사사받았다. 백운도사는 곧 문수보살이기도 하므로 강남홍이 배운 것은 도교와 불교 양쪽 모두의 가르침이다.

다시 말해서 양창곡과 강남홍은 환상적 능력을 획득했다는 점에서는 같으나 획득한 과정의 측면에서는 전혀 다른 양상을 보였다. 양창곡은 환상적 능력을 발휘할 수 있는 수단만을 부여받았다. 환상에 내재된 정신적 차원이나 오묘한 도(道)의 경지에 대해서는 학습할 기회가 없었다. 그러한 기회는 강남홍에게만 주어졌다.

이 차이가 강남홍을 양창곡과는 다른 차원에서의 현인으로 거듭나게 했다. 그것은 곧 유교·불교·도교의 가르침을 아우르는 차원에서의 현인이다. 충(忠)과 열(烈)의 이념을 실현하는 유가적 인물이면서도 불교와 도교의 가르침을 고루 받아들여 현실주의적인 관점을 넘어설 줄도 안다. 양창곡이 유가적 이념에 부합하는 인물상이라면 강남홍은 삼교 일치에 부합하는 인물상이다.

따라서 허구적 환상계로 인해 제기된 문제를 강남홍이라면 다른 방식으로 해결하리라고 생각해 볼 수 있다. 이를 규명하기 위해서는 우선 강남홍에게 도를 전수해준 백운도사의 말을 살펴야 한다.

> "세상에 유행하는 도(道)에는 세 가지가 있으니, 유도(儒道)와 불도(佛道)와 선도(仙道)다. 유도는 정대함을 중심으로 하고, 불도와 선도는 신기하고 기이한 것에 가깝지만 그 마음을 수양하여 외물에 의해 바뀌지 않는다는 점에서는 매한가지다. 후세의 승려들과 도사들이 불도와 선도의 근본을 알지 못하고 허황한 술법으로 세상 사람들의 이목을 어지럽히니, 이것이 바로 둔갑술이다 … 아주 조심하여 절대 이것에 휩쓸리지 말라."[164]

위는 백운도사가 강남홍에게 술법을 가르치기에 앞서 조심할 것을 당부하는 대목이다. 백운도사는 청운이 둔갑술을 좋아한 것에 대해 크게 우려를 표한다. 둔갑술은 청운이 허구적 환상계를 창조했던 바로 그 술법이다. 그렇다면 둔갑술과 허구적 환상계는 왜 부정적인 대상인가? 앞서 살핀 여러 맥락에서 이미 그 이유가 암시되고 있었는데, 백운도사가 이를 확정지어 준다.

---

[164] 行于世間之道] 有三호니 儒佛仙이라. 儒道는 主其正大호고 仙佛은 近於神異호느 修其心而不變於外物은 一般이라. 後世僧尼道士] 不知仙佛之本호고 以謊誕之術로 眩亂世人耳目호니 此所遁甲이라. … 十分操心호야 勿以此從事호라.

'도'라는 '근본'을 결여하고 있기 때문이라는 것이다.
　다시 말해서 중요한 것은 도가 근본으로 자리하고 있는지 여부다. 불도와 선도는 신기하고 기이해 환상과의 친연성이 있지만 환상과의 친연성 자체만으로는 비판받지 않아도 된다. 환상을 운용하는 행위의 기저에 도가 깔려 있기 때문이다. 심지어 이 도는 유교의 도와 근본적으로 같은 것이다. 그렇다면 '도를 전제로 하는' 환상은 유가적 잣대로부터도 자유롭게 된다.
　그 대신에 엄격하게 비판받아야 할 것이 둔갑술과 그에 기반해 창조된 허구적 환상계다. 이것은 도라는 근본은 없이 표현만 그대로 본뜬 것이다. 허구적 환상계에 도가 결여된 이상, 아무리 외현과 표현이 똑같다고 한들 허구적 환상계는 영원히 근원적 환상계가 될 수 없다. 또한 도를 내포하고 있지 못하므로 허구적 환상계는 해소되어야 마땅한 부정적 대상이 된다.
　결과적으로 백운도사의 가르침은 <옥루몽> 도입부에 나타난 근원적 환상계와 청운도사가 창조한 허구적 환상계의 근본적인 차이를 드러내는 단서가 된다. 전자는 불도와 선도의 도에 기반해 있지만 후자는 도에 기반해 있지 않다. 이러한 논의를 바탕으로 두 환상계는 재위계화(再位階化)된다.
　백운도사는 문제 해결의 단서를 언술로써 표방했을 뿐이다. 이를 구체적 행위로써 실현시키는 인물이 바로 강남홍이다. 백운도사와 달리 강남홍은 <옥루몽>의 사건 전개를 주도하는 인물이기 때문이다.
　특히 강남홍이 해결해야 할 과제는, 애당초 허구적 환상계를 창조하게 된 근본적인 원인을 어떻게 해소할 것인가까지도 포함하는 것이어야 했다. 청운은 자신의 실존적 허무함 때문에 허구적 환상계를 만드는 데까지 나아가게 되었다. 백운도사로부터 강남홍으로 전수된 도가 진정한 문제 해결 방안이 되려면, 도에 입각한 방식으로 최초의 원인도 해소할 수 있어야 한다. 그래야만 허구적 환상계도 성공적으로 해소될 수 있을 터다.
　그러한 관점에서 주목해야 할 부분이 자개봉 유람 대목이다. 이 대목에 강남홍의 도와 문제 해결 방식이 집약되어 있기 때문이다. 강남홍과 양창곡, 벽성선, 일지련은 화진 일행과 함께 자개봉을 유람하는데 유람이 마무리될 때쯤 정상에 오르게 된다. 산이 높아 정상에서는 멀리까지 내려다보인다. 그 가운데 고향이 보여 벽성선과 철귀비 등이 그를 그리워하고 슬퍼한다. 이에 강남홍은 그들을 위로하며 다음과 같이 말한다.

"제가 들으니 옛 성인은 태산에 올라가 천하를 작게 생각했다고 하셨습니다. 통달한 관점으로 말하자면 사해가 지척과 같고 온 우주가 눈앞에 있지요. … 이제 이 산에 올라 지난 세월을 굽어보니 뱁새가 달팽이 뿔 위에 둥지를 틀고 메추라기가 쑥대에서 노니는 듯합니다. 낭자들은 저 중원 땅을 보세요. 손바닥 하나 정도 크기에 불과합니다. 그런데 예부터 영웅호걸들과 재자가인들이 저 안에서 태어나 자라 저 안에서 사라집니다. 슬픔과 즐거움의 감정을 어찌 다 논하겠습니까? 낭자들은 아녀자의 그렁그렁한 눈물과 자질구레한 수다로 상산 풍월을 쓸쓸하게 만들지 마시오!"

그녀는 낭당아서 웃으면서 소매 안에서 옥적을 뽑아 한 곡을 불었다. 드넓은 하늘에 청아한 소리가 가을 바람을 따라 흘렀다. 아래로는 온 천지에 흩어졌으며 위로는 십이중천(十二重天)까지 닿는 듯했다.[165]

청운이 느꼈던 천지의 작음과 인간의 한계는 천자도, 화진도, 벽성선과 낭자들도, 심지어는 작품 초반부의 양창곡과 강남홍도 느꼈던 감정이다. 다

---

165 妾은 聞之호디 古之聖人이 登泰山而小天下ᄒ시니 以達觀으로 言之則四海ㅣ 咫尺이오 六合이 眼前이라. … 今登此山ᄒ야 俯瞰經歷之跡ᄒ니 鷦鷯ㅣ 棲於蝸角ᄒ고 鷃鵬이 遊於蓬蒿로다. 諸娘은 見彼中原一局하라. 不過一掌이어ᄂᆞᆯ 自古英雄豪傑과 才子佳人이 生長於此中ᄒ야 泯滅 於此中ᄒ니 其哀樂之情을 何可盡論이리오? 娘等은 兒女子의 盈盈之淚와 瑣瑣之言으로 江山 風月을 無使徒爲蕭瑟이어다. ᄒ고 琅琅而笑ᄒ면서 抽玉笛而吹一曲ᄒ니 萬里長空에 淸雅之聲 이 從秋風ᄒ야 下而散於三千世界ᄒ고 上而達於十二重天이라.

만 양창곡 등의 경우에서는 감정이 악행으로 이어지지 않았다는 점이 청운과 다를 뿐이다. 그럼에도 불구하고 그러한 감정이 생겨나는 것은 어쩔 수가 없다. 이에 반하여 도를 수양한 이때의 강남홍은 '인간이기에' 오히려 세계의 한계를 극복할 수 있음을 말한다.

강남홍도 인생사와 천지가 본질적으로 짧고 작아 한계가 있다는 점에는 공감한다. 그러나 인식을 전환해 마음을 거기에 얽매이지 않고 넓게 가지면 그것은 문제가 되지 않는다. 마음과 정신만큼은 그러한 현실계의 한계에 긴박되지 않고 그를 초월할 수 있다는 것이다. 정신적인 차원에서 '나'를 세계에 제약시키지 않는 것, 이것이 강남홍이 청운과는 다른 방식으로 현실계를 넘어서는 방법이다.

강남홍의 관점에서 본다면 앞서 사람들이 느꼈던 비애의 감정은 일종의 오류다. '나'를 신체(身體)로만 파악했다는 점에서 그렇다. 물질적인 차원에서만 '나'를 규정하면 '나'는 물질로 구성된 현실계에 귀속된 대상에 불과하다. 그러나 '나'는 신체라는 물질로서만 존재하지는 않는다. '나'는 신체뿐만이 아니라 마음과 영혼으로도 구성된다. 즉, 정신적인 차원의 '나'가 있는 것이다.

따라서 만약 도를 깨달아 정신적 차원에서 '나'를 파악한다면 실존적 허무함은 자연스레 해소된다. 실존적 허무함을 느끼지 않으면 허구적 환상계를 애써 창조할 유인도 없다. 이것이 곧 허구적 환상계로 제기된 문제를 원천적으로 해결하는 방식이다.

그러한 까닭에 다른 이들이 비애의 감정에 젖을 때 강남홍은 혼자서 그것을 '웃음'으로 대한다. 옥적으로 곡을 연주하는 장면은 대단히 상징적이다. 마치 정신처럼 음악 역시 비가시적인 것이다. 또한 유학에서는 악(樂)이 예악으로서 도를 담아낼 수 있다고 보았다는 점을 상기해 볼 필요가 있다. 강남홍은 그러한 음악을 통해 천지(天地)뿐만 아니라 십이중천(十二重天)에까지 가닿는다. 현실계 전체를 넘어서 저 멀리 근원적 환상계-분리계에까지 이르는 것이다.

이것이 강남홍을 통해 구현되는 두 번째 해결 방식이다. 첫 번째 해결 방식은 환상계 전체를 부정적으로 평가하고 현실계를 중심으로 하여 문제를 해결하는 방식이었다. 그러나 강남홍은 환상적인 존재로부터 가르침을 받은 인물이자 그 스스로가 환상적인 능력을 활용하는 인물답게, 환상계 전체를 부정하지 않고서도 문제를 해결해 낸다.

유·불·도의 기저에 놓인 도를 깨달아 현실계를 정신적으로 넘어서는 방식은 첫 번째 해결 방식보다도 더 고차원적인 방식이다. 현실계만 중시하는 것이 아니라 환상계의 의미도 존중해 줄 수 있는 방식이기 때문이다. 그것은 삼교의 가르침을 한 차원 높여 종합한 <옥루몽>의 특장점이기도 하다. 그런 점에서 이 두 번째의 해결 방식은 괄목할 만한 이채로운 방식이다.

다만 이 방식에도 아쉬움이 없지는 않은데, 여전히 허구적 환상계는 배제되고 부정된다는 점이다. 이로 인한 아쉬움을 달래려면 또 다른 방식이 모색되어야 한다. 그것이 다음 절에서의 방식이다.

3) 독자의 층위에서 완성되는 수용론적 효과

논의가 여기에서 멈추면 <옥루몽>의 재미와 가치는 절반 정도 드러나는 데에 그친다. 이 장의 서두에서 논했듯 <옥루몽>의 특색은, 근원적 환상계-분리계가 처음부터 제시되어 있어 이를 아는 독자의 층위가 그를 모르는 등장인물의 층위와 분화되어 형성된다는 점에도 있기 때문이다. 따라서 독자의 존재를 염두에 두고 보면 다음과 같은 질문을 던지게 된다: 허구적 환상계를 창조한 청운을 그려내면서 <옥루몽>의 저자도 '자신 역시 허구적인 환상계를 창작하는 것은 아닌지' 자문(自問)하지 않았을까.

기실, 허구적 환상계의 '창조'와 허구적 소설의 '창작'은 허구를 만들어

낸다는 점에서 상당히 유사한 메커니즘을 갖고 있다. 환상계를 형상화한다는 것은 텍스트 밖에서 실재하리라 믿어지는 환상계의 모습을 허구의 장(場)으로 녹여내는 행위이기 때문이다. 그런 맥락에서 환상계를 담은 소설은 그 자체로 또 하나의 허구적 환상계이기도 하다.[166] 소설 내에서 허구인 환상계를 비판했다면, 소설 창작 행위는 어떻게 그러한 비판에서 벗어나 자기모순에 빠지지 않을 수 있는가?

어쩌면 이 점을 의식했거나 혹은 어렴풋이 느끼고 있었기 때문에 작가가 소설 내에서 도(道)를 구현하는 데에 천착했을지 모른다. 비단 <옥루몽>의 작가뿐만이 아니다. 유가적 도를 체득한 영웅이 천리를 바로 서게 하는 형태는 다른 고전 서사에서도 자주 등장한다. 다만 <옥루몽>이 환상계 유형을 모두 활용하는 이야기였기 때문에 특히 위의 문제의식을 직면하게 했을 뿐이다. 특히 <옥루몽>의 저자인 남영로가 사대부였다는 점을 고려하면 실제로 그러한 문제의식을 가졌을 가능성도 없지 않다.[167]

이러한 시각에서 앞서 백운도사의 말을 다시 주목하게 된다. 앞서 인용했던 백운도사의 말을 환상 서사를 창작하는 작법(作法)으로도 치환해 읽어볼

---

[166] 큰 틀에서 속성이 비슷하다는 뜻이다. 제1부에서의 규정을 적용하면 소설은 허구적 텍스트이고, 허구적 환상계는 텍스트 내의 환상계 가운데 현실계 이후에 만들어지는 환상계다. 엄연히 다른 층위에 놓인다.

[167] 이기대가 밝힌바, 남영로는 허구적 글쓰기의 의미에 대해 진지하게 고민한 작가이기도 하다. 그는 『古詩批評』에서 귀신 이야기 나아가 허구적 이야기는 본심을 우회적으로 드러내어 주므로 답답함을 풀어준다고 했다(이기대, 앞의 논문, 137-138면). 본문에 정확히 합치되지는 않지만 허구적 글쓰기에 대한 긍정적인 인식을 엿볼 수 있다.
덧붙여 허구적 글쓰기에 대한 진지한 고민과 재평가는 남영로 뿐만 아니라 이 시기 다른 문인에게서도 보이고 있다. 신재홍이 소개한 바에 따르면 육용정(陸用鼎, 1843-1910) 또한 허구와 문학을 옹호하면서 유교적 도덕관념에 의거해 문학을 재단하는 시각은 편협하고 고지식하다고 비판하고 있다(신재홍, 「의전 육용정의 허구론」, 『한국몽유소설연구』, 역락, 2012, 577면). 허구적 글쓰기에 대한 문제의식이 19세기에 이르러 한층 발전되고 있었으리라고 짐작해 볼 수 있다.

수 있는 것이다. 이에 따라 백운도사의 말을 바꿔보면 다음과 같다.

유학적 글은 정대함을 중심으로 하고, 소설은 신기하고 기이한 것에 가깝지만 그 마음을 수양하여 외물에 의해 바뀌지 않는다는 점에서는 매한가지다.

허구적 소설, 특히 '신기하고 기이한' 환상적인 사건들을 가득 담은 소설 또한 도에 입각한 것일 수 있다. 즉, 도에 입각하여 소설을 쓰면 문제가 발생하지 않는다. 환상계를 다루더라도 도를 구현하는 근원적 환상계를 골라 표현하면 된다. 환상적 인물을 다룰 때는 도학적 영웅이 승리하는 것으로 그리면 된다. 그런 소설이라면 비판을 피할 수 있다.

그러나 이처럼 근원적 환상계의 우위, 도학적 영웅의 승리라는 '내용'에 집착하는 것 말고는 해결책이 없었을까? 여기에서 다시 독자의 차원을 상기하게 된다. 근원적 환상계-분리계에 대한 정보를 갖고 있었던 독자와 그렇지 못한 등장인물 간의 차이를 살펴보는 것이다.

이 차이가 가장 극명하게 드러나는 부분이 '가짜로 적강'한 천자와 '진짜로 적강'한 신선들의 태도를 통해 빚어지는 역설이다. 양창곡을 비롯한 진짜 신선들은 물론 자신들이 적강한 존재임을 모르기도 하거니와, 적강하기 전 신선이었다는 천상계 인물들의 말을 듣고서도 별 반응이 없다. 나아가 신선의 존재를 부정하는 발언도 자주 하며 신선의 존재를 믿는 천자에 반대하기도 한다. 진짜 신선이 신선을 부정하는 역설을 보여주고 있는 것이다.

주인공 일행의 태도만 놓고 해석하자면 이는 앞서 언급한 현실계를 중심에 두는 해결 방식과 연관된다. 선행 연구에서 <옥루몽>을 현실주의적인 소설이라고 평가한 것은 이러한 측면을 주로 주목했기 때문이다.[168] 그러나 이것

---

168 예컨대 김종철은 <옥루몽>에서 '강남홍의 경우처럼 현세적 삶에 충실한 인생을 아주 긍정

은 사건 전개의 '표면'에서만 지배적인 방식일 뿐이다. 독자의 층위는 이를 다르게도 해석할 수 있게 만들어 준다.

독자는 작중 명백히 근원적 환상계-분리계가 존재하고 있음을 알기에 신선을 부정하는 것이 '오류이자 역설임을 안다'. 따라서 독자가 취하게 될 사고방식은 등장인물들의 태도에 동의하는 쪽이 아니다. 오히려 이들의 태도를 비판적으로 바라볼 가능성이 높다. '본래 신선임에도 불구하고, 현실계 내에 갇혀 버리자 현실계를 넘어서는 정체성을 깨닫지 못한다'라고 볼 수 있는 것이다.

그렇다면 도리어 부각되는 것은 환상계의 중요성이다. 신선의 존재를 부정하는 신선은 현실계만을 알고 있었으며 그 이상을 사유하려 하지 않았기 때문에 오류를 범했다. 인식이 자신이 처한 세계, 현실계의 경계 내에 붙잡힌 셈이다. 따라서 인식의 한계를 극복하려면 항상 자신이 처한 세계 이상을 사유할 수 있어야 한다.

그런 점에서 보면 독자가 놓이는 위치, 그리고 그를 통해 마련되는 시선의 폭은 실로 이채로운 것이 된다. 독자는 작품 전개 순서상 근원적 환상계부터 접하고 그 다음으로 현실계를 접한다. 그러므로 등장인물과 달리 현실계가 전부라는 생각을 처음부터 하지 않는다.[169] 즉, 현실계에서 전개되는 사건들

적으로 그린 결과 이 인생을 덧없는 일장춘몽이나 무상한 진세의 인연으로 귀결시킬 수 없었다'고 본다. 그리하여 '현실 세계 외에 또 다른 근원 세계를 인정하지 않는 근대적 세계관으로 나아갈 소지가 된다'고까지 평가한다(김종철, 「「玉樓夢」의 대중성과 진지성」, 『韓國學報』 16, 일지사, 1990, 45-46면). 그러나 엄밀히 말해서 현실 세계 중심주의는 등장인물이 보여주는 태도이지, 작품의 성격이라고 단정지을 수는 없다. 작품에서는 근원적인 환상계가 명백히 실재하는 것으로 상정되고 있다.

따라서 <옥루몽>의 성격은 복합적인 것으로 보는 것이 마땅해 보인다. 등장인물의 층위 두 가지와 독자의 층위 한 가지, 총 세 가지 층위에서 서로 다른 성격이 형성되어 있는 것이다. 본서에서 논했듯 양창곡과 등장인물 다수를 통해서는 현실계 중심적인 성격이, 강남홍을 통해서는 현실계를 넘어서는 성격이, 독자의 층위에서는 그 어디에도 긴박되지 않는 성격이 제시된다.

을 현실계의 인과관계에 입각해 이해하면서도 동시에 그 이상의 차원, 환상계의 차원에서도 이해할 수 있는 것이다.[170]

그리하여 신선이 신선의 존재를 부정하는 대목에서 독자는 그들의 인식의 한계에 웃음 짓게 된다. 이는 재미를 유발하면서도 외현에 얽매이지 말자는 자기 성찰의 계기로도 작용한다. 그런 점에서 독자의 시선은 곧 모든 것을 알고 있는 관음보살의 시선과 다를 바 없다. 즉, 이 시선을 통해서 '독자야말로' 세계에 얽매이지 않은 진짜 신선의 위치를 체험하게 되는 것이다.

더구나 그 체험은 천자가 갈구한 장생술처럼 신체적 차원의 것이 아닌 '정신적인 차원'에서 이루어진다. 읽기라는 정신적 작용에 의해서 자연스레 체득하게 되는 것이기 때문이다. 그러한 점에서 이는 강남홍이 제안한 정신적 차원의 초탈과도 상응한다.

동시에 이것은 소설과 허구적 환상계의 존재 의의도 해명해 준다. <옥루몽>이 정신적인 초탈을 이루게 해주는 매개체가 되기 때문이다. 환상계가

---

[169] 독자와 등장인물 간의 정보의 불일치는 연극에서의 '무대와 관객 사이의 보이지 않는 벽'과 닮은 데가 있다. 이 벽 때문에 무대의 배우와 관객은 서로 다른 층위에 놓인다. 특히 무대의 배우들은 관객을 의식하지 않고, 또는 의식하지 못한 채 연기를 한다. 무대의 배우에게는 보이지 않는 선이 있기 때문이다. 하지만 객석의 관객에게는 보이지 않는 선이 없다. 그래서 전체를 보는 관객이 무대의 배우보다 흐름을 더 잘 이해하는 상황이 발생한다(김승환, 「소설텍스트의 현실과 허구를 나누는 선」, 『현대문학이론연구』 70, 현대문학이론학회, 2017, 33면). <옥루몽>에서는 환상계의 존재가 '벽'의 기능을 하고 있는 셈이다.

[170] 이런 맥락에서 보면 <옥루몽> 도입부의 근원적 환상계-분리계는 대단히 중요한 의미를 지닌다. 이명현도 논급했듯 <옥루몽>의 초기 연구에서는 천상계가 '지상계에서 전개되는 내용에 실질적으로 구심력을 가지지 못해 삭제되어도 무방하며 허황함을 더한다(차용주, 『옥루몽 연구』, 형설출판사, 1981)'거나 '형식적인 것에 불과해 아무런 힘도 갖지 못한다(서대석, 『군담소설의 구조와 배경』, 이화여대 출판부, 1985)'는 비판을 받는 대상이었다. 이에 대해 이명현은 <옥루몽>의 환상성이 대중들의 흥미요소에 부합하기 위한 장치로서 의미가 있다고 했다(이명현, 「「옥루몽」에 나타난 초월적 요소의 성격과 대중성」, 『語文論集』 53, 중앙어문학회, 2013). 본 논의에 따른다면 이와는 다른 방향에서 <옥루몽>의 환상성이 지닌 의미가 추가된다.

형상화된 소설을 창작하는 행위는 그런 맥락에서 가치롭다. 보다 적극적으로 논의를 확장하면 허구적 환상계에도 같은 가능성이 부여될 수 있다. 소설처럼, 현실계에 긴박되지 않아 그 이상을 사유할 수 있게 하는 방편이 된다면 허구적 환상계 또한 정신적 초탈에 기여할 수 있다.

여기에 바로 <옥루몽>의 최종적인 묘미가 있다. 환상계의 여섯 유형을 모두 활용하는 형상화 원리를 채택한 것이 이처럼 문면의 사건을 넘어서는 수용론적 효과까지도 발생시킨 것이다. 이와 같이 수용론적 차원에서의 효과를 기대할 수 있는 작품들은 지금의 문학 현장에서도 그리 많지 않다. 그럴 만큼 이는 쉽게 이룩할 수 없는 문학적 성취다. 그런데 그것이 고전소설에 환상계가 공교하게 형상화됨으로써 달성된 것이다.

그러므로 <옥루몽>은 우리 고전 서사의 구성과 주제 의식이 환상계의 형상화를 통해 이만큼이나 세련되게 다듬어질 수 있었음을 보여주는, 훌륭한 사례가 된다. 그런 점에서 <옥루몽>은 고전문학사의 맥락과 환상 문학사의 맥락에서 함께 주목될 만한 이채로운 작품이다.

제3부

비교론: 환상계 형상화의 의미와 확장

지금까지의 논의는 제1부와 제2부에 걸쳐 세밀해지는 방향으로 전개되었다. 제1부에서는 환상계 논의가 나아가야 할 방향을 제시했으며 환상계의 개념을 규정하고 유형과 형상화 원리를 마련했다. 제2부에서는 대표적인 작품들을 통해 형상화 원리를 실제적으로 고찰했다. 이론의 의미는 단순히 적용 가능성을 인정받는 데서 얻어지는 것이 아니라, 적용함으로써 작품의 함의가 한층 더 깊게 고찰되는 될 때 빛을 발한다. 그러므로 제2부에서는 이론을 각 작품에 밀착시켜 상세하게 분석하는 데 주력했다.

이제 제3부에서는 구체화된 논의를 거두어들여 종합할 것이다. 이론에 입각해 각 작품을 논했을 때 얻어진 바를 보다 일반화된 차원에서 고찰하고자 한다. <구운몽>, <전우치전>, <옥루몽>을 포괄하여, 고전 서사에 환상계가 활용됨으로써 창출되는 의미를 살피는 것이다.

창출되는 의미의 층위는 세 가지로 나누어 볼 수 있다. 우선 환상계 형상화를 통해 고전 서사가 성취하게 된 문학적 경지가 있을 것이다. 환상계가 공교하게 활용됨으로써 어떠한 주제가 산출될 수 있었는지를 살피고, 이어 문학사적인 측면에서의 성취를 살핀다.

환상계는 제1부에서 논한 대로 종교 사상과 밀접한 관련성을 지닌다. 바꿔 말하면 환상계를 활용한다는 것은 곧 종교 사상을 문학의 영역으로 끌어와

고도로 변용했다는 뜻이 된다. 이에 착안해 종교 사상적 영향 관계를 분석해 봄으로써 한국 고전 서사의 환상성이 어디로부터 영향을 받았는지를 살피고자 한다. 거론될 수 있는 종교 사상이 여럿이기 때문에 영향 관계뿐만 아니라 배합 양상도 함께 살펴봄 직하다. 배합 양상을 같은 종교 사상적 구도를 지닌 동아시아 문명권의 사례와 비교해 본다면 우리 고전 서사의 환상성이 지닌 특질도 파악할 수 있을 것이다.

마지막으로 고전 서사에서 환상계가 형상화됨으로써 지금 우리 시대와도 접점을 갖게 된다는 점을 고찰하고자 한다. 현대 환상 서사와 접맥된다는 점에서도 그렇거니와, 나아가 현대인과 현대 사회에 통찰과 시사점을 준다는 점에서도 그렇다. 고전 서사가 현대와 미래에도 계속 유효한 문제의식을 제공해 줄 수 있다면, 이것이 고전 서사의 환상계 형상화가 갖는 최종적인 의의가 될 것이다.

1. 환상계 형상화의 문학사적 의미

이 책의 초입에서 논한 대로 환상은 서사에 작용하는 변인(變因)으로서 의미를 지닌다. 환상은 텍스트 밖 현실에서 불가능한 것이므로 작중에 환상이 활용될 경우 서사는 현실의 인과관계, 물리적 법칙, 기존의 상식을 벗어난 데까지 전개될 수 있다. 환상계는 환상보다 더 강고한 위력을 갖는 변인이다. 홀로 등장하는 환상은 때로 무시되거나 예외로 치부되어 제거당할 수 있다. 그러나 환상계는 일정한 관계망을 형성한 채로 등장한다. 복수(複數)의 환상이 서로가 서로의 존재 근거가 되어주는 까닭에 환상계는 예외로 치부되기 어렵다.

이처럼 환상계는 현실의 질서를 뒤엎는 변인이면서도 쉽게 무시될 수 없어 그로부터 파생되는 결과를 끝까지 탐구하게 만드는 동력이 된다. 따라서 환상계를 잘 활용하면 때로 특이하고 극단적인 사고실험까지도 펼쳐볼 수 있다. 기존의 서사적 전통에서는 찾아보기 어려웠던 색다른 주제 의식과 함의를 빚어낼 수 있는 것이다. 여기에 환상계 활용 서사의 한 의의가 있다.

실제로 환상계가 최고도로 활용된 <구운몽>, <전우치전>, <옥루몽>에서 그러한 실례를 찾아볼 수 있었다. <구운몽>에서는 근원적 환상계의 세 유형이 적재적소에 활용됨으로써 근원 너머의 근원, 근원의 본질이 궁구되었다. <전우치전>에서는 허구적 환상계의 세 유형이 적극적으로 활용되어, 환상계가 오히려 현실계보다 우월해 현실의 자리를 대체해 버리고 현실은 도리어 환상으로 언제든 바뀌어 버릴 수 있는 파격적인 가능성이 제시되었다. <옥루몽>에서는 근원적 환상계의 세 유형과 허구적 환상계의 세 유형이 모두 활용되면서 환상계를 대하는 일률적이고 단선적인 태도를 재고하게 했다.

산출된 주제의식을 모아 보면 흥미로운 경향성을 발견할 수 있다. 기존의 고정관념과 인식을 계속하여 혁신한 결과 자기 부정의 경지까지 실험하는 데 이르렀다는 점이다. 근원적 환상계를 제시하면서도 그것을 넘어서려 하고, 허구적 환상계를 형상화하면서도 그 이상을 탐구하려는 움직임이 포착된다.

기실 대다수 근원적 환상계에는 당대인들의 소망이 투사되어 있다. 양소유처럼 현실의 무상함에 몸서리치는 사람이라면 현실계 너머에 근원적인 세계가 존재하고 있기를 바랄 것이다. 현실은 무상하더라도, 적어도 현실계를 벗어나 환상계에 도달한 자신은 무상한 존재가 아니기를 바라는 것이다.

현실계의 평범하고 무력한 삶에 지친 사람이라면 자신에게 능력을 부여하는 환상계가 어딘가에 존재하기를 바랄 것이다. 전생(前生)으로부터 부여된 능력이나 최상층 계층의 여인과 인연을 맺게 해주는 악기는 손쉽게 부귀영화를 누릴 수 있는 좋은 수단이 된다. 천서(天書)를 가진 요괴의 공간은 비록 부정적인 외형을 하고 있을지라도 결국에는 좋은 능력 공급원이 된다. 만일 현실계에서 위기에 봉착하거나 악(惡)이 승리하는 부조리한 상황에 맞닥뜨린 사람이라면 선역(善役)의 환상계가 있어 개입해 주기를 소망할 것이다. 천벌을 내려주는 천상계는 그런 환상계로 적임자다. 혹은 용궁에 초청을 받아 갔다 오는 동안 현실계의 위기가 슬며시 해소되어 있다면 더할 나위 없다.

이처럼 근원적 환상계는 불가능한 소망을 실현해 주는 대상으로 존재한다. 이것이 근원적 환상계의 일반적인 존재 양상이다. 일차적으로는 이러한 의미에서 환상계는 현실계의 인과관계를 뒤집어 놓는 변인이 된다. 환상계가 나타나지 않았다면 그저 현실계의 흐름에 따라 사건이 전개되었을 것이다. 무상함을 맛보며 죽음에 이르고, 한미한 삶을 이어 나갔을 것이며, 적군에게 에워싸여 목숨을 잃었을 것이다. 그러나 환상계의 존재가 사건의 흐름을 비틀어 바꿔놓았다.

문제는 근원적 환상계가 갖는 변인의 기능이 여기에서 끝나지 않아, 하나 더 높은 차원의 실험을 가능하게 한다는 점이다. 근원적 환상계가 고도로 활용되자 놀랍게도 근원적 환상계 스스로가 부정되는 결과가 도출되었다. 우선 근원적 환상계의 일반적인 역할과 기능이 부정되었다. <구운몽>에서는 근원적 환상계와, 그를 꼭 닮은 공간이 병치됨으로써 근원적 환상계의 기능이 무화(無化)되고 있었다. 주인공이 근원적 환상계라고 믿어 의심치 않았던 공간에서는 진실을 가장한 거짓만이 나타나 주인공을 오히려 곤란하게 만들었다.

결말부에서는 근원적 환상계의 배후에 또 다른 세계가 존재하고 있음이 밝혀진다. 이로써 이번에는 근원적 환상계에 결부되어 있던 근원성이 부정당한다. 근원적 환상계는 예상과 달리 시발점이 되는 공간이 아니었으며 그렇다고 귀결점이 되는 공간도 아니었다. 심지어 배후에 존재하는 근원적 환상계의 경우 극락세계라는 이름만 언급된다. 환상적인 묘사는 전혀 나타나지 않아 이 근원적 환상계에서는 환상성마저 최소화된다.

이는 근원적 환상계라는 변인을 통해 실험할 수 있는 최고도의 경지가 무엇인지를 보여준다. 근원적 환상계로부터 출발한 실험은 궁극적으로 근원적 환상계의 근원성과 환상성을 부정하는 데에 도달한다. '근원적이지 않은' 근원적 환상계와 '환상적이지 않은' 근원적 환상계란 그야말로 역설적인 존재다. 현실에 입각한 변인으로는 상정하기 어려운 이런 자기모순적인 개념마저도 환상계라는 변인을 통해서는 시도되고 활용될 수 있었던 것이다.

어떤 대상을 통해 실험을 행했을 때 나올 수 있는 가장 극단적인 결론은 그 대상이 존재하지 않는다는 결론일 것이다. 이와 동일하게 근원적 환상계로 실험했을 때 도출될 수 있는 가장 극단적인 결론은 근원적 환상계가 존재하지 않는다는 결론일 터다. 물론 이 자기부정은 변태(變態)로서의 자기 부정이다.

분명히 <구운몽> 텍스트의 층위에서 근원적 환상계는 존재한다. 연화도량이나 극락세계를 포함하여 <구운몽>의 근원적 환상계는 일반적인 근원적 환상계와 마찬가지로 현실계 이전에, 주어진 설정으로서 존재한다. 표면적인 모습 또한 불가능한 소망을 실현해 주는 근원적이고도 환상적인 세계다.

다만 그것이 <구운몽>에서 고도로 실험된 결과, 일반적인 양상에 머무르지 않고 그것을 초월하고 탈피한 형태를 갖게 된 것이다. 그러한 맥락에서 <구운몽>의 근원적 환상계는 근원적 환상계이면서도 근원적 환상계가 아니다. 우리가 알던 근원적 환상계 대신, 자기 부정적 발전을 이룬 근원적 환상계가 제시된다.

그런데 이와 같은 자기 부정의 결론은 일반적인 사고방식으로는 도달하기 어렵다. 기존의 평범한 인식에 변혁이 이루어져야만 생각할 수 있는 경지다. 그것을 가능하게 한 것이 환상계가 갖는 변인으로서의 힘이며, 곧 환상계를 활용한 서사의 의의다.

마찬가지로 허구적 환상계라는 변인을 극도로 활용함으로써 얻어지는 자기 부정의 경지도 도출해 볼 수 있겠다. 허구적 환상계는 분명 만들어진 것이다. 심지어 물질과 물질의 상식적인 결합에 의해 만들어진 것이 아니라, 알 수 없는 환상적 작용에 의해서 만들어졌다. 그렇기 때문에 없는 것을 얽어 만든[虛構] 것이라고 쉽게 치부되곤 했다.

따라서 허구적 환상계는 사물의 본질을 궁구하고 불변의 도(道)를 지향하고자 하는 유가적 사고방식과는 상극인 존재였다. 신(神)조차 알 수 없는 대상이어서 논하지 말자고 했으니 괴(怪)에 이르러서는 두말할 것도 없다.[171] 허구적 환상계는 본질에 반대되는 껍데기, 눈속임이어서 지양되어야 한다고 여겨졌다.

그러나 <전우치전>에서는 허구적 환상계를 고도로 활용함으로써 허구를 넘어서는 허구적 환상계를 보여준다. 왕연희 사건에서 나타난 허구적 환상계가 그랬다. 가짜 전우치들은 가짜 왕연희들로, 다시 전우치이자 동시에 왕연희이기도 한 존재들로 시시각각 변화한다. 진짜 왕연희와 허구적 환상계를 구분하는 것은 불가능하다. 가짜 왕연희를 죽이는 일은 곧 진짜 왕연희를 죽이는 일일 수 있다. 허구와 본체가 하나인 상황에서 허구적 환상계는 더 이상 허구일 수 없다. 실제로 전지적 관점에서 문면을 읽고 있는 독자조차 허구적 환상계를 가려내는 것은 불가능하다. 왕도 마찬가지다. 결국 왕연희를 살림으로써 전우치도 살리고 만다.

<옥루몽>의 경우에는 허구적 환상계가 근원적 환상계와 외형적으로 일치한다. 이 둘 역시 구분이 불가능하여 영민한 천자마저도 허구적 환상계가 근원적 환상계일 것이라 착각한다. 흥미로운 부분은 이후 그것이 허구적 환상계였음이 강하게 암시되기는 하나 끝까지 문면에 명시되지는 않는다는 점이다. 그럼으로써 허구적 환상계의 허구성을 괄호 속에 넣어두어, 만들어

171　子不語怪力亂神. 『論語』「述而」.

졌다는 점을 제외하면 허구적 환상계가 근원적 환상계나 별반 다를 바가 없음을 독자들로 하여금 경험하게 한다.

이처럼 허구적 환상계의 활용은 궁극적으로, 손쉽게 허구라 치부할 수 없는 허구적 환상계를 창출해 냄으로써 허구성에 대해 재인식하게 만든다. <전우치전>의 사례에서는 명백히 만들어진 허구적 환상계임에도 허(虛)로 구별될 수가 없었다. <옥루몽>의 사례에서는 만들어지는[構] 과정을 생략함으로써 허구적 환상계가 과연 그 외에 무엇으로써 근원적 환상계와 구별될 수 있는지를 되묻게 한다.

허(虛)를 초월한 허구적 환상계, 그리고 만들어진 과정[構]이 생략된 허구적 환상계 또한 역설적 개념이다. 물론 텍스트의 층위에서는 허구적 환상계가 존재한다. 원래 없던 것을, 마찬가지로 실재한다고 하기 어려운 술법으로 만들어 낸다는 점에서 허구적 환상계가 맞다. 다만 그것이 극한으로 활용된 끝에 허구적 환상계의 일반적인 양상을 넘어선 허구적 환상계로까지 형상화될 수 있었던 것이다. 이 역시 환상계라는 변인이 아니고서는 실험해 볼 수가 없는 서사 부성의 경지다. 여기에서 다시금, 고전 서사에서 환상계가 활용됨으로써 기존의 인식을 혁신하는 데 이르렀음을 확인하게 된다.

물론 환상계의 활용은 현실계 역시 재론하게 만든다. 그러나 그것은 당연하고도 필연적인 결과다. 환상계란 그 자체로, 닫힌 현실계에 틈을 내어 열어 젖히는 존재이기 때문이다. 환상계는 등장하는 것만으로도 우리가 알고 있던 현실계를 무효화시키고 새로이 재구성한다. <옥루몽>은 이를 잘 보여주는 사례였다. 도입부에서 근원적 환상계의 존재를 목도했던 까닭에, 독자는 등장인물들과 다른 시선에서 작중 현실계를 이해하게 된다.

그러나 환상계를 활용한 결과가 환상계를 부정하는 데 이른다는 것은 괄목할 만한 지점이다. 이는 결코 당연하게 도달할 수 있는 경지가 아니기 때문이다. 작가의 심층적인 사유를 반영하는 것이든 우연의 산물이든 간에, 표현된 바가 대단히 문제적이기 때문에 도달할 수 있는 경지다. 그 어떤 불가능한 것도 수용해 실험할 수 있게 하는 환상성이 적극 활용된 덕분에 그러한 문제적 성격이 극대화될 수 있었다.

이러한 경지가 이미 고전 서사에서 실현되었다는 점도 흥미롭다. 이는 고전 서사의 환상성이 갖는 의의를 재고하게 한다. 근대 전환기의 작가들은 고전 서사에 나타난 환상성을 미성숙한 표현 방식에 불과한 것으로 보고 제거하고자 했다.[172] 환상성에 내재된 변인으로서의 성격과 그로 인해 발생하는 인식의 변혁에 대해서는 이해하지 못한 것이다. 그러나 지금까지 살펴봤듯 환상계의 활용과 형상화는 때로 자기 부정이라는 극한의 경지에까지 다다라, 고전 서사의 문학적 성취를 높이는 데에 크게 기여했다.

이는 문학사적 맥락에서 보면 조선 후기 소설의 문학적 성취이기도 하다. 조선 전기의 소설에서는 대체로 근원적 환상계의 유형 가운데 한둘이 일회적으로 등장하곤 했다. 15세기 『금오신화(金鰲新話)』의 경우 현실계에 속한 주인공 앞에 근원적 환상계가 나타나는 방식으로 환상성이 창출된다. <남염부주지>와 <용궁부연록>에서는 현실계에 속한 주인공이 근원적 환상계-분리계에 초대를 받아 간다는 줄거리가 뼈대를 이룬다. 또한 <이생규장전>, <만복사저포기>, <취유부벽정기>에서는 환상적인 인물을 필두로 근원적 환상계-중첩계가 현현한다. 16세기의 <설공찬전>에서도 마찬가지다. 저승, 즉 근원적 환상계-분리계로부터 건너온 귀신이 환상계의 모습에 대해 이야기한다.

『기재기이(企齋紀異)』 수록 소설의 경우, 환상계 묘사의 측면에서는 발전된

---

[172] 대표적인 사례를 <몽금도전>에서 발견할 수 있다. 신호림은 <심청전>과 <몽금도전>을 자세히 비교 분석하여, 20세기에 이르러 근대전환기라는 시대적 특성이 반영되면서 전근대적 요소로 치부되는 용궁과 같은 비현실적 화소를 제거하려는 노력이 진행되었음을 밝혔다(신호림, 「근대전환기 이후 용궁의 향방: <심청전>을 중심으로」, 『고전과해석』 27, 고전문학한문학연구학회, 2019, 85면).

모습을 보인다. <안빙몽유록>과 <서재야회록>에서는 근원적 환상계-중첩계가 일상이 영위되는 공간의 한복판에 등장한다. 또한 <최생우진기>에서는 근원적 환상계-연장계로의 진입이 대단히 복잡하고도 곡진하게 그려진다.[173] 그럼에도 불구하고 형상화 원리에 있어서는 여전히 단순한 편이다. 근원적 환상계의 세 유형 중 하나 혹은 둘 정도를 선택해 활용하는 것 정도에 머물러 있는 것이다.

다시 말해서 이들 소설에서는 하나의 환상계가 하나의 낯설고 기이한 사건을 창출하는 양상이 두드러진다. 환상계로 진입하면서 이야기가 본격적으로 전개되고 환상계로부터 물러나오면서 이야기가 종결되는 것도 그 때문이다. 실로, 기이한 일회적 경험을 전하는[傳奇] 갈래인 것이다.

그러나 조선 후기로 갈수록 환상계 유형을 다양하게 결합해 활용함으로써 장편화를 이룩한 소설들이 빈번히 등장하게 된다. 환상계 유형이 연이어 나타나야 그를 배경으로 환상적 사건 또한 연이어 발생할 수 있다. <구운몽>, <전우치전>, <옥루몽>이 장편일 수 있었던 이유 가운데 하나가 여기에 있다. <운영전>, <숙향전>, <삼한습유> 등 환상성이 강한 다른 고전소설도 마찬가지다.

하나의 환상계 대신에 다수의 환상계가 제시되면 작중 전체 세계의 구체적인 면면도 보다 섬세하게 그려지게 된다. 분리계·연장계·중첩계의 적극적 활용이 여기에 크게 기여해 여러 세계 간에 층차나 관계를 부여한다. <구운몽>에서는 명부라는 분리계를 마련함으로써 현실계와 환상계를 구분 짓게 했다. <전우치전>에서는 고직이의 창고라는 중첩계를 통해 현실계와 환상계 간의 기묘한 연결이 실험되었다. <옥루몽>에서는 옥련봉이라는 연장계가

---

[173] 강혜진, 「『기재기이(企齋記異)』 환상계 진입(進入) 과정 묘사와 그 의미」, 『한국문학과 예술』 39, 사단법인 한국문학과예술연구소, 2021 참조.

배치되어 천상계와 지상계의 이면에 관계망을 형성해두었다. 환상계가 하나만 제시될 때는 주로 특정 사건의 배경이나 추상적 개념으로서 표현되었지만, 이처럼 다수 제시될 때는 작중 세계의 이모저모를 드러내 주는 역할도 맡게 된다. 조선 후기 소설에서 배경 묘사가 더욱 구체화되는 것은 이러한 맥락에서도 이해할 수 있다.

배경 묘사뿐만이 아니다. 환상계가 다양하게 형상화되면서 세계와 인물 간의 관계 맺음도 다채롭게 표현되었다. <구운몽>, <전우치전>, <옥루몽>에서는 세계를 탐험하고 정복하는 인물(양소유, 양창곡), 세계를 보고서 돌이켜 인간의 실존적 한계를 회의하는 인물(청운, 천자), 그조차 극복하는 태도를 보여주는 인물(강남홍), 세계를 스스로 만들어 확장하는 인물(청운, 전우치) 등이 나타났다. 세계가 단일하거나 단순한 구조를 갖고 있었다면 나타나기 어려운 관계 양상이다.

환상계 형상화를 통해 도출되는 이와 같은 특징은 <구운몽>, <전우치전>, <옥루몽> 및 앞서 거론했던 환상성이 강한 소설들에서만 나타나는 것이 아니다. 조선 후기의 여타 영웅소설이나 대장편소설 속에서도 찾아볼 수 있다. 특히 주인공이 요괴가 깃든 공간을 조우하고 그를 진압하는 퇴치담과, 환상계에서의 전생(前生)이 밝혀지는 전생담에서 자주 드러나곤 한다. 그로써 소설 속 세계상과 인물군은 한층 더 다채로워지고 사건은 풍성해진다. 그런 점에서 환상계의 형상화에는 소설사적 발전을 견인한 공로도 있다고 하겠다.

2. 동아시아 서사의 환상계

고전 서사의 환상성은 당시의 종교 사상과 밀접한 연관을 갖는다. 특히 환상계의 경우에는 더욱 그렇다. 환상계는 단수의 환상적 존재에 비해 무거운 존재감을 가진다. 환상계가 문면에 등장하려면 복수의 환상적 존재들뿐만 아니라 그들 사이의 관계와 그것이 나타날 때의 변화 등이 함께 고려되어야 한다. 그러므로 작가가 환상계를 상상함에 있어서, 이를 미리 구현해 놓고 있는 종교적 상상력이라는 매력적인 선택지를 배제하기는 어려웠을 것이다. 그리하여 실제로 고전 서사에 나타난 환상계는 대체로 종교적 상상력에 기반해 있다. 근원적 환상계는 물론이고, 허구적 환상계도 그것을 창조하는 능력은 대체로 종교적 상상력에서 차용되었다.

따라서 환상계를 살피는 작업은 곧 우리 고전 서사에 구현된 환상성의 원천을 탐구한다는 측면에서도 의의를 갖는다. 종교 사상이 환상계의 형성에 어떤 방식으로 수용되었는지를 분석해 볼 수 있는 것이다. 이때 종교 사상이란 곧 고대와 중세에 영향을 끼쳤던 유교, 불교, 도교와 토착신앙이다. 유교, 불교, 도교는 중세 동아시아 문명권의 보편 종교라는 점에서 민족성을 강하게 띠는 토착신앙과 구분된다.

종교 사상을 토대로 환상성의 원천만 논할 수 있는 것은 아니다. 유교, 불교, 도교 및 토착신앙이 모든 서사에 일률적으로 수용되지는 않았을 터, 각 종교 사상이 서사마다 어떻게 다르게 배합되었는지를 살피는 일도 가능할 것이다. 그리고 그를 바탕으로, 배합의 양상을 파악함으로써 그로부터 파생된 환상계 및 환상 서사의 특질을 분석하는 작업도 가능하겠다. 이러한 과정을 통해 환상 서사 작품 각각이 보여주는 개성이 어디에서 기인하는지를 확인해 볼 수 있을 것이다. 나아가 추후 작품을 분석한 결과들을 모아 놓고 봤을 때 개성에 일정한 경향이 나타난다면, 그를 바탕으로 우리 고전 서사의 환상성이 갖는 특질 또한 추출해 볼 수 있으리라 기대한다.[174]

---

[174] 같은 관점에서 강혜진, 「〈소현성록〉에 나타난 儒·佛·道·神 관계 고찰-퇴치담을 중심으로」, 『고소설연구』 48, 한국고소설학회, 2019에서는 대장편소설에 나타난 환상성을 분석한 바 있다. 종교 간 관계를 통해 서사의 함의를 읽어내는 방식은 최귀묵이 펼친 일련의 연구에 잘 드러난다: 최귀묵, 「불교 신격과 재래 신격의 만남: 三國遺事를 출발점으로 삼은 試論」,

이러한 관점에서 이 책에서 중점적으로 살핀 세 작품을 되짚어 보자면, 우선 <구운몽>의 환상계 형상에서는 유교, 불교, 도교 셋의 영향력을 확인할 수 있다. 그 가운데서도 중핵에 놓여 있는 것은 불교다. <구운몽>은 불교적 공간에서 시작되어 불교적 공간으로 끝맺어진다 해도 과언이 아니다. 연화도량과 극락세계는 모두 불교로부터 차용한 근원적 환상계다. 앞서 살폈듯 이들 근원적 환상계가 배치된 양상 또한 불교적 사유와 무관하지 않다.

그 다음으로 크게 영향을 끼친 종교 사상은 유교다. 분량상 압도적인 비중을 차지하는 양소유의 현실계는 유교적 사회 질서에 입각해 있는 것으로 그려진다. 양소유 또한 유자이며, 유가적 지배 이념에 편입해 그 지배층으로 거듭나는 것이 현실계에서의 주된 줄거리임을 볼 때, 유교의 영향이 결코 작지 않음을 알 수 있다.

도교는 불교나 유교에 비해 그 영향력이 상대적으로 적은 편이다. 작중 제일 먼저 등장하는 근원적 환상계인 연화봉에 대한 묘사로부터 이를 확인할 수 있다. 육관대사가 연화봉으로 들어오면서 연화봉은 불교적 환상계와 도교적 환상계로 양분되는데, 이 분할되는 양상이 곧 환상계 이면에서 불교와 도교가 배합되는 양상을 가늠하게 한다. 육관대사가 연화도량을 열어 영역을 차지한 바람에 도교적 세력권이 줄어들었으나, 오히려 예의를 갖추어 먼저 방문하는 쪽은 위부인이다. 환상계를 통해 <구운몽>의 환상성이 도교보다는 불교에 더 많이 기대어 있음을 알게 된다.

토착신앙의 경우 도교보다도 더 미미한 영향력을 보이고 있다. 작중에서 토착신앙과 직접적으로 관련을 맺는 환상계는 찾아보기 어렵다. 작자가 상층 사대부 문인임을 감안하면 토착신앙을 의도적으로 수용하지는 않았으리라

『고전문학과 교육』 20, 한국고전문학교육학회, 2010.; 최귀묵, 「『삼국유사(三國遺事)』와 『사석집(沙石集)』에 나타난 신불(神佛) 관계양상 비교」, 『문학치료연구』 30, 한국문학치료학회, 2014.

추측해 볼 수 있다.

종합하여 <구운몽>에서는 보편 종교가 강세를, 토착신앙이 약세를 보이며 특히 불교와 유교가 도드라진다고 하겠다. 이러한 특징은 <구운몽>의 환상성과도 크게 관련이 있다. 도교와 토착신앙의 강점은 다채로움에 있다. 개성적인 인물과 그에 얽힌 다양한 일화들을 보유하고 있는 것이 도교와 토착신앙의 특징이다. <구운몽>에서는 도교와 토착신앙이 적극적으로 활용되지 않았고, 그 결과 소란스럽지 않은 환상성이 마련되었다고 볼 수 있다.

<구운몽>에서 강세를 보인 불교나 유교에는 개성적인 인물 군상이 상대적으로 적다.[175] 그 대신 불교나 유교는 도교 및 토착신앙에 비해 사유의 깊이와 전통에서 강점을 갖는다. 그것이 <구운몽>에 발현됨으로써 <구운몽>의 환상계가 오묘한 주제의식과 결합될 수 있었다고 보인다.

이와 반대로 <전우치전>에서는 도교가 지배적인 위치를 차지하고 있다. 전우치가 만들어 내는 허구적 환상계의 상당수는 도교적 환상계의 외형을 취하고 있다. 근원적 환상계인 서화담의 처소 또한 선계(仙界)의 모습을 띤다. <구운몽>과 달리 토착신앙의 영향도 엿보인다. 여우 요괴는 원래는 토착신격일 가능성이 높다. 토착신앙을 반영한 설화에서는 여우가 자주 산신(山神)으로 등장하기 때문이다.[176] 여우 요괴가 깊은 산속에 근원적 환상계를 펼쳐두어 처소로 삼고 있는 것도 그에 영향을 받은 흔적이라 보인다. 무속(巫俗)의 인물인 강림도령도 등장한다. 강림도령은 하늘의 명을 받고 지상에 내려왔다

---

[175] 논외로 불교와 도교의 인물 군상이 갖는 차이는 회화나 조각에서도 일관되게 드러난다고 생각한다. 도교의 신상(神像)은 각기 실로 다양하게 형상화되어 통일성이 적다. 반면에 불교의 보살상(菩薩像)은 옷차림이나 머리모양, 손짓에서는 다양한 형상을 보여주지만 얼굴 표정에서만큼은 거의 통일되어 있다. 어느 것이든 자비로운 미소를 짓고 있다. 다신교의 다양함을 끌어오되 보편적 이념 하에 통일성을 추구하는 것이 불교의 특징이 아닌가 한다.

[176] 강혜진, 「『삼국유사(三國遺事)』 <원광서학(圓光西學)>에 나타난 신(神)·불(佛) 관계 연구」, 『Journal of korean Culture』 50, 국제한국언어문화연구소, 2020 참조.

고 했다. 그렇다면 <전우치전>에서 하늘나라는 도교뿐만 아니라 무속 신앙의 영향도 함께 받은 근원적 환상계라 할 수 있다.

유교의 영향도 나타난다. 전우치의 신분은 경판 37장본을 기준으로 하면 선비였다. 특히 전우치를 제어하는 서화담 역시 선비라는 점이 독특하다. <구운몽>에서 성진의 정신적 지도자인 육관대사가 불교적 인물이라면, <전우치전>에서는 같은 역할을 서화담이라는 유교적 인물이 맡고 있는 것이다.

그렇지만 환상 서사를 구현함에 있어서 많은 경우 유교의 역할은 한정적이다. 유교적 사고방식은 기본적으로 현실 중심적이기 때문이다. 유교를 활용할 경우, 환상을 '제어'함으로써 현실에 입각한 주제 의식을 구현하기는 쉽다. 그러나 환상을 '통해서' 고차원적인 주제의식을 빚어내는 것은 보다 어려운 일이 된다.[177] 이러한 상황을 <전우치전>에서도 찾아볼 수 있다. <전우치전>에서도 유교적 사고방식은 주인공을 훈계하는 역할을 맡을 뿐, 환상으로부터 어떤 깨달음을 이끌어 내는 역할은 맡지 못하고 있다.

환상을 통해서 깨달음의 경지를 이끌어 내는 역할은 역시 불교에 기대해야 할 터다. 하지만 <전우치전>에서는 불교와 결부된 환상계나 환상을 찾기 어렵다. 그것이 <구운몽>과 <전우치전>을 가르는 이면의 요인이지 않은가 한다. <구운몽>에서는 불교가 적극 활용됨으로써 깨달음의 경지가 환상계를 통해 전면에 표방될 수 있었다. <전우치전>에서는 그러한 역할을 하는 불교가 활용되지 않아 환상계의 표면에 깨달음이 입혀져 있지 않다. 문제의식은 행간에서 읽혀야 한다.

---

[177] 환상을 통해서 유교적 사유가 표현되는 소수의 경우를 심성가전(心性假傳)에서 찾아볼 수 있다. 환상의 활용과 현실주의적 사고방식이 상충하지 않도록 심성가전에서는 우의성이 강하게 표방된다. 즉, 전개되는 환상적 사건·인물·공간이 모두 도구적인 알레고리임을 독자가 즉각적으로 알 수 있게 해두는 것이다. 강혜진, 「콘텐츠 기반 고소설 연구 시론 -천군소설과 웹툰 <가담항설>의 비교를 중심으로-」, 『우리어문연구』 75, 우리어문학회, 2023 참조.

<옥루몽>의 경우 유교·불교·도교를 모두 보여준다는 점에서 <구운몽>과 비슷하다. 그러나 도교의 비중이 <구운몽>에서보다 높다는 점에서 차이가 있다. <구운몽>에서 사건의 출발점이 불교적 환상계인 연화도량이었다면, <옥루몽>에서 사건의 출발점은 도교적 환상계인 천상계다. 도교적 환상계에서 개성적인 성격의 도교 신격들 간에 인연이 형성되었기 때문에, 이후 현실계에서도 사건이 복잡해진다.

실제로 <옥루몽>의 불교적 환상계에서 아난과 관음보살은 서로 다른 의견을 펼치지만 그렇다고 해서 그들 간에 갈등이 발생하지는 않는다. 반면에 도교적 환상계에서 제천선녀와 천요성은 수줍음이나 흠모, 시기와 같은 인간적 감정을 가진 신격들이기에 서로 간에 갈등이 빚어진다. 도교와 불교가 환상적 사건 전개에 서로 다른 영향을 미친다는 것을 극명하게 보여주는 대목들이다.

<옥루몽>에서는 소보살과 그 휘하 여우 요괴들이 등장하므로 토착신앙의 영향 역시 발견된다. 이들의 근거지가 근원적 환상계로 표현되며 이들이 부리는 도술로 허구적 환상계가 발생되기 때문에 작품의 환상적 세계관이 풍요로워진다. 사건의 측면에서도 이들이 소동을 일으킴으로써 장편의 군담(軍談)이 마련된다. 여기에서 토착신앙이 갖는 환상 창출 능력을 재확인하게 된다.

<옥루몽>은 <구운몽>을 닮았으면서도 분량 면에서는 그를 능가한다. 도교의 비중이 높아지고 토착신앙이 활용된 덕분에 그러한 일이 가능하지 않았나 한다. 장편화의 원리를 종교 사상의 수용 및 배합 관계에서도 규명해 볼 수 있는 것이다.

그럼에도 불구하고 <옥루몽>의 중핵을 차지하는 사상은 유교다. 제2부에서 논했듯 <옥루몽>에서는 현실계를 중시하는 태도나 언행이 빈번하게 나타난다. 청운이 허구적 환상계를 만들면서 파생된 문제 역시 일차적으로는

현실계를 중심으로 하여 수습된다. 심지어 환상계가 갖는 이색적 공간으로서의 기능이나 결말로서의 기능까지도 현실계의 기능으로 포섭되어 대체되고 있었다.

따라서 <옥루몽>의 환상성에는 유교 중심의 삼교일치(三敎一致)가 구현되어 있다고 할 수 있다. 다른 종교 사상으로부터의 영향력은 중심에 놓인 유교적 사고방식에 의해 제어되는 양상을 보인다. 도교와 토착신앙이 활용됨에도 불구하고 환상성이 소란스러운 형상을 취하지 않는 이유다. 도교적 환상계나 불교적 환상계로의 이행이 결말로 선택되지 않는 까닭 역시 이러한 맥락에서 이해될 수 있다.

이상의 논의를 통해 종교 사상과 환상성의 강한 영향 관계를 확인할 수 있었다. 종교 사상은 환상성의 원천으로서 환상 서사를 구현하는 데에 크게 기여하고 있었다. 또한 수용된 종교 사상이 무엇이며 어떤 종교 사상에 힘이 실리느냐에 따라 환상 서사의 특질도 다르게 나타나고 있었다. 환상계를 형상화하는 데는 대체로 구체적인 묘사가 부가되는 까닭에, 이와 같이 환상성의 원천과 특질에 작용하는 이면의 요인을 읽어낼 수 있었다.

유교·불교·도교 및 토착신앙의 4자 구도는 동아시아 문명권에 속한 국가들에게서 공통적으로 찾아볼 수 있는 종교 사상적 구도다. 다만 유교·불교·도교 및 토착신앙 각각이 갖는 영향력의 크기는 국가별로 달랐다. 그렇다면 우리의 경우와는 다른 방식으로 종교 사상이 결합된 사례를 중국, 일본, 월남의 환상 서사에서 찾아볼 수 있으리라는 추측이 가능하다. 이와 같은 비교문학적 관점을 바탕으로 지금까지의 논의를 검증해 보고자 한다.

앞서 <옥루몽>이 갖는 환상성의 특질이 유교 중심의 삼교일치에 기인한다고 논했다. 이와 비견되는 좋은 사례가 불교 중심의 삼교일치를 보여주는 <서유기(西遊記)>와 도교 중심의 삼교일치를 보여주는 <봉신연의(封神演義)>다.[178] 무엇보다도 이 셋은 공통적으로 환상을 적극적으로 활용했으면서도 장편이라는 점에서 공통점을 가진다. 그런 맥락에서 삼교일치 자체가 갖는 이점부터 도출해 볼 수 있다.

기실, 환상 서사를 창작할 때 어느 한쪽의 종교적 사유만 가져다 쓰면 한계가 발생하기 쉽다. 해당 종교의 교리에 종속되어, 종교적 상상력 활용이라는 수단과 환상 서사 창작이라는 목적의 본말이 전도될 위험성이 있다. 더 중요하게 보아야 할 점은 이미 논급했듯 각 종교가 환상의 원천으로서 갖는 특색과 한계가 다르다는 것이다. 따라서 환상 서사가 발전되기 위해서는 여러 종교를 필요에 따라 선택적으로 취합할 수 있어야 했다.

바로 여기에 삼교일치의 사고방식이 기여하는 바가 있다. 삼교일치란 본디 유교, 불교, 도교를 관류하는 도(道)는 동일한데 단지 그를 표현한 방식이 다를 뿐이라는 사고다. 즉 삼교일치는 바로 이러한 취합에 알맞은 명분을 제시했고, 그로써 취합을 적극적이게 했다. 그 결과가 장편의 환상 서사였던 것이다. 실제로 작품의 면면을 살펴보면 <옥루몽>뿐만 아니라 <서유기>와 <봉신연의>에서도 불교의 불보살이나 도교의 신격 중 어느 한 편만을 취하지 않고, 모두 작품에 등장시킨다. 그렇기 때문에 이야기가 빚어내는 사연이 다채로워진다.

예컨대 이러한 경우를 생각해 볼 수 있다. 신과 인간이 갈등하는 종류의 사건을 구성할 경우, 분노, 애증, 시기 등 인간적인 감정을 갖는 신격이 필요해진다. 그런데 불교의 불보살은 탈(脫)인간적 면모를 갖기 때문에, 불교만으로는 그러한 사건을 구현하기가 힘들다. 애써 형상화한다고 하더라도 감정이나 갈등의 편폭을 크게 하게 어렵다. 이럴 때 삼교일치가 좋은 명분으로

---

178 <서유기>가 완성될 무렵인 명나라 시대는 삼교합일의 사조가 무르익을 때였다. 유교는 존심양성(存心養性), 불교는 명심견성(明心見性), 도교는 수심연성(修心煉性)을 각기 표방하였는데 사실은 모두 자아탐색이라는 점에서 취지를 같이하고 있었다(정재서, 『사라진 신들과의 교신을 위하여』, 문학동네, 2007, 114면).

활용될 수 있다. 불교와 도교가 근간이 같다고 전제했으므로, 불교적 가치는 훼손하지 않은 채로 도교에서 신격을 빌려오면 되는 것이다. 여기에 장편이 가능해진 원리가 있다고 본다.

이어 삼교(三敎) 가운데서도 중핵에 무엇이 놓여 있는지를 살핌으로써 <서유기>, <봉신연의>와는 다른 <옥루몽>의 특질을 검증해 볼 수 있을 것이다. <옥루몽>에서는 유교가 중핵에 놓여 있었으며 도교와 불교가 비슷한 비중으로 활용되고 있었다. 이와 비교하여 <서유기>에서는 옥황상제가 부처에게 도움을 청하며, 최종 목적지가 부처의 세계로 안배되어 있어 불교의 우위가 엿보인다. 더구나 <서유기>의 주제 의식도 불교적 사유, 자비나 해탈을 중심으로 구현되고 있다. 그럼에도 불구하고 옥황상제 휘하의 신격들과 부처 휘하의 불보살은 어느 한쪽이 지배적이지 않아서 각자의 독자적 세계를 구축한다. 반면에 <봉신연의>의 경우 등장시킨 신격의 절대다수가 도교적 신격이다. 도교의 신선이 보살이 되었다는 언급까지 등장한다. 따라서 도교의 뚜렷한 우위를 보여준다고 하겠다.

바로 이러한 차이점에 의해서 <옥루몽>이 갖는 환상성의 특질이 해명된다. <옥루몽>의 환상성은 <서유기>와 <봉신연의>의 환상성에 비해 훨씬 차분하고 담박하다. 불교나 도교가 중심이 아니기 때문이다. 기괴하거나 잔인한 묘사도 현격히 적은 편이다. 파격적인 형상이 인(仁)이나 중용(中庸)에 부합하지 않기 때문일 것이다. 매사 교훈적이어서 사필귀정(事必歸正)의 구조가 반복되는 것도 같은 맥락에서 이해될 수 있다. 또한 <서유기>나 <봉신연의>의 사건이 주로 환상계에서 펼쳐지는 것과는 달리, <옥루몽>의 사건은 현실계에서 더 많이 펼쳐진다. 앞에서 고찰한 <옥루몽>의 특질이 이로써 검증된다.[179]

---

[179] 논의를 확장하면 <서유기>와 <봉신연의>를 비교하는 작업도 가능해질 것이다. 간략하

<구운몽>, <전우치전>, <옥루몽>에서 대체로 적은 영향력을 행사했던 것이 토착신앙이었다. 그렇다면 토착신앙이 큰 비중을 차지하는 사례를 가져와 비교해 볼 필요가 있다. 즉, 유교 중심의 삼교일치가 구현되면서도 토착신앙의 영향이 강한 경우 또한 상정해 볼 수 있을 것이다. 월남의 소설 <육운선(陸雲僊)>이 이에 해당한다.

월남에서는 유교의 영향력이 우리의 경우처럼 강력하지 않았기 때문에 토착신앙이 잘 발달된 채로 지속될 수 있었다.[180] 기실, <육운선>은 <옥루몽>과 비슷한 시기에 산출되었으며 <옥루몽>과 마찬가지로 유교 중심의 삼교일치를 보이는 소설인데, 여기에 토착신앙이 끼친 영향력의 차이가 달라 세부적으로는 서로 다른 결의 환상성이 창출되었다고 볼 수 있다.

예컨대 <육운선>에서는 현실계 속에서 개별 환상들이 혼융되어 있는 듯한 양상을 보인다. 육운선의 스승이나 주막집 주인, 호랑이 등은 겉으로는 환상적인 존재가 아니다. 그런 존재들이 현실계에 어울려 살면서 필요한 때에 자연스럽게 환상적인 행위를 한다. 그러한 행위가 나타날 수밖에 없는, 전생의 인연과 같은 어떤 필연적인 계기가 있는 것도 아니다. 육운선은 환상계와는 아무런 인연이 없는 현실계의 인물일 뿐이다. 그럼에도 불구하고 환상은

게만 첨언해 두자면, <서유기>에서는 불교와 도교 간에 공생의 성격이 강하기 때문에 환상성 구현에 있어 각각의 장점을 취하고 단점을 버리기가 수월했다. 반면에 <봉신연의>에서는 도교가 너무 지배적이어서 도교의 한계가 있을 때 불교로 보완하기가 어려워진다. 이 때문에 <서유기>가 <봉신연의>보다 문학적으로 높은 평가를 받지 않았나 추측해 볼 수 있다.

그 대신에 허구적 환상계는 <봉신연의>에 더 많이 나타난다. 특히 그것은 진법(陣法)의 형태로 자주 등장한다. 양대 유파들의 신격들이 대결하는 주요한 방식 중 하나가 진법이다. 서로에게 환상적인 진(陣)을 쳐서 보여주고 그것을 돌파해 보라고 요구한다. 도교와 허구적 환상계의 친연성을 다시금 확인하게 하는 부분이다.

180 최귀묵에 따르면 유·불·도 철학 글쓰기가 월남에서는 크게 발달하지 못했는데(최귀묵, 『베트남 문학의 이해』, 창비, 2010, 278-293면.), 이 역시 이러한 사실을 잘 보여준다.

손쉽게, 스스럼없이 현실계에 출몰해 도움을 준다.

이는 토착신앙의 영향으로 설명될 수 있다. 토착신앙의 신격들은 보편종교의 신격들에 비해 운행이 자유로운 편이다. 보편종교의 신격들은 이미 굳혀진 체계 속에 자리하고 있어, 현실계에 직접 현현하는 데에 일정 정도의 제약을 가질 수밖에 없었다. 그러나 토착 신격들은 현현하는 데에 특별한 명분이 필요하지 않았다. 애당초 이들은 사람들 근처에 다양하게 존재하는 것으로 생각되었기 때문에 현실계에 쉽게 출입(出入)하는 것으로 그려질 수 있었다.

이는 <옥루몽>에서는 찾아보기 힘든 양상이다. <옥루몽>에서는 환상계의 형상이 뚜렷하게 제시되었다. 특히 현실계와 큰 간극을 두고 놓여 있는 근원적 환상계-분리계도 등장한다. 환상적인 인물들도 환상계에 근거지를 두고서 현실계로 출입하며, 출입할 수 있는 근거도 제시된다. <옥루몽>의 주인공들은 애당초 환상계에 속해 있다가 적강한 인물들이었고, 그러한 환상계에서의 인연이 관음보살 등으로 하여금 현실계에 개입하게 하는 계기로 작용하고 있었다.

이상으로 같은 종교 사상적 배경을 지닌 동아시아 환상 서사들을 바탕으로 우리 환상 서사의 특질을 고찰했다. <구운몽>, <전우치전>, <옥루몽>이 환상계를 가장 잘 활용한 작품들이어서 이를 중심으로 분석을 행했으나, 추후에 그 외의 서사들로 분석을 넓혀나갈 필요가 있다. 특히 다소 환상계 활용도가 낮더라도 종교 사상적 구도가 완전히 달랐던 시대의 환상 서사들을 분석할 필요가 있다. 또한 동아시아 환상 서사 전반을 비교하는 방향으로도 차차 논의를 확장해 나가기로 한다. 본 논의를 초석으로 삼아 종횡으로 분석의 범주를 확장해 나가다 보면, 언젠가는 동아시아 환상 문학사를 규명할 실마리에 닿지 않을까 한다.

3. 지금의 콘텐츠와 환상계

우리 고전 서사에 나타난 자기 부정의 실험은 지금의 환상 서사에도 계승되고 있다. 그렇다면 고전 서사와 환상계의 결합은 시대를 뛰어넘어서도 의미를 갖게 되는 셈이다. 환상성이 기존의 인식에 변혁을 가하는 요인임을 상기하면, 도출되는 의미가 탈시대적 성격을 갖는 것도 놀라운 일은 아니다.

자기 부정의 실험이 현대 환상 서사에 계승된 데는 현대라는 시대의 특징도 작용했다. 현대에는 더 이상 특정한 종교나 사상이 보편적인 지지를 받지 않기 때문에 모두가 따라야 할 당위적인 사고방식이 제시되지 않는다. 가치관과 취향, 평가는 개개인의 몫이 되었다. 이것이 서사 내부로도 침투해 서사를 규율하는 이념적 당위성이 소거되는 결과를 가져오게 되었다. 유가적인 덕목에 입각한 방식으로 결말이 그려져야 하는 것도 아니며, 신에 대한 믿음을 바탕으로 사건이 전개되어야 하는 것도 아니다. 특정 정치 이념에 부합하는 형태로 사건이 형상화되어야 하는 시대도 있었지만 이제는 그것도 아니게 되었다.

이러한 상황은 근원적 환상계와 허구적 환상계의 정체성을 재론하게 만드는 핵심적인 요인으로 작용한다. 근원적 환상계와 허구적 환상계의 우열 구도는 그간 지배 이념과 그로부터 도출된 가치판단에 근거하고 있었다. 따라서 이념이 부재하게 되면 근원적 환상계에 당연하게 부여되던 위상이 근거를 잃게 된다. 이제 근원적 환상계의 위상은 추가적으로 부연됨으로써 성립하는 것이지, 처음부터 주어진 것이 아니게 된다. 반면에 허구적 환상계에 있어 이념의 부재란 곧 규제의 부재와도 같다. 부정적인 가치판단에서 벗어나 허구적 환상계가 한껏 실험될 수 있는 기반이 마련된 것이다.[181]

---

[181] 책머리에 언급했던, 우리 시대에 환상 서사가 범람하는 현상도 같은 맥락에서 그 원인을

그 결과 한쪽에서는 근원적 환상계의 진실성을 공박하는 경향이 나타나게 되었다. 고전 서사에 나타난 근원적 환상계의 자기 부정이 이러한 시대적 맥락 속에서 계승되어 더욱 가속화되었다고 할 수 있다. 이것이 지금의 서사에서 표현되는 방식으로 크게 두 가지가 있다.

우선 근원적 환상계의 기능과 힘을 회의하는 방향에서 '주재력이 없는 근원적 환상계'라는 형태가 나타나곤 한다. 근원적 환상계가 현실계 이면에서 현실계에 개입하고 있을 것이라는 사고방식을 거부하는 것이다. 근원적 환상계는 설령 존재한다 해도 현실계를 더 나은 방향으로 바꿔놓을 힘이 없다. 현실계에서 사건을 만들고 변화를 주도하는 것은 현실계의 인간들이지, 근원적 환상계나 그에 속한 존재가 아니다.

영화 <몬스터 콜(A Monster Calls, 2016)>은 이를 잘 보여주는 사례다.[182] 매일 밤 12시 7분, 주인공 '코너'의 주변에는 근원적 환상계-중첩계가 나타난다. 그 중심에는 나무 괴물이 있어 코너에게 이야기를 들려준다. 코너는 괴물이 엄마를 낫게 해달라는 자신의 소망을 이루어 주기를 바란다. 코너의 눈에 비친 괴물은 강력하고 초월적인 존재이므로 괴물이 그러한 소망을 쉽게 이뤄줄 수 있을 거라 믿는다. 그러나 괴물은 코너의 소망을 들어주는 것이 자신의 소관이 아님을 말한다. 그리고 끝끝내 괴물은 코너의 엄마를 낫게 해주지 않는다.

엄밀히 말하면 괴물이 엄마를 낫게 '해줄 수 없었다'고 보는 것이 맞다. 영화의 주제는 환상계에 의지해 현실로부터 도피하지 말고 현실을 정면으로 바라봄으로써 아픔을 치유해 나가야 한다는 것에 있기 때문이다. 현실계에 개입하는 힘과 역할을 근원적 환상계로부터 소거했다는 점에서 <구운몽>의

찾아볼 수 있겠다.
182   후안 안토니오 바요나 감독, 패트릭 네스 각본. 패트릭 네스의 소설 <몬스터 콜스>가 원작이다.

사례와 상통하는 바가 있다.

이것이 상대적으로 소극적인 방식이라면, 더욱 적극적인 방식으로는 근원적 환상계의 존재 자체를 부정하는 방식이 있다. 처음에는 근원적 환상계처럼 보였던 것들이 이후에는 근원적 환상계가 아닌 것으로 밝혀지는, 일련의 서사들이 여기에 속한다. 베르나르 베르베르(Bernard Werber, 1961~)의 소설 『신』이 그 예다.[183] 주인공이 신의 세계, 즉 근원적 환상계라고 생각했던 세계는 결말부에 이르러, 주인공이 등장하는 책을 읽는 독자의 세계였음이 밝혀진다.

이처럼 근원적 환상계의 진실성을 공박하는 경향이 있는가 하면, 또 한쪽에서는 허구적 환상계의 허구성을 공박하는 경향이 나타났다. 마찬가지로 고전 서사에 나타난 '허구적 환상계의 자기 부정'이 여기로 계승되었다고 할 수 있다. 예컨대 드라마 <W>에서는 웹툰 속 세계가 작중 실재하는 세계로 그려진다.[184] 실제로는 불가능한 일이니, 이때 <W>의 웹툰 속 세계는 허구적 환상계라 할 수 있다. 웹툰 속 주인공은 웹툰 밖의 세계로 나와 자신이 피창조물인 것을 알고 자신의 정체성에 대해 고뇌한다. 이에 대해 웹툰의 작가는 웹툰 속 세계가 자신이 창조한 세계에 불과하다며 주인공의 존재를 인정하지 않는다.

하지만 이후 서사는 허구적 환상계가 그것을 창조한 작가마저 잠식해 들어가는 방향으로 전개된다. 작가가 허구적 환상계, 즉 웹툰 속 세계의 악역에 자신의 얼굴을 '부여'했는데 오히려 악역이 작가의 몸을 차지해 버린 것이다. <전우치전>에서 가짜와 진짜가 구분될 수 없었다면 <W>에서는 가짜가 진짜를 소멸시켜 진짜로 거듭난 셈이다.

---

[183] 베르나르 베르베르 저, 이세욱 역, 『신』, 열린책들, 2008.
[184] 정대윤·박승우 연출, 송재정 극본, MBC에서 2016.07.20.~2016.09.14.(총 16부작) 방영.

허구적 환상계를 허(虛)가 아닌 실(實)로 그려내는 경향은 기술의 급속한 발전과도 무관하지 않다. 사람보다 높은 능률을 가진 기계가 창조된 데 이어서 이제는 지능까지도 창조의 대상이 되었다. 최근의 인공지능(AI)은 인간의 지능보다 더 뛰어난 지능을 자랑한다. 이전에는 신격이 아닌 자들의 창조를 불완전한 것으로 보았다면 이제는 그럴 수가 없게 된 것이다.

특히 최근에는 우리를 둘러싼 세계조차도 창조되고 있다. 곧 가상현실과 증강현실의 등장이다. 가상현실과 증강현실 기술은 급격히 발전되고 있어 훗날 그로써 구현되는 세계는 현실과 구분될 수 없을 만큼 생생해질 것이다. 그렇게 된다면 가상현실과 증강현실에서 환상계를 구현할 경우, 그것은 비록 허구적 환상계이지만 현실계를 압도하는 실체감을 가질 수도 있을 터다.

영화 <레디 플레이어 원(Ready Player One, 2018)>에서는 바로 그러한 미래의 가상현실이 서사로 미리 실험되고 있다.[185] <레디 플레이어 원>의 현실계는 거대 자본 세력에 의해 좌우되고 있어 암울하기 짝이 없다. 처음에 가상현실은 그런 현실계로부터의 도피처처럼 그려지지만, 가상현실이 허구적 환상계로서 갖는 잠재력은 그 이상임이 점차 드러난다.

주인공이 가상현실을 탐색해 나가는 과정은 곧 가상현실로써 현실계를 바꾸는 실마리를 찾아가는 과정이었다. 동시에 현실계를 좌우하고 있는 자본주의 논리와는 다른, 대안적인 사고 체계를 이해하고 습득해 나가는 과정이기도 했다. 결국 <레디 플레이어 원>의 주인공은 가상현실을 통해 현실계의 질서를 전복해 낸다.

드라마 <알함브라 궁전의 추억>에서는 증강현실에서의 일이 현실계에 실제로 구현되는 것으로 그려진다.[186] 처음에 주인공과 주인공의 라이벌은 증강

---

185 2018년 작, 스티븐 스필버그 감독, 어니스트 클라인·잭 펜 각본. 어니스트 클라인이 쓴 동명의 소설이 원작이다.
186 안길호 연출, 송재정 극본, tvN에서 2018.12.01.~2019.01.20.(총 16부작) 방영.

현실 게임을 상품으로만 생각하지만, 이것이 단순한 게임이 아님이 차차 밝혀진다. 주인공의 라이벌은 게임의 전투에 의해 실제로 목숨을 잃고 심지어 현실계에까지 출몰하는 NPC가 된다.[187] 주인공 역시 NPC에 의해 계속해서 죽을 고비를 맞는다.[188]

허구적 환상계가 현실계의 사람을 살해한다는 설정은 나타난 자체로 뜻하는 바가 크다. 그것은 곧 허구적 환상계가 독보적인 현실계의 위상을 살해하는 사태를 상징적으로 보여주는 설정이기 때문이다. 허구적 환상계를 실체로 사유하는 경향이 실로 극대화되고 있음을 여기에서 찾아볼 수 있다.

이로써 고전 서사의 환상계 형상화가 갖는 의미가 시금까지도 유효함을 고찰해 보았다. 비록 고전 서사이지만 함축하고 있는 문제의식은 현대 서사의 그것과 다르지 않았다. 고전 서사에 내포된 의미가 시대를 넘어 현대 서사에 내포된 의미와도 상통하는 것이다. 환상계가 훌륭한 변인으로 작용했기에 그러한 일이 가능했다. 고전 서사를 탈시대적인 서사로 거듭나게 한 점에서 환상계 형상화가 갖는 의의가 크다.

환상계를 활용한 의의는 문학사적인 맥락의 바깥에서도 찾아질 수 있다. 그것은 곧 고전 서사가 텍스트 밖 지금을 살아가는 우리들과 우리 사회에 영향을 끼친다는 점에서 도출되는 의의다. 기실, 고전 서사 연구에 대해 학계 외부로부터 가장 흔하게 듣게 되는 질문은 '왜 현대인들이 옛이야기를 읽어야 하는가'일 터다. 본 절에서 논하려는 의의가 이 질문에 대한 한 가지 답이 될 듯하다.

---

187 Non-Player Character의 준말. 게임 내의 캐릭터이되, 처음부터 플레이어가 조작할 수 없게끔 설정되어 있는 캐릭터를 뜻한다.
188 강혜진, 「환상계를 대하는 두 가지 태도, 知와 信: 드라마 <알함브라 궁전의 추억>과 전기소설 <이생규장전>을 중심으로」, 『한국문학과 예술』 29, 사단법인 한국문학과 예술 연구소, 2019; 강혜진, 「<전우치전> '주선랑' 화소와 가상에 대한 사유 - 드라마 <알함브라 궁전의 추억>과의 비교를 바탕으로 -」, 『고전과 해석』 29, 고전문학한문학연구학회, 2019 참조.

환상계를 잘 활용한 고전 서사에서는 '세계가 정형화되어 있지 않다'는 인식이 두드러진다. 환상계를 활용한 고전 서사에서 세계는 계속 변화한다. 환상계가 등장하면서 그전까지 독자와 등장인물이 알던 현실계를 흩뜨려 놓는다. 그럼으로써 작중 세계에는 수정이 요청된다. 기존에 자리하고 있던 현실계에 환상계가 추가됨으로써 작중 세계가 재구성되는 것이다.

심지어 많은 경우 그와 연관관계에 있는 다른 환상계가 엮이어 언급되기도 한다. 그 경우마다 작중 세계는 다른 환상계의 존재를 수용함으로써 다시금 재구성될 수밖에 없다. 등장하는 환상계의 개수가 많을수록 재구성의 과정은 지속적으로 이뤄지게 된다.

그런데 재구성을 반복하다 보면 어느 순간부터 세계의 전모(全貌)를 확정하는 작업을 포기하게 된다. 기존의 세계를 재구성해보았자 또다시 세계에 변화가 일어날 것임을 예상하게 되는 까닭이다. 혹은 문면에 명시되지는 않아도 또 다른 환상계가 얼마든지 현실계 이면에 존재하고 있을 수도 있다. 그렇다면 세계를 지식 체계 안에 고정시키는 일은 사실상 무의미해진다.

따라서 결과적으로, 독자는 환상계를 활용한 고전 서사를 읽음으로써 자연스레 세계를 가변적인 것으로 인식하게 된다. '내가 아는 세계'라는 닫힌 세계는 존재하지 않는다. 세계는 항시 열려있다.

나아가 그러한 닫힌 세계는 존재'할 수 없다'. 현실계에 균열을 낸 환상계가 궁극적으로 자기 자신까지 부정하는 까닭이다. 이 자기 부정의 경지로 인해 현실계에서 환상계로, 환상계에서 다시 환상계로 이어지는 변화의 연쇄는 종결될 수가 없다. 연쇄의 종결은 '부동(不動)의 동자(動者)'를 통해서만 가능하다. 변화의 동인(動因)이 되지만 스스로는 변화의 최종 형태여서 더 이상 변화하지 않는 궁극적인 절대자가 있어야, 변화의 연쇄가 종결된다. 그런데 환상계가 절대자의 위치를 거부하고 자기 부정형에 도달하기 때문에 변화의 연쇄는 종결될 수가 없는 것이다.

실제로 우리의 현실계는 우리가 보고 듣고 아는 것과는 다른 형태로 존재한다. 이는 환상 서사에서 나타나는 주제만이 아니라 과학계에서 오래전부터 전제조건으로 삼는 바이기도 하다. 그로써 현실계의 형상과 존재 양태에 대한 수많은 가설들이 논의되고 있는 중이다. 여기에 덧붙여 가상현실과 증강현실이 현실계에 결부된 또 다른 현실'들'로 존재하기 시작하면서 현실계의 전모를 확정하는 작업은 사실상 불가능해졌다. 미지의 세계인 우주에 대해서는 더욱 그러하다. 숱한 가설이 제시되었지만 우주의 전모를 확정해 낸 이론은 없다. 우주의 규모와 끊임없는 변화를 고려하면 애당초 불가능한 일일 수도 있다. 환상 서사의 기저에 깔려 있던, 세계가 정형화되어 있지 않다는 인식과 상통하는 지점이다. 그런 맥락에서 환상계를 활용한 고전 서사는 궁극적으로 부정형(不定形)인 세계 모형을 제시한다고도 볼 수 있다.

이렇듯 환상계를 형상화한 고전 서사가 갖는 중요한 의미 중 하나는 인식의 변혁에 있다. 그 끝이 자기 부정이라 할지라도 끊임없이 인식의 변혁을 이뤄 어느 단계에 머물러 있지 않도록 했다. 그러고 보면 미래야말로 자기 부정적인 존재다. 미래는 정형화된 개념이 아니어서 끊임없이 자기를 부정하면서 도래한다.

그러므로 환상계를 형상화한 고전 서사는 독자로 하여금 부정형의 미래로 나아가게 한다는 점에서 의의를 갖는다고 하겠다. 지속적으로 인식의 혁신을 이루게 하여 현대를 미래로 열어 놓는 것이다. 그런 점에서도 고전 서사는 지금의 서사이고 또한 미래의 서사라 할 수 있다.

책을 맺으며

환상, 부정형인 미래를 탐구하는 이야기

 이 책에서는 고전 서사에 나타난 환상계의 형상화 원리를 도출하고, 고전 서사에서 환상계가 형상화됨으로써 이룰 수 있었던 문학적 성취와 의미를 살피고자 했다. 환상계는 그저 환상적인 서사이기에 부수적으로 등장하게 되는 단순한 배경에 그치지 않는다. 환상계는 그 유형과 특질, 등장하는 맥락과 순서에 따라 각기 다른 서사적 기능을 가져 각 작품의 주제와 호응하는, 매우 중요한 요소다. 심지어 때로는 사건의 층위에서 언술되는 것 이상의 문제의식이 환상계를 통해서 산출되기도 한다.
 그렇기 때문에 이야기에서 환상계가 등장할 때 그것을 손쉬운 문제 해결 방편으로 치부하거나 얄팍한 사유의 결과물로 이해하는 것은 단견일 수 있다. 환상계는 오히려 가장 극단적인 변인(變因)인 환상을 가장 큰 규모의 대상인 세계에 결부시켜 사유케 하는 중요한 입론 지점일 수 있다. 그런 맥락에서 환상계가 잘 활용된 서사는 한편의 훌륭한 사고실험이기도 하다. 텍스트 밖 실제의 세계에서는 오히려 실험할 수 없는 대상이나 문제의식을 실험하게 해줄 수 있는 것이다.

논지를 본격적으로 펼치기에 앞서, 가장 먼저 해야 했던 작업은 환상과 환상계의 규정이었다. 그간 환상과 환상계에 대해서 의미 있는 선행 연구들이 제출되었음에도 불구하고 널리 인정되고 통용될 만한 규정은 찾기 어려웠다. 규정이 학술적으로 정밀하면서도 지금의 어감에 맞아야 하고 동시에 간명해야 범용성을 갖는다. 이 모든 조건을 만족하게끔 새로이 환상(계)를 규정할 필요가 있었다.

이에 제1부에서는 환상과 환상계를 규정하고 환상계를 유형화하고자 했다. 그간 환상을 논함에 있어 텍스트 밖의 세계와 텍스트 안의 세계를 명확히 분리하지 않아서 환상이 허구나 비현실과 혼동되기도 했다. 이를 반복하지 않기 위해 이 책에서는 텍스트 밖의 세계와 텍스트 안의 세계를 나누고 각각의 세계에서 '현실', '비현실', '환상'이 갖는 범주를 논했다.

텍스트 밖의 세계란 곧 우리가 발 딛고 있는 실제 세계인데, 이는 엄밀히 말해 경험 이전의 세계와, 주체에게 경험된 세계의 층위로 나눌 수 있다. 또한 주체는 세계를 세 가지 상(像)으로 경험한다. 첫 번째는 '현실'로, 객관적으로 지각되어 그것의 실재가 보편적으로 인정된 것만을 취한 이미지다. 두 번째는 '비현실'로, 현실이 아닌 것들을 상정하여 수용한 이미지다. 즉, 객관적으로 지각되지 않거나 보편적으로 인정되지 않는 것이다. 세 번째 세계상이 바로 '환상'이다. 환상은 객관적인 지각과 보편적인 인정이 애당초 '불가능'한 것이다. 그런 점에서 환상은 비현실의 일부이지만 그 안에서도 궤를 달리하기에 따로 구분될 필요가 있었다.

종합하자면 텍스트 밖에서 현실과 비현실, 환상은 곧 실제 세계를 인식하는 일종의 '렌즈'다. 그리고 이것이 텍스트 내의 세계로 모방되어 텍스트 내의 세계관을 이루게 된다. 즉, 텍스트 밖의 현실이 텍스트 내 현실의 단초가 되고 텍스트 밖의 환상이 텍스트 내 환상의 단초가 되는 것이다. 또한 이러한 환상이 복수(複數)로 제시되어 일련의 계열체를 이룰 때, 그것이 곧 환상계가 된다. 이상의 논의에 따라 우리가 흔히 말하는 문학에서의 환상(계)를 '텍스트 밖 세계에서 객관적인 지각과 보편적인 인정이 불가능한 것(의 계열체)'라 규정할 수 있었다.

이 규정을 기초로 하여 환상계를 유형화했을 때, 자연히 현실과의 관계가 가장 근본적인 기준으로 작용하게 되었다. 이에 환상계와 함께 텍스트 내에 현실계가 등장하는지의 여부를 두고 등장할 때는 '연계적 환상계'로, 등장하지 않을 때는 '독립적 환상계'로 나누어 명명했다. 대다수의 고전 서사에서 환상계는 현실계와 함께 등장하기에, 고전 서사의 환상계는 대체로 '연계적 환상계'에 해당한다고 볼 수 있다. 그러므로 연계적 환상계를 중심으로 하여 더 세분화된 분류 체계를 고안했다.

연계적 환상계를 세부적으로 나눌 수 있는 기준으로는 두 가지를 마련했다. 하나는 속성에 따른 분류다. 작중 실재하는 것으로 믿어지며 현실계보다 앞서서 존재하는 환상계를 '근원적 환상계'라 했다. 이 환상계는 대체로 현실계에 나타나는 환상들의 근원이자 출처가 된다. 이와는 반대로 현실계가 나타난 이후에 만들어진 환상계는 '허구적 환상계'라 했다.

두 번째 기준은 위치에 따른 분류다. 하나의 특정 공간 내에 현실계가 환상계와 함께 공존하고 있는 것은 '중첩계'라 했다. 현실계와 이어진 곳에 있으나 대체로 숨겨져 있어서 발견을 필요로 하는 환상계는 '연장계'라 한다. 마지막으로 현실계와의 큰 간극이 강조되어 초대나 환상적인 수단을 통해서만 도달할 수 있는 환상계를 '분리계'라고 했다.

이 두 기준을 서로 교직하면 6가지 유형이 도출된다. 즉, 근원적 환상계-분리계, 근원적 환상계-연장계, 근원적 환상계-중첩계, 허구적 환상계-분리계, 허구적 환상계-연장계, 허구적 환상계-중첩계의 여섯 유형이다. 이를 바탕으로 환상계 형상화 원리의 기초를 도출할 수 있었다. 작품 속 개별 환상계의 경우, 두 가지 분류 체계에서 각각 무엇을 선택하였는가에 따라 다르게 형상화된다. 작품 속 전체 환상계의 구도는 여섯 유형의 환상계 중에서 어떤 것이 선택적으로 활용되고, 또 어떤 것들이 결합되었느냐에 따라 달리 구축된다.

여섯 유형을 선택하고 결합하는 가짓수는 이론상 무한하나 대표적으로 세 가지를 꼽아볼 수 있다. 근원적 환상계의 세 유형을 주로 활용하는 방식과 허구적 환상계의 세 유형을 주로 활용하는 방식, 마지막으로 두 환상계의 유형들을 함께 활용하는 방식이 그 셋이다.

고전 서사 가운데 세 방식을 최고도로 구현한 작품들로 <구운몽>, <전우치전>, <옥루몽>을 꼽아볼 수 있다. 그러므로 이어진 제2부에서는 이들 작품의 구체적인 면면에 접근해 환상계가 어떻게 형상화되고 있는지를 살피고자 했다. 특히 환상계로 인해 촉발되는 문제의식과 그로 형성되는 작품의 함의를 섬세히 고찰하려 했다.

이에 우선 <구운몽>에서는 근원적 환상계의 세 유형을 적극적으로 활용함으로써 근원 너머의 근원을 묻고 있음을 확인할 수 있었다. 이를 위해 <구운몽>은 도입부에서 남악 형산에 근원적 환상계-연장계를 신령스럽게 묘사해 둔다. 그리하여 이곳은 마치 성진의 꿈=소유의 현실계로부터 벗어나 도달해야 할 세계나 종착점과 같은 인상을 부여한다. 이어서 연화도량이라는 근원적 환상계-중첩계를 등장시킴으로써 이후 등장할 다양한 층위의 세계들을 아우르는 고정점을 마련하고, 성진을 비롯한 불제자들의 자유자재한 신통력을 증진시키게 했다. 이때 성진은 색(色)에 얽매이는 한계를 보여주었으므로 근원적 환상계-중첩계의 속성을 활용해 앉은 자리에서 다른 세계를 체험하게 된다.

성진이 소유로서 살아가게 된 현실계에는 두 개의 중요한 짝패가 내포되어 있었다. 짝패 하나는 근원적 환상계-연장계인 '남전산'과 근원적 환상계-연장계를 모방하되 환상계는 아니었던 '종남산'이다. 남전산에서 소유는 현실계보다 우위에 있는 환상계를 체험함으로써 현실계가 세계의 전부가 아님을 깨닫게 된다. 그런데 이때 받은 도움이 소유에게 너무나 긴요한 것이었던 까닭에, 이후 소유는 환상계를 쉽게 믿고 의지하는 태도를 취하게 된다. 이는 종남산에서 가춘운이 선녀와 근원적 환상계-연장계를 가장(假裝)하는 장면에서 확인된다. 소유는 '신기한 것을 좋아해' 이 속임수에 쉽게 넘어가는 데다가 주위의 만류에도 불구하고 그에 집착하기까지 한다. 그러므로 이 종남산에서의 속임수는 소유로 하여금 환상계에 얽매이지 말 것을 깨우쳐 준다는 점에서 중요한 역할을 한다.

두 번째 짝패 역시 비슷한 구조를 지닌다. 이는 근원적 환상계-분리계인 '백룡담'과 허구적 환상계-분리계인 '하늘 궁전'으로 이루어져 있다. 백룡담은 진퇴양난의 궁지 직후에 등장하여, 현실계의 결여를 보충하면서 동시에 결여를 적실하게 들춰낸다. 이에 더해 근원적 환상계-분리계의 특성을 십분 활용해 동정호나 연화도량 등 다른 환상계로 소유를 나아가게 한다. 그럼으로써 성진일 적 경험했던 환상계를 소유의 정체성으로 경험케 하는 독특한 사건을 만들어 낸다. 특히 이때 도달한 연화도량에서 소유는 육관대사에 의해 성진과 통합된 주체로 인식된다. 이로써 이 대목 이전까지 분리되어 있던 환상계의 층위는 여기에서 서로 연결되면서 이분법적 사고를 무너뜨린다. 똑같이 꿈을 통해 도달한 '하늘 궁전'의 경우, 그 묘사가 근원적 환상계와 전연 차이가 없는 허구적 환상계라는 점에서 주목해야 한다. 이는 환상계가 늘 근원적 환상계로 인식되던 것에 대한 패러디다.

이들 짝패는 결말부의 주제 의식을 미리 변주해 놓는 역할을 한다. 미리 환상계를 바탕으로 사건을 전개해 주제를 은연중 깔아둔 뒤, 결말부에서는 육관대사의 설법을 통해 주제를 담화 차원에서 제시하는 것이다. 그런 점에서 <구운몽>이 결말을 맺는 방식은 실로 주목을 요한다. 근원적 환상계-연장계로 회귀한 시점에서 결말을 내지 않음으로써 '근원적 환상계를 참된 세계,

현실계를 헛된 세계'로 이분하는 사고를 공간론적 층위에서 부정하는 것이다. 그리하여 근원적으로 보이는 환상계조차도 넘어서서 그 너머의 근원적 환상계-분리계인 '극락세계'로 성진을 나아가게 한다. 다만 이때, 극락세계 역시 궁극적으로 도달해야 하는 또 다른 환상계로 여겨지지 않아야 주제가 완성될 수 있을 것이다. 이 때문에 환상적인 묘사나 이행 과정이 과감히 생략되어 있다. 이로써 환상계에도, 현실계에도 얽매이지 않은 근본적인 경지란 무엇인지를 독자로 하여금 깊이 생각하게 한다.

<전우치전>에서는 허구적 환상계의 세 유형이 활용됨으로써 <구운몽>과는 전혀 다른 소란스럽고 역동적인 환상성이 형성되고 있었다. <전우치전>에서는 근원적 환상계의 위상이 현격하게 저하되어 있다. 현실계에 대한 영향력이 미미할 뿐만 아니라 어떤 것은 부정적인 속성을 지녀 퇴치되기까지 한다. 주인공 전우치는 근원적 환상계에서 도술을 수련하지 않는다. 그는 여우에게서 천서를 빼앗아 그로써 도술을 익힌다. 게다가 전우치는 도술을 베풂에 있어 근원적인 환상계를 전혀 의식하지 않는다. 옥황상제의 사자(使者)를 모방하는 그에게서 천벌에 대한 두려움 같은 것은 찾아보기 어렵다.

나아가 가짜 왕연희 화소에서는 진짜와 가짜에 대한 사유를 근본적으로 흔들기까지 한다. 전우치가 왕연희로 변하면서 왕연희는 진짜와 가짜를 구분하는 제3자의 자리에서 끌어내려진다. 이어서 어떤 이들에게는 왕연희로, 또 어떤 이들에게는 전우치로 보이는 환상이 나타난다. 이러한 환상은 진짜와 가짜의 구분은 무엇으로 가능한지, 애당초 가능하긴 한 것인지를 되묻게 한다. 진짜와 가짜는 그간 근원적 환상계와 허구적 환상계를 평가하는 기준이었다. 그리하여 이로써 근원적 환상계와 허구적 환상계가 기존에 갖고 있던 우열 구도가 재론된다.

그러한 흐름 하에 <전우치전>의 허구적 환상계는 무시할 수 없는 실체감을 갖는 것으로 형상화된다. 고직이의 창고 그림은 곧 현실계 관아의 창고로 밝혀지고 산수화는 전우치를 이동시켜 주는 실제적인 통로로 힘을 발휘했다. 심지어 허구적 환상계는 현실계보다도 우월한 모습을 보여 문제의식을 심화시켰다. 주선랑 화소에서는 우월해진 허구적 환상계가 현실계를 대체해 버리고 현실계는 도리어 환상계로 바뀔 수 있는 파격적인 가능성이 제기된다.

이러한 문제의식은 다소 이질적인 결말에 가서도 살아남는다. 허구적 환상계가 제압되기는 하나 그 근거는 이념적 요인이 아니다. 그저 환상 구현 능력에서 밀렸기 때문이다. 그렇다면 여전히 허구적 환상계는 그 자체로 부정적인 것은 아니게 된다. 결말부에 도술 대결담이 제시되는 것은 이러한 이유에서 이해될 수 있다.

<옥루몽>에서는 근원적 환상계와 허구적 환상계의 유형들이 아울러 활용됨으로써 또 다른 결의 환상성이 산출되었다. 우선 <옥루몽>에서는 근원적 환상계-분리계를 작품이 시작되는 무대로 설정해 놓았다. <구운몽>이 근원적 환상계-분리계를 '숨겨둔 패'로 활용했다면 <옥루몽>은 근원적 환상계-분리계라는 패를 처음부터 완전히 보여준 셈이다. 심지어 <옥루몽>의 근원적 환상계들은 이후 현실계에 나타날 사건들의 확고한 근원으로 제시된다. 근원적 환상계-분리계인 천상계에서 나타났던 사건들은 현실계에 나타날 사건들에 대한 복선이다. 게다가 주인공 양창곡의 출생 과정에서도 근원적 환상계-연장계인 옥련봉과의 인연이 부각된다.

문제는 이렇게 확고히 근원적 환상계가 제시되어 있으면서도 동시에 허구적 환상계가 근원적 환상계의 닮은꼴로 등장하고 있다는 점이었다. 천자는 허구적 환상계를 근원적 환상계라 믿어 간신의 말에 따르다 정사를 그르치고 만다. 구분이 불가능한 사태 앞에서 근원적 환상계는 지향될 것으로, 허구적 환상계는 지양될 것으로 치부하는 단선적인 태도는 수정을 요하게 되었다. 이에 <옥루몽>에서는 세 가지 방향의 해결 방식이 형성되고 있음을 볼 수 있었다.

첫 번째는 현실계를 중심으로 하여 환상계를 포섭하는 방식이었다. 환상계 전반에 경도되는 것을 억제하고, 유가적인 가르침에 의거해 현실계를 중시하는 태도를 취할 것을 장려하는 것이다. 그리하여 후반부에서 환상계가 하는 역할 중 하나인 '다양한 공간 제시'가 현실계의 몫으로 이전되는 것을 보게 된다. 처첩들이 각기 다른 성격의 공간을 조성하는데 그로부터 이색적이고 낯선 공간으로의 진입담이 산출되는 것이다. 이는 기존에는 환상계 탐색담이 갖던 매력적인 기능이었는데, 현실계가 그를 대신해 가져가 버렸다. 이뿐만 아니라 <옥루몽>의 결말 역시 같은 논리에서 형성되었다고 보인다. 다섯 처첩들이 천상계의 자신들에 대해 꿈을 꾸는데 그 의미가 현실계의 인물인 허부인의 주도 하에 현실구복적 논리로 포섭된다.

두 번째 해결 방안은 강남홍이라는 인물을 통해 구현된다. 강남홍은 도교적·불교적 도(道)를 유교적 가르침과 함께 아울러 담지하고 있다는 점에서 양창곡과는 결을 달리하는 또 다른 주인공이다. 강남홍에게 그러한 도를 전수한 스승은 백운도사로, 그는 강남홍에게 환상(계)을 정(正)과 사(邪)로 구별할 것을 강조한다. 그에 따르면 둔갑술에 내재된 모방의 원리는 천기를 누설하기에 사(邪)다. 그렇다면 앞서 허구적 환상계 역시 사(邪)이며 그렇기에 근원적 환상계와 근본적으로 구분되어야 마땅하다. 강남홍은 이러한 가르침을 발전시켜 그녀 나름의 대안을 제시한다. 허구적 환상계가 등장한 원인은 현실계에 긴박된 삶이 주는 실존적 허무함이었다. 이에 강남홍은 오히려 인간이기에 마음을 수양할 수 있고, 이로써 정신적인 차원에서 현실계를 넘어설 수 있다고 주장한다.

세 번째 해결 방안은 독자의 층위에서 완성된다. 애당초 근원적 환상계가 실재하고 있음을 아는 독자와 그렇지 못한 등장인물 간에는 정보의 불일치가 일어난다. 따라서 각자가 제시할 수 있는 해결 방안 역시 달라진다. 양창곡을 비롯한 등장인물들은 자신들이 원래 진짜 신선이었으며 적강한 줄을 모르고 있다. 그 결과 진짜 신선이 신선의 존재를 부정하는 아이러니가 나타난다. 그러나 독자는 이들의 정체를 알고 있다. 따라서 이들의 아이러니를 보면서 '본래 신선임에도 불구하고 현실계 내에 갇혀 버리자 현실계를 넘어서는 정체성을 깨닫지 못한다'는 것을 느끼게 된다. 즉, 독자의 시선은 곧 모든 외현을 초월한 시선이며, 그렇기에 모든 것을 알고 있는 관음보살의 시선이자 정신적으로 초탈한 진짜 신선의 시선이 된다. 바로 이것이 읽기의 차원에서 완성되는 해결 방식이며 또한 환상 서사를 읽는 의의가 된다.

이상의 논의를 종합해 고전 서사에서 환상계의 형상화가 갖는 의미를 탐색했다. 우선 환상계의 형상화가 고전 서사의 문학적 성취를 높이는 데에 크게 기여하고 있음을 확인할 수 있었다. 환상계가 공교하게 활용됨으로써 기존의 인식을 혁신하게 하는 주제들이 산출될 수 있었다. 나아가 현실계는 물론이고 환상계 스스로에 대한 인식조차 혁신하는 자기 부정의 경지가 나타나 주목을 요했다. 현실에 입각한 변인으로는 상정하기 어려운 이런 역설적인 개념마저도 환상계라는 변인을 통해서는 시도되고 활용될 수 있었던 것이다.

이는 문학사적 맥락에서 보면 조선 후기 소설의 문학적 성취이기도 하다. 조선 전기의 소설에서는 대체로 근원적 환상계의 유형 가운데 한둘이 일회적으로 등장하곤 했다. 하나의 환상계가 하나의 낯설고 기이한 사건을 창출하는 양상이 주를 이뤘던 것이다. 그러나 조선 후기로 갈수록 환상계 유형을 다양하게 결합해 활용함으로써 장편화를 이룩한 소설들이 빈번히 등장하게 된다. 작중 전체 세계의 구체적인 면면도 보다 섬세하게 그려지며 그로 인해 세계와 인물 간의 관계 맺음도 다채롭게 표현되었다. 그런 점에서 환상계의 형상화에는 문학사적 발전을 견인한 공로도 있다.

환상계를 활용한다는 것은 곧 종교 사상을 문학의 영역으로 끌어와 고도로 변용했다는 뜻도 된다. 따라서 환상계를 통해 우리 고전 서사의 환상성에 끼친 종교 사상의 영향과, 그로 인해 빚어진 환상성의 특질을 탐색할 수 있었다. 대체로 불교는 환상성에 사상적 깊이를 제공했고 도교는 환상 서사의 편폭 확장에 영향을 주었다. 유교는 중용의 논리를 제공해 환상성이 기괴하지 않고 단정한 형태로 발현되게 했다. 이러한 영향 관계를 검토하기 위해 같은 종교 사상을 활용한 동아시아 환상 서사의 사례를 끌어와 비교했다. <서유기>와 <봉신연의>, <육운선>이 그 사례가 되었다.

마지막으로 고전 서사에서 환상계가 형상화됨으로써 창출되는 의미가 지금도 여전히 유효하다는 점을 고찰했다. 먼저 지금의 환상 서사와 접맥되는 부분을 살폈다. 고전 서사에 나타난 근원적 환상계의 자기 부정이 현대 서사로 계승되어 주재력이 없는 근원적 환상계가 등장했다. 보다 적극적으로는 근원적 환상계의 존재 자체를 부정하는 방식도 실험되었다. 또한 한쪽에서는 허구적 환상계의 자기 부정이 계승되어 허구적 환상계의 허구성을 공박하는 경향이 나타났다. 특히 현대에는 가상현실 및 증강현실 기술이 현실을 재구성하고 있어 서사에서도 그런 경향이 가속화되고 있다. 주제 의식이 계승·발전되고 있다는 점에서 고전 서사가 현대적 의미도 지니고 있음을 확인할 수 있다.

무엇보다도 환상계를 형상화한 고전 서사는 독자로 하여금 부정형(不定形)의 세계관뿐만 아니라, 본질적으로 부정형(不定形)인 미래를 탐구하게 하고 그로 나아가게 한다는 점에서 의의를 갖는다. 지속적으로 인식의 혁신을 이루게 하여 현대를 미래로 열어 놓는 것이다. 고전 서사의 환상계 형상화가 갖는 의의는 최종적으로 여기에 있을 것이다.

참고문헌

1. 자료

<구운몽> 노존B본
<구운몽> 서울대본
<구운몽> 완판본
<전우치전> 37장본
<전우치전> 일사본
<전우치전> 국립도서관 소장본 『竹窓閒話』
<옥루몽> 규장각본
<옥루몽> 세창서관본

김만중 저, 김병국 교주, 『구운몽』, 서울대학교 출판부, 2007.
김만중 저, 심경호 역, 『서포만필』, 문학동네, 2010.
김만중 저, 정규복·진경환 역, 『구운몽』, 고려대학교 민족문화연구소, 1996.
김시습 저, 심경호 역, 『금오신화』, 홍익출판사, 2000.
김진영·김동건·김미선, 『김수연 창본 수궁가』, 이회문화사, 2008.
김현양 역, 『홍길동전, 전우치전』, 문학동네, 2010.
남영로 저, 김풍기 역, 『옥루몽』, 그린비, 2006.
남영로 저, 장효현·윤재민·최용철·지연숙·이기대 교주, 『校勘本 韓國漢文小說 英雄小說(2)』, 고려대학교 민족문화연구원, 2007.
소재영·황패강 역, 『숙영낭자전』, 고려대학교 민족문화연구원, 2015.
신광한 저, 박헌순 역, 『기재기이』, 범우, 2008.
이헌홍 역, 『조웅전』, 고려대학교 민족문화연구소, 1996.
일연 저, 김원중 역, 『삼국유사』, 민음사, 2008.

임치균 교주, 『태원지』, 한국학중앙연구원, 2010.
장기근 저, 『중국인의 에로스』, 범우사, 2006.
정재서 역, 『산해경』, 민음사, 1996.
조혜란·정선희·허순우·최수현 역, 『소현성록』, 소명출판, 2010.
지연숙 역, 『소현성록』, 문학동네, 2015.
채수 저, 이복규 역, 『설공찬전』, 시인사, 1997.
최삼룡·이월령·이상구 역, 『유충렬전』, 고려대학교 민족문화연구소, 1996.
베르나르 베르베르 저, 이세욱 역, 『신』, 열린책들, 2008.
오승은 저, 임홍빈 역, 『서유기』, 문학과지성사, 2015.
응웬 딩 찌에우 저, 전혜경 역, 『육운선』, 한국외국어대학교 출판부, 2017.
허중림 저, 홍상훈 역, 『봉신연의』, 솔, 2016.
현장 漢譯, 김태완 韓譯, 『유마경』, 침묵의향기, 2014.
J.R.R. 톨킨 저, 김번·김보원·이미애 역, 『반지의 제왕』, 씨앗을뿌리는사람, 2007.

<금강경>
<잡아함경>
<원각경>
<화엄론절요>

스티븐 스필버그 감독, <레디 플레이어 원(2018)>
최동훈 감독, <전우치(2009)>
후안 안토니오 바요나 감독, <몬스터콜(2016)>
안길호 연출, 송재정 극본, <알함브라 궁전의 추억(2018)>
정대윤·박승우 연출, 송재정 극본, <W(2016)>

2. 단행본

강등학·강진옥·김기형·김헌선·박경신·신동흔·유영대·전경욱·천혜숙, 『한국 구비문학의 이해』, 월인, 2016.
곽철환, 『시공 불교사전』, 시공사, 2003.
길희성, 『지눌의 禪사상』, 소나무, 2001.
김문희·김윤상·박지현·정의진·표정옥, 『동서양 서사문학의 환상과 기이의 미학』, 소명출판, 2011.

김성도, 『기호, 리듬, 우주』, 인간사랑, 2007.
김일렬, 『한국 고소설 연구』, 이우출판사, 1983.
나병철, 『소설과 서사문화』, 소명출판, 2006.
서대석, 『군담소설의 구조와 배경』, 이화여대 출판부, 1985.
설성경·심치열, 『옥루몽의 작품세계』, 개문사, 1997.
신재홍, 『한국몽유소설연구』, 역락, 2012.
신태수, 『대칭적 세계관의 전통과 서사문학』, 새문사, 2007.
오생근, 『문학의 숲에서 느리게 걷기』, 문학과지성사, 2003.
오탁번·이남호, 『서사문학의 이해』, 고려대학교 출판부, 1999.
유병환, 『구운몽의 사상적 실상』, 다래헌, 2007.
이강옥, 『구운몽의 불교적 해석과 문학치료교육』, 소명출판, 2010.
장효현, 『한국고전소설사연구』, 고려대학교 출판부, 2002.
정규복, 『구운몽 연구』, 보고사, 2010.
정재서, 『사라진 신들과의 교신을 위하여』, 문학동네, 2007.
정출헌, 『고전소설사의 구도와 시각』, 소명출판, 1999.
조동일 외, 『김만중연구』, 새문사, 1983.
조동일, 『국문학 연구의 방향과 과제』, 새문사, 1983.
차용주, 『옥루몽 연구』, 형설출판사, 1981.
최귀묵, 『베트남 문학의 이해』, 창비, 2010.
최기숙, 『환상』, 연세대학교 출판부, 2003.
한자경, 『동서양의 인간이해』, 서광사, 2001.

坪井俊映 저, 한보광 역, 『淨土學槪論』, 여래장, 2000.
로즈메리 잭슨 저, 서강여성문학연구회 역, 『환상성-전복의 문학』, 문학동네, 2001.
미르치아 엘리아데 저, 이은봉 역, 『성과 속』, 한길사, 1998.
발터 벤야민 저, 최성만 역, 『기술복제시대의 예술작품』, 길, 2007.
소쉬르 저, 최승언 역, 『일반언어학 강의』, 민음사, 2006.
유발 하라리 저, 김명주 역, 『호모 데우스』, 김영사, 2017.
자크 데리다 저, 김성도 역, 『그라마톨로지』, 민음사, 2010.
츠베탕 토도로프 저, 이기우 역, 『덧없는 행복 루소론 환상문학 서설』, 한국문화사, 2005.
츠베탕 토도로프 저, 최애영 역, 『환상문학서설』, 일월서각, 2013.
캐스린 흄 저, 한창엽 역, 『환상과 미메시스』, 푸른나무, 2000.
Arthur C. Clarke, *Profiles of the Future*, Harper & Row, 1963.
P. G. Castex, *Le conte fantastique en France*, Jese Corti, 1951.

Valérie Tritter, *Le fantastique*, Ellipses Marketing, 2001.

3. 학위논문

강상순, 「九雲夢의 상상적 형식과 욕망에 대한 연구」, 고려대학교 박사학위논문, 1999.
강혜진, 「<유마경(維摩經)>을 통해 본 불교 경전의 환상 실현 양상과 의미」, 고려대학교 석사학위논문, 2017.
강혜진, 「고전소설에 나타난 환상계의 형상화 원리와 의미-<구운몽>, <전우치전>, <옥루몽>을 중심으로」, 고려대학교 박사학위논문, 2020.
권경순, 「「玉樹記」와 「玉樓夢」의 才子佳人小說的 面貌」, 고려대학교 박사학위논문, 2017.
경일남, 「新羅往生 說話의 硏究」, 충남대학교 석사학위논문, 1983.
변우복, 「'전우치전' 연구」, 한국교원대학교 박사학위논문, 1998.
유광수, 「<옥루몽> 연구」, 연세대학교 박사학위논문, 2005.
이기대, 「19세기 한문장편소설 연구」, 고려대학교 박사학위논문, 2004.
이수자, 「韓國 說話文學의 空間 硏究」, 이화여자대학교 석사학위논문, 1982.
이하영, 「J. R. R. 톨킨의 『반지의 제왕』: 신화 역사 판타지」, 연세대학교 석사학위논문, 2004.
조재현, 「고전소설에 나타나는 환상계 연구」, 국민대학교 박사학위논문, 2006.

4. 일반논문

강상순, 「고소설에서 환상성의 몇 유형과 환몽소설의 환상성」, 『고소설연구』 15, 한국고소설학회, 2003.
강상순, 「『구운몽』의 형식과 주제에 대한 역사적 고찰」, 『한국문학이론과비평』 13, 한국문학이론과 비평학회, 2001.
강혜진, 「주체-타자론의 극복과 공동체의 가능성: 「안빙몽유록」과 「서재야회록」에 나타난 은거 공간과 환상계를 중심으로」, 『어문논집』 82, 민족어문학회, 2018.
강혜진, 「환상 서사라는 근원적인 환대: 고전문학작품 「안빙몽유록」, 「서재야회록」과 증강현실게임 <포켓몬 GO>의 비교를 중심으로」, 『비교문학』 75, 한국비교문학회, 2018.
강혜진, 「환상계를 대하는 두 가지 태도, 知와 信: 드라마 <알함브라 궁전의 추억>과 전기소설 <이생규장전>을 중심으로」, 『한국문학과예술』 29, 숭실대학교 한국문학과예술연구소, 2019.
강혜진, 「<소현성록>에 나타난 儒·佛·道·神 관계 고찰-퇴치담을 중심으로」, 『고소설연구』 48, 한국고소설학회, 2019.
강혜진, 「<전우치전> '주선랑' 모티프와 가상에 대한 사유-드라마 <알함브라 궁전의 추억>과의 비교를 바탕으로-」, 『고전과해석』, 고전문학한문학연구학회, 2019.
강혜진, 「『기재기이(企齋記異)』 환상계 진입(進入) 과정 묘사와 그 의미」, 『한국문학과 예술』 39, 사단법인 한국과문학예술연구소, 2021.
강혜진, 「고소설과 게임의 공간-<전우치전>과 <로스트아크>의 비교를 중심으로」, 『고소설연구』 56, 한국고소설학회, 2023.
강혜진, 「악(惡)에 대한 한국과 일본의 신화적 사유 -<악귀>와 <스즈메의 문단속>을 중심으로」, 『한민족문화연구』 84, 한민족문화학회, 2023.
강혜진, 「콘텐츠 기반 고소설 연구 시론 -천군소설과 웹툰 <가담항설>의 비교를 중심으로-」, 『우리어문연구』 75, 우리어문학회, 2023.
강혜진, 「<이야기 주머니> 민담의 메타 이야기적 성격과 게임과의 비교」, 『어문논집』 102, 민족어문학회, 2024.
경일남, 「고전소설의 <구운몽> 활용양상과 수용 의미」, 『인문학연구』 97, 충남대학교 인문과학연구소, 2014.
김동욱, 「도술모티프를 통해 본 조선후기 고전소설의 지형도」, 『한국학논집』 75, 계명대학교 한국학연구원, 2019.
김문조, 「감각과 사회: 시각 및 촉각을 중심으로」, 『영상문화』 18, 한국영상문화학회, 2011.
김문희, 「고전소설의 환상성의 양상과 인식적 기반」, 『고소설연구』 19, 한국고소설학회, 2005.
김성룡, 「16~17세기 이인 이야기에 나타난 가능 세계의 수용과 생산」, 한국고전문학교육학회·고려대 한류융복합연구소 공동 학술대회, 2019년 4월 발표.
김성룡, 「고소설의 환상성」, 『고소설연구』 15, 한국고소설학회, 2003.
김성룡, 「환상적 텍스트의 미적 근거 연구」, 『문학교육학』, 한국문학교육학회, 1998.
김성범, 「월남 유학의 사상사적 특이성」, 『儒學研究』 29, 충남대학교 유학연구소, 2013.
김수연, 「남악 형산, 유불도 인문지리의 공간경계역」, 『고전문학연구』 45, 한국고전문학회, 2014.
김수연, 「『도장(道藏)』과 고소설에 나타나는 도가적(道家的) 상상력의 근원과 유형 연구1 - 『진고(眞誥)』의 공간상상력을 중심으로」, 『한국고전연구』 29, 한국고전연구학회, 2014.
김승환, 「소설텍스트의 현실과 허구를 나누는 선」, 『현대문학이론연구』 70, 현대문학이론학회, 2017.

김지연, 「<임화정연> 속 선택지의 맥락과 인정 획득의 전략-세 여성 인물의 사례를 중심으로」, 『고전과해석』 27, 고전문학한문학연구학회, 2019.
김종철, 「『玉樓夢』의 대중성과 진지성」, 『韓國學報』 16, 일지사, 1990.
김현화, 「『최생우진기』의 배경 묘사 양상과 기능」, 『한국언어문학』, 한국언어문학회, 2013.
문범두, 「<전우치전>의 이본 연구-형성과정과 의미를 중심으로-」, 『한민족어문학』 18, 한민족어문학회, 1990.
민승기, 「초월의 몸짓-라캉과 데리다」, 『현대정신분석』 1, 한국라깡과현대정신분석학회, 1999.
박일용, 「전우치전과 전우치설화」, 『국어국문학』 92, 국어국문학회, 1984.
박일용, 「인물형상을 통해서 본 <구운몽>의 사회적 성격과 소설사적 위상」, 『정신문화연구』 44, 한국학중앙연구원, 1991.
박일용, 「국문학의 미학적, 세계관적 조명; 영웅소설 하위 유형의 이념 지향과 미학적 특징」, 『국문학연구』 7, 국문학회, 2002.
박희병, 「한문소설과 국문소설의 관련양상」, 『韓國漢文學硏究』 22, 한국한문학회, 1998.
서혜은, 「<전우치전>의 대중화 양상과 그 소설사적 의미」, 『어문학』 115, 한국어문학회, 2012.
설성경, 「『구운몽』의 주제와 표제의 의미망」, 『한국민족문화』 19, 부산대학교 한국민족문화연구소, 2002.
송효섭, 「이조소설의 환상성에 대한 장르논적 검토」, 『한국언어문학』 23, 한국언어문학회, 1984.
신익철, 「조선 후기 연행록에 나타난 이계(異界) 풍경과 기괴(奇怪) 체험」, 『일본학연구』 47, 단국대학교 일본연구소, 2016.
신재홍, 「구운몽의 서술원리와 이념성」, 『고전문학연구』 5, 한국고전문학연구회, 1990.
신호림, 「근대전환기 이후 용궁의 향방: <심청전>을 중심으로」, 『고전과해석』 27, 고전문학한문학연구학회, 2019.
안창수, 「<전우치전>으로 살펴본 영웅소설의 변화」, 『한국문학논총』 50, 한국문학회, 2011.
엄태웅, 「경판본 「구운몽」에 나타난 비일상적 면모의 변모 양상과 의미」, 『일본학연구』 47, 단국대학교 일본연구소, 2016.
엄태웅, 「완판본 <구운몽>의 인물 형상과 주제 의식」, 『민족어문』 72, 민족어문학회, 2014.
염창권, 「판타지동화에 나타난 시공간의 중층성과 교차 양상」, 『아동청소년문학연구』 21, 한국아동청소년문학학회, 2017.
유귀영, 「고전소설 속 도적의 형상화 양상과 그 의미」, 『어문론총』 73, 한국문학언어학회, 2017.
유병환, 「<九雲夢>과 <金剛經>의 상관성 연구」, 『어문연구』 83, 어문연구학회, 2015.

이명현, 「「옥루몽」에 나타난 초월적 요소의 성격과 대중성」, 『語文論集』 53, 중앙어문학회, 2013.
이명현, 「구미호의 이중적 관념과 고전서사 수용양상」, 『우리문학연구』 41, 우리문학회, 2014.
이민희, 「수학적 사고와 공간관으로 본 『구운몽』 일고(一考)」, 『한국어와문화』 10, 숙명여자대학교 한국어문화연구소, 2011.
이승수, 「<옥루몽> 소고 2」, 『한국언어문화』 20, 한국언어문화학회, 2001.
이종필, 「田禹治 전승의 양가적 表象과 그 역사적 맥락」, 『어문논집』 75, 민족어문학회, 2015.
임치균, 「<태원지> 연구」, 『고전문학연구』 35, 한국고전문학회, 2009.
정길수, 「傳奇小說의 전통과 『九雲夢』」, 『韓國漢文學硏究』 30, 한국한문학회, 2002.
정길수, 「『구운몽』 원전(原典) 연구사」, 『인문학연구』 55, 조선대학교 인문학연구원, 2018.
정상진, 「전우치전의 현실저항과 그 한계」, 『한국어문논집』 10, 한국문학회, 1989.
정선경, 「고전의 현대적 변용: 영화 「전우치」의 공간 읽기」, 『도교문화연구』 35, 한국도교문화학회, 2011.
정제호, 「미디어서사로의 전이 과정에 나타난 전우치 전승의 굴절과 의미」, 『한국고전연구』 43, 한국고전연구학회, 2018.
정환국, 「고전소설의 환상성, 그 연구사적 전망」, 『민족문학사연구』 37, 민족문학사학회, 2008.
정환국, 「동아시아 환상의 지표와 한국 초기 서사의 환상성」, 『한문학보』 32, 우리한문학회, 2015.
정환국, 「전우치(田禹治) 전승의 굴절과 반향」, 『민족문학사연구』 41, 민족문학사학회, 2009.
조상우, 「고소설에 표출된 영웅의 양상과 그 역사적 의미-<최고운전>, <전우치전>, <전관산전>, <일념홍>, <여영웅>을 중심으로-」, 『東洋古典硏究』 71, 동양고전학회, 2018.
조혜란, 「<옥루몽>의 서사미학과 그 소설사적 의의」, 『고전문학연구』 22, 한국고전문학회, 2002.
조혜란, 「민중적 환상성의 한 유형: 일사본 <전우치전>을 중심으로」, 『고소설연구』 15, 한국고소설학회, 2003.
조희웅, 「韓國 敍事文學의 空間觀念」, 『古典文學硏究』 1, 한국고전문학회, 1971.
차용주, 「玉樓夢의 背景思想 硏究」, 『西原大學 論文集』 9, 서원대학교, 1980.
최광석, 「<전우치전>의 설화 수용과 지평 전환」, 『국어교육연구』 28, 국어교육학회, 1996.
최기숙, 「조선시대 사대부 문인의 "환상" 인식과 문학적 향유」, 『문학교육학』 30, 한국문학교육학회, 2009.
최귀묵, 「불교 신격과 재래 신격의 만남: 三國遺事를 출발점으로 삼은 試論」, 『고전문학과

교육』 20, 한국고전문학교육학회, 2010.
최귀묵, 「『삼국유사(三國遺事)』와 『사석집(沙石集)』에 나타난 신불(神佛) 관계양상 비교」, 『문학치료연구』 30, 한국문학치료학회, 2014.
최윤희, 「<전우치전>의 구성과 의미에 대한 재고찰」, 『우리文學硏究』 48, 우리문학회, 2015.
최지선, 「<전우치전>의 욕망 구현 방식과 서사적 의미」, 『돈암어문학』 28, 돈암어문학회, 2015.
최혜진, 「신문관본 <전우치전>의 성격과 문학교육적 의의」, 『숙명어문논집』 5, 숙명여자대학교 숙명어문학회, 2003.
한길연, 「대하소설의 환상성의 특징과 의미」, 『고전문학과교육』 20, 한국고전문학교육학회, 2010.
한길연, 「영웅소설과 대하소설의 주인공의 환상 체험의 차이와 그 의미」, 『한국문화』, 서울대학교 규장각 한국학연구원, 2008.
홍진호, 「환상과 현실-환상문학에 나타나는 현실과 초자연적 사건의 충돌」, 『카프카연구』 21, 한국카프카학회, 2009.
홍현성, 「'스승 얻는 이야기'로 읽는 <전우치전>」, 『한국고전연구』 41, 한국고전연구학회, 2018.
Marianne Wunsch, *Die fantastische Literatur der fruhen moderne*, Munchen 1991, S. 18f.

찾아보기

| ㄱ |

가상 22, 28, 53, 195, 196
가상현실 22, 294, 297, 308
가선 7, 44, 284
가전과 235
강림도령 157, 160, 161, 162, 163, 164, 178, 183, 197, 198, 199, 200, 201, 202, 203, 205, 207, 284
게임 30, 40, 196, 251, 295
결정체 이미지 143
공(空) 124, 139
공중 25, 84, 85, 86
관음보살 218, 219, 221, 223, 224, 238, 242, 243, 254, 255, 267, 285, 290, 307
광덕 엄장 131
구미호 145, 154, 157, 158, 159, 173, 174, 175, 176
귀신 78, 102, 148, 157, 179, 180, 264, 278
규봉종밀 139
규중칠우쟁론기 44
그림 151, 167, 185, 187, 189, 190, 191, 192, 193, 194, 204, 304
극락세계 120, 126, 127, 129, 130, 131, 132, 133, 135, 136, 137, 138, 140, 141, 142, 232, 242, 243, 274, 275, 282, 304

금강경 126, 128, 132, 134
금오신화 278
기재기이 279
김만중 71, 130, 141, 197, 309

| ㄴ |

남염부주지 278
남영로 218, 264
내세 48, 49
노힐부득과 달달박박 131

| ㄷ |

대리보충 106
던전 251
도사 40, 146, 158, 159, 224, 228, 231, 238, 243, 244, 259
도술 53, 152, 154, 158, 159, 160, 161, 180, 181, 183, 189, 198, 199, 200, 201, 203, 204, 205, 206, 207, 208, 228, 229, 230, 231, 232, 233, 234, 235, 238, 243, 285, 304, 305
동화 42, 56
둔갑술 159, 240, 259, 260, 306

| ㄹ |

레디 플레이어 원 294

| ㅁ |

마고선자 216, 217
마고할미 162
마술사 48
만복사저포기 278
명부 84, 85, 86, 87, 88, 279
몬스터콜 310
무릉도원 58, 151
무아 124
문수보살 122, 125, 228, 243, 258
문창성군 215, 216, 217, 219, 223, 243
물활론 56

| ㅂ |

반전 53, 75, 76, 143, 189, 222
반지의 제왕 17, 42, 43
반현실 28, 35
방서 93, 94, 95, 122, 234
복선 76, 77, 103, 305
봉신연의 287, 288, 289, 308
불가사 80, 111, 112
비현실 33, 34, 35, 36, 141, 300

| ㅅ |

사금갑 52
사씨남정기 117
산수화 188, 189, 192, 218, 305
산신 78, 283
삼교일치 286, 287, 288, 289
삼국지연의 40, 41
색계 81
서왕모 236, 237, 238, 239, 247, 254
서유기 59, 287, 288, 289, 308
서재야회록 44, 279
서포만필 309
서화담 150, 151, 152, 160, 164, 183, 197, 198, 199, 203, 204, 205, 207, 208, 209, 283, 284
선경 92, 204, 251
선계 25, 151, 154, 217, 231, 238, 240, 248, 252, 283
선관 69, 70, 100, 154, 161, 162, 178, 182, 183, 199, 200, 217, 218, 237, 240
선녀 67, 70, 73, 81, 82, 96, 97, 99, 100, 102, 116, 155, 192, 204, 215, 223, 237, 240, 252, 303
선악 135, 231
설공찬전 278
숙영낭자전 151
숙향전 50, 61, 137, 138, 162, 213, 235, 279
술법 146, 157, 158, 159, 160, 161, 198, 199, 200, 203, 209, 228, 230, 231, 233, 234, 240, 259, 277
신 21, 39, 49, 235, 293, 294
신기루 238, 240, 246, 249

신선계　217
신성성　73, 75, 162, 200, 201, 224
신통력　67, 79, 80, 87, 90, 111, 112, 243, 302
심성가전　235, 284

| ㅇ |

악역　228, 233, 234, 235, 293
안빙몽유록　56, 279
알레고리　41, 43, 45, 284
알함브라 궁전의 추억　310
애니미즘　36, 56
양반전　74
여귀　96, 97, 100, 102
연이와 버들도령　151
영웅　18, 94, 96, 106, 129, 158, 160, 197, 235, 243, 245, 257, 258, 264, 265
오신통　79, 80, 81
옥황상제　100, 154, 155, 178, 182, 214, 215, 219, 235, 242, 288, 304
옹고집전　176
요괴　72, 149, 151, 152, 157, 175, 273, 280, 283, 285
요지　100, 182, 248
용궁　25, 45, 57, 58, 80, 100, 107, 108, 109, 151, 274
용궁부연록　58, 278
우화　16, 41, 42, 44
운영전　235, 279
원각경　138
원형의 폐허　143
월남　286, 289

웹툰　23, 284, 293
유마경　111, 112, 113
유충렬전　52, 92
육운선　289, 308
이본　68, 126, 130, 147, 197, 208
이생규장전　278
이인　85, 163, 212
인공지능　294
임씨전　16, 57
임화정연　158

| ㅈ |

잡아함경　124
저승　25, 163, 178, 180, 278
적강　59, 100, 202, 212, 213, 215, 217, 218, 219, 220, 221, 223, 224, 235, 243, 254, 265, 306
전생　58, 80, 90, 100, 118, 254, 273, 280, 289
정령　36, 243
조신　227
조웅전　92
증강현실　21, 196, 294, 297, 308
지눌　139
지하국대적퇴치설화　251
진가쟁주　176

| ㅊ |

차사　163, 178
차사본풀이　163

천군소설　44
천명　53, 146, 148, 154, 162, 163, 249, 250
천벌　156, 235, 274, 304
천상계　45, 61, 74, 137, 154, 156, 157, 159, 164, 178, 214, 215, 217, 218, 235, 243, 265, 274, 280, 285, 305, 306
천서　146, 148, 149, 150, 153, 154, 157, 158, 159, 243, 244, 258, 273, 304
천축국　77
최생우진기　58, 151, 279
최척전　74
취유부벽정기　57, 278

현괴록　158
호정　146, 147, 148, 149
홀연　84, 85, 86, 161, 163, 226
홍길동전　50, 176
화덕진군　162
환몽 구조　227
환몽계　60

| 기타 |

13층　143
NPC　295
SF　38
W　310

| ㅌ |

태몽　212
태원지　62, 251

| ㅍ |

판타지　17, 30, 40, 42
패러디　101, 119, 303

| ㅎ |

하늘　69, 76, 77, 116, 117, 119, 121, 149, 152, 154, 156, 157, 160, 161, 162, 163, 178, 193, 199, 214, 215, 216, 222, 223, 239, 244, 249, 250, 261, 284
한문장편소설　64, 211